AVERTISSEMENT.

En publiant mes tablettes chronologiques je m'étais, imprudemment peut-être, engagé à donner l'histoire générale de la Touraine. Je dis imprudemment, car à cette époque les histoires de provinces se ressentaient encore de l'injuste discrédit dans lequel elles étaient tombées depuis long-temps. Ainsi, malgré tous les documens que j'avais recueillis, malgré les nombreuses recherches auxquelles il avait fallu me livrer encore, j'avouerai que j'éprouvais quelque répugnance à mettre mon travail au jour. Pour la vaincre, il n'a fallu rien moins que la nouvelle direction donnée aux esprits, et le goût plus prononcé pour les études historiques qui se manifeste dans toutes les classes de la société, et surtout parmi la jeunesse aujourd'hui plus réfléchie, plus studieuse, et qui dédaigne les futilités dont elle se nourrissait autrefois. C'est donc sous ces auspices que je me suis déterminé à publier un ouvrage que je puis dire avoir été uniquement entrepris dans un but patriotique. En effet, en voyant la majeure partie des provinces de la France, ou du moins leurs capitales, posséder leurs histoires particulières, j'étais en quelque façon honteux de l'oubli auquel notre pays était condamné. Car vainement chercherait-on un seul ouvrage qui traite spécialement de la Touraine, et surtout des événemens qui se sont passés dans son sein. Le *chronicon Turonense* ne porte ce titre que parce que cette chronique a été composée à Tours; du reste, ce n'est qu'accidentellement qu'elle rapporte, avec plus ou moins d'exactitude, quelques particularités relatives à la province. Quand elle en aurait dit davantage, la période qu'elle embrasse finissant au commencement du treizième siècle, il en résulterait encore que tous les faits postérieurs à cette époque, et qui ne sont pas les moins intéressans, nous resteraient inconnus, à moins d'avoir, ainsi qu'il m'a fallu le faire, compulsé près de cinq cents volumes, soit imprimés, soit manuscrits, pour y rechercher tous les détails relatifs à la Touraine, indépendamment des titres et des chartres conservés dans des archives, ou dans les collections des savans et laborieux bénédictins. Telle est la tâche indispensable que doit s'imposer celui qui entreprend d'écrire un sujet historique qui n'a pas encore été traité. Sans doute le courage et la patience sont nécessaires dans une pareille entreprise; mais ce ne serait pas assez si la critique ne venait pas à leur aide pour faire la part aux erreurs, aux contradictions, et même à la crédulité de nos anciennes chroniques, qu'il ne faut lire qu'avec beaucoup de défiance. On pourrait même en dire autant de quelques historiens plus modernes.

Il n'en est pas de l'histoire d'une province comme de celle d'un royaume. Dans celle-ci tous les faits, partant de la même source, se lient et s'enchaînent naturellement, au lieu que dans la première ils sont souvent croisés ou suspendus par des événemens plus généraux qui ne la concernent pas particulièrement, et que l'auteur doit écarter pour ne pas s'engager dans des digressions étrangères à son sujet. Il est donc indispensable d'unir ces faits entre eux, de façon que le lecteur ne passe pas des uns aux autres par des transitions trop brusques, qui donneraient à sa narration la teinte d'une chronologie sèche et aride. Tel est le but que je me suis principalement efforcé d'atteindre, et tels sont aussi les motifs du plan que je me suis tracé. Je me suis fait une loi de ne point interrompre le récit historique par des détails qui pouvaient se trouver convenablement placés ailleurs, tels que ceux sur les familles, sur les grands fiefs, sur les hommes célèbres, en un mot, sur d'autres objets de cette nature. J'ai donc divisé mon travail en cinq parties. La première et la plus considérable est l'histoire proprement dite. La seconde offre l'histoire et les antiquités des villes, des terres, des familles, c'est-à-dire seulement de celles qui ont joué un grand rôle, car je n'ai eu ni l'intention, ni la possibilité de donner un nobiliaire de la province. La troisième partie est consacrée à faire connaître les personnages qui ont gouverné ou administré la province. Dans la quatrième, je traite des matières et des établissemens ecclésiastiques qui presque tous ont disparu. Enfin la cinquième, omise jusqu'ici dans toutes les histoires de provinces, est la biographie des hommes célèbres en tout genre que la nôtre a produits. Cette distribution m'a semblé présenter l'avantage de classer les différentes matières avec plus d'ordre et de clarté que s'il fallait les aller chercher au milieu d'un récit dont, ainsi que je l'ai déjà dit, elles interrompraient et embarrasseraient le cours.

L'on ne s'attend pas sans doute à trouver dans l'histoire d'une province telle que la nôtre cet intérêt puissant qui s'attache aux destinées d'un grand peuple dont on décrit les institutions, les mœurs, les conquêtes ou les revers, et qui amène avec lui d'autres nations sur la scène. Ces grandes commotions, ces tableaux imposans, semblent exiger que l'historien s'élève dans sa diction à la hauteur des sujets qu'il traite ; mais j'ai peine à croire que la pompe du style ne fût pas déplacée dans le récit des événemens de la nature de ceux que je retrace aujourd'hui. J'ai pensé que la clarté et surtout la simplicité devaient en être les qualités distinctives.

Au reste, on convient qu'il est deux manières d'écrire l'histoire. L'une qui se borne à raconter les faits, laissant au lecteur le soin d'en tirer toutes les conséquences que la réflexion lui suggère. C'est celle que j'ai adoptée. L'autre plus philosophique qui s'attache à rechercher les causes, à expliquer les effets, à opposer à ce qui a été fait ce qu'on aurait dû faire, en un mot, à tout soumettre à la discussion, et à ne laisser au lecteur de critique à exercer que sur les observations du narrateur lui-même. Cette méthode peut avoir son mérite ; mais ici, ce luxe de réflexions m'eût paru déplacé. Ce n'est pas que je me les sois absolument interdites, c'eût été tomber dans un excès contraire; du moins en ai-je usé avec sobriété, et seulement dans ces occasions où l'historien ne peut raconter froidement des actions injustes ou cruelles, sans témoigner qu'il partage l'indignation qu'elles inspirent et que le lecteur ne peut manquer d'éprouver comme lui. Je ne prétends point faire en cela l'apologie de la méthode que j'ai préférée. Je me borne seulement à l'exposer.

L'ancien usage était de grossir ces sortes d'histoires de preuves justificatives qui, le plus souvent, ou n'étaient point lues, ou n'étaient consultées que par un très-petit nombre de lecteurs; je présume qu'on me saura gré de m'en être abstenu. J'ai même supprimé, comme fort peu nécessaires, les notes marginales de mon manuscrit indiquant les différentes sources où j'avais puisé; car outre que ces notes figurent assez désagréablement aux marges d'un livre, elles ont encore l'inconvénient d'en restreindre la *justification*, et d'augmenter par conséquent le nombre des pages. J'y ai seulement conservé les dates, afin de faciliter les recherches par la simple indication des époques.

Loin de chercher à grossir ou à multiplier les volumes, j'ai donc apporté tous mes soins à restreindre mon travail dans les bornes les plus étroites qu'il m'a été possible de lui donner. Je me flatte du moins qu'on n'y trouvera rien de déplacé, ni de surabondant. Mon but sera rempli, si l'on reconnaît de même que je n'ai rien omis de ce qu'il importait de faire connaître.

Tel est le tribut que j'offre au pays qui m'a vu naître, plus heureux que ceux qui, ayant déjà tenté la même entreprise, l'ont laissée sans aucune exécution, malgré toutes les ressources qu'ils pouvaient puiser dans des archives locales, aujourd'hui détruites ou dispersées.

INTRODUCTION.

La Touraine, peu différente de ce qu'est aujourd'hui le département d'Indre-et-Loire, pouvait être considérée sous deux aspects : comme diocèse et comme province. Le diocèse était moins grand ; il ne comprenait que 303 paroisses. La province, au contraire, telle que nous la considérons dans cet ouvrage, comptait 395 communes partagées en six élections. Dans cet état, la Touraine avait de l'est à l'ouest, c'est-à-dire depuis Mareuil sur les confins du Berri, jusqu'à Candes sur la rive gauche de la Loire, 24 lieues ; et du nord au midi, depuis Saint-Gourgon vers le Vendômois, jusqu'à Yzeures sur la frontière du Poitou, 23 lieues. Il est vrai que cette étendue n'était pas égale partout ; car, en certains endroits, elle n'excédait pas 12 à 13 lieues de longueur sur autant de largeur.

Sous le gouvernement de ses comtes héréditaires, elle avait beaucoup plus d'étendue et comptait environ 30 lieues de longueur d'orient en occident, depuis Chaumont jusqu'à la rivière du Thouet, qui tombe dans la Loire un peu au-dessus de Saumur, et au moins 25 lieues de large depuis la petite rivière de Vède, qui séparait la Touraine du Poitou, jusqu'au Loir, qui la bornait du côté du Maine. Telle était sa démarcation, lorsque Thibaut III, comte de Tours, la céda pour sa rançon, en 1044, à Geoffroy-Martel, comte d'Anjou : mais ses successeurs lui donnèrent depuis d'autres limites, et en retranchèrent les villes de Saumur, de Châteaux, de Montsoreau, de Montoire, de Lavardin, de Marson, de Dissay, et quelques autres places qu'ils unirent aux provinces d'Anjou et du Maine, qu'ils possédaient également.

Cette province, séparée en deux par la Loire, qui passe au milieu, est bornée du côté du septentrion par le Maine et le Vendômois; à l'orient elle a le Blaisois et le Berri; au midi le Poitou, et l'Anjou à l'occident. Elle s'étend en longitude depuis le 17° 40′ jusqu'au 19° 10′, et en latitude depuis le 46° 40′ jusqu'au 47° 38′. Ce fut sans doute parce que la Loire la partageait ainsi en deux parties, l'une au midi, l'autre au nord, qu'on l'avait divisée en haute et basse Touraine. La basse, ou méridionale, était beaucoup plus considérable que l'autre, tant par son étendue que par les villes qu'elle renfermait. On y comptait Tours, sa capitale et la seule ville un peu importante de la province, Amboise, Chinon et Loches. La Touraine septentrionale n'avait de villes que Langeais, Luynes jadis Maillé, et Chateau-Regnault, qui ne sont, à proprement parler, que de très-gros bourgs depuis que leurs châteaux et leurs murs ont été détruits.

La Touraine est arrosée par un grand nombre de rivières et de ruisseaux. Les principales rivières navigables sont la Loire, le Cher et la Vienne. Il faut y ajouter l'Indre, la Creuse et la Claise, qui ne portent pas bateau.

La Loire (*Liger*) prend sa source en Vivarais au Mont-Gerbier-le-Jou, sur les confins du Velay. Elle traverse la Touraine de l'est à l'ouest dans une longueur de 45,528 toises ou environ 89,680 mètres, depuis son entrée près Veuves jusqu'à sa sortie à Candes. Sa pente est en général de $0^m,65^c$. pour 1950 mètres, et sa vitesse est en proportion de cette pente. Ses plus basses eaux, n'ayant pas plus de $0^m,45^c$ de hauteur réduite au-dessus de son lit, en rendent la navigation rare et difficile pendant trois ou quatre mois de l'année. Ses grandes eaux ou crues extraordinaires sont de cinq à six mètres. Il faut en excepter cependant celle du 5 décembre 1755, qui s'éleva à $22^p 9^o$, ainsi que celle du mois de janvier 1790, qui fut de $21^p 6^o$. Celles au-dessous n'excèdent guères 16 pieds, comme en juin 1757 et en février 1758.

Dans la majeure partie de son cours, ce fleuve se trouve contenu par des digues ou levées qui forment un encaissement de $584^m,31^c$ de largeur moyenne. Ces digues furent commencées en 819 sous le règne de Louis-le-Débonnaire; élargies vers 1160 par Henri II, roi d'Angleterre, comte d'Anjou et de Touraine; et enfin perfectionnées dans leur état actuel pendant le règne de Louis XIV.

La grande quantité de sable que la Loire charrie forme des dépôts et des atterrissemens, dont une partie prend assez de consistance pour se convertir en îles ou îlots. L'autre partie, se trouvant sans cesse déplacée, produit la diversité des courans qui surviennent accidentellement dans le lit du fleuve, d'où naissent ses grèves changeantes que l'on indique à la navigation par le moyen du balisage.

On ne compte en Touraine que deux ponts sur la Loire, l'un à Tours, l'autre à Amboise.

L'ancien pont de Tours, construit vers 1030 ou 1031 par le comte de Touraine, Eudes II, dit le Champenois, fut remplacé en 1762 par le plus beau pont qui existât en France avant celui qui vient d'embellir la ville de Bordeaux. Il est en pierre de taille, fondé sur pilotis, exécuté partie par batardeaux, et partie par caissons. Plusieurs de ses piles sont partagées par des crèches. La première pierre en fut posée le 5 octobre 1765, et le passage à pied ou à cheval en fut ouvert en 1777. L'année suivante une pile tassa de trois pieds, et nécessita la reconstruction de deux arches, qui fut exécutée dans le cours de la même année.

Quatre arches s'écroulèrent à la suite de la débâcle de 1789; on les remplaça provisoirement par un pont latéral en bois, dont on a fait usage jusqu'en 1810, époque à laquelle la reconstruction des quatre arches a été entièrement terminée, les troubles et les embarras de la France pendant les vingt années précédentes n'ayant pas permis de pousser ces travaux avec plus d'activité.

La longueur de ce pont entre les culées est de 434^m,18^c ou 1,332 pieds. Sa largeur est de 14^m,60^c ou 47 pieds. Le diamètre de ses arches, au nombre de 15, est de 24^m,40^c, et leur épaisseur de 4^m,87^c.

Sa hauteur au-dessus de l'étiage est de 35ᵖ. 6ᵉ.

Si on veut le comparer à celui de Bordeaux, on trouvera que celui-ci a de longueur 486ᵐ,68.ᵉ sur 14ᵐ,86ᵉ de largeur, et que ses 17 arches ont 26ᵐ,49ᵉ de diamètre sur 4ᵐ,21ᵉ d'épaisseur. Mais le pont de Tours est parfaitement plat, et celui de Bordeaux est construit en dos-d'âne.

Hugues Iᵉʳ du nom, seigneur de la tour et du château d'Amboise, voyant que cette ville n'avait qu'un mauvais pont de bois, fit construire, en 1115, un pont en pierre de taille bâti sur pilotis. Ce pont a 200ᵐ de longueur. En 1709 la plus grande partie en fut emportée par les glaces, c'est-à-dire celle qui s'étendait sur le grand bras de la rivière au nord de l'île Saint-Jean. Il fut remplacé par un pont de bois qui éprouva le même sort en 1794. L'importance du fleuve, dont les eaux semblent abandonner la ville pour se porter du côté de la rive droite, et surtout la grande route de Château-Regnault dans le Berri par Loches, sollicitaient la construction d'un pont solide en pierre, qui eût rejoint la partie qui existe encore; mais on s'est mesquinement contenté d'un pont en bois bâti sur culées en pierres, qui réunit à l'incommodité de son peu de largeur l'incommodité plus grande encore d'un péage onéreux pour les communications de l'une à l'autre rive.

Le Cher (*Cárus*). Cette rivière, affluent de la Loire, prend sa source non loin d'Auzance, département de la Corrèze, à quatre myriamètres au-dessus de Montluçon. Elle ne devient navigable qu'à Vierzon, et l'est par conséquent dans toute l'étendue qu'elle parcourt sur le territoire de la Touraine où sa navigation se fait à la voile, comme sur la Loire.

Depuis la pointe occidentale de Mont-Louis, appelée Roche-Pinard, jusqu'à son embouchure dans la Loire, appelée le Bec-de-Cher, elle est contenue le long de sa rive septentrionale par une levée de 27,180^m,10^c de longueur, qui sert à garantir de ses débordemens une partie des plus précieuses propriétés rurales du pays.

La largeur moyenne du Cher est de 116^m,90^c, et la hauteur de ses plus grandes eaux n'excède pas 4^m,97^c; son lit se trouve plus bas que celui de la Loire de 1^m,54^c.

Il coule sur un plan incliné de 65^c par kilomètre, ou de 4 pieds par mille toises, en parcourant de très-grandes vallées qu'il a comblées de sable, et dont il sillonne alternativement tous les points lorsque son lit n'est pas contenu par des coteaux rapprochés. Il en résulte deux inconvéniens : celui d'avoir dans les grands vallons un lit trop vaste, et celui d'entraîner dans son cours des arbres qu'il déracine, et des pierres qu'il roule et qui interceptent la navigation lorsque ses eaux ne s'élèvent pas à plus de 0^m,35^c.

Cependant, à l'aide de quelques travaux, il serait facile d'obtenir depuis Montluçon une navigation qui engagerait sans doute les habitans riverains à convertir en vignobles des coteaux où on n'aperçoit que des ronces ou des bruyères. Elle faciliterait encore l'exploitation de mines abondantes de charbon de terre, de plâtre, d'antimoine et de marbre qui, au lieu de rester au sein de la terre, deviendraient une nouvelle source d'industrie et de richesse. On peut joindre à ces avantages ceux du transport facile des bois de marine que fournissent en grande partie les forêts du Tronçay et de l'Espinasse. S'il est utile de creuser des canaux, il est moins dispendieux encore de rendre praticables ceux que la nature a déjà tracés.

Autrefois le Cher se réunissait à la Loire au-dessous de la ville de Tours par le canal de Sainte-Anne, ouvrage de Louis XI, supprimé en 1774. On vient d'en ouvrir un autre au-dessus de la ville : au moyen d'écluses dont le premier était privé, les bateaux du Cher pourront en tout temps entrer dans la Loire, si pourtant, ainsi qu'on l'assure, le lit de ce canal n'est pas plus élevé que celui des deux rivières dont il fait la communication.

On compte trois ponts principaux sur le Cher. Le plus beau, sans contredit, est celui qui fut achevé en 1753 sur la nouvelle route d'Espagne ; il est en pierre de taille, fondé généralement sur le tuf qui a été recreusé pour l'encastrement des premières assises de sa fondation. Il est composé de sept arches surbaissées. Sa longueur entre les culées est de $151^m,86^c$, et sa largeur entre les parapets est de $8^m,80^c$. Le diamètre de ses arches varie ainsi qu'il suit : la 1re et la 7e ont $17^m,45^c$; la 2e et la 6^e $18^m,11^c$; la 3e et la 5^e $18^m,89^c$; enfin la 4e ou celle du milieu $19^m,44^c$. Les six piles ont ensemble une épaisseur de $23^m,52^c$.

Il y a peu de temps encore que l'on voyait une

partie des vieux ponts de Saint-Avertin, construits vers la fin du XIIe siècle. C'est sur eux qu'on traversait le Cher pour gagner la route du midi avant la grande et belle route qui, partant de Tours, conduit aujourd'hui jusqu'à l'extrémité de la France vers les Pyrénées.

Moins beau, mais plus curieux est le pont sur lequel se trouve bâtie la galerie du célèbre château de Chenonceaux : mais nous aurons occasion d'en parler ailleurs.

Le troisième est le pont de Saint-Sauveur, sur l'embranchement de la route de Poncher à celle de Chinon. Nous n'avons aucune notion bien certaine sur l'époque de sa construction. Son peu de largeur, de 11 à 14 pieds, qui permet tout juste le passage d'une voiture ; ses parapets rentrant angulairement au-dessus des piles, pour servir au besoin de retraite aux piétons ; enfin ses arches d'une inégalité choquante, tout indique un ouvrage de temps déjà éloignés. Nous ne pouvons croire cependant qu'il soit antérieur au XIe siècle, époque où il n'y avait point encore de ponts de pierre en Touraine. Le nom de ponts de César, qu'on a récemment tenté d'imposer à ceux de Saint-Avertin, et l'antiquité prétendue de celui de Lahaye, dont nous parlerons plus bas, ne sont que des opinions dénuées de toute vraisemblance, et auxquelles il serait difficile de donner quelque couleur de vérité.

L'Indre (*Ingeris, Angeris, Endria*) prend sa source dans le Berri, au village de Saint-Prier-la-

Marche, entre dans la Touraine, où il coule entre le Cher et la Vienne, et la traverse dans une longueur de 87,677^m,81^c depuis son entrée au territoire de Fleuray jusqu'à son embouchure dans la Loire à 2 lieues au-dessous de celle du Cher.

Sa largeur moyenne entre ses rives est de 29^m,22^c. Sa profondeur réduite, eu égard aux retenues des moulins, est de 1^m,62^c, et la hauteur de ses plus grandes eaux est de 3^m,24^c au-dessus de son étiage. Cette médiocre élévation des crues vient de ce que, cette rivière se trouvant toujours à plein canal par le seul effet de la retenue des moulins, elle se déborde facilement à la moindre crue, et couvre toute l'étendue du vallon dans lequel elle serpente. En 1770 elle eut une crue de 14 pieds qui emporta tout le pont de Loches, et rompit la levée de Montbazon qui a 60^p de large et plus de 90 à sa base, revêtue d'ailleurs de pierres des deux côtés.

Sa pente n'a pas encore été vérifiée; mais on présume d'après quelques nivellemens partiels qu'elle n'a pas moins de 1^m,30^c par 1948^m.

Les ponts sur une pareille rivière ne sauraient être des ouvrages d'art bien considérables. On y distingue celui de Montbazon sur la route d'Espagne, construit en 1750. Il est bâti en pierre de taille, fondé sur pilotis, et garanti des affouillemens par des jetées. Sa longueur entre les culées est de 55^m,02^c, et sa largeur entre les parapets est de 8^m,80^c. Le diamètre de ses trois arches surbaissées est de 15^m,77^c pour la première, de 16^m,58^c pour la 2e, et de 15^m,85^c

pour la dernière. Les deux piles ont ensemble 6^m,82° d'épaisseur.

On compte encore sur l'Indre les ponts de Loches, de Bléré, de Cormery et d'Azay-le-Rideau. Ce dernier est le plus ancien ; car on sait qu'il existait déjà sous le règne de Charles V, et même sous le roi Jean.

La Vienne (*Vigenna* ou, comme dans les anciens titres, *Vingenna*). La source de cette rivière est aux confins du Bas-Limousin et de la Marche, quelques lieues au-dessus de Tarnac; elle a cela de particulier, qu'elle perd une partie de ses eaux à Aixe, un peu au-dessus de Limoges, où elles entrent dans un gouffre qui est au milieu de son lit, comme celles du Rhin au-dessus de Bingen. Elle est navigable dans toute l'étendue de la Touraine, qu'elle parcourt dans une longueur de 48,709^m,87°, depuis l'embouchure de la Creuse près le Port-de-Pile, jusqu'à son confluent avec la Loire à Candes.

Sa largeur moyenne entre ses rives est de 155^m,87°. La hauteur de son étiage, au passage des eaux par les pertuis des anciennes digues qui subsistent encore, et qui ont 60^m,50° de largeur, n'est que de 0^m,48°, et celle des plus grandes crues est de 6^m,50° au-dessus de cet étiage.

On ne peut pas également signaler la pente vraie de cette rivière. On croit cependant qu'elle doit être généralement de 0^m,64° pour 1,948^m,50°.

Il n'y a qu'un seul pont en pierre sur la Vienne, celui de la ville de Chinon, construit sous le règne de Charles VII. Le nombre de ses arches est de 14 de largeur inégale. Sa longueur est de 254^m sur 18 de largeur dans la partie du nord, et de 15 dans celle du midi.

L'ancien pont de l'Annonain, et, par corruption, de la Nonnain, était dû à Henri II, roi d'Angleterre et comte de Touraine, qui le fit construire vers l'an 1160. Il se composait, dans son origine, de 55 arches inégales, dans une longueur d'environ 1100 mètres. Son nom lui venait du mot latin *Annona*, parce qu'il facilitait les approvisionnemens de la ville de Chinon et de la garnison du château. Il faut donc rejeter la tradition populaire qui veut que Henri II n'eût fait faire ce pont que pour aller voir plus facilement une religieuse de Fontevraud dont il était épris, ce qui l'aurait fait nommer le pont de la Nonnain.

Nous venons de dire que la Vienne avait son embouchure à Candes, et cela ne peut être l'objet d'un doute, puisque le nom même de Candes (*Condates*) indique un confluent. Cependant on pourrait croire qu'il n'en a pas toujours été de même en lisant dans plusieurs titres des Xe et XIe siècles qu'elle se jetait dans la Loire au-dessous de Saumur, et même de l'abbaye de Saint-Maur-des-Fossés. Cette circonstance est encore attestée par Guillaume-le-Breton, quand il dit dans sa Philippide, en parlant de Saumur :

<blockquote>Mixtus ubi Ligeri, fluvio regnante, Vigena
Amittit nomen.</blockquote>

Mais cette contradiction apparente s'explique par

l'existence d'une très-grande île qui s'était formée, et qui, partageant les deux rivières, permettait alors à la Vienne de couler séparément, et de ne se confondre véritablement avec la Loire qu'au-dessous de Saumur; ce qui n'existait pas du temps de Grégoire de Tours. Cette île, appelée l'île d'Ouffart, s'étendait depuis Candes jusque par-delà le faubourg des ponts de Saumur, où il en reste encore une petite portion. Mais elle s'est détruite successivement, et a totalement disparu dans le XVe siècle.

La Creuse (*Crosia*) prend sa source dans la Haute-Marche à cinq lieues au-dessus de Felletin. Elle sert en partie de limite aux départemens d'Indre-et-Loire et de l'Indre depuis Saint-Martin-de-Tournon, où elle entre dans la Touraine, jusqu'à son embouchure dans la Vienne au-dessous du Port-de-Pile, le long du parc des Ormes. Dans cet intervalle son parcours est de 54,712^m,24^c en longueur. Sa pente est de 43^m,28^c; ce qui donne 1^m,52^c par 1,948^m,40^c ou 500 toises.

La largeur moyenne de son lit est de 97^m,41^c à 116^m,90^c, selon qu'elle se trouve plus ou moins resserrée par les coteaux escarpés et souvent très-rapprochés qui la contiennent dans la majeure partie de son cours; d'où il résulte que ses crues extraordinaires s'élèvent de 9 jusqu'à 11^m, tandis que dans les chaleurs de l'été, elle demeurerait presque entièrement à sec sans les digues des moulins et les gués ou barres naturelles qui s'y sont multipliées et qui retiennent les eaux dans une espèce de stagnation.

Il y a deux ponts sur la Creuse : le premier à La

Haye. On prétend qu'il date du temps de Charlemagne, mais c'est une assertion sans preuves. C'était autrefois la route de Paris dans le midi. Ce pont est bâti en pierre de taille sur un roc un peu schisteux, et pourtant il n'est point affouillé. Sa longueur entre les culées est de $128^m,52^c$, et sa largeur de $5^m,05^c$. Il a 10 arches, dont 4 en ogive et 6 en plein cintre; leur diamètre varie de $7^m,27^c$ à $11^m,82^c$. Les neuf piles ont ensemble une épaisseur de $44^m,66^c$.

Le second, celui du Port-de-Pile, construit en pierre de taille, est fondé, comme le précédent, sur un tuf schisteux. Il est sur la route d'Espagne à l'embouchure de la Creuse et de la Vienne. Une moitié est du département d'Indre-et-Loire, et l'autre de celui de la Vienne. Sa longueur est de $105^m,05^c$ entre les culées; sa largeur est de $8^m,88^c$. Le diamètre de ses trois arches surbaissées est de 30^m, pour la 1re, de $31^m,65^c$ pour la 2e, et de 30^m pour la 3e. Les deux piles ont ensemble une épaisseur de $13^m,40^c$.

La Claise (*Clasia*). C'est un affluent de la Creuse. Elle a sa source dans le Berri auprès de Luant. Depuis son entrée en Touraine à Marcilly jusqu'à son embouchure dans la Creuse au-dessous du pont de Rives, la longueur de son parcours est de $32,906^m,64^c$, et sa pente totale de $31^m,50^c$; ce qui donne environ $1^m,86^c$ de pente pour $1,948^m,40^c$ ou 500 toises. Sa largeur moyenne est de $19^m,48^c$, et l'élévation de ses plus grandes eaux de $8^m,12^c$ jusqu'à $9^m,74^c$. Elle roule d'assez gros blocs de pierre qui se trouvent disséminés dans son lit.

On avait eu le projet de la rendre flottable jusqu'à la Creuse pour le débouché des bois de la forêt de Preuilly ; mais ce plan déjà arrêté, et très-exécutable d'ailleurs, a été abandonné vers 1792. Le gouvernement devait y concourir pour une moitié, et le propriétaire de la terre de Preuilly pour l'autre moitié.

La Claise compte trois ponts : celui de Preuilly, route de Chatellerault, date du XIe siècle ; il est aujourd'hui partie en pierre et partie en bois : mais, dans l'origine, il était entièrement en pierre.

Celui de Bossay, à 4,000^m au-dessus de Preuilly, a été construit en 1792. Il est en charpente, mais accompagné de cinq palées et de deux culées en pierre de taille.

Enfin celui de Rives, d'une date très-ancienne, est à 3600^m au-dessus de La Haye, sur la route de cette ville au Blanc ; il est en pierre de taille, fondé sur un roc schisteux facile à s'altérer.

Toutes les rivières dont on vient de parler coulent de l'est à l'ouest. Quant aux autres dont il nous reste à parler, on ne peut les considérer que comme de simples ruisseaux plus ou moins restreints dans leur cours et dans leur largeur. Malgré le peu d'importance de la plupart d'entre eux, leur nombre concourant efficacement à fertiliser le sol qu'ils arrosent, nous allons en donner la nomenclature et la direction.

AU NORD DE LA LOIRE.

La Bransle (*Breslia*) a sa source dans le Vendômois près Crucheré. Elle passe à Château-Regnault, où ses eaux sont d'une grande utilité pour les tanneries de cette ville, autrefois plus nombreuses et plus importantes. Elle se jette ensuite dans la Cisse un peu au-dessous de Vernou.

La Bresne ou Brenne (*Braenna*) naît près le Sérain et tombe dans la Loire au pont de Brenne près Saint-Mars ou Cinq-Mars.

La Choisille (*Coselia*, *Choisilium*) commence à couler à Lencloître au-dessous de Nouzilly, passe à Serelles, à Mettray, et se jette dans la Loire au pont de la Motte, sous une belle arche construite en 1745 sur les dessins de M. de Raigemorte, alors ingénieur en chef.

La Cisse (*Sicera*, *Sicia*) a sa source au-dessus d'Onzain, passe dans les communes de Limeray, Pocé, Nazelles, Vernou, et se réunit à la Loire au bas de Vouvray sous une arche semblable à la précédente, ouvrage du même ingénieur.

Le Dême (*Demium*) passe à Marray, à Chemillé, et va se jeter dans le Loir.

Le Doit ou la Doué (*Dovitium*) prend sa source dans l'étang de Rillé, passe à Bourgueil et tombe dans la Loire.

L'Écotais (*Scotasium*) arrose la jolie vallée de Saint-Pater.

Le Gavot (*Gavotium*) passe à Saint-Christophe et se réunit au Loir.

La Lesdillière vient des environs de Souzay, passe auprès de Brêche, et se jette dans le Loir.

Le Lane naît à Saint-Patrice, arrose la fertile vallée de Bourgueil, et de là se réunit au Doit.

Le Long (*Longus*) vient des environs de Beaumont-la-Ronce, passe à Villebourg, et tombe dans le Loir.

Le Meslan (*Melanium*) se joint à la Ramberge au-dessus de Nazelles.

La Ramberge vient des environs de Morand, et se jette dans la Bransle au-dessous de Vernou.

La Romer passe à Langeais, d'où elle se jette dans la Loire.

AU MIDI DE LA LOIRE.

L'Amable (*Amabilis*) a sa source en Anjou, passe à Richelieu, remplit les douves du château, et tombe dans la Vède ou Veude au-dessous de Champigny.

L'Amasse (*Amatissa*) passe à Souvigny et à Amboise, où elle se jette dans la Loire.

La Borousse (*Borussa*) passe à Chézelles, et vient au-dessous de L'Ile-Bouchard se jeter dans la Vienne.

Le Brignon (*Brinonium*) vient de Ferrière-l'Arçon se joindre à la Claise dans la commune d'Abilly.

L'Échandon (*Escanduo*) passe à Saint-Benoît, de là à Tauxigny, et vient auprès d'Esvrès se jeter dans l'Indre.

L'Égronne (*Gurnesia*) passe au petit Pressigny, et se joint au Rémillan.

L'Esve (*Evosium*) tombe dans la Creuse entre La Haye et le Port-de-Pile.

L'Estrigneuil (*Striniolum*) a sa source au-dessus

de Saint-Senoch, passe à Varennes, reçoit l'Esve au-dessous de Cyran, se partage en deux branches à Ligueil, et se jette dans la Creuse près le Port-de-Pile.

L'Indrois (*Andresius, Androsius*) prend sa source à Écueillé, passe à Villeloin, Beaumont, Montrésor, etc., et se perd dans l'Indre sans sortir de l'arrondissement de Loches.

La Ligoire (*Ligorium*), venant d'un peu plus haut que Mouzay, passe à Vou, sépare Ligueil de la Chapelle-Blanche, et se joint à Lestrigneuil près Marçay.

La Manse (*Mensa*) passe à Sainte-Maure, à Saint-Épain, pour se jeter dans la Vienne à L'Ile-Bouchard.

La Manne (*Mutuanna*) vient des environs de Chaumussay se jeter dans la Claise au-dessus de Saint-Martin d'Estableau.

Le Rémillon (*Remigiolus*) vient de la Selle-Guénand se jeter dans la Claise.

La Vède ou Veude (*Vedia*) vient d'un peu plus haut que Jaulnay se jeter dans la Vienne au bois de Veude.

Quatorze ruisseaux, indépendamment des rivières, arrosent ainsi chacune des deux parties de la Touraine. Elle n'a point de lacs, mais seulement quelques étangs, dont les plus grands sont ceux de Rillé, du Louroux, de Luzillé, d'Ambillou et de Neuillé-Pont-Pierre.

Nous ajouterons que les principales rivières coulent toutes au midi de la Loire. Le Loir, qui passe au nord, ne fait que côtoyer les limites de la province.

Elle est traversée par deux routes de première classe, toutes deux partant de Paris, l'une passant par Orléans, l'autre par Chartres, et se joignant à Tours pour y continuer les routes de Nantes par Angers, et de Bayonne par Bordeaux. On y compte en outre cinq routes de troisième classe, et onze routes départementales, en sorte qu'elle n'est pas moins bien percée qu'arrosée.

L'élévation moyenne du sol de la province est de 146 mètres au-dessus du niveau de la mer.

Par la douceur de sa température, qui ne comporte habituellement ni les chaleurs excessives, ni les hivers trop rudes et trop prolongés, la Touraine s'est acquis la réputation d'être l'une des provinces les plus agréables de la France. Ses fleuves, ses nombreux ruisseaux, ses coteaux vignobles, ses prairies, ses varennes, la facilité des communications, l'abondance et la beauté des fruits, tout concourt en effet à rendre ce pays aussi cher à ses habitans que recherché par les étrangers, qui, de tout temps, ont eu pour son séjour une prédilection toute particulière. Ce n'est pas que partout le sol y soit au même degré de fertilité, ni que l'agriculture y soit portée au point de perfection qu'elle serait susceptible d'atteindre. Sous ce dernier rapport, elle est encore loin de rivaliser avec quelques autres contrées de la France. Mais sa fécondité naturelle est peut-être le plus grand obstacle aux perfectionnemens ; car c'est surtout dans les pays où le sol est ingrat que l'industrie agricole se développe avec plus d'activité. A l'exception de l'olive, la Touraine produit en tout genre de quoi suffire à tous ses besoins sans recourir à ses voisins, auxquels au contraire elle exporte un superflu assez considérable en vins, fruits et même en céréales, quoiqu'on ait erronément prétendu que ses récoltes étaient au-dessous de sa consommation.

On reconnaissait précédemment en Touraine cinq cantons ou cinq espèces de sol qui différaient de noms, comme ils différaient de qualité. Ces cantons étaient les Varennes, le Véron, la Champaigne, la Brenne et les Gâtines.

Les Varennes, qui règnent entre la Loire et la Cisse depuis Veuves jusqu'à Vouvray au nord, et au midi depuis Mont-Louis jusqu'au Brehemont, entre la Loire et le Cher, sont des terres siliceuses, faciles à cultiver, et où les jachères sont inconnues. Elles produisent du froment, du seigle, de l'orge, du millet, une grande quantité de haricots et de la gaude pour les teinturiers.

Le Véron est une contrée qui, par sa fertilité, se rapproche des Varennes; mais le sol en est plus gras et plus élevé. On y recueille des blés, des vins et d'excellens fruits en abondance, tels que noix, amandes, pruneaux, etc. C'est un petit pays auprès de Chinon qui contient six ou sept communes entre les rivières de Loire, de l'Indre et de la Vienne.

La Champaigne comprend quatorze ou quinze communes situées entre le Cher et l'Indre. C'est un pays assez uni, dont les terres sont grasses et fertiles, surtout en froment.

La Brenne est un petit pays auquel participent plusieurs provinces. Il est nommé en latin *Saltus Brionæ*, c'est-à-dire la forêt de Brionne. C'est ainsi qu'on nommait un grand bois qui couvrait autrefois ce canton, et qu'on a depuis essarté. Il était du diocèse et de la généralité de Bourges, mais du gouvernement de Touraine; de là vient que quelques-uns l'ont mis dans la Touraine, et d'autres dans le Berri. Il n'occupe en Touraine que six ou sept communes entre l'Indre et la Claise. Ce qui se trouve entre la Claise et la Creuse est partie du Poitou, et partie du Berri. C'est une terre humide, marécageuse et couverte d'étangs. Mézières en était la capitale.

Le pays de Gâtines est une petite contrée située au nord de la Loire. Les terres en sont sèches, et par conséquent la culture en est difficile; elles produisent peu de céréales et de fruits. On retrouve dans d'autres cantons de la Touraine, où tout n'est pas *jardin*, beaucoup de terres d'une aussi médiocre qualité. Les landes même n'y sont pas très-rares, et l'on ne voit que trop fréquemment dans les communes du Serrain, de Pernay, d'Ambillou, de Saint-Étienne de Chigny et de Saint-Pater, des terrains couverts d'épines et de bruyères. En général, cette partie du nord est très-aride. On voit même au midi, au-delà du Cher, dans la commune de Miré, un grand espace inculte qu'on nomme les landes de Charlemagne, ou mieux encore de Charles Martel, et qui, depuis dix siècles, n'a pas changé de nature. Ces landes sont consacrées aux pâturages.

Autrefois la Touraine, ainsi que toute la Gaule, était couverte de forêts. On n'y en compte plus aujourd'hui que quatre domaniales, et huit ou dix qui sont des propriétés particulières. Les quatre premières sont: celle d'Amboise, contiguë à celle de Montrichard, contenant ensemble 16,000 arpens, dont 3,000 en haute futaie et le reste en taillis; celle de Loches, qui contient 5,000 arpens en futaie; et celle de Chinon, qui est de 7,000 arpens, aussi toute en bois de futaie, ou propre à le devenir. Toutes ces forêts sont plantées de chênes parmi lesquels il se trouve des hêtres, mais en petite quantité. Les forêts particulières les plus importantes sont celles de Preuilly en haute futaie, de Château-la-Vallière, de Villandri, de Château-Regnault, et quelques autres dont plusieurs sont dans un état complet de dégradation, telle que celle de Larçay.

La Touraine a quelques mines de fer qui ont fait naître les forges de Château-la-Vallière. Le minerai qui les alimente se tire de Saint-Germain, Ambillou, Chenu, la Pâquerie, Brocq, Chaillou, etc. Quant à celles de Preuilly, le minerai est extrait en totalité sur le territoire du Berri.

Le charbon de terre ne se trouve nulle part dans la Touraine, qui, d'un autre côté, renferme une assez grande quantité de carrières de différente nature. Il y a des pierres calcaires tendres dans les coteaux du nord, c'est-à-dire de Cinq-Mars-la-Pile à Roche-Corbon. Ces carrières peuvent fournir du salpêtre en abondance. Les pierres calcaires dures, propres à la construction des ponts et autres édifices, se trouvent au midi de la Loire, dans les communes de Saint-Avertin, d'Athée, de Sainte-Maure et de Marray.

Les pierres propres à faire de la chaux se rencontrent en différens endroits, mais plus abondamment à Pernay et à Notre-Dame-d'Oé. On a peu de carrières de grès; mais on y trouve fréquemment des cailloux ou pavés quartzeux.

Cinq-Mars, la Membrolle fournissent des pierres meulières, mais de petite dimension.

On n'a découvert jusqu'ici ni ardoises, ni marbres, ni salines, ni tourbières. Vers 1686, on découvrit auprès de l'abbaye de Noyers une mine de cuivre, dans laquelle se trouvaient des parties d'or et d'argent. Louis XIV en fit don à un sieur de Pointis (1), qui paraît s'en être fort peu occupé, parce que les essais qu'on en fit alors ne furent pas très-heureux. Mais on n'ignore pas que les mines sont toujours de meilleure qualité à une certaine profondeur qu'à leur superficie. Il est à craindre qu'on n'ait pas mis assez d'importance à cette découverte.

Notre sol abonde en fossiles. On retrouve presque à chaque pas des traces du long séjour que la mer a dû faire sur nos contrées. Beaucoup de pierres calcaires offrent des débris de vis, de cames, de pèlerines, de burcardes, etc. Telles sont entre les pierres empreintes celles dites de Corcheveau, ou plus vraisemblablement de Conchevau (*Concharum vallis*), dont

---

(1) Voyez son article dans le quatrième volume.

la carrière est épuisée, mais qu'on retrouve abondamment dans les démolitions, et même encore dans les parapets du pont de Tours. L'amas le plus considérable de débris de coquilles fossiles qui soit peut-être sur la terre, se trouve aux environs de Manthelan, Bossée, Louans, Sainte-Catherine-de-Fier-Bois, etc. Ces coquilles sont ce qu'on nomme le falun. Les falunières ont de quatre à cinq lieues de longueur de l'est à l'ouest, sur à peine deux lieues de largeur. Le falun comprend des coquilles marines de presque toutes les familles, les unes plus rares, les autres plus communes. Parmi les plus rares, nous citerons les oreilles de mer, les oursins, et surtout les cames, les cœurs et les peignes avec leurs deux valves. Beaucoup de ces coquilles sont d'une extrême petitesse; la plupart sont broyées en fragmens très-menus. Toutes sont dépouillées de leur nacre, qui ne se fait remarquer que sur des pèlerines de très-petite dimension, qui conservent encore une partie de leur couleur intérieure.

On sait généralement de quelle importance sont les falunières pour améliorer les terres, dans lesquelles elles remplacent avec avantage la marne et les autres engrais, au point qu'un arpent de terre faluné peut, avec une dépense de 100 à 150 liv., doubler les récoltes pendant une vingtaine d'années.

On trouve sur la côte au nord de la Loire des débris de térébratules striées et des huîtres à râteau. On voit aussi fréquemment à l'état de silex des polypiers-alcyonites fossiles, qu'à raison de leur forme on nomme ficoïdes, et d'autres qu'on pourrait aussi nommer fungoïdes ou agaricoïdes.

Le bois à l'état de silex est assez commun en divers cantons.

Des fouilles faites à Verets, en 1750, par le duc d'Aiguillon, ont prouvé que ce coteau renfermait des agates et des cailloux susceptibles de recevoir le plus beau poli.

Les eaux minérales sont très-rares en Touraine. On en connaît à Semblançay et à Vallers. Elles n'ont aucune réputation, et cet oubli nous semble injuste à l'égard de celles de Semblançay; celles de la Roche-Posay en ont davantage.

Il existe dans la commune de Savonnières, auprès du château de Villandry, autrefois Colombiers, des souterrains naturellement creusés dans le rocher, appelés Caves-Gouttières, assez semblables aux grottes d'Arcy. L'eau qui s'écoule des voûtes forme des ruisseaux, et dépose en même temps une chaux-carbonate blanche et diaphane. De ces dépôts naissent des pierres si dures, que, même avec le marteau, il est difficile de les rompre. Les stalactites qu'on détache avec peine des voûtes du rocher offrent une sorte de bel albâtre susceptible d'être travaillé avec succès.

La fontaine qui joint la pièce d'eau de la maison de la Rabière, commune de Joué, fournit aux plantes marécageuses qui naissent dans les terres où ses eaux séjournent une incrustation pierreuse, ou plutôt un fourreau lapidifique blanchâtre qui les conserve dans leur entier.

On voit à Rigny-sur-l'Indre, entre Ussé et Rivarennes, une fontaine qui tarit et qui reparaît plusieurs fois dans le jour. La source est intermittente toute l'année, différente en cela de la source du Lers, petite rivière du comté de Foix, qui tarit et reparaît également vingt-quatre fois par jour, mais dont le cours n'est intermittent que dans les mois de juin, juillet et août.

Dans la commune de Betz, canton de Ligueil, est le petit étang de Gênault, d'environ trois arpens de surface, dont les eaux ont la propriété de former des pétrifications plus ou moins parfaites; mais cette vertu ne s'exerce que sur le bois seulement, auquel elles donnent différentes couleurs, telles que le brun, le jaune, le rouge et le violet, tout en conservant les caractères distinctifs du bois, c'est-à-dire l'écorce, l'aubier, le bois et le cœur. Baptiste Fulgose a jugé cet étang digne de figurer dans son Recueil des choses mémorables; et le président Chasseneux, dans son Catalogue de la Gloire du monde, a cru de même devoir en faire mention.

On trouve encore dans la commune d'Esves-le-Moutier des fontaines très-limpides qui rougissent les pierres blanches, après qu'elles y ont séjourné l'espace d'un mois; ce qui leur a fait donner le nom de Fontaines-Rouges.

L'arbre qui presque seul compose les forêts de Touraine est le chêne, *quercus robur* de Linnée. On en distingue deux variétés : l'une fournit un gland assez gros; l'autre le donne plus petit, mais plus abondamment. On nomme celui-ci chêne-duyer. Les autres arbres forestiers n'y sont que disséminés en très-petite quantité. On y distingue cependant le châtaignier, *fagus castanea*, qui autrefois s'y trouvait bien plus communément. Il serait important de l'y multiplier, ainsi que le hêtre, *fagus sylvatica.* L'orme, *ulmus campestris*, ne se trouve point dans les forêts; mais il est commun dans les campagnes, et forme la majeure partie des bordures des terres et de ce qu'on appelle arbres épars. Nous croyons inutile de détailler les autres espèces, parce qu'elles n'ont rien qui ne leur soit commun avec celles des autres provinces du centre. Il en est de même des arbres fruitiers, des arbrisseaux et des plantes.

Cependant, à l'égard de ces dernières, nous observerons qu'il en est une demi-douzaine que les botanistes indiquent comme ne se trouvant ordinairement que dans les pays méridionaux. Nous nous bornerons donc à les indiquer, sans reproduire ici une longue nomenclature de plantes qui se rencontrent partout.

1° *Crucianella spicata angustifolia;* la croisette à épi, du genre des campaniformes. Linn. spec. 157. Elle se trouve dans les lieux stériles et incultes des contrées méridionales; mais on la voit dans les champs de Saint-Pierre-des-Corps à main droite, sur le chemin de la Ville-aux-Dames, ainsi que dans le canal de Sainte-Anne.

2.° *Malva fastigiata;* la mauve pyramidale, du genre des campaniformes. Elle croît dans la varenne de la Riche, près la levée de la Loire. M. de Lamarck l'a trouvée au Mont-d'Or. Cette plante très-belle mérite d'être cultivée dans les jardins.

3° *Scrophularia vernalis*; scrophulaire précoce. Linn. sp. 864, du genre des personnées. Elle croît dans le Languedoc; cependant on la trouvait à Marmoutier derrière l'église, et plus tard parmi ses décombres.

4° *Satureia juliana*; la sarriète vraie, du genre des labiées. Quoiqu'elle ne vienne habituellement que dans les lieux montagneux et stériles du midi, on la trouve comme la précédente, sur les murs de Marmoutier, et parmi ses décombres.

5° *Hyssopus officinalis*; l'hysope officinal. Linn. sp. 796, du genre des labiées. Elle est assez commune sur les rochers de Vouvray le long de la vallée Charretière, et même à Marmoutier, dans les cours et parmi les décombres. On la trouve aussi dans les environs de Mantes, quoiqu'elle ne soit guère connue qu'en Provence.

6° *Helianthemum immaculatum*; le ciste hélianthème sans tache, variété de l'*helianthemum guttatum*, du genre des rosacées. On le trouve dans un petit bois que l'on rencontre sur le chemin de la Ville-aux-Dames, et dans les champs qui sont entre ce village et la Loire. Cette plante, assez commune, n'a été connue ni de Linnée ni de Tournefort. M. Ramond est le premier qui en ait parlé dans son voyage au Mont-Perdu, l'ayant découverte aux environs de Tarbes et de Barèges.

Les animaux domestiques de la Touraine offrent

des chevaux de médiocre race, des ânes très-petits et fort peu de mulets. L'abondance des pâturages semblerait devoir y appeler l'établissement de quelques haras pour y régénérer les espèces. Les bœufs et les vaches y sont de même de race très-médiocre. Les bœufs, destinés à la consommation, sont en grande partie achetés dans l'Anjou et le Poitou. La police des villes n'a jamais exercé sa surveillance sur les veaux, qu'on livre aux bouchers lorsqu'ils sont à peine âgés de trois semaines.

La race des moutons n'est pas plus belle; généralement mal soignés, ils ne donnent qu'une laine assez grossière.

Ainsi que chez nos voisins, parmi les animaux sauvages, le plus redoutable pour le bétail est le loup; pour la basse-cour, le renard; pour les lieux cultivés, le sanglier; pour les vignes, le blaireau; pour les prés, la taupe; pour les étangs, la loutre. On ne trouve que trop ces animaux dans toute la province. Il faut y ajouter le cerf, le chevreuil, le mulot, la belette, la fouine et le putois.

Les oiseaux soit domestiques, soit sédentaires et de passage, ne se distinguent par aucune variété particulière de ceux des provinces du centre.

Les reptiles sont : le petit lézard gris, le lézard vert, dont la morsure n'est pas sans danger; la couleuvre commune, l'aspic et l'orvet commun.

Les poissons de rivière et d'étang sont : la lamproie, le saumon, l'alose, l'anguille commune, la plie, le brochet, la carpe, la vaudoise, la brême, le barbeau, le goujon, le gardon, le dard, l'able, la tanche et la perche.

Parmi les mollusques vivans, on compte la limace rouge, la grande limace brune, la petite limace grise, le planorbe-cornet, le limaçon des vignes, le limaçon des vergers, la livrée, la buline des étangs, l'anadontite des étangs et la moule des peintres.

Au nombre des crustacées sont l'écrevisse, la petite crevette et quelques monocles.

Il serait beaucoup trop long de faire ici l'énumération des insectes, d'autant plus qu'il n'en est aucun qui soit particulier à la province.

Indépendamment des forges dont nous avons fait mention en parlant des mines de fer, on compte en Touraine quelques autres usines, à la tête desquelles on peut mettre la belle poudrerie du Ripault, sur l'Indre, non loin de Montbazon, qui a dû la naissance à M. Riffaut des Êtres, alors commissaire, et depuis administrateur-général des poudres, dont les sciences et l'amitié ont eu récemment à déplorer la perte. Ce grand établissement a été porté à sa perfection par les soins de M. Baritot, digne, sous tous les rapports, de succéder à celui qui l'avait créé.

Nous placerons après la manufacture de limes établie à Amboise, et protégée dans son principe par le duc de Choiseul, mais qui s'est agrandie et perfectionnée en devenant la propriété de M. Saint-Bris, qui déjà nous a affranchis d'une partie du tribut que nous étions obligés de payer à l'étranger pour ce genre de produits industriels.

M. Pécard-Taschereau nous a rendu le même service, en introduisant à Tours la fabrication du minium, qui nous rendait également tributaires de l'étranger.

Nous ne parlerons point des fabriques de faïence et de poteries, qui n'ont fait aucuns progrès, et qui ne se distinguent ni par la solidité, ni par l'élégance des formes.

Les papeteries sont peu nombreuses. On en compte à peine quatre ou cinq, d'où il ne sort que des papiers de médiocre qualité.

Les manufactures sont de trois espèces : la draperie, la soierie et la tannerie.

La draperie fut établie à Tours en vertu de lettres patentes de Charles VII, données à Bourges le 6 mars 1460. Les draps qu'on y fabriquait étaient autrefois fort estimés. On y a compté plus de 250 métiers et plus de 120 maîtres. Différentes causes, en tête desquelles on peut mettre l'introduction des fabriques de soierie, ont contribué à anéantir ce genre d'industrie, qui ne se conserva avec activité que dans les villes d'Amboise et de Beaulieu, mais pour les gros draps seulement.

La tannerie fut ensuite très-florissante. On assure que le nombre des tanneurs, tant à Tours qu'à Amboise et Château-Regnault ne s'élevait pas à moins de 400. Aujourd'hui l'on compterait à peine une soixantaine d'ateliers en ce genre; encore ne sont-ils occupés qu'à la corroierie. Le commerce d'exportation des cuirs a dû décroître en proportion.

La soierie, quoique introduite la dernière en Touraine, n'en fut pas moins la branche d'industrie la plus importante et la plus renommée ; elle fut établie en 1480 par lettres patentes de Louis XI. Elle était parvenue à un tel degré de perfection, qu'on a autrefois exporté ses étoffes dans l'Inde. Son produit net était alors de plus de dix millions par an. Thibault-le-Pleigney, auteur de *la Décoration du pays et duché de Touraine*, s'exprimait ainsi en 1541 : « Et « n'y a ville pour ce jourd'hui en chrestienté où il se « fasse tant de draps de-soie que en ladicte ville et « fauxbourgs de Tours. Pareillement se faict grande « quantité de fustaines, serges, demyes oustades, ta-« pisseries, rubans, coustes, broderies, et tant d'aul-« tres choses, qu'il n'est possible d'en escrire la moic-« tié. »

Tel était encore à Tours, en 1636, l'état des fabriques de soieries. Mais, en 1698, après la révocation de l'édit de Nantes, le nombre des métiers de 8,000 était réduit à 1,200, et les ouvriers en tout genre, de 40,000, étaient tombés à 4,000. Les persécutions et les cruautés qu'eut à souffrir ce qui restait encore de protestans sur la fin du règne de Louis XIV et sous celui de Louis XV, achevèrent la ruine de cette précieuse industrie, qui ne fit plus que languir, et dont il reste à peine aujourd'hui quelques traces chez une douzaine de fabricans, qui n'ont, pour ainsi dire, conservé que la tradition.

On peut assigner trois causes principales à la décadence progressive de la fabrique de soieries à Tours.

1° L'expulsion des protestans, presque tous livrés à la fabrique et au commerce de la soie, et par conséquent l'absence des capitaux considérables qui les suivirent dans leur exil.

2° La cupidité coupable de certains fabricans de Tours, qui, moyennant quelques avantages personnels, se prêtèrent à rendre la ville de Lyon l'entrepôt des soies venant du Piémont et de l'Italie; d'où il résultait que les soies étaient non-seulement plus chères, mais encore que l'on n'expédiait à la fabrique rivale que celles de la plus médiocre qualité.

3° Enfin la sottise et la vanité de la plupart des négocians enrichis, qui se hâtaient d'acquérir quelque charge procurant la noblesse, et qui abandonnaient le commerce au moment où leur fortune leur aurait permis d'y donner une plus grande extension. Encore si leurs fils avaient suivi la même carrière! Mais craignant de déroger à leur récente noblesse, ils dissipaient bientôt dans l'oisiveté une fortune acquise par d'honorables travaux. La ville de Lyon suivit une marche toute contraire, et bientôt celle de Tours fut hors d'état de soutenir la concurrence.

Avec aussi peu de produits industriels, la Touraine s'est vue en quelque façon réduite à ceux de son sol. Ainsi nous pouvons considérer ses exportations de la manière suivante.

Laines, grosses draperies, soieries fabriquées.
Vins blancs de Vouvray, pour la Belgique.
Vins rouges et blancs, pour Paris.
Haricots, fèves, pois, pour la marine.

Farines blutées pour Nantes.
Fruits verts, cuits, confits.
Graine de trèfle pour l'Angleterre.
Anis, réglisse, coriandre, chanvre, cire, miel.
Cuirs fabriqués.

Les importations consistent d'abord en objets étrangers au sol, tels que sel, huile et denrées coloniales; et de plus en

Verreries, faïences, porcelaines.
Étoffes de coton, mousselines, percales.
Toiles fines, draps fins, merceries, quincailleries, chapellerie.
Soieries de Paris, de Lyon, d'Italie.
Métaux.
Chevaux de luxe et de trait, bœufs pour consommation.
Suifs, chandelles, bougies, papiers.
Matériaux de construction, bois de tonnellerie.
Articles de modes et d'ameublemens.

Avec plus d'activité, plusieurs de ces objets auraient pu et pourraient encore se confectionner dans le pays; mais c'est précisément cet esprit actif et entreprenant qui manque à l'habitant de la Touraine. Modéré dans ses goûts, exempt de passions fortes, rarement stimulé par ce sentiment ambitieux qui porte aux grandes entreprises, il s'arrête au point où commence pour lui une aisance honnête, et les exceptions en ce genre ne sont pas très-communes. Il est d'ailleurs d'un caractère doux, affable, prévenant, quoique naturellement un peu frondeur. Né avec beaucoup d'esprit, il néglige peut-être trop de le cultiver, et de remplacer par des connaissances positives ce qui lui manque en imagination. Si la Touraine a produit des hommes recommandables dans les lettres et dans les arts, il en est fort peu dont les ouvrages aient été marqués au coin du génie. L'esprit, les mœurs, le caractère, tout en général y porte l'empreinte douce et molle du climat. On ne sera donc point surpris qu'elle n'ait encore offert aucun poète dans la rigoureuse acception de ce mot, c'est-à-dire, réunissant la verve, l'invention, le feu qui constituent essentiellement la poésie; nous n'en excepterons pas même Racan. Un fait assez remarquable, c'est que les meilleurs poètes nés sous son climat sont des poètes latins, tels que Piellé, Rapin, Commire et Quillet. Malgré cette observation, on verra dans la dernière partie de cet ouvrage un grand nombre de talens en tout genre se grouper autour de quelques grandes réputations faites pour donner de l'éclat au lieu de leur naissance, quel que fût le pays où ils eussent vu le jour.

Après avoir traité de ce qui existe encore, il nous reste à parler des institutions qui existaient, et qui ont disparu avec le nouvel ordre de choses, c'est-à-dire, du gouvernement intérieur de la province, afin de faire connaître à ceux qui viendront après nous la forme d'administration, les lois et les coutumes qui existaient avant eux.

La Touraine fut érigée en gouvernement-général, en 1545. Elle avait en conséquence un gouverneur, un lieutenant-général et un lieutenant-de-roi pour la province, et quelques gouverneurs particuliers de villes et châteaux, savoir ceux du château du Plessis-lès-Tours, du château de Tours, de la ville de Loches, de la ville et du château d'Amboise, sous lesquels il y avait un lieutenant-de-roi ; de la ville et du château de Chinon ; enfin de la ville et du château de Loudun.

Toute la province était du ressort du parlement et de la cour des aides de Paris. Elle avait une coutume particulière rédigée à Langeais en 1460, par ordonnance de Charles VII, et confirmée par lettres patentes de Louis XI du mois de février 1461, réformée ensuite en 1507 et 1559. Les tribunaux établis pour l'administration de la justice consistaient en deux présidiaux, Tours et Chatillon-sur-Indre. Le bailliage et le présidial de Tours étaient réunis. De plus, quatre sièges royaux : Tours, Loches, Chinon et Langeais ; et trois bailliages royaux : Amboise, Loudun et Montrichard.

Le présidial de Tours fut érigé en 1551, au mois de janvier. Il fut d'abord composé de huit conseillers, auxquels on ajouta depuis deux présidens, l'un en 1557 et l'autre en 1633. Il y eut successivement d'autres créations, savoir : un lieutenant-général civil, un lieutenant-criminel, un assesseur, dix-neuf conseillers y compris le conseiller d'honneur et deux conseillers honoraires, deux avocats du roi et un greffier criminel. Son ressort se composait des sièges royaux de Tours, Chinon, Loches, Langeais, ainsi que des bailliages de Loudun et d'Amboise.

Le présidial de Chatillon, créé en 1561, étendait

3.

son ressort plus en Berri qu'en Touraine, où il n'avait que la partie du bailliage de Montrichard qui se trouvait dans la province.

Les sièges royaux avaient chacun un président, un lieutenant-général civil, un lieutenant particulier, six conseillers, un avocat, un procureur-du-roi et deux greffiers.

Les bailliages royaux d'Amboise et de Loudun avaient chacun un bailli de robe longue, un lieutenant et les autres officiers ordinaires.

Par édit du mois de février 1689, Louis XIV créa un grand-maître des eaux et forêts au département de Touraine, avec une maîtrise particulière à Tours, composée d'un maître particulier, un lieutenant, un procureur-du-roi, un garde-marteau, un greffier et deux gardes.

Depuis la déclaration du roi du 9 avril 1720, il n'y avait plus pour la maréchaussée de la Touraine que deux lieutenans du prévôt-général, établis à Tours, avec un assesseur, un procureur-du-roi et un greffier. Le prévôt-général faisait sa résidence à Angers. Avant cette déclaration, il y avait en Touraine quatre prévôts des maréchaux, savoir : à Tours, un prévôt-général et un prévôt provincial, un à Loudun, un à Chatillon, et un lieutenant de robe courte à Amboise.

Le prévôt-général de Tours avait sous lui deux lieutenans, un assesseur, un commissaire, un procureur-du-roi, deux exempts et trente archers; le prévôt provincial avait les mêmes officiers et dix-neuf archers : il avait aussi sous lui les prévôts de Loches, de Montrichard, de Chinon et de Langeais, qui n'étaient proprement que ses lieutenans dans leurs résidences.

Parmi les seize élections de la généralité, il n'y en avait que six qui fussent de la Touraine : Amboise, Loches, Chinon, Richelieu, Loudun et Tours. Elles avaient chacune un président, un lieutenant, quatre élus, un procureur du roi et un greffier. La ville de Tours, comme capitale, avait sept élus et un assesseur.

On comptait dans la province dix greniers à sel : Tours, Amboise, Chinon, Loches, Langeais, Montrichard, La Haye, Neuvy, Sainte-Maure et Preuilly, ayant chacun un président, un grènetier, un contrôleur et un greffier.

Les villes de Tours, d'Amboise, de Chinon, de Loches et de Loudun avaient chacun leur maire et leurs échevins. Toutes ces mairies avaient leur juridiction, et connaissaient des causes relatives aux manufactures.

La juridiction consulaire de Tours fut établie par un édit de Charles IX, donné à Beaugency au mois d'avril 1563 (1564 n. st.), vérifié au parlement le 7 juin suivant et enregistré au présidial le 7 décembre de la même année. Elle connaissait, sous l'appel au présidial de Tours, et jusqu'à la somme de 500 liv. souverainement, de toute affaire entre marchands relative au commerce, et se composait d'un grand-juge et de deux consuls élus tous les ans au mois d'octobre par le corps des marchands, et en outre de douze conseillers à la nomination des consuls. C'est la seule institution judiciaire qui se soit conservée entière sous le nom de tribunaux de commerce.

L'hôtel des monnaies de Tours et celui de Paris étaient les deux plus anciens, quoique Tours, par sa lettre distinctive E, n'occupât que le cinquième rang. Sa juridiction était composée de deux juges-gardes, d'un procureur-du-roi et d'un greffier pour connaître en première instance, tant au civil qu'au criminel, de tout ce qui concernait les monnaies, les arts et métiers qui emploient l'or et l'argent. Elle s'étendait sur toute la Touraine et sur une partie du Maine.

Toutes les pièces frappées à la monnaie de Tours s'appelaient jadis Tournois, de même qu'on appelait Parisis celles qui étaient fabriquées à Paris. Il n'est rien de plus commun dans les anciens titres que les livres et les sous tournois; il y en avait déjà du temps des Romains. Bouteroue en a fait graver quelques-uns dans son Traité des monnaies de France. On en frappait sous les rois de la première race, et Grégoire de Tours rapporte un miracle arrivé de son temps à l'égard de la femme d'un monnayeur de Tours nommée Rigalie.

Au reste, la ville de Tours n'était pas la seule de la province qui eût le privilège de battre monnaie. De vieux titres nous apprennent qu'on en a frappé à Loches et à Chinon. Nous possédons encore quelques-unes de ces dernières, sur lesquelles on lit : *Caïno castrum*, et qui semblent appartenir au règne de Louis-d'Outre-Mer.

Il paraît, par le testament de Foulques-Nerra, daté de l'an 1010, qu'il transféra à l'abbaye de Beaulieu le droit qu'il avait de faire battre monnaie dans la ville de Loches. Mais, dans ce cas, ces pièces ne pourraient être considérées que comme monnaies particulières, ou monnaies des comtes d'Anjou et de Loches. Nous voyons au contraire, par un ancien manuscrit sur les monnaies de France depuis 1410 jusqu'à 1463, que le dauphin Charles, ayant pris le gouvernement de l'état pendant la maladie de Charles VI son père, passa, le 12 octobre 1419, un bail général des monnaies du royaume à Marc de Batons, à la condition d'en fabriquer à Loches et à Chinon, à la place de quelques villes alors occupées par les Anglais; mais il serait difficile de les reconnaître aujourd'hui.

L'hôtel des monnaies de Tours fut supprimé ainsi que douze autres, par l'édit du mois de février 1772.

Nous n'avons pas beaucoup à nous étendre sur l'ancien état de la Touraine par rapport aux finances. Il suffira de dire que toutes les impositions, tant ordinaires qu'extraordinaires, établies dans les autres provinces du royaume, se trouvaient cumulées dans celle-ci. Aides, grande et petite gabelles, octrois, vingtièmes, capitation, tailles, corvées, rien ne lui était épargné : de là la surcharge qu'elle supporte encore dans la nouvelle répartition.

Le bureau des finances fut établi à Tours au mois d'octobre 1551. Dans les derniers temps, il était composé d'un premier-président, de vingt trésoriers de France, dont les quatre plus anciens prenaient la qualité de contrôleurs-généraux des finances, de deux avocats, deux procureurs-du-roi et deux greffiers. Ces charges donnaient la noblesse après vingt ans d'exercice ou en mourant en fonctions.

Telles étaient les différentes juridictions par lesquelles la justice était administrée en Touraine, sans y comprendre les justices seigneuriales, connues alors sous le nom de hautes et basses justices.

Nous terminerons par observer que les trois provinces de Touraine, d'Anjou et du Maine, qui formaient la généralité de Tours, avaient déjà été unies dès l'année 822 par Louis-le-Débonnaire, quand il divisa ses états en neuf grands départemens, qu'on appelait alors *Missatica*. Cette réunion exista toujours depuis, même sous les comtes héréditaires. La généralité de Tours fut une des seize premières qui furent instituées par l'édit de François Ier, du 7 décembre 1542 ; car on sait qu'avant lui la France était partagée en quatre départemens, sous autant de généraux des finances, d'où ils prirent le nom de généralités, qu'ils conservèrent par la suite.

Nous ajouterons que la généralité de Tours occupait le quatrième rang parmi les trente-deux qui composaient le royaume. La totalité de son impôt était de 30,000,000 pour une population de 1,338,700 ames, donnant par tête 22 liv. 8 s.

Les généralités d'un ordre supérieur étaient celles de

L'Île-de-France et Sens, payant 114,500,000 liv. pour 1,781,700 habitans, ou 64 liv. 5 s. par tête.

La Normandie et le Grand-Perche, 57,000,000 pour 1,913,000 habitans, ou 29 liv. 16 s. par tête.

Le Languedoc, 37,500,000 pour 1,699,000 habitans, ou 22 liv. 1 s. par tête.

Peut-être eût-il été convenable de faire ici mention de l'intendance de la généralité de Tours; mais il en sera traité plus particulièrement dans le chapitre de cet ouvrage consacré à l'histoire des intendans.

Les armoiries de la province étaient de gueules, au château d'argent et à la bordure componée de Jérusalem et de Naples-Sicile; mais cette bordure ne peut avoir été ajoutée que postérieurement à l'année 1383, lorsque Louis 1er, fils du roi Jean, duc d'Anjou et de Touraine, se fut mis en possession de la couronne de Naples.

CHRONOLOGIE

DES ROIS, COMTES, DUCS, ETC.,

QUI ONT GOUVERNÉ LA TOURAINE.

Jules César arrive dans les Gaules l'an de Rome 696, environ 58 ans avant l'ère vulgaire.

Depuis ce temps, les Turones restent sous la domination des Romains pendant l'espace de 538 ans, sous des comtes ou gouverneurs dont beaucoup nous sont inconnus.

1. Anicien, comte de Tours ou de Touraine, dans le quatrième siècle, sous l'épiscopat de saint Martin.

2. Agilon, comte de Tours, dans le cinquième siècle, sous l'épiscopat de saint Perpet.

Les Visigoths s'emparent de la Touraine l'an   480

La Touraine passe sous la domination de Clovis l'an   506

Clovis meurt le 27 novembre en 511.

Clodomir. Dans le partage des états de Clovis, la Touraine fait partie du royaume d'Orléans ou de Bourgogne, dévolu à Clodomir.   511

Clodomir meurt en 524.

Clotaire, roi de Soissons, s'empare de la Touraine en   524

3. Alpin, comte de Tours sous Clotaire.
Clotaire meurt l'an 561.
Caribert, son fils aîné, roi de Paris, reste maître de la Touraine. 561
4. Gaïson, comte de Tours, sous Caribert.
Caribert meurt sur la fin de l'année 567.
Sigebert, frère de Caribert. Par le partage du royaume de Paris, Sigebert, roi de Metz ou d'Austrasie, obtient la Touraine en 567
Chilpéric, roi de Soissons, autre frère de Caribert, usurpe la Touraine sur Sigebert en 572
Sigebert meurt au mois de décembre 575. Chilpéric continue de régner sur la Touraine.
5. Leudaste, comte de Tours sous Chilpéric.
6. Eunomius, comte de Tours.
Bérulfe, duc de Tours.
Chilpéric est assassiné à Chelles en 584.
Gontran, roi d'Orléans ou de Bourgogne, s'empare de la Touraine immédiatement après la mort de son frère Chilpéric, en 584
Childebert. Un an après, Gontran remet la Touraine à son neveu Childebert, roi d'Austrasie. 585
7. Ennode, duc de Tours.
8. Éborin, comte de Tours.
Mort de Childebert en 595.
Thierri II, roi de Bourgogne, second fils de Childebert, a la Touraine en partage. 595
Clotaire II, roi de Soissons, fils de Chilpéric

et de Frédégonde, réunit en sa personne toute la monarchie française. 613

Depuis cette réunion, la Touraine reste soumise aux rois de France pendant toute la durée de la première et de la deuxième race, à l'exception de quelques parties qui dépendaient du royaume d'Aquitaine. Mais la monarchie ayant encore été partagée en royaume de Neustrie et royaume de Bourgogne, nous continuons à indiquer les souverains qui ont possédé la Touraine.

Dagobert Ier en	628
Clovis II en	638
Clotaire III en	656
Thierri III en	670
Clovis III en	691
Childebert III en	695
Dagobert III en	711
Chilpéric II en	715
Thierri IV en	720
Childéric III en	742
Pepin, chef de la seconde race, proclamé roi de toute la monarchie en	752
Charlemagne, avec son frère Carloman, en	768
Louis-le-Débonnaire succède à son père Charlemagne en	814

9. Robert Ier, comte de Tours en 818.

Charles-le-Chauve succède à Louis-le-Débonnaire en 840

10. Robert II, dit le Fort, fils de Robert Ier, comte de Tours en 861, mort en 867.

11. Hugues Ier, dit l'Abbé, beau-fils de Robert-le-Fort, comte de Tours en 876, meurt en 886.

Charles-le-Gros, non compté par les historiens au nombre des rois de France.   884

12. Eudes, comte de Tours en 886.

13. Robert III, comte de Tours par cession de son frère Eudes, appelé au trône de France.

Eudes est élu à la place de Charles-le-Gros en   887

Sous lui, nous voyons, indépendamment de Robert III, comte de Tours,

Ingelger, sénéchal de Touraine.

Adralde, vicomte de Tours.

Thibaut, vicomte de Tours.

Charles-le-Simple, seul en   893
Robert Ier en   922
Raoul ou Rodolphe en   923

14. Hugues-le-Grand succède à son père Robert III, mort en 923.

15. Thibaut, dit le Tricheur, comte de Tours, par la cession que lui fait Hugues-le-Grand, son cousin-germain, en 941.

COMTES HÉRÉDITAIRES DE TOURAINE.

1. Thibaut, dit le Vieil ou le Tricheur, d'abord simple comté de Tours, rend son comté tout-à-fait héréditaire en   940

2. Eudes Ier, son fils, lui succède après sa mort en ... 978

3. Thibaut II, fils aîné de Eudes Ier, mort en 995, lui succède en ... 995

Il meurt en 1004.

4. Eudes II, fils puîné de Eudes Ier, succède à son frère en ... 1004

Il meurt en 1037.

5. Thibaut III succède à son père Eudes II en ... 1037

Il perd la bataille de Nouy près Mont-Louis, et la Touraine passe alors sous la domination des comtes d'Anjou.

6. Geoffroy Ier, surnommé Martel, comte d'Anjou et de Touraine, en ... 1044

7. Geoffroy II, dit le Barbu, neveu de Geoffroy Martel, lui succède en ... 1060

Il est dépossédé par Foulques-Réchin, son frère, qui le retient prisonnier au château de Chinon.

8. Foulques Ier, surnommé Réchin, par usurpation sur son frère, en ... 1067

Geoffroy-le-Barbu, délivré de sa captivité, abandonne ses états à son neveu Geoffroy, fils de Foulques-Réchin.

9. Geoffroy III, second du nom de Martel, comte de Touraine, en ... 1096

Il meurt en 1106, et son père Foulques-Réchin en 1109.

10. Foulques II, dit le Jeune, fils de Foulques-Réchin, en ... 1106

Il part pour Jérusalem en 1128, et cède ses états à son fils Geoffroy-le-Bel.

11. Geoffroy IV, dit le Bel, fils aîné de Foulques II, en   1128

Il épouse Mathilde d'Angleterre, qui lui apporte le comté du Maine en mariage. Il meurt le 7 septembre 1151.

Ses deux fils, Henri duc de Normandie, depuis roi d'Angleterre, et Geoffroy, dit Plantagenet, se disputent la possession de l'Anjou, du Maine et de la Touraine. Geoffroy l'emporte.

12. Geoffroy V, dit Plantagenet, en   1151

Il en est dépouillé l'année suivante par son frère Henri.

13. Henri II, roi d'Angleterre, comte d'Anjou, du Maine et de Touraine, en   1152

Geoffroy meurt en 1159, et Henri en 1189.

14. Richard Cœur-de-Lion, roi d'Angleterre, comte des trois provinces, en   1189

Jean-sans-Terre, son frère, s'empare des trois provinces en 1193.

Il en est chassé et obtient son pardon de Richard en 1194.

Richard meurt le 6 avril 1199.

Le comté de Touraine ainsi que les deux autres sont disputés par Jean-sans-Terre à Artus son neveu, duc de Bretagne.

15. Artus, fils de Geoffroy II, roi d'Angleterre, légitime comte de Touraine, en   1199

Il est assassiné par Jean-sans-Terre en 1203.

La Touraine est confisquée sur Jean-sans-Terre par arrêt de la cour des Pairs de France, et réunie à la couronne par Philippe-Auguste en 1204

DUCS APANAGISTES DE TOURAINE.

1. Jeanne de Bourgogne, reine de France, femme de Philippe de Valois. Quoique la Touraine ne fût encore considérée que comme comté, on voit par son contrat de mariage que Philippe lui assure pour son douaire le duché de Touraine, dont il donne ses lettres patentes, datées d'Arras au mois d'août 1328

2. Philippe duc d'Orléans, second fils de Philippe de Valois. La reine Jeanne étant morte avant son mari, le douaire n'a pas lieu, et le roi donne la Touraine avec le titre de duché, en augmentation d'apanage à Philippe d'Orléans, en 1346

3. Philippe, quatrième fils du roi Jean, depuis duc de Bourgogne, a pour apanage la Touraine, dont son prédécesseur portait déjà le titre de duc en 1356, mais dont l'érection ne se trouve plus à la Chambre des comptes. 1360

4. Charles, fils aîné du roi Jean, obtient, en qualité de dauphin, la Touraine comme augmentation d'apanage. En conséquence, le roi la retire à Philippe par lettres patentes données à Saumur au mois de décembre 1363

5. Louis, troisième fils du roi Jean, par lettres patentes données au château du Golet le 18 avril 1364, obtient de son frère, devenu roi de France, la promesse du duché de Tours en augmentation d'apanage. Cette promesse est effectuée par les lettres patentes du mois de mai . 1370

6. Louis Ier d'Anjou, roi de Sicile, fils du précédent, lui succède comme duc de Touraine, en 1384, et, par son testament, institue son fils Louis II héritier de ce même duché, malgré la clause de retour. 1384

7. Louis III de France, fils du roi Charles V, et depuis duc d'Orléans, obtient le duché de Touraine, dont son frère Charles VI lui fait don par lettres patentes du mois de novembre 1386, sans avoir égard aux dispositions illégales du roi de Sicile, qui ne tendaient à rien moins qu'à rendre l'apanage héréditaire. 1386

8. Jean, quatrième fils du roi Charles VI, obtient l'apanage du duché de Touraine, par lettres patentes du 16 juillet 1401.

9. Charles, cinquième fils du roi Charles VI, depuis roi de France sous le nom de Charles VII, obtient le même apanage par lettres patentes données à Paris le 15 juillet 1416

Artus de Bretagne, comte de Richemont, connétable de France, porte le titre de duc de Touraine, dont l'investit en 1423 le duc de

Betfort, se prétendant alors régent de la France.

10. Marie d'Anjou, reine de France, femme de Charles VII, sans égard à la nomination du comte de Richemont, a pour douaire le duché de Touraine, par lettres patentes datées de Bourges le 27 mai — 1423

11. Archibald ou Archembaut, comte de Douglas en Écosse, obtient, comme récompense des services rendus à Charles VII en amenant des troupes à son secours, le duché de Touraine pour lui et ses descendans, par lettres patentes datées de Bourges le 19 avril — 1424

12. Louis d'Anjou, troisième du nom, fils aîné de Louis II, roi de Naples, a le duché de Touraine à titre d'engagiste, par lettres patentes expédiées à Angers le 21 octobre 1424, le comte de Douglas et son fils ayant été tués dans cette même année. Leurs successeurs dans le comté de Douglas ayant été autorisés à porter seulement le titre de ducs de Touraine. — 1424

Jean Fitz-Salam, comte d'Arundel, prend le titre de duc de Touraine, en vertu du don que lui fait de l'apanage de cette province, vers l'an 1431, Henri VI, roi d'Angleterre, qui se disait roi de France.

13. Éléonore d'Autriche, femme du roi François Ier, a pour partie de son douaire le duché de Touraine, dont elle entre en possession en — 1547

14. Marie Stuart, reine de France et d'Écosse, femme du roi François II, par son contrat de mariage du 19 juillet 1558, a pour douaire la Touraine, dont elle touche les revenus après avoir quitté la France, et quoique prisonnière à la Tour de Londres, jusqu'à la catastrophe qui la fit périr sur l'échafaud. 1558

15. François, cinquième fils du roi Henri II, connu sous le nom de duc d'Alençon, obtient le duché de Touraine comme augmentation d'apanage, par lettres patentes données au mois de mai 1576, au moyen d'un dédommagement accordé à Marie Stuart. 1576

Depuis ce moment la Touraine ne fut plus l'apanage d'aucun prince de la famille royale. A la vérité, Louis XIV eut une fille naturelle, Louise-Marie-Anne, née en janvier 1676, qui fut appelée mademoiselle de Tours; mais elle n'en eut que le nom, étant morte dans sa sixième année, le 15 septembre 1681.

HISTOIRE DE TOURAINE.

LIVRE PREMIER.

DU Ier AU 6e SIÈCLE.

Des Turones ou peuples de la Touraine. Jules-César arrive dans leurs contrées. Ils se soumettent à lui, puis se révoltent. Vercingétorix est vaincu. Sa mort. Toutes les Gaules sont conquises. Leurs différentes divisions. Impôts. Coutumes. Colonies. Magistrats Nouvelle. révolte sans succès. Édifices publics. Fusion des deux peuples. Le christianisme pénètre en Touraine. Saint Gatien, saint Lidoire, saint Martin, premiers évêques de Tours. Anicien gouverneur pour les Romains. Origine de l'abbaye de Marmoutier et de la cathédrale de Tours. Saint Brice, quatrième évêque. Soulèvement de la Troisième Lyonnaise. Les Turones font leur soumission. Les Visigoths s'avancent jusqu'en Touraine, et assiègent Tours vainement. Saint Brice est chassé de son siège. Ligue armorique. Elle est dissipée. Les Alains. Troisième révolte des Tourangeaux bientôt apaisée. Les Armoricains y persistent. Ils assiègent les Romains dans Tours dont ils ne peuvent s'emparer. Saint Brice est rétabli sur son siège. Construction de l'église de Saint-Martin et de quelques autres. Saint Eustoche, cinquième évêque. Brigandages des Alains. Ils s'emparent de Chinon. Le général Ægidius Afranius en fait le siège. Il le lève pour aller à la rencontre des Visigoths, les bat près d'Orléans, et revient devant Chinon qu'il force à se rendre. Sainte Maure. Origine de la ville de ce nom. Saint Perpète, sixième évêque. Il fait reconstruire l'église de Saint-Martin. Euric, roi des Visigoths, s'empare de la Touraine, d'où il chasse les Romains. Volusien, septième évêque. Alaric l'exile et le fait assassiner en route. Saint Ours. Alaric déclare la guerre à Clovis. Elle est suspendue par la médiation de Théodoric, roi des Goths d'Italie. Entrevue de Clovis et d'Alaric auprès d'Amboise. Les deux rois font la paix. Vérus, huitième évêque. Il est persécuté et exilé par Alaric. Clovis marche contre les Visigoths. Il s'arrête à Tours au tombeau de saint Martin. Bataille de Vouillé, près Poitiers, gagnée par Clovis. Alaric y est tué. La Touraine passe sous la domination de Clovis.

En écrivant l'histoire d'un pays jusqu'ici condamné à une sorte d'oubli, nous n'entreprendrons pas de nous perdre dans la nuit des temps, pour tâcher de découvrir ce qu'étaient les *Turones* avant la conquête des Romains. Toutes recherches à ce sujet seraient probablement infructueuses, et trop de savans se sont égarés dans cette route, pour que nous hasardions d'y faire de nouvelles incursions. Il faut donc nous résoudre à ignorer ce qu'étaient nos ancêtres avant l'époque où l'histoire a pu nous transmettre des faits positifs et dégagés de toute espèce de conjectures.

Avant que d'être soumis aux Romains, et même long-temps après la conquête, les Gaulois étaient divisés par peuples. Ceux qu'on nomme aujourd'hui Tourangeaux étaient appelés par les Grecs Τουραυνοί ou Τουράνιοι, par les latins *Turones* ou *Turoni*, et par les anciens Français *Tourangeois*. Nous ne chercherons point à réfuter sérieusement ceux qui veulent les faire descendre de Turnus, petit-fils d'Ascanius, roi des Latins, ni ceux qui ont cru trouver l'étymologie de leur nom dans ces mots grecs : τοῦ Οὐρανοῦ υἱοὶ *fils d'Uranus*, sans doute pour indiquer leur antiquité ; le ciel, selon les Grecs, étant le plus ancien des dieux. Ce n'est point sur la fable qu'on peut établir la vérité de l'histoire. Il est beaucoup plus simple et plus vrai de dire que tout ce qui a précédé l'invasion de Jules-César dans nos contrées est, à peu de chose près, enseveli dans une profonde obscurité.

Ce qu'il y a de certain, c'est que les Gaulois, comme nation, étaient au moins aussi anciens que les Grecs. Cependant leurs prétendus exploits dans la Grèce ne nous paraissent pas reposer sur des bases assez solides pour que nous puissions y ajouter foi, notre dessein étant de ne rien avancer qui ne puisse être prouvé par l'autorité des historiens.

Étienne de Byzance, et d'après lui Mézeray, disent qu'environ 300 ans avant Jésus-Christ, les Gaulois firent une irruption en Grèce ; que les *Turones* fournirent leur contingent de troupes pour cette expédition, et qu'ils établirent dans ces contrées une colonie qui leur était propre. Nous savons que long-temps avant cette époque, sous le règne de Tarquin-l'Ancien, vers l'an de Rome 163, la Gaule celtique était habitée par divers peuples belliqueux, et qu'Ambiga, qui régnait alors sur eux, pour soulager son pays d'une surabondance de population, permit à ses neveux Bellovèse et Sigovèse, fils de sa sœur, d'aller chercher, chacun à la tête d'une armée, de nouveaux établissemens : nous savons que le premier passa les Alpes, et que le second, étant entré dans la Germanie, s'établit vers la forêt d'Hercynie, le long du Danube : nous savons enfin que ses successeurs dans le commandement, après avoir subjugué les naturels du pays et avoir vécu pendant quelques siècles dans cette contrée, se divisèrent en plusieurs bandes, dont les unes passèrent dans la Pannonie et l'Illyrie, et les autres dans la Thrace, dans la Grèce et jusque dans l'Asie. Dans tout cela il n'est fait aucune mention particulière des *Turones*. Cependant on concevra sans peine que, dans le mouvement général qui arma une partie de la jeunesse gauloise, les *Turones*, comme tous les autres peuples de la Celtique, durent prendre part à cette émigration. Mais l'histoire ne nous ayant transmis aucun fait, aucun événement qui leur soit personnel, nous imiterons son silence à cet égard. D'après ce silence même, nous ne voyons pas ce qui a pu autoriser quelques modernes à dire que les Tourangeaux avaient été taxés de mollesse par les anciens. Ni César, ni Tacite ne les ont flétris d'épithètes humiliantes, comme on l'a dit quelquefois sans se donner la peine de remonter aux sources, ou même en dénaturant les expressions. Tacite, dont on s'est appuyé, ne les nomme point *Turoni imbelles*, mais *rebelles*, ce qui est fort différent. Que l'on consulte les manuscrits les plus authentiques et les meilleures éditions, on verra qu'il dit au liv. III, § 46 de ses Annales : « Una cohors *rebellem Turonium*, una ala « Treverum, paucæ hujus ipsius exercitus turmæ pro- « fligavere Sequanos. »—« Une seule cohorte écrasa les « rebelles de la Touraine, un seul escadron ceux de « Trèves, et un faible détachement les Séquanais. » D'où il résulte qu'il fallut employer des forces plus considérables contre les Tourangeaux que contre les deux autres peuples. S'il emploie le mot *imbelles*, ce n'est que dans la phrase suivante, en parlant des Éduens ou Autunois : *tanto magis imbelles Æduos*, etc. A la vérité, *Sidonius Apollinaris*, qui était Gaulois, et dont par conséquent le témoignage doit être moins suspect, dit dans son Panégyrique de Majorien (vers 211) que ce prince avait défendu contre les Visigoths les Tourangeaux, qui craignaient la guerre :

. . . . Bella timentes
Defendit Turones.

Mais il était naturel que les peuples de la Touraine, s'ils n'étaient secondés par les Romains, craignissent l'invasion d'une nation nombreuse et puissante dont les conquêtes ne s'annonçaient que par la dévastation et le pillage. Cette crainte était d'autant mieux fondée, que, vingt-deux ans après, les Romains, vaincus eux-mêmes, ne purent les empêcher de tomber sous la domination de ces barbares.

Les poètes se copiant volontiers les uns les autres,

je ne serais pas surpris que le vers de Sidonius eût servi de texte au Tasse pour le passage si connu de sa Jérusalem, ch. 1er, st. 62 (1).

Quoi qu'il en soit de ces temps d'obscurité et de ténèbres, que nous aurions vainement tenté d'éclaircir, il est certain que les *Turones* étaient en grande considération parmi les Celtes lorsque César arriva dans les Gaules. Ce fut l'an de Rome 696, environ cinquante-huit ans avant l'ère vulgaire. On croit communément que ce conquérant, ayant pris la ville de Bourges, et voulant se rendre maître de celle de Tours, qu'on lui dit être fort peuplée et munie de murailles et de bastions, vint camper entre ces deux places, au confluent de la petite rivière d'Amasse et de la Loire, ce qui fit nommer le bourg situé au bas du coteau *Amb'acquæ*,

---

(1) Nous citons ici la strophe entière, dont nous donnons la traduction littérale.

> Ma cinquemila Stefano d'Ambuosa
> E di Blesse e di Turs in guerra adduce ;
> Non è gente robusta o faticosa,
> Sebben tutta di ferro ella riluce.
> La terra molle, e lieta, e dilettosa
> Simili a se gli abitator produce.
> Impeto fan nelle battaglie prime ;
> Ma di leggier poi langue e si reprime.

Cinq mille combattans de Blois et de Touraine,
Par d'Amboise conduits, s'annoncent dans la plaine :
Mais leurs corps, où le fer reluit de toutes parts,
Ne sont point façonnés aux durs travaux de Mars.
Leur sol, qui des frimats ne ressent pas l'atteinte,
Donne à ses habitans sa douce et molle empreinte.
Toujours impétueux au début du combat,
Ce premier feu passé, leur courage s'abat.

d'où l'on a fait par la suite *Ambasia, Ambacia*, et enfin Amboise; étymologie que nous ne voudrions pourtant pas garantir, quoique assez vraisemblable. César, ayant observé que ce lieu était propre à être fortifié, et que ses troupes pouvaient y passer l'hiver en sûreté, bâtit un fort sur le sommet du coteau qui est entre la Loire et l'Amasse, lieu connu sous le nom de Montagne-Ronde. Il entoura de fossés ce fort, auquel il ajouta d'autres bâtimens, tels que des bains, des étuves et une tour sur laquelle il plaça la statue du dieu Mars. Il fit ensuite construire sur les deux rivières de Loire et d'Amasse un pont de bois, qui subsistait encore du temps de Grégoire de Tours. Il fit bâtir des écuries et des greniers à foin sur le coteau opposé, appelé par les Romains *Navicellæ*, Nazelles; et comme ces lieux étaient couverts de bois, on y construisait des barques propres à naviguer sur la Loire, et à transporter les troupes destinées à faire la conquête des provinces que ce fleuve arrose.

Si toutes ces circonstances, qui nous ont été transmises par un auteur tant soit peu suspect sur ce qui concerne les antiquités d'Amboise sa patrie, ne sont pas rigoureusement vraies, du moins ne sont-elles pas destituées de vraisemblance. C'est pourquoi nous ne répugnons pas à lier à ce récit ce qu'ajoute le même historien en disant que César, s'étant rendu maître de la capitale des *Turones*, soit par un traité d'alliance, soit par la crainte qu'eurent ces peuples de s'attirer sur les bras un si puissant ennemi, revint pendant tout le temps qu'il séjourna dans ces contrées, passer les hivers à Amboise avec ses légions. Nous observerons cependant que ce ne fut pas après la prise de Bourges, mais après la victoire remportée sur les Belges et la réduction des villes armoriques par P. Crassus, que César, pour la première fois, envoya ses troupes en quartier d'hiver dans nos contrées, c'est-à-dire chez les *Carnutes*, les *Andes* et les *Turones*.

Les peuples de la Touraine, convaincus de l'impossibilité de résister aux armes de César après les nombreuses victoires qu'il avait déjà remportées sur les nations les plus belliqueuses, s'étaient donc soumis volontairement aux Romains, dont ils se rendirent tributaires : mais cette soumission n'était pas de nature à rassurer César sur leurs dispositions à venir. Ce fut ce qui le détermina à y laisser deux légions formant treize mille hommes, pour les contenir au besoin pendant son absence des Gaules. L'événement prouva que cette précaution n'était pas inutile; car les Tourangeaux ainsi que leurs voisins, impatiens du joug qui leur était imposé, se soulevèrent dans l'espoir de recouvrer leur liberté. Aussitôt que César en fut instruit, il se hâta de repasser les Alpes, rassembla quelques troupes, et parvenu jusque sur les frontières des Lingonnais et des Séquanais, il y rencontra Vercingétorix, chef des révoltés, qu'il battit et qu'il contraignit de s'enfermer dans la ville d'Alise, où il l'assiégea. Cependant les chefs gaulois s'assemblèrent, et ordonnèrent la levée d'une puissante armée pour aller dégager Vercingétorix. D'après le détail que César nous en a transmis lui-même, elle s'élevait à deux cent vingt-six mille hommes. Le contingent des Tourangeaux fut fixé à huit mille hommes; ce qui, dans la distribution des forces respectives, les plaçait au second rang parmi les peuples les plus puissans.

Dans l'assemblée générale que tinrent les Gaulois, il fut proposé, comme moyen le plus efficace de délivrer Vercingétorix, de ruiner la campagne et de brûler les villes sans défense. La proposition fut unanimement adoptée, et exécutée avec tant de diligence, que les peuples du Berri en brûlèrent plus de vingt en un seul jour. Cet exemple fut suivi par les autres d'autant plus facilement, que, selon le témoignage de César, les murailles des villes n'étaient faites que de poutres liées ensemble par des traverses, le tout garni de pierres et de terre.

Quoique nous ayons vu plus haut que la ville de Tours eut des murs et des bastions, il est cependant probable qu'elle éprouva le sort commun, puisque César la fit reconstruire et fortifier pour la sûreté des troupes qu'il voulait y mettre en garnison. Ce fut sans doute à cette époque qu'on lui imposa le nom de *Cæsarodunum*. Nous ignorons si auparavant elle en avait un qui lui fût propre; car en général les villes des Gaules portaient un nom différent de celui des peuples qui les habitaient; ainsi la ville des Parisiens s'appelait *Lutetia*; celle des Rémois *Durocortorum*; des Orléanais *Gennabum*; des Sénonais *Agendicum*, etc. D'autres, à la vérité, n'étaient désignées que par le nom de leurs habitans. C'est ainsi que l'on disait la cité des *Turones*, quand on voulait parler de la capitale de ces peuples; ce qui prouve qu'en ces temps le mot de cité signifiait toujours la ville principale d'un pays. César donc, jaloux de consacrer sa mémoire autrement que par des conquêtes, imposa son nom à plusieurs villes des Gaules avec la terminaison de *dunum*; du mot *dun* que Scaliger prétend signifier une ville, tandis que d'autres auteurs assurent qu'il désigne une montagne. Cependant Tours est situé dans une plaine, entre deux rivières qui coulent au bas de deux coteaux fort peu élevés. C'est ce mot *dunum* qui a fait croire à quelques-uns que la ville de Tours, dans l'origine, avait été placée sur l'un de ces coteaux, opinion qui, pour être admise, aurait besoin de preuves beaucoup plus solides que celles qu'on voudrait tirer d'un mot dont l'acception est encore problématique. Quoi qu'il en soit, c'est sous le nom de *Cæsarodunum* qu'en font mention Ptolomée et les Tables de Peutinger. On trouve cependant des inscriptions et des itinéraires postérieurs à la reconstruction dont nous venons de parler, qui ne donnent aucun nom à la ville de Tours, et qui ne la nomment jamais autrement que la cité des *Turones*. Ce ne fut qu'environ vers le quatrième siècle qu'on commença à donner aux capitales le nom de leurs peuples; c'est aussi depuis ce temps seulement que la cité des *Turones* fut connue sous le nom de Tours.

Le parti désespéré pris par les Gaulois de ravager les campagnes et de brûler leurs villes pour se soustraire à la domination des Romains, ne les garantit pas des armes victorieuses de César; tant il est vrai que le courage seul ne peut lutter qu'inégalement contre la discipline et l'expérience, qualités guerrières qui manquaient aux Gaulois, et qui faisaient au contraire la plus grande force des armées romaines. Sans cela on aurait peine à concevoir comment une population innombrable, pleine d'ardeur, de force et de bravoure, put se laisser enchaîner par une douzaine de légions qui, avec leurs auxiliaires, ne pouvaient pas opposer plus de cent mille hommes divisés en plusieurs corps d'armée.

Vercingétorix était toujours renfermé dans Alise, dont César s'empara après avoir défait l'armée qui avait été envoyée à son secours. L'année suivante il acheva de dompter la rebellion par la prise d'Uxellodunum, probablement Cahors, ville du Quercy, seule place forte qui restât aux Gaulois. Après cette conquête il divisa les Gaules en deux parties. L'une comprenait la Gaule Narbonnaise, que l'on nommait la Province Romaine parce qu'elle avait été la première que les Romains eussent soumise, et dont une portion a conservé le nom de Provence; l'autre était formée de la Gaule Belgique, de la Gaule Celtique et de la Gaule Aquitanique, différentes les unes des autres de mœurs, de langages et de coutumes.

L'empereur Auguste érigea depuis en trois provinces distinctes chacune de ces trois dernières parties. La Belgique et l'Aquitanique continuèrent de porter leurs anciens noms; mais la Celtique, qui s'étendait entre la Marne, la Seine, l'Océan, la Garonne, la Méditerranée, les Alpes et le mont Jura, changea le sien en Gaule Lyonnaise, du nom de Lyon sa ville métropole. On ne laissait pas cependant de la nommer quelquefois Gaule Celtique. Auguste retrancha depuis de cette dernière quatorze peuples qui habitaient entre la Garonne et la Loire pour les unir à l'Aquitanique; mais les peuples de Touraine, quoique renfermés pour la plupart dans les bornes que reçut alors l'Aquitaine, c'est-à-dire jusqu'à la Loire, firent toujours partie de la Gaule Celtique ou Lyonnaise, jusqu'à ce que les Visigoths, sous leur roi Euric, vers l'an 480, accrurent leur domination en réunissant la ville de Tours à leur royaume. C'est probablement ce qui aura trompé Aimoin et plusieurs autres, qui ont cru que, sous les premiers empereurs, la Touraine était comprise dans l'Aquitanique.

Ce fut vraisemblablement sous l'empire de Dioclétien, au commencement du quatrième siècle, qu'on divisa la Gaule Lyonnaise ou Celtique; elle fut partagée en deux : la première comprenait les cités de Lyon et de Sens; la seconde celles de Rouen et de Tours. Cet ordre de choses subsistait encore en 358, lorsque saint Hilaire, évêque de Poitiers, écrivit, pendant son exil, aux prélats des Gaules une lettre dans laquelle il ne nomme que les évêques de la première et de la seconde Lyonnaise.

Environ cent ans après, sous l'empereur Honorius, on fit un nouveau partage de la Gaule Lyonnaise; elle fut divisée en quatre. On comprit dans la troisième les cités des Tourangeaux, des Cénomaniens, des Angevins, des Rennois, des Nantais, des Corisopins, des Vénétiens, des Osismiens et des Diablintes. Tous ces peuples forment encore la province ecclésiastique de Tours. On nommait aussi quelquefois cette troisième Lyonnaise la troisième province des Gaules, sans y rien ajouter. On la voit sous ce titre, dans une inscription trouvée à Lyon, et dont nous parle Spon dans ses Mélanges d'antiquités. Elle est ainsi conçue :

PATERNO URSO TURONO OMNIBUS HONORIBUS APUD SUOS FUNCT. GALLIAR — P... EX CIVITATE SUA.... III. PROVINC.... GALL....

C'est pour cela que la cité des Turones était regardée comme la métropole de la troisième Lyonnaise.

La Touraine faisait donc originairement partie de la Gaule celtique. Par succession de temps, elle fut comprise dans la seconde Lyonnaise, ensuite dans la troisième dont elle devint la métropole, et enfin dans la Gaule aquitanique par la conquête qu'en firent les Visigoths, ainsi que nous venons de le dire.

Il serait difficile de déterminer quelle était l'étendue du pays des Turones à l'époque de la conquête des Romains et sous leur domination. Elle devait être assez considérable, puisque d'un côté Ptolomée la fait confiner à celui de Chartres, dont elle est aujourd'hui assez éloignée, et que de l'autre César semble n'en faire qu'un même peuple avec ceux qui habitaient les côtes de la mer.

Quand il divisa la Gaule en deux parties, César

voulut établir quelque différence entre elles relativement aux droits qu'il imposa sur chacune. Pour récompenser la fidélité de la Narbonnaise ou province romaine, il ordonna que le tribut auquel elle était soumise serait réel et inhérent au fond ; au lieu que celui qu'il imposa à la celtique devait être personnel. L'un et l'autre ne s'élevaient pas à plus de dix millions par an. Dans la suite les Gaulois s'étant adonnés au commerce, et ayant reçu, par l'édit de Caracalla, le droit de citoyens romains, cette somme fut considérablement augmentée. On ne fit plus aucune distinction entre le droit réel et le droit personnel. Les revenus que Rome tira des Gaules se composèrent alors des terres qui formaient le domaine de l'état, d'une taxe par arpent sur chaque propriétaire, de la capitation à laquelle étaient soumis tous les sujets de l'empire, des droits de douanes, de péages, et des dons gratuits que le prince exigeait dans certaines occasions.

Les choses se maintinrent ainsi que César les avait établies jusqu'à l'empire de Tibère. Ce prince ayant doublé les tributs que les Gaulois avaient payés à ses prédécesseurs, tous ces peuples se plaignirent non-seulement de cette surcharge, mais encore de l'insatiable avarice des Romains, qui leur prêtaient à d'énormes intérêts de quoi faire face aux impôts. Mais, en pareil cas, les plaintes des peuples sont rarement écoutées, et les sangsues publiques sont presque toujours sûres de trouver un appui dans la prodigalité des gouvernemens despotiques. Fatigués de l'oppression sous laquelle ils gémissaient, les Gaulois se décidèrent à prendre les armes. Tacite dit que le soulèvement fut général. Les peuples de Touraine et d'Anjou entrèrent les premiers en campagne. Mais, ayant imprudemment divisé leurs forces, les Angevins furent défaits par le préfet de Lyon avec sa seule cohorte, quand, pour réduire les Tourangeaux, ce même préfet crut devoir attendre une autre légion que Vitellius Varron lui envoya de la Germanie. Alors ils furent battus, comme l'avaient été leurs voisins, l'an 21 de Jésus-Christ. Leurs chefs, *Florus* et *Sacrovir*, préférèrent se donner la mort à la honte de se soumettre; indignés surtout d'avoir vu dans les rangs des Romains des Gaulois combattre pour river les fers de leurs compatriotes.

Depuis cet échec les peuples de Touraine n'osèrent plus rien entreprendre pour leur liberté. Environ cent ans après, l'empereur Hadrien, étant venu dans les Gaules, s'occupa d'en soulager les peuples en leur accordant divers privilèges. En mémoire de cette munificence, on frappa des médailles sur lesquelles on voit cet empereur relevant la Gaule qui est à ses pieds, avec ces mots *Restitutori* ou *Conservatori Galliæ*. On croit communément que ce fut dans cette circonstance qu'Hadrien confirma la cité des Tourangeaux dans la possession du titre de ville libre. Nous voyons en effet, par deux pierres d'une très-grande dimension, qu'elle jouissait déjà de cette prérogative lors de l'arrivée de cet empereur dans les Gaules. Ces pierres employées aux fondemens des anciens murs

5.

de la cité ne peuvent être soupçonnées de supposition, parce que les lettres de la première sont renversées, ce qui prouve qu'elles avaient auparavant appartenu à quelque ancien édifice. On lit sur cette première : CIVITAS TUR. LIBERA; et sur la seconde : NEPOTI CIVITAS TURONUM LIB. Cette dernière consacre, selon toute apparence, un événement fort important, c'est-à-dire l'occupation de la ville de Tours par Euric, roi des Visigoths, en l'année 474, et la restitution qu'il en fit à l'empereur Népos dans la même année.

En 1658, on découvrit encore dans les fondemens des murs de la cité, qu'on démolissait pour la construction d'un nouveau palais archiépiscopal, quelques pierres qui indiquaient l'existence d'un ancien édifice public. Entre autres inscriptions, on y remarquait celle-ci écrite en grosses lettres gravées sur une pierre de quatre pieds de long :

IMP. CÆSARI. DIVI. TRAIANI. PARTHICI. FILIO. DIVI. NERVÆ. NEPOTI. TRAIANO. HADRIAN. AUG. PONTIFICI. MAX. TRIB. POT. COSS. III.

Un architecte ignorant en 1691 détruisit cette inscription, en faisant retailler à neuf, pour l'employer à un balcon, la pierre sur laquelle elle était gravée.

D'après la diminution des impôts, due à la bienveillance d'Hadrien, les peuples de la Touraine vécurent dans une parfaite tranquillité. Leur cité avait son sénat, ses magistrats et ses lois. Ce sénat était composé des chefs de chaque compagnie de bourgeois, qu'on nommait décurions. Ils avaient le maniement des deniers publics qu'on employait à l'entretien des écoles, des grands chemins, des aquéducs, des bains et autres monumens publics. Leur assemblée formait le sénat, et ses membres alors étaient appelés sénateurs, qualité dont Grégoire de Tours fait souvent mention. Ce corps avait un président qu'on nommait *princeps senatus*. C'était ordinairement le plus ancien ou des décurions, ou de quelque autre magistrature qui obtenait ce titre. Parmi ces magistrats, celui qu'on nommait le défenseur de la cité était toujours l'un des citoyens les plus considérables. Ses fonctions répondaient à celles des maires d'aujourd'hui. Il était chargé de la police, réglait le prix des denrées, autorisait les testamens, les donations et autres actes de cette nature; mais il ne connaissait en jugement que des causes de peu d'importance, les autres étant de la juridiction des magistrats supérieurs. Il y avait encore un *curator reipublicæ* ou procureur de la commune, un *susceptor* ou percepteur des impôts, et un *irenarcha* ou commissaire de police.

Tous ces magistrats étaient subordonnés au comte que l'empereur romain envoyait pour gouverner les provinces. D'abord ils portèrent le nom de présidens, ensuite celui de comtes, c'est-à-dire hommes de la suite de l'empereur. Leur pouvoir était presque absolu; car ils avaient puissance de vie et de mort sur les citoyens. On leur rendait dans toute l'étendue de leur département les mêmes honneurs à peu près qu'aux consuls et aux proconsuls. Les jours de cérémonie, douze licteurs, avec haches et faisceaux, marchaient devant eux. Ces licteurs eux-mêmes étaient précédés par deux hommes, dont l'un portait le buste de l'empereur régnant, et l'autre l'image de la province représentée par une vierge ayant un collier de perles au cou, et tenant en main un vase plein de pièces de monnaie d'or et d'argent. Au lieu de gages ou d'appointemens, on donnait aux comtes avant leur départ tout ce qui était nécessaire, tant pour les frais du voyage que pour l'entretien de leur maison pendant tout le temps fixé pour leur mission qui, pour l'ordinaire, ne devait durer que cinq ans, après lesquels ils étaient ou continués, ou remplacés par d'autres. Les assises qu'ils tenaient pour rendre la justice s'appelaient *conventus*; ils en indiquaient l'époque et le lieu, qui était presque toujours dans la principale ville de leur gouvernement. Ils y prononçaient sur toutes les affaires civiles et criminelles, quel qu'en fût le nombre; et leurs jugemens étaient sans appel, à l'exception cependant de quelques cas particuliers où les parties pouvaient en appeler au préfet du prétoire, magistrat souverain de toute la Gaule. Ce préfet avait sa résidence ordinaire à Lyon : aussi arrivait-il souvent que les parties souscrivaient aux décisions du comte plutôt que de recourir au tribunal du préfet, dont l'éloignement les consumait en frais. C'est ce qui contribuait encore à rendre les comtes si redoutables. Les principaux du pays étaient obligés d'assister à ces assises afin d'y recevoir les ordres des comtes, tant pour faire exécuter leurs jugemens que pour veiller à la tranquillité publique, principal objet des soins de ces gouverneurs, qui avaient sans cesse à craindre quelques soulèvemens suscités par la haine de l'oppression et l'amour de la liberté.

Quant aux lois et aux coutumes particulières qui s'observaient alors en Touraine, nous n'avons rien de bien certain à ce sujet. Nous savons seulement que les Romains, pour s'assurer de la fidélité des peuples qu'ils avaient soumis, et pour les accoutumer à leurs usages, avaient la politique d'envoyer chez chacun d'eux des colonies composées de citoyens romains et de vétérans des légions, ou enfin des peuples du Latium, ou de quelque autre contrée de l'Italie. Ces différentes colonies avaient chacune leur droit particulier, et partout où elles s'établissaient, elles étaient jalouses d'en conserver l'usage. Nous ne trouvons aucun document qui nous apprenne de quelle espèce de colonie furent les émigrations romaines qui se fixèrent à Tours, et conséquemment par quel droit elles furent régies. Tout cependant nous porte à croire que les peuples de Touraine conservèrent, au moins dans les commencemens, beaucoup de leurs anciennes coutumes, et que ce ne fut que peu à peu et par succession de temps qu'ils s'en désistèrent pour adopter celles de leurs vainqueurs.

La domination des Romains était en général assez douce. Sachant par eux-mêmes combien chaque nation est attachée à ses lois, pour faire recevoir les leurs aux peuples qu'ils avaient soumis, ils préférèrent la voie de l'exemple et de la persuasion à celle de la violence. Ce fut donc autant pour arriver à ce but que pour consoler les colons de l'éloignement de leur patrie, qu'ils eurent soin de reproduire dans les principales villes de chacune de ces colonies les mêmes édifices publics que l'on voyait à Rome. La cité des Tourangeaux fut du nombre de celles qui participèrent à ces embellissemens, pour lesquels la magnificence romaine n'épargnait rien, pouvant d'ailleurs y suffire sans peine par les immenses tributs que lui donnaient les Gaules. Tours avait une basilique, un amphithéâtre, une académie et des bains publics. La basilique était ornée de colonnes et de portiques tellement disposés auprès de la place publique, qu'elle servait également de lieu pour rendre la justice et pour assembler les négocians. C'est ce qu'on appelle aujourd'hui dans les villes commerçantes du nom de *bourse*, et que les anciens gaulois nommaient communément des *salles*. Il paraît, par un titre de Charles V, que ce lieu, qui subsistait encore de son temps, s'appelait la *salle maudite*. La basilique était placée au lieu où fut établi depuis le chapitre de la Basoche, *de Basilica*, ou Notre-Dame-de-Consolation. Non loin d'elle étaient les arènes ou l'amphithéâtre. Les bains occupaient précisément le lieu où se tenait encore dans ces derniers temps la justice de l'église cathédrale de Tours, qui de là avait pris la dénomination de justice des bains. Enfin l'académie, autrement les écoles publiques, avait été fondée par l'empereur Gratien. On ne sait plus en quel lieu de la cité elle était placée. Les anciens titres ne nous ont rien révélé à cet égard. Quoique le terrain de la cité ait été considérablement exhaussé, on y trouve encore dans plusieurs caves des ruines qui attestent l'existence d'anciens monumens, dont il serait difficile de déterminer la destination.

Par toutes ces attentions, la politique romaine adoucissait insensiblement le joug qu'elle avait imposé aux Gaulois, et faisait oublier aux colonies la peine qu'elles avaient d'abord éprouvée de se voir pour toujours séparées de la mère-patrie. La fusion était à peu près opérée, lorsque l'empereur Caracalla, d'autres disent Marc-Aurèle, crut qu'il pouvait sans inconvénient les rendre tous égaux. Ce prince rendit un décret par lequel il abolit toute espèce de différence dans les droits, et accorda aux ingénus, ainsi qu'à ceux nés de parens libres, le privilège et les droits de citoyen romain. Dès ce moment Romains et Gaulois ne firent plus qu'un même peuple. Plus de jalousie de nation, plus de dissensions domestiques : ils n'eurent plus qu'un même intérêt, et tous jouirent également de la paix et de l'égale protection que leur assurait la puissance de l'empire romain.

La liberté sans doute est le premier des biens : mais qu'est cette liberté chez un peuple barbare et presque sauvage, courbé sous un joug théocratique ? Si la conquête des Romains priva les Gaulois de leur première indépendance, elle leur apporta en retour les germes de la civilisation, sans laquelle eux et leurs descendans fussent restés au sein de leurs forêts druidiques, étrangers aux arts et aux sciences, qui, traversant sans s'en épouvanter tous les genres de despotisme, finissent par conduire à leur tour vers une liberté plus sage, plus réfléchie, et d'autant plus durable qu'elle a pour base les lumières de la véritable philosophie.

Peut-être sans la conquête des Romains le christianisme n'eût-il jamais pénétré dans les Gaules, aveuglément soumises au pouvoir de leurs druides. On croit assez communément qu'il n'y fut introduit qu'au commencement du troisième siècle. Ce fut, dit-on, ce qui engagea le pape Fabien à conférer l'ordination épiscopale à saint Saturnin pour Toulouse, à saint Trophyme pour Arles, à saint Denis pour Paris, à saint Paul pour Narbonne, à saint Martial pour Limoges, à saint Austremoine pour Clermont, et à saint Gatien pour Tours. Ce sont eux qu'on reconnaît pour les premiers évêques de l'église gallicane. Quelques-uns prétendent que cette mission eut lieu sous le pape Clément I*er*, vers la fin du premier siècle, c'est-à-dire vers l'an de Jésus-Christ 94 ou 95 : mais l'opinion des plus habiles critiques la recule jusque vers l'an 250. D'autres auteurs très-canoniques ont été même jusqu'à la révoquer en doute. Quoi qu'il en soit, nous ne discuterons point ici si ces évêques furent envoyés en même temps dans les Gaules, où s'ils n'y vinrent que successivement ; nous nous en tiendrons à l'opinion généralement reçue, en disant que saint Gatien vint en Touraine vers l'an 251. C'est d'ailleurs le sentiment de Grégoire de Tours, l'un de ses successeurs, qui avait soigneusement étudié les monumens et les antiquités de son église.

Saint Gatien fut donc le premier évêque et le premier patron de la ville de Tours; mais ce ne fut pas sans avoir de nombreux obstacles à surmonter qu'il y introduisit les premiers germes du christianisme. Romains et Gaulois avaient leur culte particulier, dont il fallait les détacher pour les amener à la morale douce et pure de l'évangile. Les Gaulois, plus ignorans, devaient tenir davantage à leurs superstitions, non moins absurdes que barbares. Les Romains, plus instruits, plus civilisés, auraient cru au contraire s'humilier en recevant des lois d'une secte naissante sans appui et sans considération. Aussi les magistrats, effrayés des premiers succès de l'apôtre, employèrent-ils toute leur autorité pour empêcher la propagation de la foi. Ils usèrent même de violence envers lui, au point de le contraindre à chercher un asile secret dans les grottes et les cavernes creusées au sein des rochers qui règnent au nord de la ville. C'est là que se rendaient les adeptes pour recevoir les instructions de leur pasteur et y assister au service divin. On montrait encore, il y a une quarantaine d'années, derrière la chapelle des Sept-Dormans à Marmoutier, un antre où se trouvait un autel sur lequel on prétendait que saint Gatien avait célébré les saints mystères.

Saint Gatien, selon le martyrologe romain, mourut le 20 décembre 301, et eut sa sépulture dans le cimetière que les chrétiens avaient hors la ville, emplacement sur lequel fut depuis construite l'église de

304. Notre-Dame-la-Riche et un hôpital du Saint-Esprit ; mais, suivant une chronologie bien plus certaine, cet événement doit être placé à l'an 304. Saint Martin, sous son épiscopat, ayant eu connaissance du lieu où saint Gatien avait été inhumé, fit transférer son corps dans une chapelle où saint Lidoire, son successeur, avait eu sa sépulture, et qui était sous son invocation. Ces deux corps furent transportés depuis dans le petit monastère de saint Médard près l'église de Notre-Dame-la-Riche, qui s'appelait alors Notre-Dame-la-Pauvre. Ils y étaient encore en 871, ainsi que nous l'apprenons par la lettre que le pape Adrien II écrivit à Charles-le-Chauve pour l'exhorter à réparer les pertes que les églises et monastères de la ville de Tours avaient souffertes par l'invasion des Normands, parmi lesquels monastères est mentionné celui de Saint-Médard, où reposent, dit le pape, les corps de saint Gatien et de saint Lidoire. De ce lieu ils furent de nouveau transférés dans l'église même, qui de cette circonstance reçut la dénomination de Notre-Dame-la-Riche. Selon la chronique de Tours, cette dernière translation dut avoir lieu dans le douzième siècle ; mais on en ignore la date précise.

Après la mort de saint Gatien, le siège resta vacant pendant trente-sept ans, c'est-à-dire depuis le mois de décembre 304 jusqu'au mois de septembre 341 (1).

(1) Grégoire de Tours, d'après son aveu, ayant suivi la chronique d'Eusèbe, et non les fastes d'Idace, il en résulte qu'il s'est trompé de trois ans dans sa manière de compter les années des empereurs. Ainsi ce sont trois ans qu'on doit toujours en ce cas ajouter à sa chronologie.

Grégoire de Tours, au sujet de cette longue interruption, rapporte que les chrétiens n'osaient alors paraître dans la ville, parce que ceux qui étaient surpris dans l'exercice du nouveau culte étaient impitoyablement battus de verges, et souvent même décapités. Les magistrats, qui tous étaient païens, connaissant de toutes les affaires, faisaient exécuter avec rigueur leurs sentences contre les nouveaux prosélytes, sans se mettre en peine ni des juges supérieurs, ni des édits que les empereurs donnaient quelquefois en faveur de la religion chrétienne.

Il faut croire que ces persécutions se ralentirent; car Litoire ou Lidoire, citoyen de Tours, ayant enfin été choisi pour succéder à saint Gatien, l'un des principaux sénateurs de la ville, qui avait embrassé le christianisme, donna la maison qu'il habitait pour la convertir en église. Ce fut la première qui fut consacrée au culte chrétien, et qui par la suite est devenue la métropole de la province ecclésiastique de Tours. C'est elle que Grégoire nomme toujours l'église sainte, l'église de la cité. C'est dans cette église que saint Martin et tous ses successeurs ont été sacrés, et où l'on célébrait les principales fêtes de l'année. Autrefois les évêques suffragans étaient obligés de venir la visiter dans les trois premiers mois de leur ordination, et de lui donner une chape d'or en forme d'hommage, coutume qui s'était régulièrement observée jusqu'au quinzième siècle.

L'exemple du sénateur dont nous venons de parler ayant été suivi par plusieurs autres magistrats, il fut bientôt permis aux chrétiens de professer publiquement leur culte et d'avouer leur croyance. Saint Lidoire ajouta au temple qu'il avait fait bâtir dans l'intérieur de la ville une chapelle qui n'en était pas éloignée, et elle fut depuis dédiée en son honneur. Élu en 341, il avait occupé le siège l'espace de trente-trois ans, ayant terminé sa carrière le 13 septembre 374, jour auquel sa fête est indiquée dans le martyrologe romain.

Lorsqu'il fallut lui donner un successeur, il y eut des débats assez longs et assez vifs entre le clergé et les habitans de Tours. La réputation de sainteté que saint Martin s'était acquise dans son monastère de Ligugé, à deux lieues de Poitiers, s'étant répandue dans les contrées voisines, tous les suffrages se réunirent bientôt en sa faveur; mais lui seul y apporta des obstacles, son excès d'humilité lui faisant croire qu'il n'était pas digne de l'épiscopat. Il se refusa constamment aux instances qui lui furent faites, au point qu'il fallut avoir recours à la ruse pour le tirer de sa retraite. Un habitant de Tours, nommé Ruricius, feignit que sa femme était dangereusement malade, et le supplia de ne pas lui refuser le secours de ses prières et de ses exhortations. Saint Martin, ne soupçonnant point la pieuse supercherie dont il était l'objet, se hâte de se rendre où la charité l'appelle; il sort de sa cellule : mais à peine a-t-il marché quelque temps, qu'il se voit tout à coup investi par une foule de peuple qui l'attendait à une distance convenue, et qui le conduit à Tours malgré sa résistance.

Quoique le vœu eût pour ainsi dire été unanime, 374.
il se trouva pourtant quelques opposans, au nombre
desquels étaient des évêques qui jugèrent saint Martin
indigne du rang où on voulait l'élever en voyant sa
mauvaise mine, la malpropreté de ses habits et de ses
cheveux. Celui qui ce jour-là devait faire l'office de lecteur n'ayant pu percer la foule, l'un des assistans prit
le psautier et tomba sur le troisième verset du huitième
psaume « *Ex ore infantium et lactantium perfe-*
« *cisti laudem propter inimicos tuos, ut destruas*
« *inimicum et defensorem.* » A la lecture de ces mots,
qu'on appliqua de suite à Defensor, évêque d'Angers,
chef des opposans, toute l'assemblée n'eut qu'une voix
pour élire saint Martin, qui fut à l'instant proclamé
évêque de Tours. On place communément cette élection à la huitième année du règne de Valentinien;
c'est-à-dire en 371; mais nous croyons avoir prouvé (1)
dans une dissertation sur la mort de saint Martin
que cet événement ne put avoir lieu qu'en 374.

Nous ne le suivrons point dans les travaux apo-
stoliques qui sont étrangers à notre plan, et qui d'ailleurs ont été amplement décrits par ceux qui ont écrit
sa vie. Nous nous bornerons simplement à retracer
les faits qui tiennent de plus près à l'histoire du pays.

L'année qui suivit cette élection, le comte Anicien
fut envoyé par l'empereur Gratien pour gouverner
la Touraine. Il paraît que le fort que César avait fait

(1) On verra cette dissertation dans l'histoire particulière des
antiquités de l'église de Saint-Martin que l'auteur ne tardera pas à
publier.

construire à Amboise était ou trop faible, ou déjà en partie détruit, puisque ce gouverneur fit élever sur les ruines de l'ancien un nouveau château, au-dessus duquel on trouve les traces d'un fort qui, dans le dix-septième siècle, s'appelait encore le fort Anicien, lieu aujourd'hui connu sous le nom de Motte-aux-Connils.

Saint Martin, au commencement de son épiscopat, n'avait pour tout logement qu'une petite cellule attenante à son église; mais ayant toujours conservé son goût pour la retraite, il s'en choisit une à quelque distance de la ville, dans un lieu alors aride et solitaire. Ce fut là qu'il jeta les premiers fondemens du célèbre monastère connu depuis sous le nom de *Majus Monasterium*, Maire-Moustier, et, par succession de temps, Marmoutier. Ce fut le second qui fut établi en Occident, et il en devint le premier lorsque celui de Ligugé eut cessé d'exister. Le nombre de ses disciples ayant bientôt été porté à plus de quatre-vingts, il y fit construire une petite église qu'il mit sous l'invocation de saint Pierre et saint Paul; elle était devenue l'une des plus belles basiliques de la France, et n'a survécu que fort peu d'années à l'illustre congrégation de Saint-Maur, à laquelle l'histoire et la chronologie ont de si grandes obligations.

Nous avons dit que saint Lidoire fit bâtir la première église qui ait existé dans l'intérieur de la ville de Tours, et qui en est devenue la métropole; ce fut saint Martin qui la mit sous l'invocation de saint Maurice. A son retour d'Italie en 387, en passant par

Agaune, il y recueillit, dit-on, le sang de la légion 374. Thébaine, décimée d'abord, et ensuite entièrement détruite en 286 par ordre de l'empereur Maximilien-Hercule, pour avoir embrassé le christianisme, après avoir refusé de tourner ses armes contre les chrétiens de Genève. Ce fut avec une fiole de ce sang que, le 4 des ides ou 12 mai, il consacra l'église cathédrale de Tours sous le nom de saint Maurice, chef de cette légion, martyrisé en même temps que ses compagnons. Ce ne fut qu'en 1356, ainsi qu'on le verra plus loin, qu'elle fut dédiée à saint Gatien.

Malgré son grand âge, saint Martin s'était rendu à Candes pour y rétablir l'union et la discipline parmi les ecclésiastiques de cette paroisse. Le succès ayant répondu à ses vœux, il se disposait à revenir vers son monastère, lorsque la fièvre le saisit, et après quel- 400. ques jours de maladie, il expira le dimanche 11 novembre de l'an 400. Il serait trop long de rappeler ici les différentes opinions de ceux qui ne sont pas d'accord sur cette date, et nous nous référons à ce sujet à la dissertation dont nous avons parlé plus haut.

Le lendemain de la mort du saint prélat se passa en contestations entre ceux de Touraine et ceux du Poitou; les uns et les autres prétendaient également à la possession du corps de saint Martin, les premiers comme étant leur évêque, les seconds comme ayant été leur premier abbé. La dispute ne s'étant point terminée avec le jour, chacun remit au lendemain à faire valoir ses prétentions; mais tandis que les Poi-

400. tevins gardaient soigneusement la porte de la chambre où le corps était déposé, les Tourangeaux l'enlevèrent par la fenêtre, et l'ayant mis dans un bateau sur la rivière de Vienne, qui passait alors sous les murs de Candes, ils entrèrent dans la Loire par l'embouchure de la Vienne, et conduisirent le corps à Tours, où ils arrivèrent le troisième jour de la mort du saint. Ils le déposèrent dans une chapelle qui avait été bâtie par saint Martin lui-même, et, selon la tradition, dédiée à saint Étienne. Il fut ensuite inhumé dans le cimetière des chrétiens, comme il l'avait ordonné, le dimanche suivant, ainsi que c'était l'usage constant de la primitive église.

Lorsque le clergé et le peuple eurent rendu à leur évêque les honneurs funèbres qui lui étaient dûs, ils se disposèrent à lui nommer un successeur. On se souvint qu'il avait désigné lui-même l'un de ses disciples nommé Brice pour occuper après lui le siège de Tours. Quoique la conduite de ce candidat n'eût pas été jusqu'alors très-édifiante, et que saint Martin eût eu souvent à s'en plaindre, il n'en fut pas moins élu par respect pour la mémoire de son prédécesseur, dont les prières devenaient des ordres, tant était grande la vénération que ses vertus avaient inspirée. L'exactitude du nouveau prélat à remplir les devoirs épiscopaux ne le mit pourtant pas à l'abri des envieux, entre autres d'un certain Lazare, depuis évêque d'Arles, qui l'accusa de divers crimes, dont toutefois il fut déclaré innocent au concile de Turin tenu en 401 ou 402.

Depuis long-temps aucuns fermens de sédition ne 411.
s'étaient manifestés dans les Gaules, lorsqu'en 411
la Grande-Bretagne secoua le joug des Romains, d'après le refus qu'avait fait de venir la secourir l'empereur Honorius qui, de son côté, n'était guère en mesure de le faire. Cet exemple fut bientôt suivi par plusieurs provinces de la Gaule, et notamment par toute la troisième lyonnaise, dont la Touraine faisait partie. Fatigué de la longue résistance que l'on opposait à ses troupes, en vain Honorius accorda-t-il une amnistie aux provinces qui rentrèrent sous son obéissance, les Tourangeaux refusèrent opiniâtrément de souscrire à cette condition. Cependant les événemens subséquens les mirent dans la nécessité de s'y soumettre; car peu s'en fallut qu'ils ne tombassent alors sous la domination des Visigoths, et dans l'impossibilité d'une double défense, mieux valait encore rester sous le joug des Romains que de passer sous celui des nouveaux maîtres qui menaçaient de les envahir. Ces peuples, originaires d'une province de Suède nommée Goth-Land, après avoir ravagé différentes contrées de la Germanie sans avoir su se fixer nulle part, demandèrent à l'empereur Valens des terres dans l'empire, sous la promesse d'embrasser l'arianisme, dont ce prince était le protecteur. A cette condition Valens, en 370, leur accorda la Thrace : c'est de là que, s'étant partagés en deux principaux peuples, on appela Ostrogoths ceux qui occupaient la partie orientale ou de l'est, et Visigoths ceux qui habitaient au couchant. Ces derniers, peu contens de leur demeure, après

6.

412. avoir couru diverses fortunes, firent, en 412, sous leur roi Ataulphe, une irruption en-deçà des Alpes; mais ce ne fut que sur la fin de 418 ou en 419 que leur établissement en Aquitaine devint stable sous leur roi Wallia, successeur d'Ataulphe. Ils y restèrent en vertu d'un traité par lequel le comte Constance, au nom de l'empereur Honorius, leur céda l'Aquitaine depuis Toulouse jusqu'à l'Océan. Ainsi commença cette nouvelle puissance qui eut pour capitale la ville de Toulouse, et qui par la suite envahit toutes les provinces enfermées entre la Loire, l'Océan, les Pyrénées et la Méditerranée.

Wallia, qui ne vécut pas long-temps après ce nouvel établissement, eut pour successeur Théodoric, le plus grand roi qui ait régné sur les Visigoths. Ce prince affermit tellement sa puissance, qu'il devint le rival le plus redoutable pour l'empire romain. Il étendit considérablement les limites de son royaume. Tandis que de son côté il portait ses conquêtes vers le Rhône, il envoyait une armée vers la Loire pour tâcher de s'agrandir encore jusqu'à ses rives. Il y avait peu de ménagemens à attendre de la part d'un peuple encore barbare et avide de pillage. Aussi les Visigoths commirent-ils toutes sortes de ravages dans la Touraine. Leur dessein étant de s'emparer de toute la province, eu égard à sa proximité du Poitou, qui leur avait été cédé par l'empereur Honorius, ils formèrent le siège de sa capitale; mais heureusement le général Majorien, qui (1) depuis fut empereur, se jeta dans

(1) D'autres disent Marcien, qui fut empereur d'Orient en 450.

la ville avec un secours considérable, ranima le cou- 412.
rage presque abattu des assiégés, et contraignit l'ennemi à se retirer. Adrien de Valois pense que ce siège
eut lieu en 428, et nous ne voyons rien qui s'oppose
à ce qu'on adopte l'opinion de cet habile critique.

La ville de Tours était à peine délivrée de la terreur que lui avait inspirée la présence des Visigoths
devant ses murs, que sa tranquillité intérieure fut un
moment troublée par un événement dont Grégoire
nous a transmis les détails. Saint Brice était déjà parvenu à la vingt-huitième année d'un épiscopat paisible, 428.
lorsqu'un nouvel orage se forma contre lui. Une femme
voilée de son église eut un enfant dont on l'accusa
d'être le père. Le peuple, excité contre son évêque,
menaçait de le lapider, lorsque, selon le récit de notre
historien, saint Brice fit apporter l'enfant, et le somma
de déclarer si c'était véritablement à lui qu'il devait
le jour. L'enfant, qui n'avait que trente jours, répondit que Brice n'était pas son père. Ce n'est pas assez,
répliqua-t-on, il faut qu'il nomme celui qui l'est. L'é-
vêque répondit que cela ne le regardait plus, et qu'il
lui suffisait de s'être justifié. Le prélat, pour donner une
nouvelle preuve de son innocence, porta depuis la cathédrale jusqu'au tombeau de saint Martin des charbons
ardens dans un pan de sa robe, sans qu'elle en reçût
aucune atteinte; mais le peuple, toujours furieux,
n'en continua pas moins à l'injurier, à le maltraiter,
enfin à le chasser de son église. En vain essaya-t-on
de calmer la multitude; ni les exhortations, ni la force
ne purent la calmer. Saint Brice, fugitif, résolut alors

428. de se rendre à Rome. Aussitôt qu'il fut parti, on élut à sa place un prêtre nommé Justinien, qui prit également la route de Rome pour y faire valider son élection ; mais comme il était en chemin, il mourut à Verceil, et le peuple lui donna Armentius pour successeur. Tous les deux, étant considérés comme intrus, ne sont pas mis au rang des évêques de Tours.

Nous avons rapporté le récit de Grégoire : mais nous sommes loin d'en garantir tous les détails, car il est bon d'observer que cet historien, digne de foi quand il cite des faits qui se sont passés sous ses yeux, est loin de mériter la même confiance lorsqu'il ne parle que d'après les autres.

L'état de décadence toujours croissant de l'empire romain ne faisait que fortifier dans les provinces de la Gaule le désir de se soustraire à sa domination. Pour arriver à ce but, les Bretons, les Angevins et
438. les Tourangeaux formèrent entre eux, en 438, une ligue connue sous le nom de ligue Armorique ; mais le général romain Aétius parvint à faire échouer cette entreprise. Il reconquit une partie de la Touraine, dont il partagea les terres entre leurs premiers possesseurs et les Alains qui servaient dans l'armée romaine. Ceux-ci, peu contens du lot qui leur était échu, ayant pour eux la force des armes, finirent par s'emparer de la totalité du domaine, et contraignirent ainsi les véritables propriétaires à aller chercher un asile chez leurs voisins.

Le même esprit d'indépendance se réveilla chez les
444. Tourangeaux en 444 ; mais il fut encore une fois ré-

primé par la force des armes romaines. Les peuples de l'Armorique ne se soumirent pas aussi facilement, car nous voyons qu'en 446, après avoir repoussé toutes les forces qu'on leur avait opposées sur leur passage, ils pénétrèrent jusqu'à Tours, et vinrent mettre le siège devant cette ville, dans laquelle les Romains s'étaient renfermés, bien pourvus de toute espèce de munitions. Ceux-ci se défendirent avec leur supériorité ordinaire; et les Bretons se virent obligés d'abandonner leur entreprise.

446.

Six ans environ avant cette dernière tentative, le pape Léon-le-Grand avait rétabli saint Brice sur son siège. Après un séjour de sept ans qu'il avait fait à Rome, les ressentimens avaient eu le temps de se calmer. D'ailleurs Armentius étant mort quelque temps avant son arrivée, il n'éprouva aucun obstacle pour reprendre ses fonctions épiscopales. Il vécut encore trois ans depuis son retour, et mourut le 14 novembre 447.

Avant son exil, il avait fait construire une église sur le tombeau de saint Martin, qui, comme nous l'avons dit, avait été enterré dans le cimetière des chrétiens, éloigné de la cité d'environ cinq cent cinquante pas. Raoul Glaber, qui vivait dans le onzième siècle, dit que cette église occupait l'emplacement où l'on voyait le tombeau du trésorier Hervé, c'est-à-dire auprès de la porte du Change; mais les registres de l'église indiquent qu'elle s'élevait au lieu où se trouvait le Préau dans ces derniers temps, et l'auteur de la Chronique de Tours assure que, de son temps,

446. on en voyait encore les vestiges ; mais il n'en désigne pas précisément l'endroit.

Indépendamment de cette église, qui fut la première collégiale de la ville de Tours, saint Brice en fit construire plusieurs autres, telles que celles de Chinon, de Berthenay, de Bresche, de Bray et de Pont-de-Ruan, appelé en ce temps *Rothomagus*. Il est probable qu'il fut également le fondateur de celle de Saint-Pierre-du-Boille à Tours, qui en était incontestablement la paroisse la plus ancienne. De son temps le nombre des chrétiens s'étant considérablement accru, on jugea nécessaire de bâtir une nouvelle église, la cathédrale ne pouvant contenir tous les fidèles. On la plaça donc auprès de la porte de la Cité, sur les remparts de la nouvelle forteresse du bourg de la Trésorerie, qui s'étendait depuis la porte de Saint-Vincent, qu'on nomme maintenant le portail de la Chancellerie, jusqu'à la porte de la Cité. De là vint qu'on nomma cette église Saint-Pierre-du-Boille, *Sanctus-Petrus-de-Ballo*, vieux mot de la basse latinité corrompu de *vallum*, qui veut dire rempart.

Saint Brice eut sa sépulture dans l'église qu'il avait fait élever à saint Martin son maître et son bienfaiteur, auprès duquel il voulut être enterré. Immédiatement après sa mort, malgré les persécutions auxquelles il avait été en butte, il fut honoré comme un saint, et Grégoire de Tours rapporte que du temps de saint Perpet on célébrait déjà sa fête dans le diocèse. Son corps fut déposé depuis dans une châsse d'argent faite par saint Éloi. On l'en tira environ quatre cents ans après pour le placer dans une châsse qu'on renferma sous une voûte de pierre, afin de le soustraire aux rapines des Normands. En 913 on la plaça auprès du tombeau de saint Martin, dans la nouvelle église bâtie par cinq des principaux habitans de Châteauneuf. La reconnaissance en fut faite en 1183, et on trouva le corps tout entier dans le même lieu où il avait été mis, avec cette authentique :

IN HAC URNA EST POSITUM SANCTUM ET VENERABILE CORPUS B. BRICCII, SANCTÆ METROPOLIS TURONICÆ SEDIS POST S. MARTINUM EPISCOPI, QUI MULTIS CLARUIT VIRTUTIBUS IMITANDO SEMPER EUMDEM PRÆDECESSOREM SUUM DOMINUM MARTINUM POST XLVII EPISCOPATUS SUI ANNUM ANGELICAM VITAM AGENS VIRGO OBIIT. TRANLATUS EST AUTEM DE BASILICA QUAM IPSE SUPER S. MARTINUM ÆDIFICAVERAT ANNO DOMINI INCARNATI DCCCCXIII. ET POSITUS IUXTA S. MARTINUM.

Saint Brice eut pour successeur Eustoche, l'un des sénateurs de la ville de Tours sa patrie.

Dans ces temps de barbarie, rien n'était plus déplorable que le sort des paisibles habitans des villes et des campagnes, sans cessé attaqués et dépouillés par des hordes étrangères qui ne connaissaient que la conquête et le pillage. Les Alains, dont nous avons

452. parlé plus haut, occupaient les rives droites de la Loire ; mais trop habitués au brigandage pour se livrer à la culture des terres qu'on leur avait abandonnées, ou qu'ils avaient envahies, ils aimaient mieux faire des incursions sur la rive gauche du fleuve, pour s'y livrer à leurs rapines accoutumées. Ils annonçaient même le dessein de vouloir s'y établir : mais Thorismond, roi des Visigoths, qui déjà possédait quelques contrées dans cette partie de la Touraine, y fit avancer de Poitiers des troupes qui les battirent et les obligèrent à repasser la Loire. Les campagnes n'en étaient pas pour cela plus tranquilles ; car à peine les troupes s'étaient-elles retirées, que les Alains recommençaient leurs brigandages, et dévastaient de nouveau tant la Touraine que l'Anjou et les autres rivages de la Loire.

L'évêque Eustoche profita d'un moment de calme, et se rendit à Angers, en 453, pour y sacrer Talasius, qui venait d'être élevé sur le siège de cette ville. Il saisit l'occasion de la présence des prélats qui assistaient à cette cérémonie pour y tenir un concile, qui

453. fut le premier de la province ecclésiastique. Ce concile avait principalement pour objet l'édit de Valentinien rendu l'année précédente, par lequel il était défendu au clergé de s'immiscer dans aucune des causes qui ne concerneraient pas spécialement l'Église, permettant aux clercs de s'adresser aux juges laïques pour leurs affaires particulières. Les évêques se crurent en droit de s'opposer à une loi qu'ils regardaient comme contraire à leurs prérogatives, c'est-à-dire aux

privilèges qu'ils s'étaient eux-mêmes attribués ; car ils
auraient difficilement opposé à l'empereur des titres
qui les établissaient juges dans des affaires purement
civiles. Nous ne rapporterons point les douze canons
qui y furent arrêtés : nous dirons seulement que le
huitième défend aux hommes de se faire eunuques,
ce qui semblerait prouver qu'Origène avait trouvé
plusieurs imitateurs dans ce genre de mutilation.

Nous avons vu en 428 Majorien defendre la ville
de Tours assiégée par les Visigoths. Ce général, élevé
à l'empire en 457, fut déposé et mis à mort en 461
par le traître Ricimer, jaloux des grandes qualités de
cet excellent prince. Il fit proclamer à sa place Sévère III, que les Tourangeaux s'empressèrent de reconnaître. Mais Ægidius-Afranius, qui commandait
alors l'armée chargée de conserver la Touraine aux
Romains, engagé sans doute dans des intérêts étrangers à Sévère, tenta de comprimer le vœu des Tourangeaux par la force des armes. Cependant, ne trouvant d'appui nulle part, et craignant de trop se compromettre par une rébellion ouverte, il fut bientôt
obligé de se soumettre lui-même et de diriger ses
armes contre un ennemi beaucoup plus dangereux ;
car les Visigoths firent une nouvelle tentative pour se
rendre maîtres de la Touraine. Théodoric, second fils
de Théodoric-le-Grand et successeur de Thorismond
son frère, qu'il avait fait assassiner, rendit ses sujets
plus heureux qu'on ne devait l'espérer d'un prince
qui avait souillé ses mains du sang fraternel. Non
content d'avoir porté jusqu'au Rhône les limites de ses

463. états, il envoya Frideric, son frère, pour les étendre du côté de la Loire. Ce général s'empara d'abord du château de Chinon. Ægidius-Afranius, gouverneur de la Gaule pour les Romains, connaissant l'importance de cette place, située sur les frontières du Poitou, résolut de ne rien négliger pour la reprendre. Il rassembla des troupes et en fit le siège vers l'an 462 ou 463. Les habitans de la campagne, s'étant jetés dans la place avec toutes leurs provisions, réunirent leurs efforts à ceux de la garnison visigothe, et parvinrent à repousser vigoureusement les attaques des Romains. Mais Ægidius-Afranius ayant détourné la source du seul puits qui fournissait de l'eau aux assiégés, ceux-ci, réduits aux dernières extrémités, étaient sur le point de capituler, lorsqu'une pluie abondante vint leur rendre l'espoir, les forces et le courage, que le tourment de la soif avait abattus. Cet événement, assez naturel d'ailleurs, fut attribué aux prières du saint abbé Maxime, aujourd'hui saint Mesme, qui s'était également réfugié dans le château.

Il fallait que la haine des Chinonais contre les Romains fût bien prononcée pour qu'ils consentissent à seconder les efforts des Visigoths, dont la domination aurait dû leur paraître encore plus odieuse.

Ægidius, forcé de lever le siège, eut bientôt sa revanche de ce mauvais succès; car le prince Frideric s'étant avancé entre la Loire et la petite rivière du Loiret auprès d'Orléans, le général romain fondit sur son armée si brusquement, qu'il la mit dans une déroute complète. Frideric ayant été tué dans cette ac-

tion, les Visigoths, sans chef, se retirèrent en désordre 463.
avec les débris de leur armée. Ægidius, encouragé
par la victoire qu'il venait de remporter, repassa la
Loire, reprit Chinon qui ne lui opposa plus d'obstacles, et vint attaquer Théodoric jusque dans le cœur
de ses états. Pour se délivrer d'un ennemi si redoutable, les Visigoths eurent recours à l'odieux expédient de le faire périr par le poison. Après sa mort, il
leur fut facile d'étendre leur domination et de s'emparer des provinces qui étaient à leur convenance.
Mais le temps n'était pas encore venu où la Touraine
devait subir le joug de ces barbares.

Dans cet intervalle, saint Eustoche mourut l'an 464. 464.
Il avait fondé les églises paroissiales de Loches, d'Y-
zeures, de Dolus et de Bray, aujourd'hui Reignac. Ce
fut aussi sous son épiscopat que l'on découvrit les
tombeaux de sainte Britte et de sainte Maure, sur lesquels il fit ériger une chapelle. Telle est la première
origine de la ville qui conserve encore aujourd'hui le
nom de Sainte-Maure, nom long-temps porté par une
famille illustre de la Touraine. La tradition veut que
cette sainte ait été baptisée par saint Martin, ainsi que
ses neuf fils, dont deux seulement sont connus : saint
Principien, honoré à Souvigny en Bourbonnais, et
saint Épain, qui a également donné son nom à un
village voisin de Sainte-Maure, et dont la fête était
célébrée dans la collégiale de Saint-Martin. Saint Eustoche fit aussi construire sur les murs de Tours une
chapelle où furent déposées les reliques de saint Gervais et de saint Protais, que saint Martin avait rap-

464. portées d'Italie. Cette église fut détruite lors de l'agrandissement du palais archiépiscopal, dont nous avons déjà parlé.

Après sa mort on lui donna pour successeur saint Perpet ou Perpétue, son parent, très-riche seigneur d'Auvergne. Immédiatement après son élection, il fut appelé à Vannes pour y procéder au choix d'un évêque de cette ville. Saint Pater fut élu et sacré par son métropolitain, qui, profitant de la présence de plusieurs de ses suffragans, y tint un concile uniquement relatif à la discipline ecclésiastique. Aussitôt son retour, il s'occupa de faire élever en l'honneur de saint Martin un temple plus spacieux et plus beau que celui bâti par saint Brice. Nous ne rapporterons point ici tous les détails qui nous ont été transmis à ce sujet par Grégoire de Tours, pour ne pas répéter ce que nous avons dit dans notre Histoire spéciale des antiquités de l'église de Saint-Martin, suite nécessaire de celle-ci. Nous nous bornerons à dire que saint Perpet en fit la dédicace l'an 492, et qu'il y fit transférer les reliques du patron de la Touraine, que l'on déposa dans une châsse précieuse. Des débris de l'ancienne église construite sous saint Brice, notre évêque en fit élever une autre sous l'invocation de saint Pierre. C'était celle qui postérieurement fut connue sous le nom de Saint-Pierre-le-Puellier.

Le zèle de saint Perpet pour l'achèvement de ces édifices ne fut point ralenti par les événemens importans qui se passèrent sous son épiscopat. Les Visigoths ne perdaient pas de vue leur projet de se rendre maîtres de la Touraine et de quelques autres provinces voisines. Euric ou Évaric, leur roi, s'en étant emparé ainsi que du Berri, porta ses armes victorieuses jusque dans l'Auvergne, où pourtant il échoua devant la ville de Clermont qu'il avait voulu assiéger. L'empereur Népos, après avoir vu ses ambassadeurs rebutés par Euric, lui envoya saint Épiphane, évêque de Pavie, dont la mission fut plus heureuse, puisqu'il en obtint la paix, mais à des conditions assez honteuses pour les Romains, c'est-à-dire moyennant la cession de l'Auvergne. A la vérité l'empire était en ce moment dans une telle décadence et si voisin de sa chute, qu'il n'était aucun sacrifice que ses maîtres ne fussent disposés à faire pour la retarder. Par ce traité, la Touraine rentra presque aussitôt sous la domination de ses premiers possesseurs. Mais ce ne fut pas pour long-temps.

Le comte Agilon gouvernait alors cette province. C'est un fait qui nous est connu par le testament que fit l'évêque Perpet l'an du post-consulat de Léon-le-Jeune, ce qui répond à l'an 475. Par ce testament, fait en faveur des pauvres, Perpet institua pour son exécuteur testamentaire ce même Agilon, auquel il légua son cheval et un mulet à son choix, en reconnaissance des bons offices qu'il avait rendus à son Église. Nous allons voir que cette disposition, faite dix-neuf ans avant la mort du testateur, ne put avoir lieu, le comte Agilon ayant dû nécessairement abandonner son gouvernement lors de l'invasion des Visigoths. Ceux-ci, s'étant avancés jusqu'aux bords de la

473. Loire, eurent à combattre non-seulement les troupes d'Ægidius, mais encore celles d'Odoacre, que le général avait appelé en qualité d'auxiliaire. Odoacre, s'étant emparé de la ville d'Angers, fit fortifier quelques îles de la Loire pour y mettre en sûreté son butin : mais Childéric, roi des Francs, ayant battu auprès d'Orléans le comte Pol, qui commandait une autre division de Saxons, il le poursuivit jusque sous les murs d'Angers qu'il enleva de vive force, et l'ayant combattu corps à corps, il le renversa mort à ses pieds. Childéric, pour se rendre à Angers, était passé par Tours, qui devait avoir tout à craindre de la présence d'une armée aussi nombreuse : mais, à la prière de la reine Basine, et en considération de saint Martin, le roi son époux, quoique païen, défendit expressément que l'on causât aucun dommage aux habitans de Tours, qu'il accueillit même avec beaucoup de courtoisie.

Jusqu'ici nous n'avons point parlé de ces Francs, qui, dès l'an 277, avaient obtenu de l'empereur Probus des demeures dans cette partie de la Gaule, voisine des rives du Rhin. Ils s'étaient même emparés de la Batavie, dont ils furent chassés par Constance en l'année 293; mais après différentes irruptions, qui se répétèrent fréquemment pendant l'espace d'un siècle, les Vandales, les Alains, les Suèves, les Francs, les Saliens, vers l'an 406, inondèrent les Gaules, qui se virent désolées par les ravages de ces barbares jusqu'à l'année 418 ou 420. A cette époque, ces différentes nations, gouvernées par des chefs particuliers, se ré-

unirent pour ne plus former qu'un seul peuple, obéis- 473.
sant à un seul et même roi, ou plutôt à un même chef;
car alors la royauté proprement dite leur était tout-
à-fait inconnue. Les trois premiers qui furent revêtus
de cette dignité, Pharamond, Clodion et Mérovée,
peuvent être rangés au nombre de ces chefs. Il en est
à peu près de même de Childéric, et l'événement dont
nous venons de parler est le premier qui ait fait connaître sur les bords de la Loire l'existence de ces rois
francs, que l'on peut à peine considérer comme appartenant à la monarchie française, dont les fondemens
auraient pu être l'ouvrage de Clovis, si lui-même eût
conçu l'idée d'une véritable monarchie.

A peine l'armée de Childéric avait-elle quitté les
bords de la Loire, que les Visigoths y reparurent plus
forts et plus nombreux. Ils n'avaient plus à redouter
les armes romaines depuis la chute de l'empire d'Occident dans la personne d'Augustule en 476. Ils purent 480.
donc sans résistance s'emparer de la Touraine, sur
laquelle ils avaient fait jusque-là des tentatives infructueuses. Ainsi la partie seulement qui se trouve
sur la rive gauche de la Loire se vit unie au royaume
d'Aquitaine. Euric, étant mort en 484, eut pour successeur Alaric II son fils. En vain a-t-on essayé de
peindre ce prince arien comme protecteur des chrétiens; les persécutions qu'il fit souffrir à ceux de la
Touraine prouvent évidemment le contraire. Ainsi que
son prédécesseur, il ne cessa de tourmenter ceux qui
refusaient d'embrasser l'arianisme, et plus encore ceux
qui avaient le courage de le combattre. Le vertueux

494. évêque Perpet ne put survivre à tant de tribulations : enfin le chagrin abrégea ses jours en 494, et il mourut après avoir laissé, ainsi que nous l'avons dit, une faible partie de ses biens à son église, et tout le reste aux pauvres. Indépendamment de la belle église qu'il avait fait construire à ses frais en l'honneur de saint Martin, on lui doit encore celles de Monnaie, de Ballan, de Bléré, de Vernou, d'Avoine, et la chapelle de Saint-Laurent à Mont-Louis. Perpet eut Volusien pour successeur.

Clovis régnait alors depuis treize ans sur la plus grande partie des Français. Les vastes provinces de l'empire d'Occident, qui venait de s'écrouler, étant devenues la proie de divers peuples, ce prince, à l'exemple des Visigoths et des Bourguignons, qui ne cessaient d'étendre les limites de leurs états, profita d'une occasion si favorable pour en agir de même. Jeune, entreprenant, plein de courage, il déclara la guerre à Syagrius, général des Romains et fils du comte Ægidius; il le défit dans la bataille qu'il lui livra près de Soissons l'an 486. Après sa défaite, Syagrius s'était retiré à la cour du roi Alaric, dans l'espoir de trouver du secours auprès d'un prince intéressé à arrêter les progrès d'une nouvelle puissance qui pouvait un jour fondre sur ses états, et porter un coup funeste à la sienne. Alaric en effet n'était pas tranquille; mais, hors d'état de pouvoir s'opposer aux armes toujours victorieuses de Clovis, il crut devoir céder aux temps, quelque offensé qu'il fût d'ailleurs de la hauteur avec laquelle le monarque des Francs

lui fit demander par des ambassadeurs de lui remettre 494.
la personne de Syagrius, avec menace, en cas de refus, de lui déclarer la guerre. Il ne faut pas s'étonner si chez un barbare l'intérêt personnel l'emporta sur les droits de l'hospitalité. Des temps plus civilisés ne nous ont offert que trop souvent d'aussi tristes exemples. Alaric livra donc le général romain, que Clovis, non moins barbare, fit inhumainement mourir après s'être mis en possession de Soissons, Reims, Provins, Sens, Troyes et Auxerre, en sorte que les Romains ne possédèrent plus rien dans les Gaules.

Cependant Alaric conservait dans son cœur le ressentiment du mépris que Clovis avait marqué pour lui à l'occasion de Syagrius; il voyait d'ailleurs qu'il avait tout à craindre de la part d'un voisin si ambitieux, si puissant et en même temps si heureux; car il venait récemment de remporter une victoire des plus signalées. On sait que Clovis, voyant la déroute se mettre dans son armée à la bataille de Tolbiac l'an 496, invoqua le dieu de sa femme Clotilde, et fit vœu, s'il le délivrait du péril où il était, de recevoir le baptême. La victoire complète qu'il remporta sur l'ennemi, et qui fut bientôt après suivie de l'accomplissement de son vœu, redoubla les inquiétudes et les alarmes d'Alaric, en lui inspirant une haine encore plus forte contre la religion chrétienne. Assez modéré jusque-là, comparativement à Euric son père, il devint méfiant, persécuteur, et sa politique ombrageuse lui fit sacrifier plusieurs évêques que, suivant lui, les liens de la même religion devaient dorénavant rattacher aux intérêts de Clovis. Volusien, évêque de Tours, fut au nombre de ses victimes. Ce prélat, qui n'était pas moins recommandable par ses vertus que par sa naissance et ses richesses, était fils d'un sénateur de Tours et parent de saint Perpet, auquel il avait succédé. Les Visigoths qui commandaient à Tours ayant inspiré à Alaric des soupçons sur sa fidélité, ce prince, craignant qu'il n'introduisît les Français dans une ville limitrophe des états de Clovis, le fit arracher de son siège et conduire à Toulouse, d'où il l'exila ensuite en Espagne. S'étant mis en chemin pour se rendre au lieu de son exil, et étant arrivé au pays de Foix près d'un lieu nommé *la Couronne*, ses conducteurs, qui probablement en avaient reçu l'ordre secret, lui coupèrent la tête, au mois de mars, d'autres disent au mois de juillet 498, la cinquième année de son épiscopat. Son corps, après avoir été mis en dépôt à quelque distance de la ville de Foix, fut porté dans la chapelle du château de Mongausy, et, l'an 1191, le 18 janvier, jour auquel on célèbre sa fête en Touraine, il fut transféré à Foix même dans l'église de Saint-Nazaire, qui par la suite prit le nom de Saint-Volusien. Pendant le peu de durée de son épiscopat, il avait fait construire une église à Manthelan.

Dans ce même temps vivait saint Ours, originaire de Cahors ; ayant fixé son séjour en Touraine, il fonda à Sennevières un monastère, dont il donna la conduite à saint Léobatte, vulgairement appelé saint Lubais. De là il vint établir sa demeure à Loches, où il bâtit un autre monastère, et où il mourut fort avancé en âge. Les habitans de Loches racontent une infinité de merveilles au sujet d'un moulin à eau qu'ils disent que saint Ours fit établir sur l'Indre pour éviter à ses moines la peine de moudre leur blé à force de bras. On croit dans le pays que ce moulin existe encore; mais on sait à quoi s'en tenir sur ces sortes de traditions.

498.

Clovis avait témoigné beaucoup de regrets de la perte de Volusien, soit qu'ils fussent sincères de sa part, soit qu'ils ne fussent qu'un prétexte aux projets qu'il méditait. Toujours est-il vrai qu'il s'en fit ouvertement un motif pour justifier ses vues hostiles contre le roi des Visigoths. Ce dernier, qui ne put les ignorer, forma dès lors le dessein de le prévenir et de lui déclarer la guerre. Son intérêt autant que sa jalousie le portaient à prendre ce parti. C'était aller au-devant des vœux de Clovis, qui brûlait d'envie d'en venir aux mains avec lui. Il se disposa donc secrètement à une rupture. Le mécontentement réciproque des deux rois était sur le point d'éclater, lorsque Théodoric, roi des Ostrogoths en Italie, interposa sa médiation. Son âge, son expérience, et l'alliance qu'il avait contractée avec ces deux princes par son mariage avec Anaflède, sœur de Clovis, et par celui d'Alaric avec Théodegothe, sa fille naturelle; tout semblait lui donner le droit de faire des remontrances, et d'inviter à la paix deux princes qui lui étaient si étroitement unis par les liens du sang. Aussi ses exhortations eurent-elles d'abord un heureux succès. Clovis, qui avait de puissans motifs de ne pas accé-

498. lérer la rupture qu'il méditait contre le roi visigoth, se fit un mérite de son adhésion et de sa déférence envers Théodoric. Sur ces entrefaites, il reçut des ambassadeurs de la part d'Alaric chargés de lui demander son amitié, et de l'inviter à conférer ensemble sur les moyens d'assurer la paix entre les deux couronnes. Clovis accepta volontiers la proposition. La conférence eut lieu en 504 sur les confins des deux royaumes dans l'île de Saint-Jean, située au milieu de la Loire, vis-à-vis le château d'Amboise.

504. Cette célèbre entrevue mérite qu'on s'attache à quelques circonstances qui l'accompagnèrent. Les historiens racontent que les deux rois, après la conférence qu'ils eurent ensemble, s'embrassèrent avec toutes les marques d'affection qu'on pouvait se donner ; qu'ils firent préparer un magnifique festin auquel ils assistèrent avec tous les principaux officiers de leur suite, tandis que leurs troupes témoignaient à l'envi par leurs joyeuses acclamations la part qu'elles prenaient à cette réconciliation. On ajoute que, pour laisser à la postérité un monument durable de cette alliance, ils firent élever dans les plaines de Sublaines deux énormes buttes de terre pour servir de limites aux deux royaumes des Francs et des Visigoths; buttes qu'on nomme aujourd'hui *les Danges*, vieux mot tiré de la basse latinité qui signifie donjon ; et qu'enfin, en mémoire de cette paix, Clovis fit frapper une monnaie d'or sur laquelle son buste est représenté d'un côté avec ces mots : AMBACIA VICO, et au revers une croix soutenue par une ancre, sans aucune légende.

D'autres historiens disent que Clovis ne fit frapper cette monnaie que postérieurement à son entrevue avec Alaric, non-seulement pour se faire mieux connaître aux nouveaux peuples de sa monarchie, mais en même temps pour suppléer au défaut des anciennes espèces d'or qui étaient devenues rares, et qui d'ailleurs étaient de bas aloi. Comme les empereurs romains avaient coutume de faire représenter sur leurs monnaies quelque événement célèbre arrivé sous leur règne, Clovis, ne trouvant jusque-là sous le sien rien de plus mémorable que cette entrevue, la fit graver sur sa monnaie avec le mot AMBACIA, pour indiquer le lieu où l'action s'était passée.

La bonne intelligence entre les deux rois ne dura qu'autant de temps qu'il en fallait à Clovis pour s'affermir dans ses nouvelles conquêtes, et pour faire valoir les prétentions qu'il avait par la reine Clotilde sa femme sur le royaume des Bourguignons. Tel fut le principal motif qui l'avait engagé à écouter les propositions de Théodoric, et à accepter l'entrevue qu'Alaric lui avait fait demander. Mais dès qu'il eut mis ordre à ces deux objets, qui seuls l'arrêtèrent alors, il n'eut plus besoin d'user de dissimulation, et tourna ses armes contre le roi des Visigoths. Il se hâta d'autant plus de prendre ce parti, que Paterne, son ambassadeur auprès d'Alaric, eut soin de l'informer de ce qui se tramait contre lui. Ce prince, que son alliance avec Clovis n'avait pu rendre son ami, et contre lequel il conservait toujours son premier ressentiment, venait de conclure une ligue avec Théo-

504. doric, son beau-père, et se préparait sourdement à la guerre. Dans la crainte que les chrétiens ne favorisassent les projets de Clovis, il recommença à les persécuter, et l'évêque de Tours Vérus fut du nombre des proscrits.

Ce prélat avait succédé à Volusien. Nous ignorons s'il fut élu immédiatement après la mort de ce dernier, et il n'est pas aisé de déterminer pendant combien d'années il tint le siège. En lui donnant, comme le fait Grégoire de Tours, onze ans et huit jours d'épiscopat, l'anachronisme serait trop évident, puisqu'il paraît certain qu'il était déjà en exil à l'époque du concile d'Agde tenu en 506, auquel fut député à sa place Léon, archidiacre de Tours, qui en signa tous les actes.

Les sujets catholiques d'Alaric étaient fort attachés à leurs prélats, et principalement ceux de la Touraine. Le sort des deux derniers et de plusieurs autres évêques ne fit que redoubler la haine que leur inspirait la domination des Visigoths. Ils témoignèrent assez ouvertement combien ils désiraient de passer sous celle des Francs. Clovis profita habilement de ces heureuses dispositions, et couvrant du manteau de la religion les véritables motifs de son entreprise, il se mit à la tête de son armée, et prit la route de la Touraine. En entrant dans cette province, par respect pour saint Martin, il fit défense à ses soldats d'user des droits de la guerre; il leur permit seulement de prendre sans payer de l'herbe et de l'eau. Un cavalier franc, puni de mort pour avoir pris de force du foin

à un paysan, qui vint s'en plaindre au roi, servit 504.
d'exemple au reste de l'armée. « Comment, dit-il en
« le condamnant, pourrions-nous espérer la victoire
« si nous offensions saint Martin? » Sa vénération pour
le thaumaturge des Gaules était si grande, qu'il envoya visiter son tombeau avec de riches présens. Il
recommanda même à ceux qui devaient les porter de
faire attention à ce qu'on chanterait quand ils entre-
raient dans l'église. A leur arrivée, ils entendirent le
primicier entonner les quarante et quarante-unième
versets du psaume 17 : « Vous m'avez donné des forces
« pour combattre, et vous avez fait plier sous moi
« ceux qui m'attaquaient; vous avez fait tourner le
« dos à mes ennemis devant moi, et j'ai taillé en pièces
« ceux qui m'étaient contraires. » C'était assez l'usage
alors de consulter ce que l'on chantait à l'office pour
en tirer un bon ou mauvais présage, ce qui n'était
qu'un reste de la superstition des augures, que l'on
ne prenait plus par le vol des oiseaux et les entrailles
des animaux, mais par les livres saints. Les députés
ayant fait à Clovis le récit de ce qu'ils avaient entendu, ce prince ne douta plus de la victoire; et, plein
de confiance dans l'heureux présage qu'il venait de
recevoir, il marcha droit au-devant de son ennemi,
dont la défaite lui parut assurée. Arrivé sur les bords
de la Vienne, il la trouva tellement grossie, qu'il ne
crut pas devoir en hasarder le passage; mais par hasard le lendemain au matin on aperçut une biche
qui la traversait sans nager. Cette circonstance assez
naturelle en elle-même, mais qui fut alors regardée

504. comme un miracle, ranima l'espérance de Clovis. Il fit passer son armée dans l'endroit même que la biche avait indiqué, et s'avança vers Poitiers, où Alaric s'était déjà fortifié dans le dessein de ne livrer bataille qu'après avoir reçu le secours que Théodoric devait lui envoyer. Le monarque français, pour le forcer à sortir de ses retranchemens, imagina de faire le dégât dans tout le pays, brûlant les habitations, enlevant le bétail et s'emparant de tous les vivres. Les Visigoths, outrés de voir ainsi ravager leurs terres, demandèrent à combattre. Alaric, sous divers prétextes, cherchant toujours à temporiser, ils éclatèrent en murmures contre lui, et finirent par l'accuser hautement d'avoir peur des Francs. Alaric, trop sensible à des reproches qui offensaient son courage, eut la faiblesse de céder aux instances indiscrètes de ses soldats, et, contre toutes les règles de la prudence, il sortit enfin de ses retranchemens. Dès que Clovis fut informé de la démarche de son ennemi, il revint sur ses pas et ne fut pas long-temps sans le rencontrer dans les plaines de Vouglé ou Vouillé près Champagné-Saint-Hilaire, sur la petite rivière du Clain, à quelques lieues de Poitiers.

507. Les deux armées se rangèrent bientôt en bataille, et après être restées quelque temps en présence, au signal donné, le combat commença avec une égale ardeur de part et d'autre; mais les Visigoths ne soutinrent pas long-temps le choc impétueux des Francs. Rompus de toutes parts malgré l'exemple de courage qu'ils recevaient de leur roi, leur défaite entière ne

fut retardée que par un incident qui absorba l'attention des deux armées et qui les rendit un instant immobiles. Clovis et Alaric, qui volaient de rang en rang pour encourager réciproquement leurs soldats, se rencontrèrent en face l'un de l'autre, et n'eurent pas de peine à se reconnaître à leur armure. Animés tous les deux par un même sentiment de haine et de bravoure, ils s'avancèrent au milieu du champ de bataille, où ils en vinrent à un combat singulier. Ils se chargèrent à plusieurs reprises, se portant des coups qu'ils paraient avec une égale adresse ; mais enfin Clovis en asséna un si violent sur la tête d'Alaric, qu'il fut renversé de son cheval. Il ne fut pas plus tôt tombé, que le monarque franc lui déchargea un coup de sa hache d'armes dont il lui fendit le crâne, et dont il mourut à l'instant. Cet événement, comme on peut le penser, causa deux mouvemens bien différens dans les deux armées; et tandis qu'elles se livrent, l'une à la joie et l'autre à la douleur, deux cavaliers visigoths, voulant venger la mort de leur roi, sortent des rangs, se précipitent sur Clovis, et lui portent à la fois deux coups de lance si terribles, que peu s'en fallut qu'il ne fût terrassé. Cependant des cavaliers francs accourent pour le dégager. A la faveur de ce secours, il lui fut aisé de se débarrasser : il pousse son cheval, et les deux Visigoths sont tués par ses gens, quoique leur noble dévouement méritât peut-être un meilleur sort.

L'action, qui avait été interrompue par la rencontre soudaine des deux monarques, recommença dès que

507. Clovis eut rejoint les siens. Mais il est rare que la mort d'un chef n'entraîne pas la défaite de son armée. Ce ne fut plus un combat de la part des Visigoths, déjà mis en désordre aux premiers chocs qui s'étaient donnés, et consternés de la mort de leur roi; les Francs en firent un horrible carnage. Leur perte fut si grande, que le champ de bataille ressemblait, dit-on, à une colline, tant était prodigieux le nombre des morts entassés les uns sur les autres. Mais sans recourir à l'exagération de ces figures, on ne peut se dissimuler qu'une armée aussi aguerrie que celle des Visigoths ne put être aussi complètement battue sans avoir éprouvé une perte considérable.

Cette sanglante bataille se donna l'an 507, la vingt-sixième année du règne de Clovis et la vingt-quatrième de celui d'Alaric. Ainsi finit pour la Touraine la domination des Visigoths, qui n'avait duré que l'espace de vingt-six ans. Elle passa dès ce moment sous celle des Francs ou Français, dont elle ne cessa plus de faire partie. Placée désormais au centre de la monarchie, cette province n'avait plus à craindre l'envahissement de voisins ambitieux et jaloux, ni de changer tout à coup de maîtres, ainsi que cela lui était arrivé quelques années auparavant; car les Romains avaient perdu les Gaules sans retour. Elle goûta cette tranquillité pendant le peu de temps que dura encore le règne de Clovis; et sans doute elle en eût joui plus long-temps si le sort eût voulu que ce monarque n'eût eu qu'un fils unique héritier et possesseur de ses vastes états; mais l'enfance de la civilisation ne permettait

pas d'apprécier les avantages de l'unité de puissance. 507.
D'ailleurs Clovis ne fut véritablement, ainsi que les
prétendus rois de la première race, qu'un chef de
Francs partageant à sa mort, entre les siens, les dépouilles de ceux qu'il avait vaincus, et songeant beaucoup moins à léguer des couronnes à ses fils qu'à leur
assurer la possession de ses terres et de ses trésors.
Les héritages de roi, si l'on peut donner ce nom à
Clovis et à ses enfans, qui ne pouvaient commander
aux Francs sans être élus par eux, se divisaient et se
subdivisaient encore comme ceux des simples particuliers. De là ces déchiremens et ces guerres de famille dont les peuples étaient toujours les premières
victimes. L'histoire des rois de la première race n'est
qu'un long tissu de troubles, de calamités et de crimes
qui tiennent à la barbarie des mœurs de ces temps.
Aussi ne doit-on pas s'étonner si, durant cette trop
longue période, les peuples furent constamment pauvres, ignorans et malheureux. Ceux de la Touraine
éprouvèrent le sort commun, et, comme tous les autres, ils virent insensiblement s'affaiblir et s'éteindre
les germes d'instruction et de civilisation, qui du
moins avaient apporté quelque compensation à l'invasion des Romains.

FIN DU PREMIER LIVRE.

LIVRE SECOND.

SIXIÈME SIÈCLE.

Clovis revient à Tours. Il y reçoit les ambassadeurs d'Anastase-Dicore. A sa mort il partage ses états. Clodomir a la Touraine. La reine Clotilde se retire à Tours. Licinius, neuvième évêque. Privilèges accordés à la Touraine. Théodore et Procule, évêques simultanément. Saint Arnoux n'est point évêque de Tours. Son histoire. Dinifius et Ommatius, dixième et onzième évêques. Clodomir et ses frères font la guerre à Sigismond, roi des Bourguignons. Clotilde amène à Tours ses trois petits-fils. Clotaire s'empare de la Touraine. Il poignarde ses neveux, à l'exception de Clodoald qu'on lui soustrait. Guerre entre Clotaire, Théodebert et Childebert. Clotilde fonde le monastère de Saint-Pierre-Puellier. Léon, Francilion, Injuriosus, douzième, treizième et quatorzième évêques. Ce dernier résiste à Clotaire. Saint Baud, quinzième évêque. Après sa mort Caton est élu. Ses intrigues. Il n'est pas confirmé. Chramne, fils de Clotaire. Sa conduite. Il se brouille avec son père et se retire en Bretagne. Son beau-père Willacaire incendie l'église de Saint-Martin. Clotaire marche contre Chramne, qui est brûlé dans une chaumière avec toute sa famille. Mort de Clotaire. Ses états sont partagés entre ses quatre fils. Caribert, l'aîné, a la Touraine. Il lui confirme ses privilèges. Gaïson, comte de

Tours, veut lever des impôts. L'évêque Eufrône s'y oppose, et Caribert l'approuve. Ce prince s'empare de Nazelles. Sainte Radégonde vient habiter Tours. Mort et fondations d'Eufrône. Celle de l'Écrignole par Ingertrude et Waldetrade. Grégoire, dix-neuvième évêque. Après la mort de Caribert la Touraine passe à Sigebert. Chilpéric s'en empare. Mummole reprend sur lui la ville de Tours. Gondebaud ravage la Touraine. Chilpéric rend la Touraine à Sigebert. Celui-ci bat Théodebert; poursuit Chilpéric qui s'enferme dans Tournay. Il y est assiégé. Sigebert est assassiné par deux agens de Brunehaud. Gontran-Boson échappe à Chilpéric en se sauvant dans l'église de Saint-Martin. Mérovée, fils de Chilpéric. Il épouse Brunehaud. Son père le fait tonsurer. Il se réfugie à Saint-Martin. Suites de cette démarche. La Touraine est ravagée par Chilpéric. Leudastes, comte de Tours. Trahison de Gontran-Boson, qui se sauve de Tours avec Mérovée. Persécutions de Leudastes contre Grégoire de Tours. Il est chassé de son gouvernement. Ennodius le remplace. Suite des persécutions de Leudastes. Grégoire accusé par lui se justifie. Mort tragique de Leudastes. Reginald, battu par Didier, se replie sur la Touraine, qui est dévastée par Chilpéric. Sa mort. Les Tourangeaux se déclarent pour Childebert. Gontran, roi d'Orléans, les force à le reconnaître. Il rend ensuite à Childebert tous les états de son père : la Touraine en fait partie. Ébérulfe cherche un asile à Saint-Martin. Claude, envoyé par Gontran, le poignarde dans l'église. Il est tué lui-même. Ennodius nommé duc de Touraine. Childebert ratifie les privilèges. Peste. Berthegonde dépouille le monastère de l'Écrignole. Cuppa. Conspiration contre Childebert. Mort de Grégoire de Tours. Saint Senoch. Frédégonde meurt. Pélage, vingtième évêque. Mort de Childebert. Dans le partage de ses états, Thierry ou Théodoric, son fils, obtient la Touraine.

508. Depuis la défaite des Visigoths dans les plaines de Vouillé, leurs affaires ne firent que déchoir de jour en jour. Clovis, profitant habilement de la victoire, les chassa successivement et de l'Aquitaine et de tous les autres pays qu'ils possédaient dans les Gaules, à l'exception pourtant de la Provence, que Théodoric se réserva lorsque Thierry, fils de Clovis, eut été battu devant Arles en 508.

Après avoir donné les ordres nécessaires pour la sûreté de ses nouvelles conquêtes, le monarque français revint à Tours avec tous les trésors d'Alaric, qu'il avait enlevés à Toulouse et qu'il dirigeait sur Paris. Il n'oublia point d'aller à l'église de Saint-Martin rendre graces à Dieu des succès éclatans qu'il avait obtenus. Pendant le séjour qu'il fit à Tours, il reçut les ambassadeurs que lui envoyait l'empereur Anastase-Dicore. Le prétexte de cette ambassade était de le féliciter sur ses nouvelles victoires; mais le véritable motif était de l'engager à continuer la guerre contre les Visigoths, afin qu'il n'en restât plus un seul dans les Gaules. Cette cérémonie se fit avec beaucoup de magnificence. Le monarque s'étant revêtu d'habits d'or et de pourpre, et ayant un diadème royal sur la tête, monta à cheval et se montra à ses nouveaux sujets dans la place publique qui se trouvait entre l'église de Saint-Martin et la cité de Tours. Il fit des largesses au peuple, lui distribuant de ses mains une grande quantité de pièces d'or et d'argent en mémoire des victoires qu'il avait, disait-il, remportées par les mérites de saint Martin. De là il entra dans l'église de ce saint, où il donna audience aux ambassadeurs. Dans la harangue qu'ils lui adressèrent, ils lui dirent entre autres choses que l'empereur leur maître le recevait au nombre de ses amis particuliers, et qu'il avait ordonné dans tout l'empire que désormais il y serait traité de roi ou de consul, et même d'Auguste. L'audience finie, Clovis, avec les mêmes ornemens dont il était revêtu, alla faire sa prière au tombeau de saint Martin.

Nous devons rejeter comme une puérilité indigne de l'histoire l'anecdote racontée par Roricon et par Aimoin après lui, relativement au cheval dont Clovis, disent-ils, avait fait présent à saint Martin, et qu'il racheta ensuite en offrant cent pièces d'or. Selon eux, lorsque le roi voulut le reprendre, le cheval resta immobile, et ne recouvra la faculté de se mouvoir que lorsque la somme eut été doublée, ce qui aurait fait dire au monarque : « Saint Martin est de bon se- « cours, mais il le fait payer cher. » Cependant les deux auteurs ne sont pas d'accord en tout; car Roricon dit que la chose se passa lorsque Clovis vint à Tours pour la première fois, et Aimoin au contraire ne la place qu'à son retour.

Nous avons déjà réfuté ailleurs (1) le récit de Grégoire de Tours, qui prétend que Clovis avait accepté le titre et les ornemens du consulat que l'empereur lui avait envoyés, et qu'il se revêtit dans la basilique de Saint-Martin de la chlamyde et de la tunique

---

(1) Tablettes chronologiques, pag. 369.

blanche. On concevra aisément, ainsi que nous l'avons dit, que Clovis roi, et roi victorieux, n'eût jamais consenti à se montrer, dans une circonstance aussi solennelle, revêtu d'habits étrangers bien au-dessous de sa dignité, et qui n'auraient pu qu'être odieux à des peuples affranchis du joug de l'empire. Roricon nous dit au contraire que Clovis se revêtit de ses habits royaux et de sa couronne pour se montrer au peuple, et que ce ne fut qu'à la suite de cette cérémonie qu'il donna audience aux ambassadeurs. Comment donc aurait-il accepté un titre de consul, qui l'eût en quelque façon constitué le vassal d'un prince dont il devait se croire au moins l'égal? Nous ajouterons, pour appuyer ces observations, que le nom de Clovis ne se trouve point dans les fastes consulaires, et qu'alors ce n'aurait été qu'un vain titre, et même assez peu honorable, tant il avait été prodigué.

Clovis, après avoir congédié les ambassadeurs d'Anastase, partit de Tours et se rendit à Paris, dont il fit dès ce moment la capitale de ses états. Il y mourut trois ans après, le 27 novembre de l'année 511, dans la quarante-cinquième de son âge et la trentième de son règne. En mourant il ordonna que ses états seraient partagés entre ses quatre fils, Thierry, Clodomir, Childebert et Clotaire. Le premier était fils d'une concubine, ou plus probablement d'une première femme. La reine Clotilde était mère des trois derniers. Ces quatre frères se trouvaient par là indépendans les uns des autres. Ils portaient tous également le titre de roi, et leurs royaumes étaient distingués par les noms des villes de Paris, d'Orléans, de Metz et de Soissons, qui en étaient les capitales. L'Aquitaine, sans cesse menacée par les Visigoths, qui ne perdaient pas l'espoir de la recouvrer, fut aussi partagée entre les quatre frères ; ce qu'ils firent, dit-on, afin que, si ce royaume venait à être attaqué, les quatre rois fussent obligés par leur intérêt commun de se réunir pour le défendre : comme si cette défense n'eût pas été plus facile et plus sûre, confiée aux armes et à la volonté d'un seul possesseur de ce vaste pays. Dans ce partage, la Touraine tomba sous la puissance de Clodomir, roi d'Orléans. De là aussi naquirent les divisions intestines et l'espèce d'anarchie qui jettent tant d'obscurité sur l'histoire de cette époque jusqu'en 558, où la monarchie ne reconnut plus qu'un seul chef dans la personne de Clotaire Ier, qui, malgré l'exemple de sa famille, commit en mourant la même faute que son père.

On aurait lieu de s'étonner que les peuples consentissent à de semblables partages, puisqu'ils ne pouvaient se faire sans leur coopération, si l'on ne réfléchissait qu'alors il n'y avait point proprement dit de nation, ou plutôt qu'il y en avait deux essentiellement ennemies l'une de l'autre, les Francs vainqueurs, et les Gaulois vaincus. Dans leur asservissement, il importait peu à ces derniers sous quels maîtres il leur fallait passer. Quant aux Francs, qui seuls avaient voix aux élections, quatre cours différentes offraient plus de chances qu'une seule à leur ambition et à leur cupidité.

508. Un auteur contemporain a admiré la bonne intelligence qui régna pendant plusieurs années entre ces quatre frères, tous cependant ambitieux et dignes héritiers de la valeur du grand Clovis. S'il était permis de donner quelques raisons de cette concorde qui n'était pas au fond de leurs cœurs, nous croirions volontiers que la crainte de s'attirer sur les bras les armes de Théodoric, roi d'Italie, le plus puissant des souverains qui fût alors en Europe, contribua pour beaucoup à entretenir leur liaison. Ajoutons-y l'autorité que, par ses vertus, la reine Clotilde sut se conserver sur l'esprit de ses enfans, et l'on concevra sans peine que la paix et l'union durent se maintenir au sein de la famille royale. Dès qu'il s'élevait quelque différend entre ses fils, Clotilde ne manquait jamais d'interposer sa médiation, et elle eut presque toujours le bonheur de la voir couronnée de succès. Cette princesse, après la mort de Clovis, s'était retirée à Tours auprès du tombeau de saint Martin, en qui elle avait une dévotion toute particulière.

Aux deux passages de Clovis par la ville de Tours, ce fut l'évêque Licinius qui fit les honneurs de l'église de Saint-Martin. Il obtint de ce prince non-seulement la confirmation des privilèges dont jouissaient les habitans, mais encore l'attribution de quelques autres, comme d'être exempts de tous droits et de toute contribution. Du moins sommes-nous fondé à le présumer ainsi, puisque nous verrons par la suite de cette histoire que cette exemption leur fut plusieurs fois confirmée par les successeurs de Clovis, comme émanant de leurs anciens privilèges. Ce monarque d'ailleurs avait trop favorablement traité les habitans de Tours, avant et après sa conquête de l'Aquitaine, pour ne pas leur continuer ses faveurs lorsqu'ils étaient devenus ses sujets. Licinius avait succédé à Vérus, mort vers 506 dans l'exil où l'avait envoyé Alaric. Il était natif d'Angers, et avait fait dans sa jeunesse le voyage de la terre sainte. Revenu dans sa patrie, il se fixa à Tours, où il fit bâtir un monastère qu'il dota d'une de ses terres située sur les confins de l'Anjou et de la Touraine, vers le lieu où était l'église de Saint-Julien qu'on appelait autrefois l'église de Saint-Serge et de Saint-Bach. Après la mort de saint Venant, il fut choisi pour abbé d'un petit monastère bâti près de l'église de Saint-Martin, par saint Venant lui-même, dont il porta le nom depuis. Licinius mourut en 519, après avoir occupé le siège pendant douze ans. Clotilde, qui avait en quelque façon conservé l'autorité de reine, choisit pour lui succéder deux prêtres nommés l'un Théodore et l'autre Procule. C'était une atteinte, et la première de ce genre, portée aux libertés des élections. Ce qu'il y a encore de plus étonnant de la part de cette pieuse princesse, c'est que cette nomination portait sur deux individus simultanément. Comme il était défendu par les conciles d'ordonner en même temps deux évêques pour le même siège, il pourrait se faire que l'un eût été l'évêque en titre, et que l'autre n'eût été que le coadjuteur ou corévêque, comme l'ont été à Vienne les deux frères Mammercus. Quoi qu'il en

508. soit, la reine le voulut ainsi, sans doute par un sentiment de justice et d'humanité, pour consoler et dédommager ces deux prélats de la perte de leurs sièges dont ils avaient été chassés long-temps auparavant par Gondebaud, roi des Bourguignons, en haine de la religion catholique, toujours odieuse aux ariens. Ils étaient tous les deux fort avancés en âge. Aussi ne tinrent-ils le siège que pendant deux ans, c'est-à-dire, jusqu'en 521. Il y a apparence qu'ils moururent en même temps, ou à très-peu de distance l'un de l'autre, puisqu'ils furent enterrés ensemble dans l'église de Saint-Martin.

On n'est pas d'accord sur leur successeur immédiat. Les uns veulent qu'Arnulphus, autrement saint Arnoux, soit venu après eux; les autres, au nombre desquels se trouve Grégoire de Tours, leur font succéder Dinifius ou Dionysius. Arnoux avait été l'un des principaux officiers de Clovis, qui lui avait fait épouser Skariberge, sa parente, avec le titre de comte de Reims. Voici ce qu'en rapportent ceux qui comme Maan (1) le mettent au nombre des évêques de Tours. Ils disent que dès le commencement de son mariage, du consentement de sa femme, il se voua à la continence, et suivant à la lettre le précepte de l'évangile, il abandonna les grands biens qu'il possédait, et fit les voyages de Rome, de Constantinople et de

---

(1) Maan ne place saint Arnoux qu'après Dinifius et Ommatius. Mais que ce soit après le dernier de ces évêques, ou après Théodore et Procule, l'épiscopat de saint Arnoux n'est pas plus probable d'une façon que de l'autre.

Jérusalem. De retour, après avoir visité à Toulouse le tombeau de saint Saturnin, à Poitiers celui de saint Hilaire, il vint à Tours pour prier également sur celui de saint Martin. Ce fut dans cette circonstance, ajoutent-ils, qu'on l'entraîna malgré lui à la cathédrale, où il fut ordonné prêtre et sacré évêque en même temps. Mais toujours dominé par le goût des pèlerinages, il quitta secrètement son siège, dix-sept jours après, et alla en Espagne, où il resta sept ans. Enfin, ayant appris la mort de saint Remy, qui l'avait baptisé et élevé, il revint à Reims, où il fut assassiné par les gens de sa femme qui voulurent la venger de ses mépris pour elle. Un moment avant qu'il expirât, Skariberge, au désespoir de ce qui s'était passé, vint le voir et lui témoigner sa douleur. Arnoux la consola, lui donna le voile, et la pria de faire transporter son corps à Tours, où il désirait avoir sa sépulture. Skariberge se mit en devoir de faire exécuter les dernières volontés de son époux; mais elle-même étant tombée malade, comme elle traversait la forêt Suéline au diocèse de Chartres, elle mourut, et fut inhumée avec son mari au lieu où on bâtit une église qui portait le nom de Saint-Arnoux.

Ce récit, qui peut être vrai dans quelques-unes de ses circonstances, est manifestement faux en un point; car comment accorder le temps de la mort de saint Remy avec celui de l'assassinat de saint Arnoux? Saint Remy, ordonné évêque en 471, a tenu le siège soixante-quatorze ans. Sa mort tombe donc en 545, et celle de saint Arnoux eut lieu en 534. Cette raison seule suf-

508. firait pour nous faire rejeter l'opinion de ceux qui, fondés sur quelques anciens bréviaires, soutiennent que saint Arnoux a été évêque de Tours, si nous n'avions d'ailleurs pour garant le témoignage de Grégoire. Quelle apparence en effet que cet auteur, en écrivant l'histoire de ses prédécesseurs, eût oublié un évêque qui, par sa noblesse et sa piété, ne pouvait que faire honneur à son siège?

521. Nous croyons donc que Dinifius succéda immédiatement à Théodore et Procule. Il fut élu par ordre du roi Clodomir, qui lui donna quelques rentes sur son domaine. Ce prélat les laissa à son église avec ses autres biens. Il ne tint le siège que six mois, et eut sa sépulture dans l'église de Saint-Martin.

522. Ommatius, qui lui succéda en 523, fut également élu par ordre de Clodomir. Il était issu, du côté paternel, d'une famille consulaire. Son père s'appelait Ruricius, et sa mère Iberia. Tous les deux ayant renoncé au monde pour se donner plus librement à la pratique des vertus chrétiennes, Ruricius fut nommé à l'évêché de Limoges, et son fils, quelques années après, le fut à celui de Tours. Il fit un testament par lequel il donna tous ses biens aux églises des lieux où ils étaient situés. Il fit agrandir l'église de Saint-Gervais et de Saint-Protais, que saint Eustoche avait fait construire sur les murs de la ville de Tours, et fit élever dans son intérieur une autre église sous l'invocation de Notre-Dame, dont pourtant nous ne voyons nulle part qu'il soit fait mention. Il mourut sans l'avoir finie, et peut-être ne fut-elle pas achevée.

Il avait tenu le siège quatre ans et cinq mois, depuis 523 jusqu'en 526, et il eut sa sépulture dans le tombeau de ses prédécesseurs.

Deux ans avant sa mort la Touraine avait changé de maître. Nous avons dit que cette province faisait partie du royaume d'Orléans, dont Clodomir était roi. Ce prince vécut en paix durant les premières années de son règne; mais s'étant ligué avec deux de ses frères, Childebert et Clotaire, ils déclarèrent la guerre à Sigismond, roi des Bourguignons, fils de Gondebaud. Ces trois princes furent poussés à cette entreprise par les conseils de Clotilde leur mère. Elle vint exprès à Paris pour leur rappeler la manière cruelle dont Chilpéric, son père et leur aïeul, avait été traité par Gondebaud qui l'avait fait lâchement assassiner, et en même temps pour leur remettre sous les yeux les prétentions qu'ils avaient sur le royaume des Bourguignons, usurpé sur Chilpéric par ce même Gondebaud, son frère et son meurtrier. Il n'en fallait pas tant pour stimuler de jeunes princes aussi avides de gloire que jaloux d'accroître leurs états. Leurs armes eurent d'abord un heureux succès. Ils remportèrent une victoire complète sur Sigismond. Clodomir le fit même prisonnier, et le fit ensuite périr misérablement; mais la seconde campagne fut funeste au roi d'Orléans, car il fut tué à la suite d'une deuxième bataille qu'il avait gagnée contre Godemar, frère de Sigismond.

Clodomir n'avait pas plus de trente ans lorsqu'il mourut, l'an 524, laissant trois fils au berceau, Théo-

524. debald ou Thibaud, Gunthaire, et Clodoad ou saint Cloud. La reine Clotilde, leur aïeule, voulut se charger de leur éducation, et les emmena à Tours avec elle. Cependant les deux rois leurs oncles se partagèrent entre eux le royaume d'Orléans, et n'eurent aucun égard aux droits de leurs neveux. Mais quoique nous ne trouvions rien dans l'histoire qui indique formellement auquel des deux la Touraine fut soumise, il y a toute apparence qu'elle échut en partage à Clotaire, roi des Soissons. Nous voyons en effet dans Grégoire, sans qu'il nous apprenne en quelle année cela se passa, que ce prince confirma les habitans de Tours dans la jouissance des privilèges que Clovis leur avait accordés, et qu'il fit brûler en sa présence les rôles des contributions auxquelles ils avaient été taxés par ses officiers, afin qu'on ne pût à l'avenir s'en servir à leur préjudice. La part que Clotaire prit aux élections des évêques de Tours prouve encore assez clairement que la Touraine était sous sa domination.

Malgré l'usurpation de leurs oncles, Clotilde ne désespérait pas, lorsque les enfans de Clodomir seraient en âge, de les faire rentrer dans les états de leur père. Elle ne cachait point ses desseins, et témoignait assez ouvertement ce qu'elle pensait à ce sujet, et Childebert même feignait d'entrer dans ses vues; car, quoique son ascendant ne fût plus le même, ses deux fils conservaient encore pour elle quelques restes de déférence. Elle vint donc exprès à Paris avec ses petits-fils pour travailler à l'accomplissement de

son projet. Childebert alors, pour mieux la tromper, 524.
fit courir le bruit que le voyage que Clotaire devait
bientôt faire à Paris n'avait d'autre motif que celui
de régler le partage des états du feu roi Clodomir
entre ses trois enfans. En effet, Childebert avait envoyé un émissaire vers le roi de Soissons pour le prévenir de l'arrivée et des intentions de Clotilde, et
pour le presser de venir sans délai, afin de se con-
certer ensemble sur les mesures qu'ils auraient à
prendre pour se maintenir chacun dans la possession
des provinces qu'ils avaient usurpées.

Clotaire ne se fit pas attendre. Dès qu'il fut arrivé,
les deux rois firent prier la reine leur mère de leur
envoyer leurs neveux, afin, disaient-ils, de les présenter au peuple et à l'armée, et de les faire reconnaître pour rois. Clotilde, transportée de joie, trop
sincère et trop pieuse pour se douter du sort funeste
qu'on préparait à ses petits-fils, les livra inconsidé-
rément. Elle ne fut pas long-temps à se repentir de
son excès de confiance; car ces princes infortunés ne
furent pas plus tôt au pouvoir de leurs oncles qu'on
les sépara les uns des autres. On les entoura de gardes
après leur avoir ôté leurs gouverneurs et tous leurs
domestiques; mais la douleur de Clotilde fut bien plus
vive lorsque, quelques jours après, un certain Arcade,
seigneur auvergnat, se présenta devant elle portant
d'une main des ciseaux et de l'autre une épée nue, en
lui signifiant de la part de Childebert et de Clotaire
qu'elle eût à choisir, c'est-à-dire, qu'il fallait que les
trois jeunes princes mourussent, ou qu'ils renonças-

524. sent à la couronne en se laissant couper les cheveux.

Il est plus aisé d'imaginer que d'exprimer la situation de Clotilde dans l'alternative cruelle qu'on lui laissait, ou de prononcer elle-même un arrêt de mort contre ses petits-fils, ou d'acquiescer à leur dégradation; il lui échappa de dire qu'elle aimait mieux les voir morts, que vivans sans couronne. Alors Arcade, sans donner à cette princesse le temps de la réflexion, se hâta de porter sa réponse aux deux rois, qui, craignant que leur mère ne vînt à se rétracter, exécutèrent à l'instant même leur horrible projet. Clotaire, le plus farouche et le plus ambitieux des deux, saisit Théodebald, qui était l'aîné, le renverse à terre, et lui plonge son poignard sous l'aisselle. Gonthaire, effrayé de voir assassiner son frère, se jette en pleurant aux pieds de Childebert, et le conjure, en embrassant ses genoux, de lui sauver la vie. Ce monarque, attendri par les larmes de l'enfant, demande grace pour lui; mais l'inexorable Clotaire, sourd à la voix de la nature, le menace de le tuer lui-même s'il persiste à vouloir épargner le jeune prince; alors, l'arrachant de ses bras, il lui enfonce dans le cœur le poignard encore dégouttant du sang de Théodebald. A l'instant il sort pour aller chercher le troisième et l'immoler comme les deux autres; mais n'ayant pu le trouver, parce que déjà l'on avait eu le temps de le soustraire à sa fureur, il ordonne à ses gens de faire main-basse sur tous ceux de la suite des jeunes princes, dont on fait un affreux carnage, puis il monte à cheval et retourne à Soissons, peu satisfait d'avoir laissé échapper une victime. Clodoald, soustrait seul à la cruauté de son oncle, se consacra à l'église, et c'est lui qu'on honore aujourd'hui sous le nom de saint Cloud. Clodomir ayant été maître de la Touraine, nous croyons ne pas nous être écarté de notre sujet en racontant la fin tragique des enfans qui devaient lui succéder dans la possession de cette province.

526.

La reine Clotilde, après une si sanglante catastrophe qui remplit sa vieillesse d'amertume, revint à Tours pleurer au tombeau de saint Martin les malheurs de sa famille. Elle n'en sortit plus, et se dévoua tout entière à la retraite, à la prière et aux bonnes œuvres. Accoutumée auparavant à se rendre médiatrice dans les querelles qui s'élevaient entre ses fils, elle prit une route toute différente, et n'eut plus désormais recours qu'à la prière pour obtenir de Dieu la paix de sa maison. Elle eut bientôt l'occasion d'en faire usage. Le roi de Soissons, le turbulent Clotaire était entré sur les terres du roi de Paris, et avait pénétré jusqu'au pays de Caux qu'il ravageait, lorsqu'il apprit que Childebert, réuni à son neveu Théodebert, roi d'Austrasie, s'avançait vers lui avec des forces beaucoup supérieures aux siennes. La partie ne lui semblant pas égale, il se jeta dans un fort, où il se retrancha avec soin, résolu de s'y défendre jusqu'à la dernière extrémité s'il était attaqué; mais Clotilde, informée de l'animosité des deux rois, courut, dit-on, au tombeau de saint Martin, et le conjura les larmes aux yeux d'arrêter la guerre civile qui venait d'éclater entre ses enfans. En effet Childebert avait déjà tout disposé pour forcer Clotaire dans ses retranchemens, et, selon toute apparence, il y serait parvenu sans un événement qui fut regardé comme un prodige, heureux fruit des prières de la reine. Dès la pointe du jour où l'attaque devait se faire, il s'éleva une tempête suivie de coups de tonnerre si épouvantables et d'une grêle si meurtrière par sa grosseur, que les tentes furent déchirées et emportées, et la plupart des soldats blessés malgré les boucliers dont ils se faisaient un abri. Jamais on n'avait vu désordre pareil à celui dans lequel se trouva l'armée assiégeante. L'épouvante fut telle, que les deux rois crurent voir la main de Dieu. Ils en furent encore bien mieux persuadés lorsque, la tempête cessée, ils apprirent que l'orage n'avait crevé que sur leur camp. La superstition est presque toujours compagne de l'ignorance et de la barbarie. Ici elle eut un heureux résultat; car les deux rois, frappés d'une égale terreur, envoyèrent faire à Clotaire des propositions de paix, qu'il s'empressa d'accepter.

La nouvelle d'un événement si inespéré combla de joie la reine Clotilde. Persuadée qu'elle en était redevable à la protection de saint Martin, elle sentit redoubler sa dévotion envers lui, et, suivant la tradition, ce fut à cette occasion qu'elle fonda une église sous le nom de Saint-Pierre, où elle établit un monastère de filles qui se rangèrent sous sa discipline. C'est ainsi du moins que le rapporte l'auteur anonyme qui, dans le cinquième ou sixième siècle, a écrit la vie de sainte

Clotilde. Mais ce que l'auteur ajoute, que cette église 526.
était devant la porte de Châteauneuf, prouve évidemment que cette vie n'est pas aussi ancienne qu'on le
prétend, puisque Châteauneuf ne date que du commencement du neuvième siècle, et que par conséquent
l'historien a confondu ce prétendu monastère avec
celui que Monégonde fonda auprès de Saint-Pierre-le-Puellier. Que Clotilde donc ait été ou non fondatrice d'un monastère, il n'en est pas moins certain que
la réputation de ses vertus lui fit, après sa mort, décerner les honneurs rendus aux saints. Elle mourut à
Tours, dans un âge très-avancé, le 3 juin de l'an 545;
d'autres disent 543 ou 544. Childebert et Clotaire
firent transporter ses restes à Paris, où elle fut inhumée à côté du tombeau de Clovis son mari, dans l'église de Saint-Pierre et Saint-Paul, aujourd'hui Sainte-Geneviève, qui avait été fondée par eux. Ce fut
Injuriosus, alors évêque de Tours, qui reçut les derniers soupirs de cette reine.

Le récit des événemens qui précèdent nous a écartés un moment de la série des évêques de Tours, sur
laquelle nous nous empressons de revenir.

Après la mort d'Ommatius en 526, on lui donna
pour successeur Léon, qui était alors abbé de Saint-Martin. Auparavant il avait été sculpteur en bois et,
dit-on, fort habile dans son art. Sa piété et ses vertus
le firent juger digne des premières places de l'église.
On ignore combien de temps il avait gouverné le
monastère de Saint-Martin, les noms des abbés qui
durent le précéder n'étant pas venus jusqu'à nous. Il

527. ne conserva le siège que pendant l'espace de six mois, et mourut vers les commencemens de l'an 527.

Francilion, nommé Vincilius dans la Pancarte Blanche de l'archevêché de Tours, succéda à Léon. Il était sénateur de la ville de Poitiers, et possédait de grandes richesses. N'ayant point eu d'enfans de son épouse nommée Claire, ils donnèrent la plus grande partie de leurs biens à l'église de Saint-Martin, et n'en laissèrent à leurs parens qu'une faible portion. Nous avons déjà eu l'occasion de voir que les liens du mariage ne s'opposaient point alors à ce qu'on fût élevé à l'épiscopat. Francilion mourut subitement la nuit de Noël 529, après avoir siégé deux ans et demi, et fut, ainsi que son prédécesseur, inhumé dans l'église de Saint-Martin. On soupçonne qu'il fut empoisonné par un de ses domestiques; car, ayant demandé à boire avant que d'aller à matines, il perdit la vie aussitôt qu'il eut avalé le fatal breuvage.

Injuriosus, dont nous venons de parler, fut élu à la place de Francilion. Il était citoyen de la ville de Tours. Clotaire, roi de Soissons, depuis l'assassinat de ses neveux, était resté paisible possesseur de la Touraine. On sait qu'en ce temps, lorsque les rois convoquaient un concile, il n'y avait jamais que les prélats de leurs états qui y assistassent. Clotaire ayant donc assemblé les évêques de son royaume pour leur demander, en forme de don gratuit, la troisième partie des revenus de l'église, Injuriosus fut le seul qui osa s'opposer à la volonté du roi. « Si vous voulez, « lui dit-il, enlever ce qui est à Dieu, Dieu vous en-

« lèvera bientôt votre royaume. Comment se peut-il 529.
« que vous, qui êtes obligé de nourrir les pauvres,
« ayez conçu le projet de vous approprier ce qui est
« destiné à leur subsistance ? » A l'instant il sortit de
l'assemblée tout courroucé, laissant le roi effrayé de
sa menace, de sorte que ce prince, craignant de s'attirer l'indignation de saint Martin en méprisant les
remontrances de l'un de ses successeurs, non-seulement se désista de son projet, mais de suite envoya
après notre évêque des gens chargés de sa part de lui
faire des présens, et de l'engager à prier saint Martin
de lui accorder sa protection.

C'est la première fois que l'histoire nous représente
les rois s'adressant au clergé pour lui demander des
secours dans leurs besoins trop souvent renaissans.
Injuriosus, qui avait eu la fermeté de résister seul à
la volonté de Clotaire, eut la faiblesse de succomber
à l'avarice; tant il est quelquefois difficile à un même
homme d'accorder sa conduite privée avec le zèle qu'il
déploie pour les affaires publiques. Après sa mort on
trouva dans le trésor de son église plus de 20,000 sous
d'or formant environ 220,000 livres de notre monnaie, somme considérable pour le siècle où il vivait.

Il avait assisté au second concile d'Orléans tenu en
533, et le prêtre Campanus, chargé de ses pouvoirs,
signa tous les actes du troisième concile, célébré dans
la même ville l'an 538. Il acheva l'église de Notre-Dame, commencée par Ommatius, et, à son exemple,
on bâtit des églises à Saint-Germain-sur-Loire, à
Neuillé et à Luzillé. Il tint le siège seize ans onze mois

529 et vingt jours, jusqu'à sa mort arrivée en 546; et il eut sa sépulture dans l'église de Saint-Martin. Un auteur lui donne la qualité de chancelier sous Childebert; mais ce fait ne nous paraît pas bien prouvé.

Nous renvoyons à l'historien Grégoire relativement à sainte Popula, qui vivait sous l'épiscopat d'Injuriosus, et qui, n'ayant pu obtenir de ses parens la permission de se faire religieuse, prit des habits d'homme et fut reçue dans un monastère de Touraine, où elle passa trente ans sans être reconnue. Ce ne fut que trois jours avant sa mort qu'elle déclara son sexe.

546. Saint Baud, successeur d'Injuriosus, était comme lui né en Touraine dans la terre de Verneuil, dont il hérita de son père, ainsi que de la seigneurie d'Amboise. Il vécut en grande considération à la cour du roi Clotaire, non-seulement à cause de sa naissance et de ses richesses, mais encore à raison de son mérite personnel. Ces avantages l'élevèrent à la dignité de grand-référendaire, ainsi nommé parce qu'on lui référait de toutes les lettres publiques pour être sanctionnées et scellées du sceau royal, dont il était le dépositaire, fonctions qui répondent à celles de chancelier. On sait que cette charge est une des principales et des plus considérables de la couronne. Saint Baud, après avoir quitté sa femme et ses emplois pour embrasser l'état ecclésiastique, fut nommé à l'évêché de Tours. Aussitôt après son élection, il transmit les seigneuries d'Amboise et de Verneuil à son fils unique, et ne se réserva que quelques meubles et quelque argent comptant, qu'il distribua aux pauvres avec les

sommes qu'Injuriosus, son prédécesseur, avait entassées. Il fit bâtir des églises à Verneuil et à Neuillé-le-Lierre, et institua la mense abbatiale des chanoines de son église.

Les savans expliquent cette mense de diverses manières. Les uns disent qu'en ce temps le partage des biens de l'église fut fait en quatre portions : la première pour l'évêque, la seconde pour les chanoines, la troisième pour les pauvres, et la quatrième pour la fabrique et les réparations de l'église; de sorte que l'institution de la mense des chanoines peut être considérée comme le commencement de leur domaine, qu'on nommait encore *mense du chapitre*, destinée à la nourriture et à l'entretien des chanoines. D'autres auteurs se fondant sur ce que les conciles avaient ordonné que les chanoines vécussent en commun, prétendent que cette mense, établie par saint Baud, n'était autre chose que la table commune pour les chanoines. Cette ordonnance fut depuis renouvelée au troisième concile de Tours, can. 24. On peut donc croire que les deux institutions eurent lieu en même temps, afin que les chanoines, vivant en commun, fussent plus à portée de se rendre aux offices, et que, n'ayant plus entre eux qu'une même bourse et une même table, ils n'eussent plus également qu'un même esprit. Quoi qu'il en soit, il paraît que les chanoines de l'église de Tours furent les premiers de toute la France qui eurent une mense capitulaire. Nous ne croyons pas du moins que l'histoire fasse mention qu'il y en ait eu d'autres avant eux.

9.

546.   Après cinq ans et dix mois de siège, saint Baud mourut et fut enterré dans l'église de Saint-Martin, d'où son corps fut depuis transféré à Verneuil, lieu de sa naissance, par Arnoult, archevêque de Tours, à la prière de Sulpice d'Amboise, seigneur de Verneuil et trésorier de Saint-Martin. On prétend que ses reliques furent de nouveau transférées, en 1086, dans l'église du château de Loches par Ervenarus, prieur de Loches et alors seigneur de Verneuil; translation qui se fit du consentement de Rodolphe ou Raoul, premier du nom, archevêque de Tours, et de Foulques-Réchin, comte de Touraine.

552.   Nous avons dans la personne de son successeur un exemple humiliant de la fragilité humaine. Gontrand Ier, autrement nommé Gonthaire, abbé de Saint-Venant de Tours, fut long-temps employé par les rois en diverses ambassades et négociations, dont il s'acquitta toujours avec honneur. Ce fut un personnage d'un mérite rare et d'une prudence consommée, tant qu'il ne fut que particulier; mais à peine fut-il élevé à l'évêché de Tours, que, se livrant à de honteux excès de vin, il tomba dans une espèce de stupidité. Souvent, dans ses accès d'ivresse, il insultait d'une manière brutale ceux qu'il avait invités à sa table. Heureusement un pareil scandale ne dura pas long-temps; car il ne tint le siège que deux ans dix mois et vingt-deux jours, étant mort sur la fin de l'année 555.

Aussitôt que Caulin, évêque de Clermont, eut appris le décès de Gontran, il pria le roi Clotaire d'or-

donner qu'on nommât à l'évêché de Tours Caton, 555.
prêtre de son église, qu'il avait de puissans motifs
d'éloigner de son diocèse. Ce prêtre ambitieux, à la
mort de saint Gal, s'était mis sur les rangs pour lui
succéder, et se croyait tellement fait pour occuper ce
siège, que, même après l'élection de Cautin, il refusa
de le reconnaître pour son évêque, et opéra un schisme
dans le clergé. Clotaire eut égard à la prière de Cautin, et donna des ordres pour l'élection de Caton.
Aussitôt qu'ils furent connus à Tours, on députa Leu-
baste, trésorier de la cathédrale, avec d'autres ecclésiastiques et quelques habitans de la ville vers Caton,
pour le féliciter sur sa nomination. Il reçut très-froi-
dement les députés, et ayant demandé quelques jours
de réflexion, ceux-ci retournèrent chez lui au jour
qu'il leur avait indiqué. Ils lui dirent donc franchement que, l'ayant choisi par ordre du roi, il ne devait
pas tarder plus long-temps à faire connaître sa déter-
mination. Mais Caton eut recours à ses moyens ordinaires, c'est-à-dire à l'intrigue et à la ruse. Il fit assembler à sa porte une foule de pauvres qu'il avait
payés pour crier : « Père charitable, pourquoi aban-
« donnez-vous vos enfans ? Si vous vous en allez, qui
« nous nourrira ? Nous vous conjurons de ne pas nous
« quitter. » Caton, se tournant alors vers les députés,
leur dit : Vous voyez, mes chers frères, combien je
suis aimé de cette multitude de pauvres. Je ne puis
donc me résoudre à les abandonner et à vous suivre.

Par les délais que fit naître ce refus d'acceptation,
le siège de Tours resta vacant pendant l'espace de dix

555. mois. Enfin les habitans, qui s'ennuyaient d'être sans pasteur, n'eurent pas plus tôt appris que Clotaire était de retour de son expédition de Saxe, qu'ils s'assemblèrent, et d'un commun accord élurent le prêtre Euphrône, issu d'une famille de sénateurs. Ils députèrent aussitôt vers le roi pour obtenir son approbation. Clotaire les reçut d'abord assez mal, et leur reprocha d'avoir méprisé ses ordres en refusant le prêtre Caton, qu'il avait nommé; mais les députés lui ayant fait le récit fidèle de ce qui s'était passé, il leur parla avec plus de bienveillance. Caton lui-même étant arrivé sur ces entrefaites pour prier le roi de chasser Cautin de son siège et de le mettre à sa place, Clotaire rejeta sa demande avec indignation. Ayant d'ailleurs appris qu'Euphrône était neveu de saint Grégoire de Langres, il dit à ce sujet : C'est une grande et illustre famille ! que la volonté de Dieu et de saint Martin soit faite ! Alors il prescrivit que l'on procédât

556. à l'ordination d'Euphrône. Caton voulut faire valoir son élection à l'évêché de Tours, et demander qu'elle fût maintenue ; mais le roi le traita avec tout le mépris qu'il lui avait inspiré, et la confusion dont il se vit couvrir fut le seul fruit de ses intrigues et de son ambition.

On voit par ce que nous venons de dire que la volonté du roi avait une grande influence sur la nomination des évêques. Comme ces prélats eux-mêmes, non contens de connaître des affaires ecclésiastiques, qui seules devaient être de leur compétence, prenaient une très-grande part aux affaires temporelles, dans lesquelles ils ne cessaient de s'immiscer, ils se rendirent si puissans sur l'esprit des peuples, que les rois, par raison d'état, travaillèrent de leur côté à se rendre maîtres des élections; empiètement qui n'eut pas eu lieu si chacun se fût renfermé dans le cercle de ses attributions. Quand un évêque venait à mourir, il fallait qu'on en informât le prince et qu'on lui demandât ses ordres. Il désignait au clergé et au peuple celui dont il désirait l'élection, et souvent même il le nommait de sa propre autorité. Les évêques de France, non moins jaloux du pouvoir temporel que du pouvoir spirituel, n'osant cependant s'opposer ouvertement aux prétentions des rois, firent tous leurs efforts pour rétablir les anciennes formes des élections, et renouvelèrent plusieurs fois en différens conciles les canons qui en avaient consacré la liberté; mais les rois n'y eurent aucun égard : ils continuèrent de nommer les évêques; et quand ils accordaient l'entière liberté d'élection, ce qui arrivait assez rarement, ils s'en réservaient toujours l'approbation. Le troisième concile de Paris en 557, auquel Euphrône assista, fut principalement convoqué pour cet objet. Il y fut statué par le huitième canon que les élections se feraient à l'avenir par le clergé de chaque diocèse, et que le métropolitain aurait seul le droit de confirmation. Il fut ordonné de plus que si quelqu'un, au préjudice de ce décret, était assez téméraire pour se pourvoir d'une autre manière, et qu'il obtînt la dignité épiscopale de la seule faveur du prince, il ne pourrait être sacré par les autres évêques; mais ce décret ne fut pas observé plus régulièrement que les autres. L'autorité du roi prévalut sur l'autorité du concile par la déférence mutuelle que la plupart des évêques eurent pour la volonté de leur souverain.

Nous trouvons un exemple de cette condescendance dans Euphrône lui-même. Émérius avait été nommé évêque de Saintes par l'ordre du roi Clotaire, et avait été sacré par un autre évêque sans le consentement du métropolitain. Après la mort de Clotaire, les prélats de la province ecclésiastique, s'étant assemblés à Bordeaux l'an 562, déposèrent Émérius de son siège, élurent Héraclius à sa place, et envoyèrent un député à la cour pour obtenir l'approbation du roi, qui était alors Caribert, fils et successeur de Clotaire. Ce député, suivant l'ordre qu'il avait reçu, passa par Tours pour engager Euphrône à souscrire le décret. Ce prélat s'y refusa en disant qu'il portait trop de respect à la mémoire de Clotaire pour consentir à infirmer ce que ce prince avait fait. Caribert fut tellement irrité de l'entreprise des évêques du concile de Bordeaux, que non-seulement il cassa ce qu'ils avaient fait, mais que de plus il les condamna à payer de grosses amendes. La colère le rendant injuste et cruel, il fit mettre le député dans un charriot rempli d'épines pour le punir de sa hardiesse, et l'envoya en exil. Il ordonna ensuite qu'on rétablît Émérius sur son siège; ce qui fut exécuté sans aucune opposition, grace à la conduite ferme et vigoureuse que le monarque avait tenue dans cette circonstance.

L'année d'après la célébration du concile de Paris

dont nous venons de parler, c'est-à-dire l'an 558, Childebert, roi de Paris, mourut le 23 décembre. Par cette mort, Clotaire, roi de Soissons, réunit toute la monarchie française, considérablement augmentée depuis le règne de Clovis par les royaumes de Bourgogne et de Thuringe. Ce prince, qu'une prospérité constante accompagna dans toutes ses entreprises, se trouva pourtant vers la fin de ses jours dans la nécessité de se défendre contre l'un de ses fils, et celui précisément pour lequel il avait le plus de tendresse. Chramne, c'était son nom, faisait sa résidence en Auvergne, où son père l'avait envoyé en qualité de gouverneur. Le jeune prince se lassa bientôt de suivre les conseils d'un seigneur du pays nommé Ascovinde, homme d'honneur et de mérite, et se laissa séduire par un certain Léon de Poitiers, aussi méchant qu'astucieux. Chramne, dans la fougue de l'âge et livré tout entier aux conseils d'un homme de ce caractère, ne connut plus aucun frein. Il méprisa les ordres du roi son père, et maltraita tous ceux qui lui restaient fidèles. De ce nombre était le duc Austrapius. Dans la crainte d'éprouver les effets de la colère de ce jeune prince, devenu plus entreprenant par l'absence de Clotaire, alors occupé à faire la guerre aux Saxons, il crut prudent de se réfugier dans l'église de Saint-Martin pour attendre un temps plus favorable. Chramne, n'osant venir le forcer dans cet asile, défendit, sous les peines les plus sévères, de lui porter aucune espèce de nourriture; mais le peuple de Tours ne tint aucun compte d'une pareille défense, et le duc

558. ne manqua de rien. Cependant l'un des premiers magistrats de la ville, homme servile et timoré qui craignait de s'attirer l'indignation du prince, ayant rencontré quelqu'un qui portait de l'eau à Austrapius, lui arracha le vase des mains et répandit l'eau par terre. Grégoire de Tours raconte que ce magistrat fut à l'instant saisi d'une fièvre si violente, qu'il en mourut la nuit suivante, et que personne n'osa plus alors s'opposer aux secours que l'on portait à ceux qui étaient réfugiés dans le temple.

Le retour de Clotaire dans ses états délivra Austrapius et tous ceux qui comme lui gémissaient sous l'oppression de Chramne. Ce prince même, ayant perdu son principal appui par la mort de Childebert, qui le soutenait dans sa rébellion, n'eut plus d'autre parti à prendre que d'implorer la clémence du roi son père. Il en obtint facilement son pardon ; mais toujours emporté par son caractère indocile, il se brouilla de nouveau et se retira sur les terres de Conobre, comte de Bretagne, qu'il avait mis dans ses intérêts. Cependant Willacaire, duc d'Aquitaine, beau-père de Chramne, en attendant l'occasion de lui porter des secours, chercha auprès du tombeau de saint Martin un asile contre le ressentiment de Clotaire, qui le savait le complice et même l'instigateur de la rébellion de son gendre. Le roi, informé de tous ces détails, donna l'ordre de garder à vue Willacaire. Celui-ci, se voyant perdu sans ressource s'il tombait entre les mains du roi, imagina pour dernier expédient de mettre le feu à son asile, dans l'espoir de s'échapper à la faveur de l'incendie. Il se sauva effectivement; mais graces aux prompts secours que l'on apporta, il n'y eut que la couverture de l'église qui fut entièrement consumée. Quelques auteurs ont prétendu que le feu avait été mis par ordre de Clotaire lui-même, qui n'avait osé violer l'asile de saint Martin, et que Willacaire avait péri dans l'embrasement; mais nous devons en croire de préférence Grégoire de Tours, qui était contemporain puisqu'il était alors âgé de seize ans.

560.

Clotaire, voulant faire rentrer son fils dans le devoir et châtier en même temps ceux qui l'entretenaient dans sa désobéissance, partit de Tours à la tête de son armée, et marcha vers la Bretagne, où il remporta sur les rebelles une victoire complète. Le comte Conobre fut tué dans l'action, et Chramne, voyant ses affaires désespérées, crut ne pouvoir plus trouver de salut que dans la fuite, n'emmenant avec lui que sa femme et ses enfans. Il fut poursuivi de près et atteint par les gens de la suite de son père, qui l'investirent dans une chaumière où il s'était retiré. Clotaire, instruit de ce qui se passait, ordonna dans le premier transport de sa colère de mettre le feu à la chaumière, ordre qui ne fut que trop promptement exécuté. Ainsi périrent misérablement Chramne et sa famille entière. Ce prince n'était que fils naturel de Clotaire.

Après cette funeste victoire, le roi revint à Tours prier sur le tombeau de saint Martin, qu'il combla de riches présens. Il fit de plus recouvrir en étain la basilique à l'incendie de laquelle il avait au moins indirectement contribué.

Sous son règne, Alpin gouvernait la Touraine en qualité de comte. On appelait alors de ce nom, comme du temps des Romains, les gouverneurs des provinces. Ils étaient choisis parmi les principaux officiers de l'état, et on leur accordait le titre d'*illustre*, qui ne se donnait ordinairement qu'aux rois, aux princes et aux plus grands seigneurs. Ils avaient dans leurs attributions le commandement des milices, l'administration de la justice et la direction des finances. Grégoire de Tours seul nous a révélé l'existence de ce comte Alpin, en nous disant qu'il fut guéri par l'intercession de saint Martin d'une maladie dont il était attaqué depuis un an. C'est le premier que nous trouvions, sous les rois de la première race, avoir été revêtu du titre de comte de Tours. La série de ses successeurs ne nous est pas mieux connue que celle des comtes du temps des Romains. Nous ferons mention dans leur rang de ceux dont la mémoire s'est conservée jusqu'à nous. Ce fut du temps de ce comte Alpin, et un an avant l'embrasement de la couverture de l'église de Saint-Martin, que la ville de Tours fut en proie à un incendie beaucoup plus funeste, puisqu'il consuma la plus grande partie des maisons et des églises. Le dommage fut si grand, qu'il ne put être réparé que bien des années après.

Clotaire en mourant laissa quatre fils, qui se partagèrent ses états par le sort. Ainsi la monarchie française perdit une seconde fois cette unité qui, à deux époques, l'avait rendue si puissante, et surtout sous Clotaire qui, soit par des conquêtes, soit par des crimes, en avait fait l'état le plus florissant de son siècle. Dans ce partage, Caribert, qui était l'aîné, eut pour sa part le royaume de Paris, auquel on joignit la Touraine avec quelques autres villes qui auparavant avaient fait partie du royaume d'Orléans. Gontran eut ce dernier, qu'on nommait aussi royaume de Bourgogne. Sigebert eut celui de Metz, et Chilpéric celui de Soissons. Dès que les habitans de Tours furent informés de ce partage, ils envoyèrent vers Caribert des députés pour lui rendre hommage et lui prêter serment de fidélité. Ce prince, ayant reçu leur serment, jura de son côté qu'il ne changerait rien à leurs lois et à leurs coutumes; qu'il ne leur imposerait jamais de nouvelles charges, et qu'il les maintiendrait dans le même état et de la même manière qu'ils avaient vécu sous le roi son père.

On voit par là que les Tourangeaux, sous les rois de la première race, avaient des lois municipales et des coutumes qui leur étaient particulières. Quelques-uns ont expliqué le mot *coutumes* par *redevances*; mais les deux mots lois et coutumes étant joints ensemble dans le texte de Grégoire de Tours, on ne peut absolument les interpréter que dans l'acception de lois municipales et de coutumes autorisées par le consentement unanime des peuples de la province, confirmées par un long usage et servant de lois au pays. D'ailleurs si, dans Grégoire de Tours, le mot coutume eût signifié *redevance*, il n'aurait pas ajouté au même endroit que le roi promit encore au peuple de la province qu'il ne rendrait aucun édit tendant à les dépouiller de leurs biens. Et puis est-il naturel de croire que des citoyens viendraient solliciter la faveur d'être maintenus dans des redevances auxquelles ils auraient précédemment été assujettis? Il faut donc distinguer deux choses dans ce que dit notre historien : d'abord la confirmation des mêmes coutumes des Tourangeaux par le roi Caribert, ensuite l'exemption totale de toute espèce de tributs.

Gaïson, qui succéda à Alpin dans le gouvernement de la province en qualité de comte de Tours, entreprit d'abolir une partie des privilèges de la ville, et se mit en devoir de faire sur ses habitans, ainsi qu'on le faisait dans les autres provinces, le recouvrement des contributions, dont récemment encore ils avaient été exemptés. Mais l'évêque Euphrône s'y étant courageusement opposé, Gaïson, offensé de cette résistance, se rendit à la cour pour se plaindre de la conduite de l'évêque. Celui-ci l'y suivit de près avec quelques députés pour exposer les raisons qui l'avaient fait agir ainsi. Le roi, s'étant fait représenter les privilèges accordés par ses prédécesseurs à la ville de Tours, blâma hautement Gaïson. Il fit jeter au feu en sa présence le rôle qui avait été dressé, et ordonna que désormais les habitans de Tours seraient exempts de toutes sortes de charges en considération de saint

Martin. Il fit même rendre l'argent qui avait déjà été 561. perçu, et quelque temps après il priva Gaïson de son gouvernement.

Caribert ne conserva pas dans toutes les occasions pour saint Martin le respect qu'il avait témoigné au sujets des privilèges de la ville de Tours; car il se saisit de la terre de Nazelles pour y établir ses haras. Cette terre était un domaine de l'église de Saint-Martin. Les chevaux n'y furent pas plus tôt placés, qu'on vint rapporter au roi que l'épouvante s'était mise parmi eux, et que, rompant leurs licous, les uns s'étaient précipités du haut des rochers, et les autres s'étaient déchirés les flancs en traversant les bois et les buissons. Ce récit, véritable ou non, tendait à persuader au roi de restituer à ses propriétaires la terre de Nazelles : mais le prince ne parut pas très-convaincu de sa réalité, ou n'y vit qu'un événement fort ordinaire ; car il jura qu'il conserverait ce domaine tant qu'il règnerait, et en effet il ne fut restitué à l'église de Saint-Martin que par le roi Sigebert.

Pour mettre quelque frein à la cupidité des souverains, qui, sans considération pour les biens de l'église, s'emparaient volontiers de tout ce qui pouvait leur convenir, ainsi que Caribert venait d'en donner un nouvel exemple, neuf évêques, qui se trouvaient réunis à Tours pour la solennité de la fête de saint Martin, au mois de novembre 567, y tinrent un con- 567. cile avec l'autorisation de Caribert, qui probablement ne se doutait pas qu'il en était et la cause, et le principal objet, parce qu'on n'avait fait valoir auprès

567. de lui que la nécessité de renouveler de temps en temps les décrets pour le maintien de la discipline ecclésiastique. En effet, si l'on en excepte le neuvième canon concernant le droit de l'évêque de Tours sur les évêques de Bretagne, et ceux qui regardent le mariage et les usurpateurs des biens des églises, tous les autres canons n'ont pas d'autre objet. Les pères de ce concile étaient Euphrône, qui le présida ; Prétextat de Rouen, Germain de Paris, Félix de Nantes, Chatelric de Chartres, Domitius d'Angers, Victure de Rennes, Mummole du Mans, et Lendebaud de Séez. Ils firent vingt-sept canons. On juge, par l'absence des évêques de la Basse-Bretagne, qu'ils avaient déjà commencé, puisque aucun d'eux n'assista à ce concile, à se séparer de leur métropolitain, ce qui motiva le neuvième canon dont nous venons de parler. Le vingt-deuxième, dirigé contre ceux qui fêtaient les calendes de janvier, et qui offraient des viandes aux morts le jour de la Chaire-Saint-Pierre ou 18 janvier, prouve que dans ce temps les superstitions du paganisme n'étaient pas encore entièrement détruites ; car lorsque Clovis se fit chrétien, il ne faut pas croire que toute la nation eût renoncé comme lui au culte des idoles. L'entière conversion des Français n'eut lieu que bien long-temps après, et même parmi ceux qui imitèrent son exemple, ou qui dans la suite embrassèrent la religion chrétienne, plusieurs conservèrent des usages contre lesquels les évêques furent souvent obligés de s'élever. Quelques-uns même étaient si fortement enracinés, qu'on ne put parvenir

à en détacher les peuples qu'en les identifiant avec quelques signes du vrai culte, qui finirent par prévaloir. Nous trouvons dans plusieurs autres conciles, tenus dans les Gaules, la preuve du mélange que certains chrétiens faisaient des cérémonies païennes avec celles du christianisme.

Tandis que ces évêques étaient rassemblés à Tours, sainte Radegonde leur écrivit pour les prier de vouloir bien autoriser la règle qu'elle se proposait d'imposer au monastère qu'elle avait depuis peu fondé à Poitiers, selon les constitutions de saint Césaire, évêque d'Arles. Les pères firent une réponse favorable à sa demande. Cette princesse était fille de Balderic, frère d'Ermanfroy, roi de Thuringe, qui avait été dépouillé de ses états par Thierry, roi de Metz, et par Clotaire, roi de Soissons. Elle était fort jeune lorsque son oncle fut vaincu; et comme elle était d'une rare beauté, Clotaire, dans le pillage de la Thuringe, la garda pour lui, et l'épousa dès qu'elle fut nubile. Mais Radegonde, encore plus pieuse que belle, ne se laissa point corrompre par le séjour de la cour. Ayant enfin obtenu le consentement du roi son époux pour vivre dans la retraite, elle vint habiter la ville de Tours. Baudomine, sa compagne, qui a écrit l'histoire de sa vie, rapporte qu'elle se fit bâtir une demeure auprès de l'église de Saint-Martin, où elle allait prier tous les jours. Elle donna cette maison pour y fonder un monastère d'hommes, auprès duquel saint Grégoire, successeur de saint Euphrône, fit ensuite construire une église dédiée en l'honneur de la sainte croix, parce qu'il y mit un morceau du voile qui avait servi à envelopper le morceau de la vraie croix que l'empereur Justin avait envoyé à sainte Radegonde avec quelques autres reliques.

567.

La reine Clotilde, qui vivait encore lorsque cette princesse quitta la cour, l'attira à Tours, et ce fut par ses conseils et à son exemple qu'elle se voua à la vie pénitente.

Sainte Radegonde, après avoir demeuré plusieurs années à Tours, et probablement jusqu'à la mort de sainte Clotilde, se retira à Poitiers, où elle commençait à peine à goûter les douceurs de sa solitude, qu'elle apprit que Clotaire se repentait d'avoir consenti à sa retraite, et pensait à la rappeler auprès de lui ; mais elle se consola bientôt quand elle eut acquis la certitude que le roi avait abandonné ce dessein.

Nous venons de parler plus haut des reliques que l'empereur Justin avait envoyées à sainte Radegonde. Mérouée, évêque de Poitiers, qui avait eu avec cette princesse d'assez fréquens démêlés, refusa de reconnaître ces reliques, qu'il arguait d'imposture. La reine s'en plaignit à Sigebert, qui ordonna à l'évêque Euphrône d'en faire la cérémonie. Le prélat accepta avec joie une telle commission. Il les déposa d'abord dans le monastère que Radegonde avait fait bâtir auprès de l'église de Saint-Martin ; ensuite, accompagné de tout son clergé, il les fit porter en triomphe au chant des hymnes et des psaumes, jusqu'au monastère de sainte

Radegonde à Poitiers, que l'on nomma depuis l'abbaye de Sainte-Croix. Ce fut à cette occasion que Fortnat composa son hymne *Vexilla regis prodeunt*.

Euphrône vécut encore trois ans environ après cette cérémonie, ayant tenu le siège seize ans sept mois. Il mourut âgé de soixante-dix ans l'an 573, le 4 août, jour où l'on célèbre sa mémoire, et eut sa sépulture dans l'église de Saint-Martin, qu'il avait rétablie ainsi que deux autres églises de la ville. Il consacra celle de Sainte-Maure, et l'on fonda sous son épiscopat celle de Saint-Vincent de Tours, celles de Céray, d'Orbigny et de Sorigny. Il n'était pas encore évêque lorsqu'il fit construire une église dans le faubourg de Saint-Symphorien, qui n'avait encore qu'une petite chapelle bâtie par saint Perpet. Mais depuis, la population s'étant beaucoup accrue, et la Loire, sur laquelle il n'y avait pas encore de pont, ne permettant pas toujours aux habitans de la traverser pour venir à la ville, Euphrône dota ce faubourg d'une église plus spacieuse, qui fut mise sous l'invocation de saint Symphorien, dont il portait déjà le nom.

Ingertrude ou Ingeltrude, fille de Clotaire Ier et Waldetrade, sa sixième femme, s'étant retirées à Tours vers l'an 565, jetèrent dans ce temps les fondemens d'un monastère de filles auprès de l'église de Saint-Martin. On le nommait Notre-Dame-la-Greignor, ou, selon d'autres, Notre-Dame-de-l'Écrin, de *Scriniolo*, et par corruption Notre-Dame-de-l'Écrignol. Plusieurs filles de qualité se rangèrent sous leur discipline, entre autres Berthoflède, fille du roi Caribert. Ce monastère subsista jusqu'à ce que, les Normands l'ayant détruit, les religieuses fussent transférées à Beaumont, ainsi que nous le dirons en son lieu.

Grégoire, né en Auvergne d'une famille illustre, était plusieurs fois venu à Tours par dévotion visiter le tombeau de saint Martin. Il s'y était fait connaître par ses talens et par ses vertus. Le clergé, la noblesse et le peuple de Tours s'étant assemblés pour donner un successeur à saint Euphrône, tous les suffrages se réunirent en sa faveur, et il fut élu après une vacance de dix-neuf jours seulement. Cette nomination fut très-agréable à Sigebert, à la cour duquel se trouvait Grégoire, lorsque les députés lui apportèrent le décret de son élection. Son humilité l'ayant d'abord porté à refuser, le roi lui ordonna d'accepter, et dans la crainte qu'il ne tentât de leur échapper, les députés obtinrent la permission de le faire sacrer à Reims par l'évêque Ægidius, sans attendre qu'on l'eût amené à Tours, où, suivant la discipline ecclésiastique, il aurait dû être ordonné par les évêques de la province.

Grégoire, qui n'arriva dans son diocèse que deux mois après son élection, trouva la ville de Tours désolée par l'incendie dont nous avons précédemment parlé et par les ravages d'une guerre civile. La mort de Caribert fut particulièrement funeste à la Touraine. Ce prince n'ayant point laissé de postérité mâle, ses trois frères se partagèrent entre eux ses états. La Touraine échut en partage à Sigebert, roi de Metz ou d'Austrasie. Mais Chilpéric, roi de Soissons, prince

aussi violent qu'ambitieux, ne le laissa pas jouir tran- 573.
quillement de cette province, non plus que du Poitou,
dont il n'enviait pas moins la possession. Il saisit à
propos le moment de l'absence de Sigebert, qui était
alors occupé à faire la guerre à Gontran, roi d'Orléans ou de Bourgogne, pour envoyer en Touraine et
en Poitou une armée commandée par Clovis, le plus
jeune de ses fils. Ce prince se rendit maître de Tours,
de Poitiers et de presque tout le pays avec autant de
bonheur que de promptitude. Cependant Sigebert
ayant fait sa paix avec Gontran, ces deux frères se 574.
liguèrent ensemble contre Chilpéric, et s'engagèrent
par serment à ne lui point donner de trève qu'il n'eût
rendu les villes dont il s'était emparé. Mummole, général du roi d'Orléans, et le plus habile capitaine qu'il
y eût alors dans toute la monarchie française, fut
chargé de chasser Clovis des provinces qu'il avait envahies. Il marcha droit en Touraine, reprit la ville de
Tours, dont il obligea les habitans à prêter de nouveau serment à Sigebert, et le reste du pays rentra
bientôt sous l'obéissance de son légitime souverain.

L'année suivante, la mésintelligence s'étant mise 575.
encore entre Gontran et Sigebert pour un sujet assez
mince, ces deux rois se déclarèrent la guerre. Chilpéric, profitant de cette division, envoya avec une
armée Théodebert son fils aîné, qui défit près de Poitiers les troupes de Sigebert, commandées par le général Gondebaud, brûla et saccagea une partie de la
Touraine, et contraignit le reste à lui payer une forte
contribution. Les autres provinces situées sur la Loire

575. furent pareillement ravagées. Grégoire, qui venait d'être élevé sur le siège de Tours, témoin de tant de malheurs, fruit déplorable d'une guerre de cette nature, fut profondément touché de la misère des peuples de son diocèse, objet de la faveur spéciale des rois précédens, mais aujourd'hui tellement maltraités par leurs successeurs, que les particuliers étaient dépouillés de leurs propres biens, les églises et les monastères pillés et renversés, et les prêtres ainsi que les religieux traités avec la dernière indignité.

Tant de désordres firent sentir à Sigebert la nécessité de tenter de nouveaux efforts. Il leva une puissante armée au-delà du Rhin. Chilpéric, averti des préparatifs du roi d'Austrasie, ne manqua pas de son côté de rassembler aussi des troupes pour se mettre en mesure de conserver ses conquêtes. Il parvint même à mettre dans ses intérêts le roi d'Orléans, qui promit de le seconder. Mais Sigebert l'ayant menacé d'entrer dans son pays le fer et la flamme à la main s'il ne lui donnait un passage sur la Seine, ce prince, intimidé, lui livra un pont sur lequel il fit passer son armée, à la tête de laquelle il poursuivit si vivement Chilpéric, qu'il l'aurait infailliblement écrasé auprès de Chartres, si celui-ci n'eût eu recours à la générosité de son frère. Il demanda la paix et l'obtint à la condition que Tours, ainsi que les autres villes qui avaient été enlevées par Théodebert, lui seraient restituées, avec serment qu'à l'avenir Chilpéric ne lui ferait plus la guerre. Mais on sait ce qu'était alors et malheureusement ce qu'est encore aujourd'hui la foi des sermens dans la bouche des princes ambitieux, surtout lorsqu'il s'agit pour eux de se tirer d'un mauvais pas.

575.

Cette paix ne fut donc pas de longue durée. Chilpéric, qui ne pouvait se consoler de la perte des villes qu'il avait été obligé de rendre, se ligua secrètement avec Gontran, monarque faible et versatile, pour faire, de concert avec lui, la guerre à leur frère Sigebert. Il entra le premier en campagne, et fit des courses jusqu'aux portes de la ville de Reims, tandis que Théodebert, son fils, se disposait à paraître de nouveau en Touraine pour s'emparer de cette province. Sigebert, justement indigné d'un procédé si contraire à la bonne foi, rappelle d'Allemagne l'armée qu'il avait congédiée, et envoie l'ordre aux milices de Touraine et de Châteaudun de réunir leurs armes et leurs efforts pour s'opposer aux entreprises de Théodebert; mais ces milices, craignant encore de voir leurs foyers ravagés, n'osèrent pas se mettre en campagne, ce qui mit le roi d'Austrasie dans la nécessité d'envoyer un détachement de son armée commandé par Godegisille et Gontran-Boson. Ces deux généraux ayant atteint l'ennemi, Théodebert, quoique affaibli par la désertion d'une partie de ses troupes, accepta la bataille qui lui était offerte; mais il la perdit et fut tué dans l'action l'an 575, au mois de novembre. Ce premier succès fut bientôt suivi d'un autre, dont la fin devint pourtant funeste à Sigebert. Ce prince, ayant rencontré l'armée de Chilpéric, l'attaqua, la mit en déroute, et contraignit le roi de Soissons à fuir devant lui jusque sous les murs de Tournai, où il se renferma et où il

575. fut assiégé. Tandis que Sigebert poussait vigoureusement le siège, et que la place était sur le point de se rendre, il fut assassiné dans son camp par deux domestiques de Frédégonde au commencement du mois de décembre de l'an 575, à l'âge de quarante ans, après quatorze ans de règne. Il ne laissa qu'un fils nommé Childebert, âgé de cinq ans, que le général Gondebaud trouva moyen d'enlever de Paris et de conduire à Metz, où il fut proclamé roi le jour de Noël suivant. Chilpéric, délivré par la mort de Sigebert du danger qu'il avait couru, sortit aussitôt de Tournai et se rendit à Paris, où se trouvait la reine Brunehaut, mère de Childebert, qu'il envoya en exil à Rouen.

La mort de Sigebert avait changé la face des affaires. Chilpéric prit dès ce moment des mesures pour se rendre maître du royaume d'Austrasie, gouverné par un enfant en tutelle. Il envoya à cet effet en Poitou Mérovée, son troisième fils, et ordonna à Roccolène de rassembler dans le Maine le plus de troupes qu'il lui serait possible, afin d'être en mesure de venir s'emparer de la ville de Tours. Ce dernier, s'étant campé sur la Loire en face de la ville, envoya sommer les habitans de lui livrer Gontran-Boson, avec menace, en cas de refus, de tout brûler et de tout saccager dans le pays. C'était, ainsi que nous l'avons dit, l'un des deux généraux qui avaient défait Théodebert dans la bataille où il avait perdu la vie. Chilpéric ne pouvait lui pardonner la mort de son fils, dont il le soupçonnait injustement d'être l'auteur. Il ne cessait donc de le poursuivre à outrance ; mais celui-ci, craignant de tomber entre ses mains par quelque hasard ou quelque trahison, s'était réfugié dans l'asile de Saint-Martin. Les habitans, incertains, n'osant ni refuser ni livrer Gontran, envoyèrent vers Roccolène des députés chargés de lui faire observer qu'il leur demandait une chose impossible, puisqu'ils ne pouvaient permettre qu'on violât le droit sacré d'asile accordé de tout temps à ceux qui se réfugiaient dans la basilique de Saint-Martin ; en un mot qu'il attirerait infailliblement sur le roi et sur lui la malédiction de Dieu et de saint Martin, s'il osait entreprendre de violer lui-même un tel asile.

De pareilles raisons n'étaient guère capables d'intimider ni d'arrêter un homme du caractère de Roccolène ; aussi les effets suivirent-ils de près ses menaces. Il commença par faire raser la maison dans laquelle il s'était logé, sachant qu'elle appartenait à l'église de Saint-Martin ; après l'avoir abandonnée au pillage des Manceaux, et persistant toujours dans son projet d'enlever Gontran-Boson, il passa la Loire, entra dans la ville qu'il saccagea, et vint lui-même à cheval à l'église pour exécuter ce que les habitans refusaient de faire. C'était le jour de l'Épiphanie. En entrant dans l'église de Saint-Martin, c'est Grégoire de Tours qui parle, Roccolène se sentit saisi d'une telle frayeur, qu'il fut obligé d'en sortir promptement, et que de toute la journée il ne put prendre aucune nourriture ; si bien qu'il se retira quelques jours après sans avoir osé violer l'asile d'où il s'était promis d'arracher Gontran-Boson. La chronique de Tours rapporte au contraire qu'une crue subite de la Loire arrêta Roccolène, et le contraignit de lever le siège qu'il avait mis devant la ville. Cette version semblerait beaucoup plus naturelle ; mais Grégoire était sur les lieux et raconte ce qu'il a vu.

D'un autre côté Mérovée, comme nous venons de le dire, vint, par ordre du roi son père, avec une armée pour s'emparer du Poitou. Il s'arrêta à Tours, dont on ne crut pas devoir lui fermer les portes, et il y passa les fêtes de Pâques avec beaucoup d'apparences de dévotion, tandis que ses troupes commettaient les plus grands désordres aux environs de la ville. Dans un séjour qu'il avait fait à Paris, ce jeune prince avait vu la reine Brunehaut, dont il était devenu amoureux. Il sortit brusquement de Tours, sous le prétexte de faire une visite à la reine Audovère, sa mère, retirée dans le Maine depuis que Chilpéric l'avait répudiée ; mais, au lieu de cela, il se rendit en diligence à Rouen, où il ne fut pas plus tôt arrivé, que, toutes choses ayant été préparées à l'avance, Prétextat, évêque de cette ville, consacra son union avec la veuve de Sigebert.

A la nouvelle inattendue de ce mariage, Chilpéric, irrité d'une alliance contractée sans son consentement, se rendit à Rouen en toute hâte, et surprit tellement par son arrivée les deux époux, qu'ils ne trouvèrent d'autre moyen d'éviter les premiers effets de sa colère que de se sauver dans une église de Saint-Martin bâtie sur les remparts de la ville. Le roi, quelque peu religieux qu'il fût, n'osa pourtant pas violer cet asile, tant était grand le respect qu'on portait alors à saint Martin dans toutes les Gaules. Pour les en faire sortir, il fallut qu'il promît avec serment qu'il ne sévirait point contre eux, et même qu'il ratifierait leur mariage s'il se trouvait légitime. Sûr cette promesse, les réfugiés sortirent de leur retraite. Chilpéric les reçut avec bonté, les embrassa et mangea avec eux. Peu de jours après, il ordonna à son fils de le suivre à Soissons, et Brunehaut fut envoyée en Austrasie auprès de son fils Childebert II. Suivant un de nos historiens modernes, il est à croire que la Touraine, dont le roi de Soissons était déjà maître, lui fut cédée pour la rançon de cette princesse.

Quoi qu'il en soit, le roi d'Austrasie, de l'avis de son conseil et sans doute à la sollicitation de la régente Brunehaut, ayant jugé à propos de rompre la paix qu'il avait faite avec Chilpéric, envoya une armée sous la conduite de Godin pour faire le siège de Soissons. Tandis que d'un côté Chilpéric avait à se défendre contre les Austrasiens, qu'il eut le bonheur de vaincre dans une bataille, de l'autre, et pour opérer une puissante diversion, il ordonna à Clovis de lever des troupes en Touraine et en Anjou, dans le but de s'emparer de la ville de Saintes. Il prescrivit en même temps au général Didier de marcher contre Limoges à la tête d'une autre armée : mais ce dernier ayant été rencontré par Mummole, général de Gontran, roi de Bourgogne, qui était pour lors dans le parti de son

576. neveu Childebert, il fut battu et tué sur la place avec vingt-quatre mille hommes de ses troupes.

Mérovée fut victime de ce mauvais succès. Chilpéric, soupçonnant qu'il pouvait avoir quelque part dans cette guerre, excité d'ailleurs par les conseils envenimés de sa femme Frédégonde, qui songeait à établir la fortune de ses propres enfans aux dépens de ce jeune prince, Chilpéric, disons-nous, le fit arrêter. C'était où Frédégonde voulait en venir, sachant bien qu'à force de ruses et de calomnies elle irriterait tellement le roi, qu'elle l'amènerait à prendre un parti violent contre lui. En effet, dans cet état de captivité, Mérovée se vit forcé de prendre l'habit ecclésiastique, de se laisser tonsurer et de recevoir l'ordre de prêtrise. Alors il lui fut enjoint de se rendre au monastère d'Anille dans le Maine, appelé depuis l'abbaye de Saint-Calais, pour y vivre conformément au nouvel état qu'il avait embrassé malgré lui. Comme il était en chemin pour se rendre au lieu de son exil, Gontran-Boson, qui n'avait pas quitté l'église de Saint-Martin, lui dépêcha un diacre nommé Riculfe pour

577. l'engager à chercher les moyens d'échapper à son escorte, et de venir le joindre dans son asile de Saint-Martin, où ils se concerteraient sur les mesures propres à les soustraire tous les deux à la colère du roi. Mérovée accueillit ce projet et parvint à l'exécuter, secondé par l'un de ses gens nommé Gaulen, qui, à la tête de quelques hommes déterminés, l'enleva et le conduisit sans obstacle au lieu qui lui avait été in-

diqué. Il entra dans l'église de Saint-Martin au moment où l'on y chantait la grande messe. S'étant présenté pour avoir les eulogies, c'est-à-dire le pain bénit, l'évêque Grégoire, craignant d'attirer le courroux du roi sur son peuple et sur lui, refusa de lui en présenter. Le prince se plaignit qu'on le traitât en excommunié, il menaça même de faire main-basse sur tous ceux qui sortiraient de l'église, si l'on persistait à se refuser à sa demande. Grégoire, de l'avis de Raguemode, évêque de Paris, successeur de saint Germain, qui par hasard se trouvait alors à Tours, consentit enfin à le satisfaire. Cette condescendance de l'évêque causa beaucoup de troubles en Touraine, ainsi que nous allons le voir.

Un seigneur nommé Nicette, qui avait épousé une nièce de Grégoire, devait aller à la cour pour une affaire qui lui était personnelle. L'évêque lui donna pour compagnon de voyage l'un de ses diacres, et les chargea l'un et l'autre d'informer Chilpéric de tout ce qui s'était passé relativement au prince Mérovée. La reine Frédégonde, qui déjà tremblait de voir s'échapper sa proie, les traita d'espions et les accusa de n'être venus que dans le dessein de savoir ce qui se passait pour en instruire Mérovée. Sur cette simple accusation, Chilpéric, que la colère empêchait de rien vérifier, de rien approfondir, accoutumé d'ailleurs à recevoir toutes les impressions que lui donnait Frédégonde, envoya en exil les deux députés, qui n'en furent rappelés que sept mois après. Cependant le roi fit informer Grégoire que s'il ne chassait au plus tôt

577. de l'église de Saint-Martin un prince que son apostasie rendait indigne de l'asile d'un lieu si saint, si révéré, il ferait saccager tout le pays. L'évêque répondit qu'il ne pourrait jamais de son plein gré consentir à la violation de la sainteté des asiles, et qu'il se voyait avec peine dans l'obligation de ne pas condescendre en ce point aux volontés du roi. Chilpéric n'était pas homme à menacer en vain. La Touraine fut encore une fois ravagée, et l'on n'épargna pas même les terres de saint Martin.

Tandis que ces choses se passaient, Mérovée, qui, dans ses discours, ne ménageait ni le roi ni Frédégonde, avait grand soin de ne pas s'écarter de la basilique de Saint-Martin, et il agissait prudemment; car il était surveillé de près par nombre de gens qui épiaient le moment de se saisir de sa personne. Leudaste, alors comte de Tours et fort dans les intérêts de Frédégonde, investit un jour un village dans lequel se trouvait une partie des gens du prince. Dans l'espoir de l'y surprendre lui-même, il fit main-basse sur eux, en blessa et en tua plusieurs; mais heureusement ce jour-là le prince n'avait pas quitté sa retraite. Mérovée, par représailles et pour venger l'injure qu'il avait reçue, fit enlever Marileife, premier médecin du roi, le fit dépouiller, lui et sa suite, de tout ce qu'ils avaient, et peut-être eût-il fait tuer le médecin lui-même, s'il n'eût eu l'adresse de s'échapper et de se réfugier dans une église.

Mérovée courut un autre danger, danger d'autant moins facile à éviter qu'il était préparé par Gontran-

Boson lui-même, en qui il avait mis toute sa confiance. Ce traître s'était laissé suborner par les émissaires de Frédégonde, et s'était engagé à livrer le prince, sur la promesse qu'on lui fit de son pardon, et en outre d'une récompense proportionnée à la grandeur du service qu'on attendait de lui. Il proposa donc une partie de chasse à Mérovée. Pourquoi, lui dit-il, passons-nous ici une vie oisive, et nous cachons-nous comme des lâches? Sortons quelquefois de cette église, ne fût-ce que pour chasser au vol. Le prince, jeune et sans défiance, accepta la proposition. Un jour que le temps était beau, ils se rendent l'un et l'autre à une maison de campagne voisine de la ville de Tours. Comme ils étaient tout entiers au plaisir de la chasse, une troupe de gens affidés fond tout à coup sur eux, cherche le prince, ou pour se saisir de sa personne, ou pour le tuer s'il n'y avait pas moyen de le prendre vivant; mais n'ayant pas été reconnu parmi ceux qui formaient sa suite, grace à la vitesse de son cheval, il fut assez heureux pour rejoindre sain et sauf son asile.

Le péril auquel il venait d'être exposé, et dont il s'était sauvé comme par miracle, le rendit beaucoup plus circonspect. Il prit la ferme résolution de ne plus sortir de la basilique de Saint-Martin; en sorte que Chilpéric, toujours animé par Frédégonde, ne savait plus quel parti prendre pour arracher son fils d'un lieu qu'il s'obstinait à ne pas quitter. Il n'osait user de violence, par respect ou plutôt par crainte de saint Martin, sûr alors de passer pour un impie, et de s'attirer à ce titre la haine de ses sujets, notamment des Tourangeaux, qui aimaient mieux souffrir le dégât de leurs domaines, et s'exposer à tous les fléaux de la guerre que de permettre qu'on portât la moindre atteinte aux privilèges de l'église de leur patron. Dans cette perplexité, Chilpéric s'avisa d'un expédient qui fait bien connaître la simplicité et la superstition grossière de ces temps d'ignorance et de barbarie. Il envoya par un diacre nommé Baudin ou Balduin, une lettre adressée à saint Martin, par laquelle il le suppliait de vouloir bien lui marquer s'il l'offenserait réellement en enlevant de force Mérovée, à qui il avait la bonté d'accorder un asile. Le diacre déposa cette lettre sur le tombeau du saint, avec une feuille de papier blanc pour recevoir la réponse. Il y fit sa prière pendant deux jours, et le troisième, le saint n'ayant rien répondu, le diacre s'en alla rendre compte de sa mission au roi, qui parut fort affligé du silence de saint Martin.

Cet expédient n'ayant pas réussi, Chilpéric en imagina un autre pour se délivrer des inquiétudes que lui donnait Gontran-Boson, qui passait à juste titre pour un excellent capitaine, et qui pouvait, s'échappant de son asile, aller rejoindre l'armée du roi d'Orléans. Il lui fit donc proposer un pardon général, s'il voulait s'engager par serment à ne point sortir de l'église de Saint-Martin. Gontran-Boson, qui ne soupçonnait rien des motifs de Chilpéric, jura, tenant la nappe de l'autel, qu'il n'abandonnerait jamais son asile sans la permission du monarque.

Cependant les deux réfugiés commençaient à s'ennuyer de leur longue retraite. Mérovée, qui ignorait le piège que lui avait tendu Gontran-Boson, ne faisait rien sans le consulter. Ce dernier, peu scrupuleux sur le serment qu'il avait fait au roi, et d'ailleurs ne comptant plus sur la faveur de Frédégonde, irritée de ce qu'il avait si mal réussi dans l'embûche dressée au prince, se lia de bonne foi avec son compagnon de disgrace, dont les intérêts étaient désormais les siens. Ils prirent donc la résolution de passer en Austrasie auprès de la reine Brunehaut, certains qu'ils étaient d'en être bien reçus; cependant, avant de partir, ils voulurent l'un et l'autre, mais chacun à sa manière, consulter le sort sur leur destinée. Gontran - Boson avait autrefois connu une femme qui, disait-il, avait prédit l'année, l'heure et le moment de la mort du roi Caribert. Il dépêcha donc des gens vers cette prétendue devineresse pour en apprendre ce qui devait lui arriver. Cette femme répondit que Chilpéric mourrait dans l'année; que Mérovée, après la mort de ses frères, recueillerait toute la succession du roi son père; que lui Gontran-Boson serait son premier ministre pendant cinq ans, après lesquels il serait fait évêque d'une ville située sur la Loire, et qu'il finirait ses jours dans un âge très-avancé.

Mérovée, qui n'avait aucune confiance dans le savoir de la prophétesse que Gontran-Boson avait consultée, eut recours à un autre genre de superstition conforme au temps où il vivait, et dont nous avons déjà parlé à l'occasion de Clovis. Il mit sur le tombeau

577. de saint Martin les livres des rois, des psaumes et des évangiles. Il les y laissa ainsi exposés pendant trois jours et trois nuits qu'il passa en prières, suppliant le saint de lui faire connaître quel serait son sort; de daigner le protéger; enfin de ne pas permettre qu'il fût privé de la portion du royaume qui lui était due par le droit de sa naissance. Après trois jours de jeûne et d'oraison, il consulta les livres sacrés, et ne trouva à leur ouverture que de funestes présages. Cependant, malgré les augures qu'il avait provoqués, accompagné de Gontran-Boson et d'environ cinq cents hommes d'élite, il partit de Tours et s'achemina vers l'Austrasie. En passant sur les états du roi de Bourgogne, son oncle, il y fut arrêté; mais il parvint à s'échapper, et arriva heureusement à Metz, où sa présence ne tarda pas à causer des troubles qui le forcèrent à chercher un autre séjour.

Tandis que Mérovée, chassé d'Austrasie, où le crédit de Brunehaut n'avait pas été assez grand pour le retenir, luttait contre sa mauvaise fortune et contre la poursuite acharnée de son père, le bruit courut qu'il venait tout de nouveau de se réfugier dans l'église de Saint-Martin. Pour empêcher qu'il y fût reçu s'il venait à s'y présenter, Leudaste, comte de Touraine, fit, par ordre de Chilpéric, investir cette basilique, posa des corps-de-garde à toutes les portes, et prescrivit qu'on n'en ouvrît qu'une petite pour laisser entrer et sortir les clercs qui chantaient l'office divin. Mais la nouvelle de la mort du prince rendit enfin le calme à la ville et à la province, devenue le théâtre

de tous les excès que le soldat peut commettre en
pays ennemi, depuis que les troupes qui se trouvaient
jointes aux milices de la Touraine, du Poitou, de
l'Anjou et du Maine, avaient reçu l'ordre de marcher
contre Varoc, comte de Bretagne, qui refusait à Chilpéric le tribut qu'il avait coutume de lui payer.

L'infortuné Mérovée avait été victime de la trahison des habitans de Térouane; car, se voyant sur le
point d'être livré par eux aux émissaires de son père,
il aima mieux se faire donner la mort par l'un des
siens, nommé Gaïlène. Presque tous ceux qui avaient
suivi son parti eurent pareillement une fin plus ou
moins funeste. Le traître Gontran-Boson se sauva
presque seul de ce désastre, et trouva grace devant
Frédégonde, parce qu'il avait été, ainsi que nous l'a-
vons dit, la cause de la mort du prince Théodebert.
Un des traits du caractère de cette reine ambitieuse
et cruelle était d'accorder toujours sa protection au
crime qui avait été utile à ses desseins. Mais ici elle
n'en recueillit pas les fruits; car, après avoir fait périr
deux des fils que Chilpéric avait eus de la reine Audovère ou Audouère, sa première femme, dans l'espoir de faire régner les siens, elle les perdit tous les
deux dans le cours de l'année 580. Furieuse jusque
dans sa douleur, elle fit mourir Clovis, avant-dernier
rejeton de Chilpéric et de Galasuinte sa seconde
femme, sous prétexte qu'il était l'auteur de la mort
de ses enfans.

Chilpéric avait toujours conservé dans son cœur le
ressentiment de l'offense que lui avait faite l'évêque

578. de Rouen Prétextat en mariant son fils Mérovée sans son consentement. Il convoqua à cet effet un concile à Paris en 570. On y accusa le prélat d'avoir célébré le mariage du neveu avec la tante, et de plus d'avoir conspiré avec le jeune prince contre les jours du roi, en formant, à force d'argent et de présens, un parti pour élever sur le trône un fils rebelle. Quoi qu'en dise Grégoire de Tours, il n'est guère possible d'excuser Prétextat sur le premier chef d'accusation. Sa tendresse pour un prince qu'il avait tenu sur les fonts de baptême, et qui ne lui laissa pas le temps de délibérer, n'était pas un motif qui pût en aucune façon colorer sa conduite, ni l'engager à marier sans le consentement de son père le fils et l'héritier d'un roi. Il eût peut-être été plus simple de dire franchement la vérité, et de déclarer que l'évêque n'avait agi que par respect pour les mœurs en cherchant à légitimer le commerce scandaleux qui s'était établi entre Mérovée et Brunehaut. Quant au second motif, ce n'était qu'une accusation dénuée de preuves, démentie par la piété et la vie exemplaire du prélat. Grégoire de Tours fut le seul de tous les pères du concile qui osa prendre ouvertement sa défense, et s'opposer à la volonté de Chilpéric, qui insistait avec tout le poids de son autorité pour que Prétextat fût déposé. Les pères du concile, malgré leur envie de ne pas déplaire au roi, eussent été fort embarrassés de terminer cette affaire, tant était grande leur déférence pour l'opinion de l'évêque de Tours, si Prétextat lui-même n'eût donné dans le piège que lui tendirent quelques courtisans

qui feignirent d'être convaincus de son innocence. Ils lui persuadèrent que le plus sûr moyen de désarmer la colère du roi était de se déclarer lui-même coupable et d'avoir recours à sa clémence, dont indubitablement il ressentirait les effets. Prétextat, plus pieux qu'avisé, eut la simplicité de se livrer à ce conseil perfide. Il s'accusa en pleine assemblée, et implora la miséricorde royale; mais au lieu du pardon qu'il avait espéré, il ne trouva qu'un prince inflexible qui le fit arrêter, emprisonner et déposer ensuite.

_{578.}

Cette occasion ne fut pas la seule où Grégoire résista courageusement à Chilpéric. Ce prince, qui se croyait l'homme le plus savant de son royaume, fit lire à Grégoire, quelques années après, un écrit qu'il avait composé, et par lequel il prétendait que la Trinité devait être nommée Dieu sans aucune distinction de personnes, parce que, disait-il, suivant les prophètes, les patriarches et la loi divine, le même est Père, Fils et Saint-Esprit. L'évêque représenta au roi qu'il n'appartenait pas à un prince de dogmatiser; qu'il devait suivre la doctrine enseignée par les apôtres, et qu'il avait lui-même confessée à son baptême. Le roi, piqué de ces remontrances, répondit en colère qu'il s'adresserait à de plus habiles que lui, et que sûrement ils seraient de son avis. Quelques jours après, saint Salvy étant venu à la cour, il lui lut son écrit et le pria de l'approuver : mais l'évêque d'Alby n'eut pas même pour le roi les ménagemens dont avait usé Grégoire de Tours; car il déclara que si l'écrit eût été entre ses mains, il l'aurait déchiré aux

578. yeux de son auteur. Aussi le prince, voyant l'opposition des évêques, n'hésita pas à supprimer son ouvrage, convaincu enfin de la vérité de ce que lui avait dit avec tant de raison Grégoire de Tours, qu'il n'appartient point aux princes de dogmatiser. Rien en effet n'est plus propre à porter le trouble dans un état qu'un prince qui prend personnellement parti dans des disputes théologiques.

Pendant les troubles qu'avait causés en Touraine la présence de Mérovée, Grégoire eut beaucoup à souffrir de la part de Leudaste, comte de Tours. Des plus bas emplois des cuisines du roi Caribert, il devint d'abord simple écuyer de la reine, ensuite comte d'Étable, autrement grand-écuyer, et enfin comte de Tours. Lorsque Caribert mourut, il fut dépouillé de son gouvernement, dans lequel il fut rétabli depuis à la recommandation de Théodebert, fils aîné de Chilpéric. La Touraine étant ensuite passée sous la domination de Sigebert, Leudaste quitta cette province, et se retira en Bretagne, d'où il fut rappelé après la mort de Sigebert par Chilpéric, qui lui confia de nouveau le gouvernement de Tours. Malgré la bassesse de son extraction, il était d'un orgueil insupportable; personne d'ailleurs n'était à l'abri de sa méchanceté. Dès qu'une femme avait eu le malheur de lui plaire, il n'était rien qu'il ne tentât ou pour la séduire, ou pour la ravir. Son avarice égalait sa corruption. Pour la satisfaire, tous moyens lui étaient bons. Il s'emparait sans pudeur de tout ce qui était à sa bienséance, et ses concussions furent poussées à un tel excès, que

Grégoire, de concert avec les habitans de Tours, envoya au roi un mémoire où sa conduite était énergiquement retracée. Chilpéric fit partir sur-le-champ pour la Touraine un de ses officiers nommé Ausvalde en qualité de commissaire. Tous les chefs d'accusation, tous les délits reprochés à Leudaste ayant été prouvés de la manière la plus authentique, Ausvalde le chassa honteusement, et mit Ennodius à sa place.

578.

Leudaste, au désespoir de se voir pour la troisième fois privé de son gouvernement et de l'appui de Frédégonde, sur lequel, à raison de ses crimes, il avait eu droit de compter en cette occasion, chercha à se venger sur elle et sur Grégoire de la perte de son rang et de ses honneurs. Pour y parvenir, il trama un complot digne en tout de sa perversité. Il se lia donc avec deux ecclésiastiques de Tours, ennemis personnels de leur évêque, gens hardis, entreprenans et capables de tout pour satisfaire leur haine et leur ambition. Tous les deux portaient le nom de Riculfe; l'un était prêtre et l'autre sous-diacre. Le premier, si Leudaste réussissait, devait avoir pour récompense l'évêché de Tours, et le second l'archidiaconé. Ce dernier, pour mieux séduire l'évêque, et pour donner un air de vérité à la calomnie qu'il méditait avec ses complices, feignit de se repentir d'avoir eu des liaisons avec le comte Leudaste. Il vint donc se jeter aux pieds de Grégoire pour lui demander pardon et le prier de lui obtenir une retraite hors des états de Chilpéric, qu'il avait, dit-il, offensé. Grégoire, soit qu'il se doutât du piège, soit qu'il fût retenu par la

578. crainte de donner au roi quelque ombrage sur sa conduite, refusa d'accorder au sous-diacre les recommandations qu'il lui demandait, et se contenta de le recevoir avec bonté, lui pardonnant sincèrement le mal qu'il avait voulu lui faire.

Quoique ce refus rompît les mesures des calomniateurs, le sous-diacre Riculfe n'en alla pas moins rejoindre Leudaste, qui était à la cour. N'ayant pu parvenir à engager l'évêque dans le piège qu'ils lui avaient dressé pour prouver qu'il correspondait avec les rois d'Orléans et de Metz, brouillés alors avec Chilpéric, ils furent forcés d'aviser à d'autres moyens d'arriver à l'exécution de leurs desseins. Leudaste, sans tarder davantage, alla dénoncer l'évêque au roi, et l'accusa d'avoir des intelligences avec les Austrasiens pour livrer la ville de Tours à Childebert. Il ajouta que Grégoire tenait continuellement des discours injurieux contre la reine Frédégonde, publiant qu'elle entretenait un commerce criminel avec Bertrand, évêque de Bordeaux. Enfin il affirma qu'il tenait tous ces détails du sous-diacre Riculfe, qui lui-même avait été témoin de ces propos tenus en présence de l'archidiacre de Tours, nommé Platon, et de Gallien, l'un des amis du prélat. Chilpéric crut d'abord s'apercevoir que toutes ces accusations n'avaient d'autre fondement que la haine de Leudaste contre l'évêque, et le ressentiment de sa destitution. Aussi refusa-t-il de l'écouter : il le fit même arrêter ainsi que Riculfe ; mais ayant réfléchi depuis à l'importance de cette affaire, où son honneur et celui de la reine étaient compromis, il fit

élargir les prisonniers, et envoya Leudaste à Tours
avec ordre de se saisir de l'archidiacre Platon, ainsi
que de Gallien, devant qui, disait-on, Grégoire avait
parlé de la reine. Ces deux hommes furent enlevés.
On les embarqua sur la Loire pour les conduire
à la cour, et peu s'en fallut, dit notre historien, que
le bateau sur lequel était Leudaste ne fût englouti
sous les eaux, tandis que celui qui portait Platon et
Gallien ne courut aucun danger. Dès qu'ils furent arrivés à Soissons, on conduisit ces deux derniers devant la reine. Ils subirent un interrogatoire, tout
entier à la justification de Grégoire dont ils connaissaient l'innocence, et ils eurent ordre de ne pas s'é-
loigner de la cour.

Dans ce temps on fit, sans doute à dessein, courir
le bruit que Gontran, roi d'Orléans, voulait se rendre
maître de la ville de Tours. Sur cette fausse nouvelle,
Chilpéric nomma Bérulfe, duc de Touraine, pour
veiller, conjointement avec le comte Ennodius, à la
sûreté de la ville. On plaça partout des postes et des
corps-de-garde qui, sous prétexte de prévenir la prétendue invasion de Gontran, étaient plus particulièrement destinés à empêcher que l'évêque sortît de la
ville. Quelques faux amis lui conseillèrent bien de se
retirer en Auvergne, lui promettant de faciliter son
évasion : mais la ruse était trop grossière pour qu'il
n'en reconnût pas aisément toute la perfidie. Au contraire, il ne balança pas à se rendre aux ordres du roi,
qui l'appelait à Soissons, où il avait convoqué une assemblée d'évêques. Ils se réunirent à Brenne, maison

578. royale sur la petite rivière de Vesle. Bertrand, évêque de Bordeaux, en présence du roi accusa Grégoire d'avoir flétri la réputation de la reine et la sienne en les chargeant l'un et l'autre d'un crime aussi outrageant que dénué de vérité, et dont il demandait justice au concile. Grégoire nia d'être l'auteur de cette calomnie. Il déclara qu'il n'avait jamais rien dit à ce sujet; qu'à la vérité il en avait entendu parler, sans savoir précisément par qui. Chilpéric, qui conservait toujours au fond du cœur une profonde estime pour les vertus et le savoir de l'évêque de Tours, se contenta de dire au concile : quoique le crime dont on accuse la reine rejaillisse sur moi, si vous jugez qu'on puisse entendre des témoins contre un évêque, les voici. Si vous croyez au contraire qu'on doive s'en rapporter à sa parole, vous n'avez qu'à prononcer, et je souscris d'avance à votre décision. Les pères, rassurés par la modération du roi, répondirent unanimement que le témoignage d'un inférieur ne devait pas être cru contre un évêque, lorsqu'il n'y avait aucune preuve matérielle. Ils convinrent donc que Grégoire, après avoir dit trois messes à trois différens autels, se purgerait par serment en jurant qu'il n'avait jamais mal parlé de la reine sur l'objet dont il était question. Quoique cette manière de se justifier fût contraire aux canons, on la pratiqua néanmoins en cette occasion à cause de l'intérêt personnel que le roi prenait à cette affaire. L'accusé acquiesça à ce jugement, et en remplit les conditions. Les évêques vinrent ensuite annoncer au roi que Grégoire s'était pleinement justifié par l'ac-

complissement des conditions qui lui avaient été imposées ; mais il ne fut pas peu surpris quand ils lui déclarèrent qu'il avait lui-même, ainsi que l'évêque de Bordeaux, encouru l'excommunication pour avoir injustement accusé un évêque : moi, répondit Chilpéric, je n'ai accusé personne, et n'ai fait que transmettre ce qui m'avait été dénoncé par Leudaste. Alors le concile excommunia Leudaste comme calomniateur d'une reine et d'un évêque, et envoya le décret à tous les évêques absens.

Leudaste, qui en effet était le principal coupable, n'avait pas jugé à propos d'attendre l'issue de cette affaire. Il s'était évadé de Soissons, résolu de se réfugier à Paris dans l'église de Saint-Pierre. Mais ayant en même temps appris la nouvelle et de la mort de son fils, et de la sentence d'excommunication lancée contre lui, il vint secrètement à Tours, d'où il emporta tout ce qu'il avait de plus précieux, et se retira à Bourges ; mais il s'en vit chassé peu de jours après. Comme on sut qu'il se disposait à revenir à Tours, le duc Bérulfe plaça des gens pour lui en interdire l'entrée, et même pour se saisir de sa personne. Sur l'avis qu'il en reçut, il prit une autre route, et alla chercher un asile dans l'église de Saint-Hilaire de Poitiers, d'où il fut également expulsé, ayant été surpris en adultère sous le portique même du temple. Quelques-uns le font mourir à Bourges ; mais Grégoire de Tours, qui devait être mieux instruit du sort de son ennemi personnel, raconte différemment la catastrophe qui termina ses jours. Il nous apprend

578. qu'un dimanche Leudaste se jeta aux genoux de Chilpéric et de Frédégonde dans l'église de Paris, pour en obtenir son pardon et sa réintégration, mais que le roi et la reine se montrèrent inexorables. Le comte, la tête un peu troublée du refus qu'il venait d'éprouver, sortit de la cathédrale et entra successivement dans la boutique de plusieurs marchands. Ayant vu venir des émissaires de Frédégonde qui tentèrent de le saisir et de l'enchaîner, il se défendit courageuse-
583. ment à l'aide de son épée : mais comme il fuyait, son pied se trouvant pris entre deux poutres qui formaient une espèce de pont, il se cassa la jambe. Alors les envoyés de la reine l'emportèrent et le livrèrent à Chilpéric, qui le fit traiter par ses propres médecins, dans l'espoir de lui faire subir après sa guérison le supplice qu'il lui destinait ; mais la plaie empirant chaque jour, Frédégonde, impatiente de vengeance, le fit transporter hors la ville, où on l'enterra jusqu'au cou, frappant avec un bâton la partie qui était restée à découvert. C'est là, dit notre historien, qu'il expira d'une mort justement méritée. Quant à nous, quels que fussent les crimes de ce malheureux, nous pensons que rien au monde ne pouvait légitimer un traitement aussi barbare, bien digne au surplus de celle qui l'avait ordonné.

Quant au sous-diacre Riculfe, immédiatement après le décret du concile, il fut condamné à mort par Chilpéric ; mais le pieux évêque de Tours obtint sa grace, et lui sauva seulement la vie : car il ne put empêcher qu'il ne fût attaché à un arbre et battu de verges et de courroies. Mis à la question, il avait avoué que toute cette intrigue n'avait été tramée que dans le but de faire périr le roi et les enfans de la reine Frédégonde, et de mettre sur le trône le prince Clovis, sous lequel Leudaste se flattait d'obtenir la dignité de duc.

Grégoire, que rien n'arrêtait plus à la cour, reprit la route de la Touraine. A peine fut-il arrivé dans sa capitale, qu'il apprit les troubles auxquels son église était livrée depuis son absence. Le prêtre Riculfe, dont nous avons parlé, persuadé que Grégoire ne pouvait manquer de succomber sous l'accusation dirigée contre lui par ses deux complices, en avait déjà usé comme s'il eût été son successeur. Il avait disposé à sa fantaisie des biens et des emplois ecclésiastiques; il avait maltraité ceux qui avaient embrassé la défense de leur pasteur légitime, et avait été même jusqu'à vouloir se faire reconnaître pour évêque. La présence de Grégoire triomphant, en lui enlevant toutes ses espérances, ne rabattit rien de son orgueil. Non-seulement il lui refusait le salut et l'insultait en toute rencontre, mais encore il cherchait l'occasion de le faire assassiner, en sorte que l'évêque, de l'avis des autres prélats de la province, se vit contraint de le reléguer dans un monastère, où il était étroitement gardé; mais ayant surpris la vigilance de son abbé, il s'évada et se retira auprès de l'évêque Félix, qui le prit sous sa protection. Selon toute apparence, ce Félix était alors évêque de Nantes.

L'heureuse issue de ces débats ne ramena pourtant pas le calme dans la Touraine. Tant que vécut Chilpéric, que notre historien appelle le Néron de son siècle, elle fut dans de continuelles agitations. A la vérité les autres provinces soumises à sa domination n'étaient ni plus tranquilles, ni plus heureuses. Les impôts excessifs dont il chargea les peuples, et les différentes guerres qu'il eut à soutenir, tantôt contre Varoc, comte de Bretagne, tantôt contre Gontran, son frère, roi d'Orléans, tantôt enfin contre Childebert son neveu, roi d'Austrasie, portèrent dans toute l'étendue de son royaume la misère et la désolation. L'histoire en effet ne nous apprend que trop que les princes de cette famille ne purent jamais vivre un instant d'accord entre eux. Chilpéric alors s'était lié contre Gontran avec Childebert, lorsque Didier, l'un de ses généraux, s'empara de Périgueux et d'Agen, et défit le duc Réginalde, qui commandait ces provinces au nom du roi d'Orléans. Cette invasion causa une commotion qui se fit ressentir jusque dans la Touraine; car, pour opérer une diversion, Réginalde, battu, vint en se repliant avec les troupes du Berri, et pilla les bourgs de Barou et d'Iseure. Il eût sans doute pénétré plus avant dans la Touraine; mais le duc Bérulfe s'avança rapidement avec les troupes qu'il put rassembler, et se portant jusque sur la frontière, il y attaqua Réginalde, et le mit dans l'obligation de se retirer avec perte.

Cette guerre était à peine finie, qu'il s'en alluma une autre dont les résultats furent beaucoup plus funestes aux provinces qui en devinrent le théâtre. Chilpéric, ligué de nouveau avec Childebert, ordonna à Bérulfe de rassembler les troupes de son gouvernement, c'est-à-dire de la Touraine, du Poitou, de l'Anjou et du pays Nantais, et de marcher du côté du Berri. Bérulfe se hâta d'exécuter les ordres qu'il avait reçus. Il rencontra dans sa marche les ducs Didier et Bladasse, généraux du roi de Soissons, qui tous ensemble firent le dégât dans le Berri et dans toutes les autres provinces où ils passèrent. La Touraine, quoique pays ami, ne fut pas épargnée. Villes, villages, châteaux, églises et monastères, tout sans distinction fut pillé; et, pour comble de désastre, à ce pillage général succéda une si grande mortalité parmi le bétail, qu'à peine, dans l'espace de plusieurs lieues, pouvait-on trouver une vache ou un cheval.

583.

Chilpéric, battu près de Melun par Childebert, fait la paix avec lui : mais ce dernier s'étant réconcilié avec Gontran, tous les deux déclarent de nouveau la guerre au roi de Soissons. Ce fut la dernière que ce roi eut à soutenir; car, en revenant de la chasse, il fut assassiné à Chelles le 1er septembre 584, les uns disent par un émissaire de Brunehaut, d'autres, avec bien plus de vraisemblance, par l'ordre de Frédégonde, qui voulait prévenir un pareil dessein sur sa personne. De tous les enfans qu'il avait eus de cette princesse et de Galasuinte sa première femme, il ne lui resta que Clotaire II, âgé seulement de quatre mois. Ainsi Frédégonde, après avoir fait périr les enfans des deux premiers lits de Chilpéric, après avoir elle-même perdu les siens, ne s'en vit pas moins au comble de ses vœux par la naissance de

583. Clotaire II, dont la tutelle lui assurait le gouvernement de son royaume ; et malgré tous les crimes dont il serait difficile de la justifier entièrement, on ne peut s'empêcher de convenir qu'elle dirigea le timon des affaires avec autant d'habileté que de courage. Quelque vifs qu'eussent été les démêlés qui avaient si long-temps divisé Chilpéric et Gontran, la reine-mère sut si bien ménager la bienveillance du roi d'Orléans, que celui-ci, oubliant le passé, la prit elle et son fils sous sa protection, et se déclara tuteur du jeune Clotaire II, son neveu.

584. Dès qu'on eut appris en Touraine la mort de Chilpéric, les habitans de Tours, autant à la persuasion d'Avaric, duc de Limoges, que par l'attachement qu'ils avaient toujours porté à Sigebert, résolurent de ne reconnaître que son fils Childebert pour leur légitime souverain. Ils refusèrent donc l'entrée de leur ville aux officiers qui vinrent de la part de Gontran pour en prendre possession au nom du roi Clotaire II, ou plutôt en son propre nom. Dans l'incertitude où il était des dispositions des Tourangeaux, Gontran avait eu la précaution de faire marcher Villacaire, comte d'Orléans, à la tête des milices du Berri. Pris au dépourvu, les habitans de Tours n'eurent d'autre parti à prendre que de remettre leur ville à Villacaire, et de prêter entre ses mains serment de fidélité au roi d'Orléans.

Grégoire, qui avait toujours conservé des liaisons à la cour de Gontran, ne fut probablement pas fâché de voir la Touraine sous son obéissance. Il se rendit à

Orléans, où il reçut l'accueil le plus flatteur de la part 584. du roi et de tous les courtisans. Il sut se servir à propos de l'accès qu'il avait auprès du prince pour remettre dans ses bonnes graces plusieurs personnes dont il croyait avoir à se plaindre. Garacaire, gouverneur de Bordeaux, et le comte Bladaste étaient de ce nombre. Ils avaient indiscrètement pris le parti d'un certain Gondebaud, se disant fils de Clotaire Ier, et demandant en cette qualité sa part dans la succession de ce prince. Cet imposteur étant mort au moment où il poursuivait le plus vivement ses droits prétendus, ces deux seigneurs, pour se soustraire à la peine que ne pouvait manquer de leur attirer leur félonie, se réfugièrent dans l'église de Saint-Martin. Grégoire entreprit donc de les réconcilier avec le roi. D'abord il n'en reçut qu'un refus obstiné. Cependant il ne se rebuta point ; mais il eut recours à une espèce de ruse fort innocente. Sire, lui dit-il un jour, je suis député vers vous par mon maître pour vous demander la grace de Garacaire et de Bladaste. Qu'aurai-je à lui dire ? — Quel est donc ce maître ? reprit le roi tout étonné. — C'est saint Martin, lui répondit le prélat. Il obtint par cette saillie le pardon des deux réfugiés, et même Gontran les rétablit ensuite dans leurs biens et dans leurs dignités. La confiance que ce prince avait dans le savoir, la sagesse et l'intégrité de notre prélat, était égale à la considération particulière qu'il avait pour sa personne. Il lui en donna bientôt une preuve éclatante en l'envoyant en ambassade vers Childebert son neveu ; et celui-ci, qui n'avait pas moins d'estime pour

584. Grégoire, le chargea trois ans après d'une pareille mission auprès de Gontran.

L'imposture et les prétentions de ce Gondebaud, dont nous venons de parler, touchaient de trop près les intérêts communs de Gontran et de Childebert pour ne pas leur faire oublier leurs dissensions. Childebert était déjà parvenu à sa quatorzième année. Le roi d'Orléans, qui n'avait point d'héritiers, l'aimait avec beaucoup de tendresse. L'ayant fait venir auprès de lui, il le conduisit à la tête de l'armée, et là il le proclama son successeur et l'héritier de sa couronne, dont il le mit en possession, suivant l'usage du temps, en lui faisant tenir une lance à la main. « Voilà, dit Gontran à la noblesse et à l'armée, que mon neveu est devenu grand, et qu'il n'a plus besoin de tuteur; terminez toutes vos querelles, reconnaissez-le pour votre roi, et obéissez à ses ordres. » Ce trait est remarquable dans l'histoire de France, comme le premier exemple de la majorité de nos rois à quatorze ans.

585. Après cette solennité, qui eut lieu en 585, Gontran remit à Childebert tous les états qu'il avait retenus en son nom, et qui avaient été possédés par Sigebert son père. Comme la Touraine en avait autrefois fait partie, n'en ayant été distraite que par l'usurpation de Chilpéric, cette province retourna sous l'obéissance de celui à qui elle appartenait légitimement.

Gontran ne se borna pas à cet acte de justice envers son neveu. Il crut en devoir un autre à la mémoire de son frère Chilpéric, en recherchant avec soin les auteurs et instigateurs de son assassinat. Frédé-

gonde, suivant quelques historiens, était soupçonnée 585.
de s'en être rendue coupable, de concert avec Landry son favori. Pour détourner le soupçon qui pesait sur sa tête, elle accusa Ébérulfe, chambellan du roi son mari. La vengeance seule avait dicté cette accusation. Frédégonde, aussitôt la mort de son époux, avait prié ce chambellan de ne pas l'abandonner : mais celui-ci, la croyant perdue sans ressource, s'était retourné d'un autre côté. La reine ajouta à sa première accusation contre Ébérulfe celle d'avoir emporté à Tours une somme d'argent considérable qu'il avait volée à son maître. Ébérulfe n'entreprit point de se justifier, persuadé qu'aucune espèce de justification, tant évidente fût-elle, ne pourrait le soustraire aux intrigues et à la méchanceté de Frédégonde ; mais il se hâta de se réfugier dans l'église de Saint-Martin, asile réputé le plus inviolable qui fût alors dans toute la Gaule. Gontran, informé de la retraite du chambellan, jura sa perte, et fit soigneusement investir toutes les issues de la basilique. Il envoya ensuite à Tours un de ses officiers nommé Claude, avec ordre de le tuer si, par quelque stratagème, on pouvait l'attirer hors de son asile. Mais Claude ne poussa pas le scrupule jusque-là. Après avoir attendu vainement pendant quelques jours sans avoir pu réussir à faire sortir Ébérulfe, il le tua dans l'église même, et se réfugia dans la cellule d'Eustoche, alors abbé de Saint-Martin. L'exemple qu'il avait donné de la violation des asiles tourna bientôt contre lui-même ; car le peuple, indigné de l'offense faite à son saint patron,

12.

585. se jeta sur lui et le massacra. Telle est la version d'Aimoin. Celle de Grégoire de Tours en diffère en quelques points et nous semble devoir être préférée, puisqu'il était en quelque sorte témoin oculaire. Il rapporte que Claude s'étant insinué auprès d'Ébérulfe et ayant su capter sa confiance, il l'avait invité à un repas, et que le comte s'y étant rendu, il le fit assassiner par ses gens ; mais que ceux du comte vengèrent aussitôt sa mort en assassinant à leur tour son meurtrier.

Dès que Childebert se vit en possession des états que son oncle lui avait restitués, il changea presque tous les gouverneurs des provinces dont il venait de recouvrer la propriété. Il donna le duché de Touraine à Ennodius, comte de Poitiers, qui l'avait fidèlement servi. Mais les comtes de Poitiers et de Tours s'étant plaints au roi que le titre de duc concédé à un autre les privait d'une partie de l'autorité et de la considération dont ils jouissaient auparavant, Childebert ré-
587. voqua Ennodius l'an 587, et ordonna que cette dignité serait supprimée. Éborin était alors comte de Tours. C'est le dernier sous les rois de la première race dont l'histoire nous ait conservé le nom, de sorte que, depuis lui jusqu'au règne de Charlemagne, on ignore les noms des autres comtes, quoiqu'il soit certain qu'Éborin ait eu des successeurs.

Le règne de Childebert fut généralement tranquille, surtout par rapport à la Touraine. Les pertes que cette province eut à souffrir par le pillage qu'exercèrent sur elle les troupes du duc Elvacaire, général de

Gontran, au retour d'une expédition en Bretagne, 587. affligèrent moins les Tourangeaux qu'ils ne ressentirent de joie à la nouvelle de la confirmation de leurs privilèges par leur nouveau souverain. Childebert envoya le grand-maître de sa maison et son comte d'étable dans toutes les provinces qui lui étaient soumises, pour recueillir les subsides que ses sujets lui devaient depuis quatorze ans, c'est-à-dire depuis la mort de Sigebert son père. Ces deux officiers commencèrent à Poitiers à faire le recouvrement dont ils étaient chargés ; de là ils se dirigèrent sur Tours pour y exiger les mêmes impôts. Mais l'évêque Grégoire et les principaux habitans leur représentèrent que leur ville avait toujours été exempte de toutes contributions, qu'elle était en possession de ce privilège depuis le règne du grand Clovis ; que Clotaire son fils avait fait brûler en sa présence les rôles dans lesquels elle avait été employée illégalement ; que Caribert avait promis par serment de la maintenir dans les mêmes privilèges, franchises et immunités dont elle avait joui sous le règne de Clovis son père ; enfin que Sigebert, successeur de Caribert, n'avait jamais rien exigé de ses habitans. Ces remontrances déplurent beaucoup aux commissaires, qui menacèrent de s'en plaindre au roi. Pour prévenir les impressions défavorables que ceux-ci auraient pu donner à Childebert, les habitans 589. se hâtèrent de députer vers lui l'évêque Grégoire avec quelques-uns d'entre eux. Ils mirent sous les yeux du roi les originaux de leurs privilèges. Le prince les écouta avec bienveillance, et peu de jours après il leur

589. accorda des lettres patentes par lesquelles il ordonnait que la ville de Tours continuerait à jouir comme par le passé des exemptions dont les rois ses prédécesseurs l'avaient gratifiée. Les députés envoyèrent à Tours la copie de ces lettres; mais ils ne voulurent pas quitter la cour avant que l'original eût été scellé et revêtu de toutes les formalités requises pour en constater l'authenticité.

La satisfaction qu'éprouvèrent les Tourangeaux de la faveur qu'ils venaient d'obtenir fut troublée par le fléau dévastateur de la peste qui ravagea une partie de la province. A peine était-on atteint de la fièvre que tout le corps était couvert de pustules très-dures et très-douloureuses, dont la mort était la suite presque inévitable. Grégoire de Tours nous dit cependant que l'épouse du comte Éborin en fut guérie par l'intercession de saint Martin. Ce fut dans cette même année 589, le 9 mars, que mourut à Tours Ingoberge, veuve du roi Caribert, qui l'avait répudiée. Elle légua en mourant la plus grande partie de ses biens au monastère de Saint-Martin, où probablement elle eut sa sépulture.

Grégoire avait réparé et agrandi sa cathédrale. Il en fit la dédicace en 590, et elle continua d'être sous l'invocation de saint Maurice, ainsi que nous l'avons dit en parlant de l'évêque saint Martin. Dans le cours de la même année, Ingeltrude, fille de Clotaire Ier, termina sa carrière à Tours, à l'âge de quatre-vingt-un ans. Ce fut elle qui jeta les premiers fondemens du monastère de l'Écrignole. En mourant elle institua sa nièce pour lui succéder en qualité d'abbesse; mais sa fille Berthegonde s'étant présentée pour occuper sa place, les religieuses refusèrent de la recevoir. Elle en porta ses plaintes à Childebert, qui décida que dans ce cas Berthegonde avait droit de reprendre tous les biens de son père et de sa mère, et même tout ce que celle-ci avait donné de son vivant au monastère qu'elle avait fondé. Berthegonde exécuta cette injuste décision avec tant de rigueur, qu'elle réduisit les religieuses de l'Écrignole à demeurer entre les quatre murailles; mais la piété publique eut bientôt réparé le mal en mettant les religieuses à l'abri du besoin.

Tandis que cela se passait, l'alarme était dans une partie de la Touraine, par l'irruption qu'y fit un certain Cuppa, qui avait été comte d'étable, ou grand écuyer de Chilpéric. Il n'avait d'autre but que d'enlever le bétail et de piller les habitans, car son brigandage n'avait rien de politique. Ceux-ci se réunirent en armes, le poursuivirent vivement, et parvinrent à reprendre sur lui tout le butin qu'il avait déjà enlevé. Deux de ses gens furent tués, et deux autres que l'on fit prisonniers furent envoyés au roi qui les fit interroger pour savoir par quel moyen Cuppa était parvenu à se sauver. Ils avouèrent qu'il avait été secondé par les artifices d'Animode, commandant du village où l'action s'était passée. Le roi ordonna au comte de Tours de le lui envoyer sous bonne escorte, et même de lui ôter la vie s'il faisait quelque résistance. Animode n'en fit aucune; mais

589. s'étant en chemin abouché avec un officier du roi, nommé Flavien, il sut si bien, à force de présens et promesses, le mettre dans ses intérêts, qu'arrivé à la cour il fut absous et renvoyé à son poste.

Les intérêts respectifs de leurs provinces avaient appelé auprès de Childebert les habitans les plus considérables de la Touraine et du Poitou, qui furent sur le point d'être victimes d'un évènement auquel ils étaient tout-à-fait étrangers. Ils se trouvaient à la cour précisément à l'époque de la conspiration ourdie contre les jours du roi par Rauching, Bertefred et Ursion. Le plan des conjurés était de s'emparer de l'autorité souveraine, et d'accuser ensuite du meurtre du roi les Tourangeaux et les Poitevins, espérant que les tourmens de la torture arracheraient à quelques-uns d'entre eux un aveu forcé du crime qu'ils leur auraient imputé; mais ce plan fut déconcerté par les avis secrets du roi Gontran, qui instruisit à temps Childebert de tout ce qui se tramait contre lui. Au moment où Rauching entrait dans le cabinet du roi, les gardes, à qui on en avait donné l'ordre, se jetèrent sur lui et le massacrèrent. On voulut faire arrêter ses complices; mais ils se défendirent courageusement, et se firent tous tuer l'épée à la main.

La Touraine ne nous offre plus d'événemens un peu importans depuis cette époque jusqu'à la mort de 595. l'évêque Grégoire, arrivée le 17 novembre 595. Il n'était âgé que de cinquante-deux ans environ, et avait occupé le siége épiscopal de Tours vingt-un ans deux mois et vingt-quatre jours. Quoique d'une com-

plexion délicate, affaiblie encore par les fatigues d'un
épiscopat souvent orageux, il avait voulu, par dévotion, visiter la capitale du monde chrétien, et peut-être ce voyage abrégea-t-il sa carrière ; car ce fut peu de temps après son retour qu'il fut atteint de la maladie qui l'enleva au grand regret d'une province à laquelle il avait rendu de si éminens services. Il voulut qu'on l'enterrât au bas du tombeau de saint Martin ; mais on le tira bientôt de la place que son humilité lui avait fait choisir, et on lui éleva un mausolée au côté gauche de celui de saint Martin. Il s'y était conservé jusqu'en 1562, époque où les protestans ravagèrent toutes les églises de Tours, ainsi que nous aurons occasion de le dire en parlant des événemens du seizième siècle.

595.

A l'exemple de ses prédécesseurs, Grégoire signala sa piété par l'établissement et la restauration de plusieurs églises de son diocèse et de sa capitale. Avant son épiscopat, quelques moines venus d'Auvergne avaient jeté à Tours les fondemens d'une abbaye, dont, suivant la Chronique de Tours, l'église fut d'abord dédiée à saint Maurice. Mais après son élection, au retour d'un voyage qu'il fit en Auvergne, son pays natal, ces mêmes moines, ayant appris qu'il en avait rapporté des reliques de saint Julien, le prièrent de vouloir bien en gratifier leur église. Le prélat se rendit volontiers à leurs vœux, et le 29 juin 576, il consacra, sous l'invocation de saint Julien, cette même église devenue depuis une abbaye de bénédictins dont nous aurons occasion de parler dans la

595. suite. Il fit de plus agrandir l'église de Saint-Étienne, ancienne chapelle hors des murs de la cité, que les premiers chrétiens avaient fait bâtir, et qui devint une église paroissiale quand l'accroissement de la ville l'eut enveloppée dans son sein. L'église de Saint-Saturnin fut aussi l'ouvrage de notre pasteur, qui n'en fit d'abord qu'une simple chapelle dans laquelle il déposa des reliques de saint Saturnin, de saint Martin et de saint Idile. Cette chapelle, ayant successivement reçu divers accroissemens, était devenue, en conservant toujours le nom de Saint-Saturnin, une des principales paroisses de Tours.

Grégoire fut sans contredit l'un des plus illustres prélats qu'ait eus l'église de Tours, tant par les vertus qui l'ont fait placer au rang des saints, que par les services signalés qu'il rendit non-seulement à son diocèse, mais encore aux différens souverains qui l'employèrent en plusieurs négociations, et surtout lors des fréquens démêlés qu'ils avaient entre eux, démêlés qu'il réussit souvent à concilier par sa prudence et la sagesse de ses avis. La pratique des vertus chrétiennes et le poids de l'épiscopat ne l'empêchèrent pas de cultiver les lettres autant qu'il était possible de le faire dans le siècle où il vivait. Son savoir et ses lumières en matière de religion parurent principalement dans les disputes qu'il soutint à ce sujet, et dont il sortit toujours victorieux. Nous avons vu avec quelle fermeté il s'opposa à la publication de l'écrit que Chilpéric avait composé. Ajoutons que peu de temps avant sa mort un prêtre de son église répandit une hérésie qui commençait à trouver beaucoup de partisans, ainsi qu'il arrive presque toujours aux opinions nouvelles. Cette hérésie consistait à nier, comme les Sadducéens, la résurrection des morts. Dès que Grégoire en eut connaissance, il la combattit vigoureusement, et parvint à l'éteindre, ayant réussi à convaincre et à ramener vers l'orthodoxie le prêtre qui l'avait répandue, probablement de bonne foi.

On lui a donné à juste titre le nom de père de l'histoire de France, puisque sans lui nous serions restés dans une ignorance complète de tous les événemens qui ont eu lieu depuis les premières années de la monarchie jusqu'à lui. On lui a reproché, à la vérité, deux défauts essentiels dans un historien, la rudesse du style et une extrême crédulité. Mais il faut observer que le premier tient au temps où il a vécu, temps où le langage n'était guère moins barbare que les mœurs; et que l'autre, au contraire, prend sa source dans une grande candeur et dans une piété profonde, qui lui faisaient accueillir sans critique et sans analyse tout ce qui semblait à ses yeux en porter le caractère. On doit cependant juger bien différemment tout ce qu'il écrit comme témoin oculaire, ou ce qu'il ne rapporte que sur le témoignage d'autrui. C'est dans ce dernier cas seulement qu'il se montre crédule, et, il faut le dire, crédule à l'excès; de là tant de miracles prétendus qui souvent ne sortent pas du cercle des choses naturelles. Autant il mérite de confiance pour les choses qu'il dit avoir vues, autant on doit se tenir en garde contre les récits dont il

595. n'est que l'écho. C'est principalement dans ses ouvrages ascétiques que ce défaut est le plus sensible. Outre son Histoire de France en dix livres, continuée par Frédégaire, nous avons encore de lui un Livre De la Gloire des martyrs, un De la Gloire des confesseurs, un Des Miracles de saint Julien, quatre Livres des Miracles de saint Martin, et vingt-neuf chapitres de la Vie des pères. Il n'est pas bien certain qu'il soit l'auteur de la Vie des Sept-Dormans qu'on lui attribue.

Au nombre des solitaires qui se signalèrent dans la Touraine, sous son épiscopat, il nous suffira de placer ici saint Senoch, qui a donné son nom à un village près de Loches. Né dans le Poitou, il était venu établir sa demeure en Touraine, dans un lieu qui, suivant la tradition, avait servi d'oratoire à saint Martin, ce qui ne peut s'entendre que des environs de Marmoutier. Saint Senoch le fit réparer, et y ayant élevé un autel, il pria l'évêque Euphrône de venir le bénir. L'évêque se rendit à ses désirs, et ensuite l'ordonna prêtre. Ce fut dans ce même lieu que, s'étant associé trois ou quatre moines, il vécut dans une austère pénitence; mais peu content d'un genre de vie qui, à son gré, n'était pas encore assez parfait, il quitta ses compagnons pour vivre tout-à-fait en reclus. Sa réputation se répandit bientôt dans toute la Touraine; et telle était la confiance qu'il inspirait, qu'il trouva le moyen, par l'abondance des aumônes qu'il recevait, de dégager plus de deux cents personnes qui gémissaient sous le poids des dettes qui les retenaient dans la servitude. Il liquida les affaires des uns, et paya la rançon des autres. Ayant formé le dessein de se cacher plus étroitement à l'avenir, et de ne plus se montrer à personne, Grégoire de Tours tempéra l'austérité de cette résolution, et lui conseilla de rompre de temps en temps sa retraite, dont les rigueurs altéraient visiblement sa santé. Il mourut en effet âgé seulement de quarante ans, en 576 ou 577, le 24 octobre, jour auquel sa fête est célébrée dans l'église. Les habitations qui s'étaient formées d'abord autour de sa cellule, ensuite aux environs de son tombeau, furent l'origine du village dont nous avons parlé, et qui porte encore aujourd'hui le nom de Saint-Senoch.

Grégoire eut pour successeur Pélage, premier du nom, que quelques-uns nomment Péladius. Son épiscopat, qui fut à la vérité de courte durée, ne nous offre aucun événement qui soit digne d'occuper une place dans l'histoire.

Le sixième siècle, que nous venons de parcourir, touchait à sa fin lorsque Childebert termina ses jours en 596, à l'âge de vingt-six ans, après vingt ans de règne. On croit assez généralement qu'il fut empoisonné; les uns disent par Frédégonde, d'autres par Brunehaut. Mais ce crime de la part d'une mère serait trop horrible pour imaginer que Brunehaut eût pu s'en rendre coupable. Childebert avait eu deux enfans de la reine Faileube. A sa mort ses états furent partagés entre ses deux fils, Théodebert et Théodoric ou Thierry. Le premier, âgé de dix ans, eut le royaume de Metz ou d'Austrasie; l'autre, dans sa neuvième

596. année, fut, comme l'avait été Gontran, roi d'Orléans et de Bourgogne; ainsi la Touraine lui échut en partage. Quant au royaume d'Austrasie, il passa en quelque sorte sous la domination de Brunehaut, qui régnait sous le nom de son petit-fils; mais les seigneurs austrasiens, lassés de son despotisme, firent consentir Théodebert à l'exiler, ce qui lui fit prendre le parti de se retirer auprès de Théodoric, qui lui donna un asile.

Nous avons trop souvent parlé de Frédégonde pour ne pas faire ici mention de sa mort, qui eut lieu en 597. Malgré tous les crimes dont elle s'était souillée, et que ne purent pallier quelques actes tardifs de repentir, elle mourut paisiblement dans son lit, et reçut les plus grands honneurs funèbres, tandis que seize ans après, Brunehaut, infiniment moins coupable, expira dans les plus horribles supplices.

Les calamités dont les peuples avaient eu à gémir sous ces différens règnes, et les déprédations auxquelles ils étaient continuellement en proie, prenaient leur source moins encore dans la division de la monarchie en plusieurs royaumes, que dans l'ambition désordonnée des princes qui étaient appelés à les gouverner. Les liens du sang, les traités, les sermens, rien n'était sacré pour eux. A peine couronnés, une seule idée semblait les dominer, celle de pouvoir s'emparer réciproquement de leurs possessions; et pour cela le poison et le fer ne répugnaient point à leur superstitieuse dévotion. Nous voyons les reines faire assassiner ou empoisonner leurs époux, les oncles

poignarder leurs neveux, les pères même ordonner 596.
froidement la mort de leurs fils, et les frères chercher à s'entre-égorger pour usurper les domaines l'un
de l'autre. La postérité de Clovis pourrait en ce genre
être comparée à cette famille des Atrides, dont la
gloire et les forfaits remplissent l'histoire en partie
fabuleuse de la Grèce ancienne. Cependant au milieu
de toutes ces horreurs, s'il se conservait encore quelques notions du juste et de l'injuste, ce n'était que
chez les peuples, qui ne se détachaient guère que
par la violence des intérêts de leurs princes légitimes, souvent aux dépens de leur bien-être et de leur
tranquillité domestique. C'est ce que firent plusieurs
fois les Tourangeaux, ainsi que nous aurons encore
occasion de le dire.

On ne sera pas surpris qu'en de pareilles circonstances les villes souvent détruites ou saccagées ne
songeassent point à s'agrandir. Celle de Tours était
toujours circonscrite dans l'étroite enceinte des murs
construits par les Romains. Quelques cabanes s'élevaient à peine sur les champs qui séparaient la cité
de l'église de Saint-Martin, autour de laquelle on ne
remarquait encore que les habitations des religieux
qui desservaient ce monastère. Chinon et Loches n'étaient remarquables que par leurs châteaux, sans lesquels ils n'auraient été considérés que comme de gros
bourgs. Tout était stationnaire; les arts, l'industrie
et le commerce se bornaient à ce qui était indispensable aux besoins de la vie. Sous des souverains, au
contraire, qui n'eussent pas été dévorés de la soif de

596. s'agrandir et de l'ambition de se dépouiller, les provinces eussent tranquillement prospéré à l'ombre de la paix, l'agriculture eût fleuri, le commerce se fût étendu, et la population s'accroissant, au lieu d'être décimée dans d'éternels combats, eût augmenté le nombre des habitations, soit dans les villes, soit dans les villages; mais les temps où les bienfaits de la civilisation devaient se faire sentir étaient encore fort éloignés.

FIN DU SECOND LIVRE.

LIVRE TROISIÈME.

7ᵉ ET 8ᵉ SIÈCLES.

Thierry cède la Touraine à son frère Théodebert. Il la lui reprend. Théodebert est assassiné. Ses deux fils sont massacrés par Thierry. Ce prince meurt ainsi que ses enfans selon la prédiction de saint Colomban. Clotaire règne sur la Touraine, et après lui, son fils Dagobert. Aigiric, Ginaldus, Valatus, Sigélaicus, Léobalde, Modégisille, successivement évêques de Tours. Dagobert confirme les privilèges de la province. Elle est comprise dans le royaume d'Aquitaine, et tombe en partage à Clovis II. Saint Cyran, archidiacre de Tours. Sur deux canons du concile de Nantes. La Touraine passe à Clotaire III. Chrotbert, trente-deuxième évêque de Tours. Son célèbre privilège en faveur de saint Martin. Mauvaise foi d'Importunus, évêque de Paris. Maires du palais. Ibbon, trente-sixième évêque, confirme le privilège donné par Chrotbert. Évêques spéciaux de Saint-Martin. Charles Martel vient en Touraine. Défaite des Sarrasins. Il vient une seconde fois en Touraine, et soumet l'Aquitaine. La ville de Loches est prise par Carloman et Pépin. Hunald, duc d'Aquitaine, vient en Touraine. Dix-septième canon du concile de l'an 813. Abbaye de Cormery. Alchwin. Sécularisation de l'abbaye de Saint-Martin. Fable à ce sujet. Landran est le premier archevêque de Tours. *Missi Dominici*. Levées de la Loire. Liberté des élections. Apparition des Normands. Ils brûlent Amboise, Bléré, etc.

Ils font le siège de Tours et sont repoussés. Saint-Martin-le-Beau. Ursmarus II archevêque institue à ce sujet la fête de la subvention. Église de la Basoche. Origine du démêlé de Dol avec les archevêques de Tours. Robert-le-Fort succède à Robert son père comme comte de Touraine. Seconde invasion des Normands. Les restes de saint Martin transférés à Auxerre. La ville de Tours est prise et pillée. Châteauneuf. Privilèges. Origine de Robert-le-Fort. Sa monnaie. Affaire de Dol. Hugues, comte de Tours. Murs de cette ville réparés. Nouvelle irruption des Normands. Ils sont repoussés et battus à Candes. Mort de Hugues, dit l'abbé. Eudes lui succède dans le comté de Touraine. Il le cède à son frère Robert lorsqu'il est élu roi de France. Ingelger, préfet de Tours, y ramène le corps de saint Martin. Il meurt peu de temps après. Fête de la Réversion. Invasion de Rollon. Incendie de la ville de Tours. Châteauneuf est entouré de murs. Hugues-le-Grand, comte de Tours. Héberne et Robert II, archevêques. Diverses sortes d'épreuves. Robert, archevêque de Tours, est assassiné en revenant de Rome. Théotolon, son successeur, fait reconstruire l'église de Saint-Julien. Foulques-le-Roux est inhumé dans l'église de Saint-Martin. Hugues-le-Grand se démet du comté de Touraine en faveur de Thibaut-le-Tricheur, qui en devient le premier comte héréditaire.

L'ÉPOQUE la plus stérile de notre histoire est sans contredit celle qui embrasse les septième et huitième siècles. Loin de nous en affliger pour ceux qui habitaient alors la Touraine, nous ne pourrions que les en féliciter; puisque les peuples ne sont jamais plus heureux et plus tranquilles que lorsque le pays n'est le théâtre d'aucun de ces grands événemens, qui souvent ne leur donnent de la célébrité qu'aux dépens de leur bonheur. Mais nous n'oserions attribuer à une pareille cause la stérilité que nous venons de signaler, et nous sommes plus tentés de la trouver dans le silence des contemporains, et dans l'absence des documens que personne alors n'eut le talent ou ne prit le soin de recueillir. Grégoire de Tours a fini son histoire à l'année 591, et pendant un long espace de temps personne n'a songé à le remplacer. Aussi, malgré toutes nos recherches, nous nous verrons obligés de passer assez rapidement sur une période de près de cent cinquante ans, les titres et les chartes en petit nombre qui nous restent de ces temps de ténèbres ne concernant en général que les établissemens ecclésiastiques, plus soigneux de conserver ce qui les intéressait personnellement que de nous transmettre le récit des faits civils auxquels ils étaient en quelque façon étrangers.

Après la mort de Pélage, en 602, le siège épiscopal de Tours fut occupé par Luparius, que quelques-uns nomment Leoparius ou Lecaparius. Les gestes de cet évêque nous sont aussi peu connus que ceux de plusieurs de ses successeurs.

Nous avons vu en 596 les deux fils de Childebert partager ses états, et Thierry hériter du royaume dans lequel la Touraine était comprise. Ces deux frères, déjà peu unis entre eux, finirent par se brouiller tout-à-fait par les intrigues de Brunehaut, leur aïeule, qui s'étudiait à fomenter encore leur division. Tous les deux se plaignaient réciproquement de leur partage. Ils se déclarèrent donc la guerre; mais avant que d'en venir aux mains, ils convinrent d'une entrevue au château de Selle, pour voir s'il restait encore quelques moyens d'accommodement. Thierry ne les trouva que dans son infériorité; car, bien convaincu que ses forces ne pourraient balancer celles de Théodebert, il se vit contraint d'en venir à un traité par lequel il cédait à son frère les comtés d'Alsace, de Champagne et de Touraine. Ce traité, arraché par la nécessité, n'était pas de nature à avoir une longue durée; aussi fut-il bientôt rompu. Les deux rois, l'an 612, se livrèrent dans les plaines de Toul une bataille dans laquelle Théodebert fut vaincu et poursuivi par Thierry jusqu'à Tolbiac, aujourd'hui Zulpich. Théodebert, ayant ramassé de nouvelles troupes, voulut tenter encore le sort des combats; mais la fortune ne lui fut pas plus favorable. Vaincu une seconde fois, il fut fait prisonnier, dépouillé de ses ornemens royaux, et conduit à Châlons-sur-Saône, où Brunehaut son aïeule lui fit couper les cheveux, et bientôt après le fit assassiner. Thierry, de son côté, emmena avec lui à Metz les deux fils de Théodebert, et, par une barbarie sans exemple, leur fit briser la tête contre une pierre. Ainsi les royaumes d'Austrasie et d'Orléans passèrent pour la seconde fois sous la domination d'un seul et même monarque.

Thierry ne jouit pas long-temps d'un trône acquis par le meurtre de son frère et de ses neveux; il mourut à Metz, en 613, âgé de vingt-six ans. On prétend que sa mort avait été prédite trois ans aupa-

ravant par saint Columban. Cet abbé, en 609, avait 613.
été chassé de son monastère de Luxeuil par ordre de
Thierry, avec injonction de retourner en Irlande, sa
patrie. On l'embarqua sur la Loire pour le conduire
à Nantes. Étant arrivé à Tours, il demanda la permission de descendre à terre pour aller prier au tombeau de saint Martin. Il fut reçu avec de grands
honneurs par l'évêque Luparius, qui l'invita à dîner
avec plusieurs personnages de distinction au nombre
desquels se trouvait Chrodoard, partisan de Thierry,
quoiqu'il eût épousé la tante de Théodebert. Quelqu'un ayant demandé à saint Columban pourquoi il
quittait la France, il répondit : C'est Thierry, c'est
ce dogue qui me chasse. Puis, s'adressant à Chrodoard, il ajouta : Allez lui dire que dans trois ans il
aura cessé de vivre ainsi que toute sa famille, et que
Clotaire, dont il semble aujourd'hui faire si peu de
cas, lui succèdera dans tous ses états. Il fallait que
Thierry fût véritablement un bien méchant prince
pour qu'un homme tel que saint Columban se servît
à son égard d'expressions aussi injurieuses. En effet,
le meurtre de Théodebert et de ses fils ne se concilie
guère avec ce qu'en dit D. Plancher dans son histoire
de Bourgogne, où il représente ce Thierry, couvert
du sang des siens, comme un prince naturellement
bienfaisant. Il avait, dit-il, un cœur tendre et droit,
de l'honneur, du courage, de la religion et du goût
pour la vertu. On jugera facilement, par ce que nous
venons de rapporter, de sa tendresse, de sa vertu et
de sa religion.

613. Au reste, quoi qu'il en soit de la prédiction de saint Columban, si elle eut lieu, elle fut justifiée par l'événement; car la mort de Thierry fut immédiatement suivie de celle de ses quatre fils Sigebert, Childebert, Corbe et Mérovée. Vainement Brunehaut envoya-t-elle des ambassadeurs à Clotaire pour le prier de ne point s'emparer des états de Thierry; vainement leva-t-elle des troupes; ses instances, ses efforts furent inutiles, et le fils de Chilpéric et de Frédégonde réunit en sa personne, l'an 613, tout ce qui composait la monarchie française, c'est-à-dire, les royaumes de Soissons, de Metz ou d'Austrasie, d'Orléans ou de Bourgogne.

Ce prince, qui comptait les années de son règne par celles de sa vie, associa à sa couronne, en 622, Dagobert son fils, auquel il abandonna l'Austrasie et la Germanie, se réservant cependant la Touraine,

628. l'Auvergne et le Poitou. Après sa mort, en 628, Dagobert se mit en possession de tous ses états. Ce ne fut qu'en 630 qu'il laissa à son frère Caribert une partie du royaume d'Aquitaine dans laquelle se trouvèrent compris la ville et le château de Loches, Dagobert se réservant le reste de la Touraine ainsi que toutes les provinces aquitaniques qui s'étendaient le long de la Loire.

Après avoir siégé environ treize ans, Luparius mourut à Tours, et eut pour successeur Agiric ou Aigiric, dont on voit la signature parmi les souscripteurs du testament de Bertrand, évêque du Mans, à la date du 27 mars 625.

A celui-ci succéda Ginaldus, qui ne tint le siège que quinze mois. Après lui, l'Anonyme de Marmoutier, le P. Cointe ainsi que le Martyrologe de Dusaussoy, placent Valatus au nombre des évêques de Tours; mais en supposant qu'il eût existé, il faudrait qu'il eût occupé le siège pendant bien peu de temps, puisqu'aucun historien avant eux n'en a fait mention.

Il n'en est pas de même de Sigélaïcus, qui fut élu en 619. Celui-ci, parent du roi Dagobert et comte de Bourges, avait été marié; car nous verrons que ce fut son fils Sigiran ou saint Cyran qui fonda en Berri l'abbaye de ce nom. La chronique de Tours nous apprend qu'il mourut en 622, n'ayant gouverné son église que durant l'espace de deux ans et huit mois. Elle fut confiée après sa mort à Léobaldus ou Liébaud, qui ne fit qu'apparaître, ayant cessé de vivre vers la fin de l'année 624, et alors le siège fut occupé par Modegisile dès le commencement de 625. Tout ce que nous savons de lui c'est qu'en cette même année il assista au concile de Reims avec trois de ses suffragans; Hadoind, évêque du Mans, Maimbeuf, évêque d'Angers, et Léobard, évêque de Nantes. Le 21 novembre 631 il souscrivit la charte de fondation de l'abbaye de Saint-Solemne en Limousin, faite par saint Éloi, et datée de la dixième année du roi Dagobert I*er*.

Nous avons vu que ce prince s'était réservé la Touraine. C'était en grande partie à cause de la vénération toute particulière qu'il avait pour saint Martin, dont il fit orner le tombeau avec une magnificence royale.

628. L'habileté de saint Éloi se montra dans les ouvrages d'orfévrerie qui furent la principale décoration de ce tombeau, et surtout dans la châsse qui fut substituée à celle qu'on devait à saint Perpet. Ces libéralités ne furent pas les seuls témoignages de la piété de ce prince envers saint Martin, et de sa bienveillance pour les habitans de Tours. Il confirma tous les privilèges que les rois ses prédécesseurs leur avaient autrefois accordés, et, par une concession particulière, il concéda à l'église de Tours tous les revenus de la ville, ainsi qu'à ses évêques le droit de nommer à l'avenir tous les comtes ou gouverneurs, prérogative dont il paraît qu'ils n'ont joui que sous quelques rois de la première race.

Dagobert introduisit dans l'église de Saint-Denis, près Paris, qu'il avait fait bâtir, l'usage de la prière continuelle, *Laus perennis*, qui s'observait dans le monastère de Saint-Martin. On attribue cette solemnité à Sigismond, roi des Bourguignons, qui, dit-on, l'établit le premier dans l'église de Saint-Maurice en Valois. Quant à nous, nous croyons qu'elle est plus ancienne, et que son origine remonte aux obsèques de saint Martin, l'an 400. Parmi tous les moines qui s'y étaient rendus, saint Brice en retint deux cents pour prier alternativement, et sans discontinuer, sur le tombeau de l'illustre prélat auquel il avait succédé. Mabillon dit que, pour vaquer à la louange perpétuelle, les moines étaient partagés par troupes de vingt chacune, qui chantaient l'office pendant une heure, puis se retiraient pour faire place à d'autres, si

bien que le chœur ne devait jamais rester vide. Cette
pratique s'observa long-temps à Saint-Martin, même
parmi les chanoines qui avaient remplacé les moines.
Mais elle disparut à l'époque des ravages des Normands, parce que les chanoines, qui étaient alors au
nombre de deux cents, comme aux premiers temps,
furent obligés de se restreindre à cinquante. Cependant il en était resté quelques traces jusqu'à nos jours
dans la célébration de la fête de Saint-Martin au
11 novembre.

Nous avons déjà parlé de l'immense célébrité que
saint Martin avait dans toutes les Gaules, et de l'importance que l'on attachait aux sermens faits sur son
tombeau ; nous allons en citer un nouvel exemple.
On rapporte que Godin, fils de Varnacaïre, qui avait
été maire du royaume de Bourgogne, ayant épousé
Berthe, sa belle-mère, excita par cette alliance incestueuse l'animadversion de tous les Bourguignons.
On lui fit promettre de rompre son mariage, et pour
qu'il n'éludât pas sa promesse, on lui fit contracter
l'engagement d'aller jurer sur le tombeau de Saint-
Martin de renoncer pour toujours aux nœuds qu'il
avait illégalement contractés. En conséquence on le
mit sous la conduite de deux officiers nommés l'un
Chramnulphe et l'autre Waudebert; mais ces deux
guides l'assassinèrent lâchement dans la forêt de
Chartres, avant qu'il fût rendu à sa destination,
l'an 626.

A la mort de son frère Caribert, en 631, Dagobert
s'était remis en possession de tous les états qu'il lui

628. avait cédés au préjudice de Childéric, fils aîné de Caribert, qui déjà avait été proclamé son successeur, et dont on assure qu'il se défit par le poison. Ainsi il fut maître de tout le royaume d'Aquitaine, et, selon toute apparence, sous ses successeurs de la première race notre province fit toujours partie de ce royaume. Malgré le silence de l'histoire, qui ne nous a rien transmis de positif à cet égard, nous croyons pouvoir hasarder cette opinion, appuyée d'ailleurs par des conjectures assez vraisemblables, puisque dans la division qu'on faisait alors de la Gaule, et même au commencement de la seconde race, la Touraine fut toujours comprise dans l'Aquitaine, quoiqu'elle ne fût pas soumise aux ducs particuliers de ce pays. Au surplus, ces temps sont enveloppés de ténèbres si épaisses, qu'il est presque impossible d'en percer l'obscurité. On ne doit donc pas être surpris si les récits n'offrent pas la suite et la liaison d'une histoire fondée sur des documens certains et non interrompus. A peine, ainsi que nous l'avons déjà dit, trouve-t-on dans l'espace de près de deux siècles quelques événemens qui appartiennent proprement à la Touraine. Nous allons cependant nous appliquer à les recueillir avec le moins de sécheresse qu'il nous sera possible dans une matière aussi aride.

Dagobert mourut le 19 janvier 638, dans la trente-sixième année de son âge. De ses deux fils, l'un, Sigebert II, eut le royaume d'Austrasie; l'autre, Clovis II, eut celui de Neustrie et de Bourgogne; par conséquent la Touraine lui échut en partage : mais n'étant âgé

que de cinq ans, il resta sous la tutelle de sa mère 628.
Nantilde et d'Éga, maire du palais. Cette année 638
fut aussi témoin de la mort de l'évêque Modegisile,
dont Latinus fut le successeur. Tout ce que nous savons de celui-ci, c'est qu'en 640 il fit placer dans une
nouvelle châsse, ouvrage de saint Éloi, les restes de
l'évêque saint Brice.

En parlant de l'épiscopat de Sigélaïc, nous avons
dit que ce prélat avait un fils nommé d'abord Sigiran,
et connu ensuite sous le nom de saint Cyran. Quand
son père, qui l'avait fait archidiacre de Tours, eut
terminé sa carrière, il prit la résolution de quitter le
monde et se retira sur les confins de la Touraine et
du Berri, où il bâtit, à Méobec en Brenne, un monastère, qu'il abandonna ensuite pour aller habiter
dans un lieu appelé Lonrey sur la petite rivière de
Claise. Là il jeta les fondemens d'un autre monastère,
qu'il mit sous l'invocation de Notre Dame. Ce lieu
était devenu par la suite une abbaye qui avait pris le
nom de son fondateur, et qui s'était conservée jusqu'à
nos jours sous l'appellation d'abbaye de Saint-Cyran.
Le fonds lui en avait été donné par Flaocat, maire du
palais de Clovis II en 641, qui, lui-même, dit la
Chronique de Tours, en renonçant au monde, choisit
depuis pour retraite ce monastère de Méobec, que
saint Cyran avait fait bâtir à ses frais : mais à coup
sûr cette chronique se trompe ici comme en beaucoup
d'autres circonstances ; car nous tenons d'historiens
plus véridiques que Flaocat, à qui la reine Nantilde,
mère de Clovis II, avait fait épouser sa nièce Ragno-

berte, mourut à Autun en 641, onze jours après avoir fait assassiner Villibaud, patrice de la Bourgogne transjurane, de l'autorité duquel il était jaloux.

L'abbaye de Saint-Cyran, de l'ordre de Saint-Benoît, quoique du temporel de la Touraine, se trouvait pour le spirituel dans le diocèse de Bourges.

Latinus, retenu par la maladie, ne put se rendre au concile de Châlons en 650. Il y envoya pour le remplacer un abbé nommé Berton, qui souscrivit tous les actes de ce concile. Il mourut effectivement dans le cours de cette même année, laissant le siège à Carigisle, qui fut choisi pour lui succéder, et qui mourut en 652, après deux ans d'épiscopat.

Les historiens sont partagés sur celui qui vint après lui. Les uns le nomment Crobert ou Cobert; d'autres, et c'est le plus grand nombre, lui donnent le nom de Rigobert. C'est aussi celui que nous adopterons. La Chronique de Tours l'a confondu (1) avec Chrotbert en lui attribuant le privilège accordé au monastère de Saint-Martin, dont nous parlerons bientôt. Rigobert

(1) L'auteur de cette chronique, en faisant Chrotbert prédécesseur de Papolène, ne lui donne que deux ans d'épiscopat, et en accorde vingt-six à un Érambert qu'il fait son successeur, et que nous n'hésitons point à rejeter, comme étant évidemment le même que Chrotbert. Maan n'en fait point mention; mais il donne à Chrotbert quinze années onze mois d'épiscopat. Le P. Lecointe ne fait de Chrotbert et Robert qu'un seul et même personnage, et son opinion n'est pas sans quelque fondement. Les naturels français ne pouvaient imiter les Francs sicambriens dans la prononciation de certains mots, de sorte que pour marquer l'aspiration, et s'approcher de la manière de prononcer de ces derniers, ils furent obligés d'ajouter au mot Robert un c et un h, ainsi qu'à tous les autres mots qui commençaient soit par un r, soit par un l.

mourut en 654, n'ayant pas siégé plus long-temps que son prédécesseur. Nous plaçons après lui Papolène, qui convoqua à Nantes un concile auquel nous croyons pouvoir donner la date de 658 ou 659. Le P. Labbe le rejette à la fin du neuvième siècle : mais le P. Pagi a prouvé, d'après Flodoard, qu'il dut se tenir vers le temps que nous venons de lui assigner. Ce fut Papolène qui le présida. Nous ignorons le nombre des évêques qui y assistèrent; nous savons seulement qu'on y arrêta vingt canons, concernant presque tous la discipline ecclésiastique. Cependant il en est deux qui nous semblent mériter une mention particulière. Le cinquième, en défendant d'enterrer dans l'intérieur des églises, paraît avoir eu pour but de faire revivre les lois romaines, qui voulaient que les lieux d'inhumation fussent placés au dehors des villes. Quant au vingtième canon, il offre un monument assez curieux pour l'histoire. En prescrivant aux évêques et à leurs officiaux de faire abattre et brûler les arbres que le peuple révérait, il nous indique que l'ancienne superstition druidique n'était pas encore éteinte dans une grande partie des Gaules, dont les peuples, en embrassant la religion chrétienne, n'avaient pu se détacher entièrement de coutumes et de pratiques enracinées par une longue suite de siècles. C'est ainsi que nous avons vu Clovis et Chilpéric, ne consultant plus les oracles païens, prendre encore les augures par les livres sacrés. Combien n'est pas puissante la force de l'habitude, lorsque nous avons vu survivre à plus de trente siècles la tradition qui se conservait dans nos campagnes en ces mots *au guy l'an neuf*.

Les historiens ne sont pas d'accord sur l'époque de la mort de Clovis II. Mézeray la place en 655, le président Hénault en 660, et l'Art de vérifier les dates au mois de septembre 656. Nous nous rangeons à ce dernier avis; et si Childéric, second fils de Clovis, ne fut proclamé roi d'Austrasie qu'en 660, ce fut parce que Grimoald, maire du palais, avait osé donner cette couronne à son fils Childebert, qui du trône passa dans une prison, où il termina bientôt ses jours.

656.

La Touraine échut donc en partage à Clotaire III, fils aîné de Clovis, qui n'était alors âgé que de quatre ans (1), d'autant mieux que, sous la tutelle de sa mère Batilde, il réunit alors toute la monarchie jusqu'à l'an 660, que Childéric fut, comme nous venons de le dire, mis en possession du royaume d'Austrasie.

Ce fut en cette même année 660 que mourut l'évêque Papolène, apès six ans d'épiscopat. Celui de son successeur est célèbre dans les fastes de l'église de Saint-Martin. Ce monastère, dans son principe, était, selon le droit commun, soumis à la juridiction épiscopale. Aigiric, le troisième de ses abbés qui soit venu à notre connaissance, obtint de Chrotbert ou Chrotpert, successeur de Papolène, l'exemption de son mo-

660.

---

(1) *Franci filium Chlodovechi majorem in regnum statuunt cum præfata regina matre*, dit le continuateur de Frédégaire, ce qui prouve que les rois étaient toujours électifs.

nastère. Quoique cette exemption fût pleine et entière, ceux qui l'ont contestée ont prétendu que Chrotbert n'avait point entendu soustraire tout-à-fait les moines de Saint-Martin à la juridiction des évêques ; que le droit d'ordination était conservé en son entier ; en un mot qu'elle ne s'étendait que sur la liberté qui leur était accordée de vivre dans la pratique de leur règle sous la conduite de leurs supérieurs, et d'employer leurs revenus selon qu'ils le jugeraient à propos, sans être obligés d'en rendre compte à l'évêque. Ce privilège fut souscrit par plusieurs prélats des Gaules, et ce fut cette sanction même qu'on lui opposa dans la suite, en objectant qu'il était peu vraisemblable que des évêques eussent acquiescé à un privilège qui dépouillait l'épiscopat d'une partie de ses attributions. Quoi qu'il en soit, il est certain que l'abbé Aigiric se rendit à Rome sous prétexte de visiter les lieux saints, mais dans le but de faire confirmer par le pape le privilège accordé à son monastère par l'évêque de Tours. Adéodat fit d'abord quelques difficultés, parce que, disait-il, il était contre l'usage de soustraire les monastères à la direction des évêques : il y consentit pourtant à la fin, et confirma le privilège par une bulle qui ne porte point de date, mais qui doit se rattacher à l'année 673 ou 674, Adéodat, élu en 672, n'ayant tenu le siège pontifical que quatre ans et deux mois.

Quelques auteurs ont donné à ce privilège beaucoup plus d'extension. Outre les immunités dont nous venons de parler, ils ajoutent que les moines avaient

660.

660. le droit de se choisir un évêque. Quoiqu'il ne soit point fait mention de cette faculté dans le privilège de Chrotbert, l'existence de ces évêques spéciaux n'en est pas moins certaine, puisque Adrien Ier, en accordant le même privilège à Magenairé, abbé de Saint-Denis, l'an 788, confirme par sa bulle celui que l'un de ses prédécesseurs, plus d'un siècle auparavant, avait accordé à l'abbaye de Saint-Martin. Nous comptons jusqu'à dix-huit de ces sortes d'évêques qui ne furent abolis qu'en 1096 par le pape Urbain II. Au reste ces évêques de monastères ressemblent assez à ce qu'on appelait *corévêques*. Ils étaient donnés sans titre, et par conséquent ils n'avaient point de diocèse. Ils ne pouvaient exercer leurs fonctions que dans les lieux exempts de l'ordinaire, ou par la permission des prélats dans le diocèse desquels ils se trouvaient. L'abbé d'un monastère pouvait réunir en sa personne la qualité d'évêque, ainsi que cela s'est vu à Saint-Martin. De là peut-être aussi est venu l'usage d'avoir dans certaines abbayes des abbés crossés et mîtrés.

670. Le règne de Clotaire III, mort en 670 âgé de dix-huit ans, ne nous offre aucun événement remarquable. Nous nous voyons forcé de passer aussi rapidement sur celui de Thierry III, troisième fils de Clovis II, appelé par le choix des Francs au royaume de Neustrie et de Bourgogne après son frère Clotaire, mort sans postérité. Il en est de même de Clovis III et de Childebert III. Tous ces princes, connus sous la dénomination de rois fainéans, n'étaient en effet que des simulacres placés à la tête de la monarchie,

dont les maires du palais étaient les véritables souverains. Il ne sera peut-être pas hors de propos de rappeler ici quels furent ces usurpateurs du pouvoir sous les rois qui eurent la Touraine en partage.

Nous voyons d'abord sous Thierry II Bertoalde, qui fut tué en 603 dans l'armée de Landry, autre maire du palais du royaume de Neustrie. Brunehaut, qui lui avait préparé ce piège, investit de sa charge Protoalde, l'un de ses amans, qui deux ans après fut tué par un accord fait entre les leudes de Thierry et de Théodebert.

Varnacaire vint après Protoalde sous Childebert et sous Clotaire II. Nous pensons que Mézeray se trompe en disant que depuis Varnacaire, mort en 607, il n'y eut plus de maire du palais du royaume de Bourgogne; car nous y trouvons encore Éga, qui gouverna sous Thierry II, et mourut regretté en 640, et ensuite Erchinoald ou Archambaud, qui en 641 fut remplacé par Flaocat. Celui-ci fut supplanté en 659 par le célèbre Ébroin, sous Clotaire III. Son despotisme le fit chasser en 670, et remplacer par Leudèse, fils d'Erchinoald. Mais après la mort de Childéric II en 674, Ébroin, sorti de son monastère de Luxeuil, prit les armes, battit Leudèse qu'il tua de sa main, et se rétablit de lui-même dans la dignité de maire, que lui confirma Thierry en 675. Il la conserva jusqu'en 681; mais enfin un seigneur français nommé Hermenfroy, las de sa tyrannie, l'attendit un matin à la sortie de sa maison et lui fendit la tête d'un coup de son épée. Varaton prit sa place sous le même règne : mais en 683

670. il se vit dépouillé et chassé par son propre fils Gislemar, qui mourut en 686, deux ans après son père. Son successeur Bertaire fut tué en 688. Après lui et sous les règnes de Thierry III et de Clovis III, parut Norbert, qui mourut en 695.

Nous devrions terminer ici l'énumération de ces maires, pour ne pas anticiper sur le siècle suivant : mais ne voulant pas la scinder, nous dirons qu'après Norbert vint Grimoald, le plus jeune des enfans de Pépin d'Héristel. En 714, Théodoalde, encore en bas âge, prit la place de son père Grimoald sous la tutelle de sa mère. Mais le peuple, souffrant impatiemment de se voir gouverné par une femme et un enfant, les chassa l'un et l'autre en 715. On substitua à Théodoalde Ragenfroy ou Reinfroy, qui lui-même, en 717, fut obligé de prendre la fuite et de chercher un asile à Angers. Enfin parut Pépin-le-Bref, qui, sous le nom de maire du palais, s'empara de l'autorité souveraine, et se fit enfin proclamer roi en 752. C'était le but vers lequel avaient constamment tendu plusieurs de ses prédécesseurs : mais plus heureux et surtout plus habile, il fit cesser l'anarchie qui depuis Dagobert Ier n'avait cessé de dévorer la France, et posa les fondemens de cette seconde race à laquelle donna tant de lustre le règne de Charlemagne.

695. Nous terminerons ce septième siècle en 695 par la mort de l'évêque Chrotbert, qui tint le siège de Tours pendant l'espace de trente-cinq ans. Quelques-uns, étonnés de ce nombre d'années, ont voulu lui donner Bert ou Berton pour successeur : mais le P. Lecointe

à très-bien prouvé que ce n'était qu'un seul et même personnage. Au surplus il n'est point de noms qui aient été écrits plus diversement que celui-ci. Il est nommé alternativement Albert, Cutbert, Berthe, Berton, Robert, Vindebert, Théodebert. Le livre blanc de l'archevêché l'appelle Radbert, la Pancarte-Noire de Saint-Martin Albert, l'Anonyme de Marmoutier Childebert, enfin la Chronique de Tours lui donne le nom d'Érambert. On ne doit pas être étonné d'après cela des incertitudes et des contradictions dont il a été l'objet.

695.

On raconte que pendant son épiscopat la Touraine vers l'an 665 étant désolée par une espèce de famine, l'évêque Chrotbert chargea Importunus, évêque de Paris, de lui acheter des blés et de les lui envoyer à Tours ; mais qu'Importunus lui expédia des grains tellement gâtés, qu'il était impossible d'en faire un pain qui pût être mangé sans répugnance et même sans danger ; et pour en prouver la mauvaise qualité, Chrotbert lui en fit passer un échantillon. L'évêque de Paris, qui avait reçu les fonds d'avance, ne lui répondit que par des injures grossières, le traitant d'athée, de voleur, de ravisseur et de libertin, en terminant par ces mots : *per omnia jube te castrare, ut non pereas per tales.*

Pélade ou plutôt Pélage, second du nom, succéda à Chrotbert en 695. C'est tout ce que nous savons de lui.

On a pu remarquer par quelques passages précédens que plusieurs villages de la Touraine, dès les

695. premiers temps de la monarchie, portaient déjà les noms qu'ils conservent encore aujourd'hui. C'est une preuve incontestable de leur haute antiquité, qui probablement datait encore de plus loin, c'est-à-dire du temps même des Gaulois n'ayant pas encore subi le joug des Romains. Il faut mettre de ce nombre le village de Sonnay non loin de Château-Regnault. C'est ce que nous apprend l'auteur de la Vie de saint Léger, évêque d'Autun, que le maire du palais Ébroin fit mourir en 678. Son corps ayant été transporté à Saint-Maixent par l'abbé Adulphe, l'auteur que nous citons lui attribue deux miracles opérés dans notre province; le premier à Sonnay sur une femme possédée qui fut guérie par le seul attouchement du drap mortuaire qui couvrait le corps, et le second dans la ville de Tours sur une autre femme, qui, faussement accusée d'avoir tué son mari, vit rompre ses fers, et fut déclarée innocente à l'instant où le corps du saint passait le long du mur de la prison. Ceci se passa, selon toute apparence, sous l'épiscopat de Pélade, qui mourut en 700 ou 701, et qui eut pour successeur Évartius, nommé aussi Ébartius, Évaricius, aussi peu connu que son prédécesseur.

714. Le huitième siècle, dans lequel nous entrons, n'est guère moins stérile que le précédent pour notre province, malgré la bataille célèbre dont nous parlerons bientôt. Mais pour ne pas interrompre l'ordre des événemens, nous dirons que Pélage II étant mort en 714, eut pour successeur Ibbon, dont la mémoire ne fut pas moins chère que celle de Chrotbert à l'église de Saint-

Martin, dont il confirma le privilège d'exemption, privilège devenu pour cette église une source féconde de procès avec les archevêques de Tours, qui ne parvinrent à le faire abolir qu'en 1735. Nous ne citerons que le passage suivant de la charte d'Ibbon, dont le texte latin se trouve dans la Diplomatique de D. Mabillon, liv. v, page 487. « Il est bien juste, à mon avis, « d'accorder un tel privilège à des personnes d'une vie « si pieuse et si catholique, qui, nuit et jour dévoués « au service de notre saint patron, s'efforcent de plaire « à Jésus-Christ, et se rangent sous ses lois par la « pureté et l'honnêteté de leurs mœurs; de donner une « entière indépendance aux moines de l'illustre évêque, « l'honneur et le bienfaiteur de notre ville, qui est « pour ainsi dire son héritière, et qui, resplendissante « de l'éclat de ses miracles, a mérité par là les immu- « nités dont nos rois l'ont comblée, notamment le « pieux monarque Dagobert, jadis roi, qui lui a donné « une exemption pleine et entière. » Nous avons cru devoir citer ce passage comme une preuve des privilèges que Dagobert Ier avait accordés à la ville de Tours. On ne peut en effet s'empêcher de convenir que ce fut au tombeau et à la mémoire de saint Martin que cette ville fut redevable de ses immunités, de sa prospérité et même de son agrandissement, en voyant s'élever auprès d'elle une nouvelle cité, qui finit par s'identifier avec elle.

Ibbon mourut en 724. Après lui le siège fut occupé par Gontran, qui était alors abbé de Saint-Martin. Ce fut, lorsqu'il le dirigeait, que ce monastère se choisit

724. un évêque particulier. Nous ignorons si ce fut de sa propre autorité ; mais nous n'avons aucune connaissance du titre primitif. Nous savons seulement que, parvenu à l'épiscopat, Gontran confirma cette innovation, que nous croirions avoir été permise par le pape Adrien Ier, si déjà ces sortes d'évêques n'avaient pas existé avant lui. Voici en effet quelles sont les expressions de sa bulle, datée de la neuvième année de son pontificat répondant à 781. « *Decernimus sta-* « *tuentes ut liceat monasterio vestro proprium há-* « *bere episcopum.* Nous accordons à votre monastère « la permission d'avoir son évêque spécial. » Les Annales de France, dites de Massay, publiées par le père Labbe, ne nous laissent aucun doute à cet égard ; car on y lit sur l'année 756 : « La cinquième année du « règne de Pépin, mourut Viterbe, abbé et évêque de « Saint-Martin. Il était Bavarois et de la famille des « Agilolphingiens : vieillard plus qu'octogénaire, il « siégea jusqu'à cet âge avancé, copiant encore des « livres de sa propre main. » Avant celui-ci Amaraldus et Nicentius avaient déjà été revêtus de la même dignité. Au reste on ne devra pas être surpris que nous ne traitions ici que très-sommairement tout ce qui est relatif à l'église de Saint-Martin, les nombreux et intéressans détails qui la concernent étant réservés pour l'histoire particulière des antiquités de cette célèbre collégiale, que nous nous proposons de publier.

732. Si, comme nous l'avons dit, la Touraine, à l'époque que nous venons de parcourir, n'a pas été féconde en

événemens, il en est un du moins dont ses champs 732. furent le théâtre, qui occupe une place importante dans l'histoire de la nation, événement qui la sauva, et peut-être l'Europe avec elle, de la barbarie et de l'asservissement dont elle était menacée. Charles Martel, duc d'Austrasie, fils de Pépin de Héristel, gouvernait toute la monarchie française sous le titre de maire du palais. En 731 il avait passé la Loire à Tours pour aller se venger d'Eudes, duc d'Aquitaine, qui avait rompu le traité qu'ils avaient fait ensemble. A peine était-il revenu victorieux de cette expédition, qu'il lui fallut reprendre les armes contre un ennemi d'autant plus dangereux, que tous les pays qu'il avait conquis n'offraient plus que l'affreux tableau du pillage, de l'incendie et de la dévastation. Pour donner à cette partie de notre histoire le développement qui lui est nécessaire, ce ne sera pas nous écarter de notre sujet que de reprendre les choses d'un peu plus haut.

Les Sarrasins, connus également sous les noms d'Arabes et de Maures, étaient originairement des peuples d'Asie qui avaient étendu leurs conquêtes jusqu'au sein de l'Europe. Muza, émir ou gouverneur d'Afrique et lieutenant du calife, qui avait sa résidence à Damas, s'était, en 711, emparé de l'Espagne, dont il chassa les Visigoths, qui se réfugièrent dans les montagnes d'Asturie, d'où il ne fut plus possible de les déloger. Comme cette nation possédait encore une bonne partie de la Gaule narbonnaise, Alahor, gouverneur d'Espagne, tenta, vers l'an 719, de franchir les Pyrénées pour se rendre maître de cette vaste province; mais il fut bientôt repoussé. Ce revers n'empêcha pas Zama, son successeur, de revenir à la charge l'année suivante, de pénétrer dans la Gaule narbonnaise, autrement le Languedoc, et de l'assujettir entièrement. Enhardi par un pareil succès, il marcha quelque temps après vers l'Aquitaine dans l'espoir de s'en emparer avec la même facilité. Mais Eudes, duc de ce pays, ayant rassemblé ses troupes, se mit en état de repousser cette entreprise. Il rencontra Zama à Toulouse, et sous les remparts de cette ville lui livra une bataille dans laquelle le général sarrasin fut tué, et son armée taillée en pièces.

Cette victoire, toute complète qu'elle fût, ne procura pas cependant au duc d'Aquitaine le repos qu'il devait en attendre; car ces implacables ennemis ne cessèrent pas un moment de l'inquiéter en faisant de continuelles incursions dans ses états. Enfin, fatigué d'avoir en même temps à se défendre, et contre les infidèles, et contre Charles-Martel qui lui avait déclaré la guerre, il fit la paix avec les Sarrasins, et s'allia avec leur chef Munuza, gouverneur de la Catalogne, auquel il donna sa fille Lampagie en mariage.

Il paraît étonnant que dans la nécessité où se trouva le duc Eudes de faire la paix avec l'une de ces deux puissances pour être mieux en état de se défendre contre l'autre, il se soit décidé, en sacrifiant sa fille, à se lier avec les Sarrasins plutôt qu'avec Charles-Martel, dont il avait moins à craindre, tant par rapport à l'éloignement qu'à raison de la conformité de la religion. Mais la surprise ne sera plus si grande si l'on fait attention que Charles-Martel, à l'exemple de son père, usait d'un pouvoir qu'il avait usurpé sur la puissance royale. Déjà depuis longues années le jeune âge et la faiblesse des rois avait enhardi les maires du palais, et ces indolens monarques étaient tellement asservis à ces premiers officiers de leur couronne, que la nation, et principalement tout ce qu'il y avait de plus grand et de plus distingué souffraient impatiemment l'autorité qu'ils avaient envahie, et par cela même espéraient d'en voir bientôt le terme. Charles-Martel, qui joignait à une ambition démesurée une valeur qui n'était pas moins grande, se garda bien de laisser affaiblir les prérogatives que ses successeurs avaient habilement su attacher à leurs fonctions. Il tenait Thierry de Chelles, roi de France, dans une espèce de prison. Sa volonté seule servait de règle ou de loi dans tous les pays de la domination de ce prince imbécile, et de la manière dont il se faisait obéir, il était aisé de voir qu'il se frayait le chemin du trône, ou pour lui, ou pour sa postérité. La monarchie française se trouvant dans une pareille position, Eudes crut sans doute qu'il était de son intérêt de s'opposer aux progrès d'une nouvelle puissance que, sans s'écarter du droit commun, il pouvait regarder comme une tyrannie ou comme une usurpation naissante. Peut-être aussi dans le parti qu'il prit entra-t-il un sentiment de jalousie ou de haine personnelle contre Charles-Martel, qui, dans toutes les occasions, lui faisait sentir une supériorité qu'il ne voulait pas reconnaître. Peut-être enfin se flattait-il qu'avec l'amitié des Sarrasins il pourrait faire tête à son ennemi; car il a été soupçonné par quelques historiens de les avoir appelés à son secours, et de leur avoir ouvert l'entrée de l'Aquitaine.

Si le duc Eudes, en faisant sa paix avec le Sarrasin, s'était persuadé d'en être puissamment secouru, il fut bien trompé dans son attente. L'alliance qu'il avait contractée avec le gouverneur de la Catalogne, bien loin de le sauver, faillit à le perdre. Abdérame, émir d'Espagne, en prit de l'ombrage, soit par zèle pour sa religion, soit par inquiétude sur les conditions du mariage de Munuza avec la fille du duc. Il craignit une union qui pouvait à la fois être préjudiciable au mahométisme et aux intérêts du calife son maître. Dès lors et sans délibérer davantage, il prit la résolution de châtier le gouverneur de Catalogne, et de porter la guerre dans les états de son beau-père. Il partit de Cordoue sa résidence ordinaire, et sa marche fut si secrète et si prompte qu'il surprit Munuza bien éloigné de s'attendre à une pareille irruption. L'infortuné gouverneur fut obligé de prendre la fuite, et quelques jours après il périt avec sa fille Lampagie.

Cette expédition s'étant faite sous des auspices si favorables pour lui, Abdérame passa les Pyrénées, et son armée s'étant considérablement augmentée, il vint fondre sur l'Aquitaine. Alors tout plie devant lui. En vain Eudes ramasse le plus de troupes qu'il lui est possible; sa diligence et sa bravoure ne peuvent l'empêcher d'être complètement battu. Dans cette extrémité, il ne voit pour lui d'autre ressource que de rechercher l'amitié de Charles, pour en obtenir qu'il vienne à son secours. Charles, oubliant sa querelle particulière à l'aspect du danger dont les Gaules sont menacées, rassemble son armée, passe de nouveau la Loire, et vient attendre Abdérame, qui, après avoir saccagé la Gascogne, le Périgord, la Saintonge, le Poitou, et pillé à Poitiers l'église de Saint-Hilaire, marchait avec une extrême diligence vers la ville de Tours pour piller également le trésor de Saint-Martin, qu'on estimait être le plus riche du royaume.

La rencontre des deux armées se fit à environ trois lieues de Tours, dans une grande plaine qu'on nomme encore aujourd'hui les Landes de Charlemagne, situées dans la commune de Miré. Quelques historiens modernes ont pensé que la bataille s'était donnée dans les plaines de Saint-Martin-le-Beau, à quatre lieues de Tours, entre la Loire et le Cher. Mais l'erreur est évidente; car ils ont confondu cette bataille avec la défaite des Normands, dont nous parlerons dans son temps.

En effet, peut-on penser que deux capitaines aussi renommés que l'étaient Charles-Martel et Abdérame se fussent campés de manière à resserrer deux grandes armées entre deux rivières qui ne sont éloignées l'une de l'autre que d'une demi-lieue au plus, sans compter que ces plaines et ces prairies d'aujourd'hui étaient alors couvertes de bois? D'autres historiens placent le théâtre de cette bataille auprès de Poitiers. A la vérité Frédégaire et Paul Diacre ne désignent pas précisément l'endroit ; mais ils racontent que Charles-Martel alla au-devant des Sarrasins comme ils se dirigeaient sur Tours, hâtant leur marche pour piller l'église de Saint-Martin ; ce qui donne assez à connaître que l'ennemi était déjà loin de Poitiers, et qu'il fallait du moins qu'il fût entré en Touraine pour parler aussi affirmativement de ses projets.

La bataille eut donc lieu, ainsi que nous l'avons dit, dans les Landes de Charlemagne ou plutôt de Charles-Martel, qui, comme on le sait, eut aussi le surnom de *Magne*. Les deux armées restèrent en présence l'une de l'autre pendant sept jours sans s'ébranler. On aurait dit, à les voir dans cette inaction, qu'elles craignaient réciproquement d'en venir aux mains. Les deux chefs qui les commandaient étaient sans contredit les généraux les plus habiles qu'il y eût alors. D'un côté le Sarrasin avait à combattre un capitaine qui ne lui cédait en rien, et quoiqu'il comptât beaucoup sur le nombre de ses troupes, infiniment supérieur à celles de son ennemi, la taille gigantesque des Français, auprès desquels les Arabes ne semblaient que des pygmées, ne laissait pas que de lui inspirer quelque crainte. D'un autre côté Charles-Martel avait en tête un homme accoutumé à vaincre, et qui pouvait l'accabler à la longue par la multitude de ses soldats et la fréquence des combats. Profitant donc habilement du poste avantageux qu'il avait su se choisir, et de l'ardeur que les Français témoignaient de venger sur ces barbares les ravages qu'ils avaient exercés dans plusieurs provinces du royaume, il engagea l'affaire un samedi du mois d'octobre 732.

Peu de combats ont eu plus d'importance que celui que nous allons retracer. Du côté des Français, s'ils étaient battus, il ne s'agissait rien moins que de voir leur pays ravagé, leurs temples détruits, eux, leurs femmes et leurs enfans réduits en esclavage, et l'absurde islamisme substitué à la douce et consolante morale de l'Évangile dans un pays destiné à devenir le centre des sciences, des arts et de la civilisation. De leur côté les Maures, s'ils étaient vaincus, avaient à craindre d'être entièrement exterminés; la liberté des passages pouvant leur être fermée dans le long trajet qu'ils avaient à parcourir pour regagner leurs foyers. En un mot, du succès de cette journée dépendait le salut des uns et la perte des autres. Dans cette égale résolution de vaincre, le premier choc dut être violent des deux côtés. Le combat se soutint pendant quelque temps avec la même ardeur et sans qu'aucun des deux partis pliât : mais les Français, beaucoup mieux disciplinés, ayant rompu les rangs des Sarrasins, la victoire commença à se déclarer pour Charles-Martel. Abdérame, qui se trouvait partout, voyant ses gens en désordre, les rallia et fit avancer des troupes fraîches, qui ranimèrent le courage abattu des premiers combattans. Les Français, qui étaient loin d'égaler en nombre leurs ennemis, dans la crainte d'être enveloppés, étaient obligés de combattre et de disputer le terrain pied à pied, d'autant mieux qu'il y avait encore un gros d'Arabes qui n'avait pas donné, et que

732. leur chef réservait pour un dernier effort. Mais ce fut précisément de ce côté que vint la déroute ; car tandis que ceux qui en étaient aux mains combattaient avec un égal acharnement, quoique au désavantage des Sarrasins, le duc Eudes fondit tout à coup et si à propos avec ses Aquitains sur ce corps de réserve, qu'il y jeta l'épouvante et la terreur. Le désordre se communiqua bientôt à toute l'armée des barbares, et Abdérame ayant été tué dans ces entrefaites, la victoire ne fut plus indécise, et la nuit seule fit cesser le carnage. Cependant ce qui restait de Sarrasins ayant gagné leurs tentes et laissé le champ de bataille couvert de leurs morts, ils tinrent conseil et jugèrent qu'ils n'avaient d'autre moyen de salut que de prendre la fuite en emportant avec eux ce qu'ils avaient de plus précieux : mais ils en laissèrent encore assez pour enrichir leurs vainqueurs. Le lendemain matin Charles-Martel se disposait à leur livrer un second combat, lorsque les éclaireurs qu'il avait envoyés de côté et d'autre pour connaître les dispositions de l'ennemi, vinrent lui apprendre que les Arabes avaient décampé pendant la nuit, et que, pour donner le change, ils avaient laissé leurs tentes toutes dressées. Cette nouvelle l'affligea ; car il s'était flatté qu'une seconde victoire n'en aurait pas laissé échapper un seul. Cependant, n'osant les poursuivre de peur de tomber dans quelque embuscade, il se contenta de piller leur camp, où il trouva un butin considérable, et repassa la Loire avec son armée victorieuse.

Cette mémorable journée sauva la France du danger le plus grand qu'elle eût couru depuis long-temps. Quelques-uns en donnent toute la gloire à Charles-Martel, et ne disent pas un mot du duc d'Aquitaine; d'autres, au contraire, sans priver Charles des éloges qui lui sont dus, prétendent que le coup décisif qui acheva la défaite des Maures fut l'irruption prompte et subite que le duc Eudes fit sur leur corps de réserve. Nous avons suivi cette dernière version comme étant la plus naturelle. Il est très-vraisemblable en effet que tandis que Charles-Martel venait à la rencontre des Sarrasins, qui marchaient à petites journées, parce que chemin faisant ils pillaient tout ce qui se trouvait sur leur passage; il est très-vraisemblable, disons-nous, qu'Eudes eût eu le temps de recueillir les débris de son armée, dont il fit un camp volant avec lequel il poursuivit les Maures de loin en loin. Cette manœuvre paraît d'autant plus selon les règles de l'art militaire, qu'Eudes devait être bien informé de la marche de Charles-Martel, qui venait à son secours. L'événement a justifié la nécessité et la sagesse de cette conduite, et peut-être les sept jours d'inaction du général français devant Abdérame ne furent-ils qu'une ruse de guerre pour donner au duc d'Aquitaine le temps d'avancer et d'arriver au moment de l'action. Il en résulterait, comme le pensent quelques auteurs, que cette marche aurait été concertée entre eux à l'avance : mais dans ce cas, en accordant à Eudes une partie de l'honneur de la victoire, nous sommes bien éloignés de vouloir frustrer Charles-Martel de la part qui lui en est si légitimement due.

732.

732.
La perte des Sarrasins dans cette bataille fut sans doute immense, puisqu'ils ne vinrent pas chercher leur revanche, chose qu'ils avaient cependant l'habitude de faire, et que l'on n'entendit plus parler d'eux en France, si on en excepte quelques troubles qu'ils excitèrent en Languedoc les deux ou trois années suivantes. Mais croire qu'ils perdirent trois cent soixante-quinze mille hommes, et que les Français n'en eurent que quinze cents à regretter, c'est ce que personne ne pourra comprendre, malgré le témoignage de Paul Diacre et d'Anastase le bibliothécaire, qui attestent ce fait. Il est vrai que, pour lui donner quelque vraisemblance, ils disent qu'Abdérame, voulant former un établissement dans les Gaules, avait amené avec lui une multitude de femmes et d'enfans, et que ce fut principalement sur eux que les Français assouvirent leur vengeance. Mais nous avons vu quel fut le véritable motif d'Abdérame. Il ne part de Córdoue que pour punir Munuza de son alliance avec Eudes; ensuite sa cupidité, plus que l'amour de la gloire, lui fait envahir l'Aquitaine, qu'il ravage dans l'espérance de piller le reste des Gaules avec la même facilité; il s'avance et trouve le terme de ses victoires et de sa vie sur les rives de la Loire. Or, avec de tels desseins, quelle apparence peut-il y avoir qu'il eût voulu se charger de la conduite d'une multitude plus faite pour l'embarrasser que pour lui être utile.

Anastase le bibliothécaire a tenté assez maladroitement d'attribuer tout l'honneur de cette victoire au pape Grégoire II. Il raconte que Grégoire envoya à

Eudes une éponge bénite, et que ce prince la fit distribuer par petits morceaux à ses Aquitains, qui par là devinrent invulnérables. Mais il y a à cela une objection qui prouve l'anachronisme qu'on peut reprocher à cet historien des papes : c'est que la défaite des Sarrasins date de 732, et que Grégoire II était mort en 731. Indépendamment de l'absurdité de faire partager une éponge, quelque grosse qu'elle pût être, entre tous les soldats d'une armée, ce qui rend le témoignage d'Anastase encore plus suspect, c'est qu'il ne dit pas un seul mot de Charles-Martel. Au surplus on sait que la mémoire de ce prince était devenue odieuse à beaucoup d'ecclésiastiques, parce qu'il avait donné les bénéfices et même les dîmes à ses officiers en récompense des services qu'ils lui avaient rendus dans ses différentes guerres.

La longue incertitude qui a existé sur le lieu où s'est donnée cette bataille nous semble devoir disparaître aujourd'hui, non pas uniquement d'après la dissertation que nous avons déjà publiée à ce sujet (1), mais d'après le témoignage d'un auteur contemporain qui fut lui-même acteur dans ce grand et terrible drame. On nous a communiqué (2) l'extrait d'un manuscrit arabe, traduit en espagnol, qui nous semble

---

(1) Tablettes chronol. de la Touraine, p. 378.

(2) Nous sommes redevables de cette communication à un officier d'état-major de l'armée d'Espagne, qui, sans se nommer, a bien voulu nous transmettre cet extrait à l'appui de nos conjectures dans la dissertation dont il est parlé dans la note ci-dessus.

732. de nature à devoir lever tous les doutes. Voici en quels termes l'auteur arabe s'exprime en parlant de l'expédition d'Abdérame.

« Nous continuâmes notre route vers le nord, et
« nous traversâmes plusieurs provinces où l'on fit un
« riche butin.... Déjà notre avant-garde était à Sénone
« lorsque nous apprîmes que Charles-Martel, duc des
« Francs d'Austrasie, rassemblait de grandes forces,
« et se portait en Touraine pour nous prendre par
« derrière et nous couper la retraite.

« Abdérame, qui désirait depuis long-temps se me-
« surer avec ce grand capitaine, fit aussitôt changer
« de marche à l'armée, et nous dirigea sur Poitiers, où
« nous arrivâmes le 8 de Redgeb..... Cette ville fit une
« longue résistance ; mais elle fut obligée de céder à
« la valeur des musulmans, qui la prirent d'assaut
« après dix jours de siège. Abdérame, irrité de la ré-
« sistance que les infidèles lui avaient opposée, les fit
« passer tous au fil de l'épée.

« Malgré l'impatience du général Abdérame, ce ca-
« pitaine, aussi sage que vaillant, jugea convenable
« d'attendre à Poitiers que toute son armée fût réunie.
« Nous ne quittâmes cette ville que le vingt-septième
« jour de la lune de Redgeb. L'armée marcha sur plu-
« sieurs colonnes à cause de la multitude innombrable
« qui la composait..... Cependant nous apprîmes que
« Charles était arrivé à Tours avec une armée com-
« posée de soldats accoutumés à vaincre sous ses éten-
« dards. Cette nouvelle ne fit qu'enflammer le courage

« des musulmans, qui n'aspiraient qu'au pillage des
« immenses richesses que l'on savait être rassemblées
« dans les temples des infidèles.....

« Abdérame, redoublant de vigilance, nous fit mar-
« cher dans le plus grand ordre. Après avoir traversé
« deux rivières qui se jettent dans la Loire, nous ar-
« rivâmes dans une vallée sinueuse formée par une
« troisième rivière, que nous passâmes au moment où
« les espions qu'Abdérame avait envoyés à la décou-
« verte de l'ennemi vinrent lui rapporter que Charles
« était sorti de Tours et s'avançait avec son armée.

« Abdérame alors fit faire halte sur la hauteur, dans
« une plaine assez étendue, presque déserte et cou-
« verte de bruyères.

« Bientôt, à l'extrémité opposée de ces landes, nous
« vîmes paraître l'ennemi, qui, nous apercevant de
« son côté, prenait position. Les deux armées restè-
« rent pendant plusieurs jours dans un état d'hésita-
« tion ou d'observation, qui sans doute provenait de
« la grande idée que les deux chefs avaient l'un de
« l'autre, et des précautions que chacun d'eux croyait
« devoir prendre pour s'assurer la victoire.....

« Pendant sept jours entiers nous essayâmes nos
« forces par des combats particls où les avantages
« furent partagés. Enfin le grand Abdérame, craignant
« de voir se ralentir l'ardeur de ses braves musul-
« mans, donna l'ordre de livrer une bataille géné-
« rale.

« Le septième jour, qui était un vendredi, toute
« l'armée se mit en prières et invoqua le grand pro-

« phète Mohammed. Le huitième jour, qui était le
« seizième de la lune de schaba (11 octobre), au point
« du jour, l'armée s'avança en bon ordre, et attaqua
« les Francs sur toute la ligne..... On ne pourrait dé-
« crire les hauts faits d'armes qui eurent lieu pendant
« cette fatale journée. On combattait partout avec fu-
« reur...... Là des bataillons entiers contre d'autres
« bataillons; ailleurs corps à corps. Charles et Abdé-
« rame se distinguaient par le nombre des victimes
« qui tombaient sous leurs coups......

« ..... Cependant, après des efforts prodigieux, nous
« commencions à faire plier les infidèles, lorsque nous
« entendîmes un grand tumulte derrière nous, et nous
« apprîmes que le duc d'Aquitaine Eudes était survenu
« avec des troupes fraîches; qu'il avait attaqué notre
« arrière-garde, et que, profitant du désordre occa-
« sioné par une attaque aussi imprévue, il avait mas-
« sacré tous ceux qu'il avait trouvés dans le camp.
« Abdérame et ses musulmans étaient inaccessibles à
« la peur; mais cette fâcheuse nouvelle causa un mo-
« ment d'incertitude et de trouble qui n'échappa point
« à Charles, et dont il se hâta de profiter.

« Eudes se joignit à lui, et les Francs, encouragés
« par ce renfort, revinrent à la charge et nous pous-
« sèrent avec une telle ardeur, que le courage de nos
« musulmans et de leur illustre chef ne put empêcher
« notre défaite.

« Abdérame fit les plus grands efforts pour rallier
« ses troupes, et il y serait peut-être parvenu si un
« javelot lancé par une main ennemie ne l'eût atteint

« au défaut de sa cuirasse, et fait tomber sur un mon-
« ceau de Francs qu'il avait immolés. »

Pour peu que l'on connaisse la topographie de la Touraine au midi de la Loire, on n'aura plus de doute sur le théâtre de la bataille de 732, et les trois rivières (1) que l'armée d'Abdérame avait passées en partant de Poitiers indiquent suffisamment que les deux armées n'ont pu se rencontrer qu'entre l'Indre et le Cher, sur un plateau élevé, c'est-à-dire dans les landes de Miré, assez clairement désignées par cette position que l'on remarque en sortant de la vallée de l'Indre.

Au reste la victoire que Charles-Martel remporta sur les Sarrasins le rendit encore plus célèbre et plus redoutable à ses voisins. Il continua de gouverner le royaume comme s'il en eût été le véritable souverain. Son autorité était même tellement affermie, qu'après la mort de Thierry III il ne craignit pas de laisser mettre Childéric III à sa place, continuant par de nouvelles conquêtes à accoutumer les peuples à sa domination. Eudes, étant mort en 735, avait partagé ses états entre ses deux enfans. Hunalde avait eu la Gascogne, le Limousin, l'Auvergne, le Berri avec la partie méridionale de la Touraine, et le partage de Hatton avait été le Poitou, la Saintonge et l'Angoumois. Aussitôt que Charles-Martel en eut connaissance, il passa la Loire avec son armée, traversa la Touraine et soumit tout le pays connu sous le nom de royaume d'Aquitaine. Après sa mort, en 741, ses

---

(1) La Creuse, la Vienne et l'Indre.

741. deux fils Carloman et Pépin lui ayant succédé dans le gouvernement, plusieurs seigneurs refusèrent de les reconnaître. Hunalde s'étant mis à leur tête, les deux frères réunirent leurs forces pour les disperser, et tombèrent d'abord sur le Berri qu'ils ravagèrent ; ensuite ils se présentèrent devant la ville de Loches, qu'ils prirent d'assaut en 741, et dont ils emmenèrent les habitans prisonniers jusqu'au vieux Poitiers. Là ils partagèrent leur butin ainsi que les états que chacun d'eux gouvernerait à l'avenir. Enfin ayant contraint dans le cours de la même campagne le duc Hunalde à se reconnaître vassal de la couronne de France, ils s'en retournèrent chacun dans leurs états respectifs.

Ils y étaient à peine arrivés, que le duc d'Aquitaine, aussi jaloux de la puissance de Pépin et de Carloman qu'Eudes son père l'avait été de celle de Charles-Martel, chercha tous les moyens de se soustraire à leur obéissance. Ayant trouvé Odilon, duc de Bavière, dans les mêmes sentimens, leur traité fut bientôt conclu. Il fut arrêté que, tandis que ce dernier attaquerait de son côté avec toutes ses forces réunies, l'autre viendrait avec les siennes pour accabler leur ennemi commun. Hunalde traversa la Touraine, passa la Loire, mit tout à feu et à sang, et prit la ville de Chartres qu'il brûla. Mais ayant appris que Pépin marchait contre lui, il ne jugea pas à propos de l'attendre, et se hâta de revenir dans l'Aquitaine. Pépin vint le poursuivre jusqu'au sein de ses états, et le punit une seconde fois de sa révolte.

Avant cette expédition Pépin, pour endormir les Français, leur avait donné un simulacre de roi dans la personne de Childéric III surnommé le Fainéant. Ce prince était tel qu'il pouvait le désirer pour l'exécution de ses projets. Enfin voyant la nation mécontente de n'avoir plus que des fantômes de rois, et disposée à le reconnaître pour son souverain, il leva le masque, fit enfermer Childéric dans un monastère, et monta lui-même sur le trône l'an 752, après avoir eu l'air de le refuser l'année précédente. Il fut couronné et sacré à Soissons avec l'assentiment du pape Zacharie. Nous ne suivrons point Pépin dans le cours de son règne dont aucun événement ne se rattache à notre sujet. Nous dirons seulement qu'en 768, étant tombé malade à Saintes, il se fit transporter à Tours auprès du tombeau de saint Martin, dans l'espoir d'y trouver sa guérison : mais la maladie faisant chaque jour des progrès, on le dirigea sur Saint-Denis où il mourut, laissant pour successeurs ses deux fils Charlemagne et Carloman.

Nous avons vu en 480 les Visigoths étendre leurs conquêtes jusqu'à la Loire et ranger la ville de Tours sous leur domination. Depuis ce moment une partie de la Touraine située sur la rive gauche du fleuve n'avait pas cessé d'appartenir au royaume d'Aquitaine, quoiqu'il eût été réuni par Clovis à la monarchie française. Elle en dépendait encore en 800, lorsque Charlemagne fit couronner Louis son troisième fils roi d'Aquitaine. Ce prince, qui venait de voir revivre en sa personne la dignité impériale en Occident, rassem-

752. bla à Tours les principaux seigneurs de son empire, et y fit provisoirement le partage de ses états entre ses trois fils Charles, Pépin et Louis. Quelque empressé qu'il fût de se rendre à Rome pour la cérémonie de son couronnement comme empereur, il fut obligé de prolonger son séjour à Tours à cause de la maladie
800. de Liutgarde sa femme, qui y mourut le 4 juin. Elle eut sa sépulture dans l'église de Saint-Martin. Ce fut sur son tombeau que deux siècles après le trésorier Hervé, faisant reconstruire cette basilique, fit élever l'un des clochers, connu encore aujourd'hui sous le nom de Tour de Charlemagne, et qui a survécu à la destruction de l'église. L'empereur ayant fait un nouveau partage de ses états dans une assemblée convoquée à Thionville en 806, il donna de nouvelles bornes à l'Aquitaine, dont il retrancha tout ce qui appartenait à la Touraine. Ce partage fut approuvé par les grands et confirmé par le pape Léon III. Ainsi cette province, après avoir été pendant l'espace de trois cent vingt-six ans considérée comme faisant partie du royaume d'Aquitaine, fut pour toujours unie en totalité à celui de France.

Avant cette réunion, et pendant presque tout le règne de Charlemagne, la Touraine fut gouvernée par le comte Hugues, premier du nom. Il portait le titre de comte de Tours; mais sous le nom de la capitale toute la province y était comprise. Ce comte était un personnage jouissant d'une très-grande considération. Charlemagne, en 811, l'envoya en ambassade auprès de Nicéphore, empereur d'Orient, avec Ahiton,

évêque de Bâle, et Azon, comte de Juliers, pour trai- 800.
ter de la paix entre les deux princes, et fixer les
bornes des deux empires. Nicéphore étant mort tandis qu'ils étaient en chemin, ils n'en continuèrent
pas moins leur voyage. L'empereur Michel, qui avait
succédé à son père, les reçut avec beaucoup de distinction, et s'empressa d'acquiescer au traité de paix
qu'ils étaient chargés de lui proposer. Ils revinrent
donc en France avec les ambassadeurs que Michel 812.
lui-même envoyait à Charlemagne pour la ratification
du traité.

Joseph, premier du nom, qui occupait dans ce temps
le siège épiscopal, tint en 813, d'après les ordres de
Charlemagne, un concile à Tours, où se trouvèrent
des évêques, des abbés, et même des députés du second ordre du clergé. On y dressa cinquante et un
canons sur la discipline ecclésiastique. Le dix-septième est assez remarquable en ce qu'il nous apprend
qu'à cette époque on parlait indistinctement la langue
romaine rustique, c'est-à-dire la langue latine cor-
rompue, et la langue tudesque, dite théotisque. Il
paraît que déjà le peuple n'entendait plus le latin dans
les divers diocèses de la métropole de Tours. Voici
comment est conçu ce dix-septième canon : « Nous
« avons décidé unanimement que chaque évêque au-
« rait des homélies contenant les avertissemens néces-
« saires pour l'instruction des fidèles, c'est-à-dire sur la
« foi catholique; sur la récompense éternelle des bons
« et la damnation des méchans; sur la résurrection
« future et le jugement dernier; sur les bonnes ou

« mauvaises œuvres qui méritent ou font perdre la « vie bienheureuse; enfin, que chaque évêque s'étu- « dierait à traduire ces instructions en langue romaine « rustique ou en langue tudesque, afin que tout le « monde pût facilement les comprendre. » On voit par là quel était l'état de la langue dans l'intérieur de la France au commencement du neuvième siècle. Les vingt-troisième, vingt-quatrième, vingt-cinquième et vingt-sixième canons renferment des réglemens pour la conduite des chanoines, des moines, et des religieuses qui avaient laissé le relâchement s'introduire dans leurs monastères.

Celui de Saint-Martin n'avait pas moins besoin que les autres d'être rappelé à l'esprit de son état, dont ses moines avaient oublié ou secoué les principaux devoirs. Ils se disaient tantôt moines et tantôt chanoines, et vivaient comme n'étant ni l'un ni l'autre. C'est Charlemagne lui-même qui leur fait ce reproche. L'empereur, voulant y apporter remède, avait nommé Alchwin abbé de Saint-Martin. Ce savant homme avait succédé à Ithier. Celui-ci avait déployé beaucoup de zèle pour l'observance des lois monastiques; mais voyant que tous ses soins étaient infructueux, il prit le parti de se retirer, avec quelques religieux animés du même esprit que lui, dans un lieu nommé Cormery, à cinq lieues de Tours, sur la petite rivière de l'Indre, pour y suivre dans toute sa pureté la règle de saint Benoît, qui était totalement négligée dans le monastère de Saint-Martin. Il y fit bâtir une église dans laquelle il dressa trois autels : le grand, dédié en l'honneur de saint Paul; le second, à saint Pierre; et l'autre, à saint Martin. Il donna aussi à sa nouvelle église, du consentement de ses moines, plusieurs domaines situés en Touraine, en Poitou et en diverses autres provinces voisines, tous de la dépendance de l'abbaye de Saint-Martin. Cette fondation se fit l'an 791.

Telle fut l'origine de l'abbaye de Cormery, que quelques autres ont essayé de présenter d'une autre manière. Ils prétendent que les moines de Saint-Martin, vivant dans un affreux relâchement, furent tous exterminés par un ange, à l'exception d'un seul qui lisait dans ce moment les épîtres de saint Paul; que ce moine fut tellement effrayé de la punition de ses frères, qu'il se retira dans un désert sur les rives de l'Indre, et que cette solitude, dans laquelle il se bâtit ensuite une chapelle, se nomma Cœur-Marri, et par corruption Cormery. Mais ils n'est pas difficile de voir que ce récit n'est autre chose qu'une de ces fables puériles dont fourmillent les chroniques du moyen âge; car par le titre de fondation de cette abbaye, il est clairement exprimé qu'elle se fit du consentement des moines de Saint-Martin, qui se prêtèrent de bonne grace au démembrement de quelques-uns de leurs domaines pour doter cette abbaye, et que ce lieu portait déjà long-temps auparavant le nom de Cormery. « Quæ rustico nomine Cormaricus dicitur, » dit la chartre de confirmation donnée par Charlemagne, l'an 793.

Il est probable que les moines de Saint-Martin

813. avaient continué depuis ce temps à vivre dans le même relâchement, et que Charlemagne, en leur donnant Alchwin pour abbé, avait espéré que celui-ci parviendrait enfin à les réformer. Il y mit en effet tous ses soins; mais il n'en obtint pas plus de succès que son prédécesseur. Aussi, à l'exemple d'Ithier, porta-t-il toute son affection vers ses frères de Cormery, dont il fit agrandir le monastère, et même, pour se consoler du peu de succès de ses travaux, il se retirait de temps en temps auprès d'eux. Saint Benoît d'Aniane, ce grand réformateur de l'ordre, lui envoya quelques-uns de ses moines. Il en choisit un qu'il nomma supérieur, se réservant toujours la qualité d'abbé. Avec leur secours, il parvint à établir à Cormery l'étroite observance de la règle de saint Benoît. Il y forma une communauté assez nombreuse pour célébrer l'office divin avec toute la dignité qui s'était fait remarquer dans l'église de Saint-Martin lorsque la discipline monastique y était en vigueur. Charlemagne protégea cet établissement, ainsi qu'on le voit par ses lettres-patentes données lors de son séjour à Tours, en 800, avec la condition que le monastère de Cormery serait sous la dépendance de celui de Saint-Martin. Louis-le-Débonnaire confirma depuis cette disposition en 820, et permit seulement aux moines d'élire leur abbé. Il ordonna que la communauté serait de cinquante religieux au moins, et même d'un plus grand nombre quand elle en aurait les facultés.

Cormery, lieu jusque-là désert, vit bientôt des habitations s'agglomérer autour de l'abbaye, et for-

mer par la suite la petite ville, ou plutôt le gros 813.
bourg qui porte encore aujourd'hui ce même nom.
Son église ayant été détruite par les Normands, dans
le neuvième siècle, le roi Robert la fit rebâtir, et elle
fut consacrée en 1054, sous l'invocation de saint
Paul, par Barthélemy Ier, archevêque de Tours.

Les soins que prit Alchwin pour inspirer le goût
des lettres eurent plus de succès que ceux qu'il se
donna pour la réformation des moines qui lui étaient
soumis. Il est regardé avec raison comme le restaurateur des sciences dans les Gaules, et en cela il
seconda merveilleusement les intentions de Charlemagne, qui ambitionnait beaucoup de les voir fleurir
dans ses états. Ce prince, l'ayant connu à Pavie
en 780, l'emmena avec lui en France, et l'y retint
jusqu'en 790, époque où il eut envie de revoir l'Angleterre sa patrie. Il était de la province d'York, issu
d'une famille noble et riche. Dès l'enfance il fut élevé
dans la cathédrale de la ville de ce nom, et fit des
progrès rapides sous la conduite d'Egbert et d'Elbert,
successivement archevêques d'York, qui lui apprirent
le grec et le latin. Pendant les dix premières années
qu'il passa en France, il enseigna publiquement dans
le palais de l'empereur, auquel il donna des leçons
de rhétorique, de dialectique et d'astronomie. Revenu
en France vers l'an 792 ou 793, l'empereur, pour le
retenir auprès de sa personne, lui donna d'abord à
son arrivée deux abbayes, Saint-Loup de Troyes, et
Ferrière au diocèse de Sens. Peu de temps après il y
joignit Saint-Josse-sur-Mer, et enfin la riche abbaye

813. de Saint-Martin, après la mort de l'abbé Ithier, qui eut lieu vers l'an 795 ou 796. Il trouva le séjour de la Touraine si agréable qu'il n'en sortait qu'avec une extrême répugnance, et qu'il s'y livrait tout entier à ses goûts pour l'étude et pour la retraite. Il établit, par ordre de l'empereur, des écoles publiques dans l'église de Saint-Martin, où il enseignait la grammaire, la rhétorique, la dialectique, l'astronomie, l'Écriture-Sainte, en un mot tout ce qui composait la masse des connaissances de ces temps à peine sortis de la barbarie. Il y forma des disciples, parmi lesquels Raban-Maur, archevêque de Mayence, Siméon, évêque de Worms, et Sigulfe, abbé de Ferrière, furent les plus célèbres. Malgré les occupations presque continuelles que lui donnaient ses différens cours d'enseignement, il trouvait encore le temps de lire et de composer. On a de lui des ouvrages sur tous les arts libéraux, des traités de théologie, et des explications de l'Écriture-Sainte. Alchwin, nommé en latin Flaccus-Albinus Alcuinus, mourut à Tours le jour de la Pentecôte, 19 mai, 804.

Nous ne savons si Gulfart, son successeur, entreprit quelque chose pour faire rentrer les moines de Saint-Martin dans la discipline monastique; mais Fridugise, qui vint après lui, désespérant d'y réussir, crut, pour faire cesser le scandale, qu'il était plus sage de les séculariser tout-à-fait. Cet abbé, qui, de supérieur du monastère de Cormery était passé au gouvernement de l'abbaye de Saint-Martin, avait, en 816, obtenu de Louis-le-Débonnaire la confirma-

tion des biens donnés à son église. Ce fut cette même 813.
année qu'il consomma l'œuvre de la sécularisation de
ses moines. Les uns se firent chanoines séculiers, et
les autres simples clercs. Ainsi Fridugise peut être
considéré comme le premier abbé séculier de Saint-
Martin. Cependant quelques historiens ne placent ce
changement qu'en 845, époque où le comte Vivien
fut pourvu de cette abbaye par l'empereur Charles-
le-Chauve. On croit communément que le monastère
de Saint-Venant fut sécularisé en même temps que
celui de Saint-Martin, dans le cloître duquel il se
trouvait placé.

Les moines des autres abbayes de France, appré-
hendant que de tels exemples ne trouvassent des
imitateurs, se récrièrent hautement contre un changement, à leur gré, si scandaleux. Ils publièrent partout que les moines de Saint-Martin, en punition de
ce qu'ils avaient d'eux-même quitté l'habit monastique pour se transformer en chanoines, au mépris
du serment qu'ils avaient fait sur le tombeau de
Saint-Martin, avaient été frappés de la peste, et que
le lendemain, ayant tous été trouvés morts dans leurs
lits, des chanoines avaient pris leurs places. Un autre
historien raconte la chose différemment. Il dit que
les moines de Saint-Martin vivaient dans un si grand
luxe, et dans une telle indolence, que la justice divine en tira vengeance, et qu'ils furent tous massacrés, excepté un seul qui se sauva. Toutes ces versions
ne sont visiblement que la répétition de la fable dont
nous avons parlé à l'occasion de l'établissement de

813. l'abbaye de Cormery; ainsi elles ne méritent pas plus les unes que les autres qu'on s'en occupe sérieusement. Ce qu'il y a de plus probable, c'est que la célébrité et l'opulence de l'église de Saint-Martin avaient excité l'envie de plusieurs monastères, sentiment qui put se manifester sous le masque de l'amour de l'ordre, lorsque l'on vit des moines se transformer d'eux-mêmes en séculiers.

Puisque nous venons de traiter de la sécularisation de l'église de Saint-Martin, il ne sera peut-être pas hors de propos de raconter ici les différens changemens qui s'y sont opérés quand elle fut convertie en collégiale. Dans le principe le nombre des chanoines n'était pas fixé. On recevait également tous ceux qui se présentaient; jeunes et vieux, pourvu qu'ils eussent les qualités requises, c'est-à-dire qu'ils fussent de condition noble, de bonne vie et mœurs, et qu'ils eussent les dispositions nécessaires pour observer volontairement et sans contrainte les institutions canoniales. Le roi Charles-le-Chauve régla depuis le nombre des chanoines, et les fixa à deux cents. Il ordonna qu'ils fussent divisés en dix bandes de vingt par chaque table ou communauté, et que le surplus des deux cents s'éteindrait successivement par la mort des titulaires. Les lettres par lesquelles cet ordre fut établi sont datées de Crécy-sur-Oise, le 1er mai 848. Mais ce nombre de deux cents ne subsista pas long-temps. Le chapitre ayant éprouvé de grosses pertes par les courses des Normands, on fut contraint de supprimer une partie des canonicats, et de les réduire à cent cinquante. Enfin on apprend par une bulle de Grégoire IX, donnée à Viterbe le 18 janvier 1237, que les chanoines étaient alors réduits à cinquante, et que, pour suppléer à ceux qui avaient été supprimés, il avait été institué cinquante-six vicaires. La chronique de Tours commet un anachronisme en plaçant cette institution en 1222, puisque Grégoire IX ne fut élu pape qu'en 1227.

813.

Les détails dans lesquels nous venons d'entrer, relativement aux affaires ecclésiastiques, nous ont fait quitter Charlemagne en 813, au moment où il allait terminer sa glorieuse carrière. Il mourut en effet, le 28 janvier 814, laissant par son testament des legs assez considérables aux vingt et une métropoles de son royaume, dont la ville de Tours n'était pas une des moins importantes. Louis-le-Pieux ou le Débonnaire, son fils aîné, eut en partage le royaume de France avec le titre d'empereur; mais autant ce titre avait eu d'éclat sous son père, autant il fut en quelque sorte avili par la pusillanimité de celui-ci.

814.

Landran, premier du nom, avait succédé en 815 à Joseph, sur le siège de Tours. Nous remarquerons en passant qu'il fut le premier entre tous ses prédécesseurs qui porta le titre d'archevêque. Maan a donné cette qualité à Herling, qui siégeait avant Joseph; mais nous sommes persuadés qu'il se trompe en cela. Ce qu'il y a de certain c'est que déjà, depuis plusieurs années, quelques évêques des églises métropoles avaient porté le *pallium*; mais les évêques de Tours, quoique occupant un siège célèbre, et jouissant depuis plus de quatre siècles des droits de métropolitains, ne furent pas les premiers à en être revêtus.

L'archevêque Landran célébra en 817 un concile dans la ville de Rédon avec les évêques du Mans, de Rennes, de Nantes, de Saint-Malo, de Léon et de Cornouailles, et en 818 il fut nommé commissaire au département de Tours. Ces commissaires, qu'on nommait *missi dominici*, furent institués par Louis-le-Débonnaire, qui, en parvenant à la couronne, avait divisé ses états en dix départemens qu'on appelait *missatica*, et dont la Touraine formait le huitième, conjointement avec l'Anjou et le Maine. Louis nomma pour chacun de ces dix départemens des *missi dominici*, dont il détermina lui-même les fonctions. Il leur était enjoint de faire observer les édits, de connaître des malversations des comtes et des autres officiers, de faire dresser des papiers terriers des domaines du roi, de faire payer les impôts, de renouveler les dénombremens des sujets, principalement de ceux qui étaient en état de porter les armes. Leur mission s'étendait aussi sur les églises et les monastères de leur département. Ils avaient ordre de s'informer de la conduite des évêques, des abbés, et de tous les bénéficiers; de leur faire observer la discipline ecclésiastique, enfin de visiter les bâtimens et les ornemens des églises : c'est pourquoi il y avait toujours un évêque et un abbé adjoints au *commissaire civil*, et choisis dans le même département, afin que tout se passât selon les lois et les coutumes de chaque province. Mais le sort des meilleures institutions est presque toujours d'être dénaturées par de mauvais choix. Quelque sages que fussent celles-ci, quel succès pouvait-on en attendre sous un prince qui se laissait tour à tour déposer et réintégrer par des évêques?

818.

C'est cependant à ce même prince que nous sommes redevables de l'exécution d'un grand et utile ouvrage dont le plan avait été conçu par son père Charlemagne. Jusque-là la Loire n'avait point été contenue dans son lit. De petites chaussées construites par les habitans riverains pouvaient à peine garantir leurs récoltes lorsque les eaux n'arrivaient qu'à une médiocre élévation; mais dans les grandes inondations les campagnes étaient couvertes jusqu'à ce que les débordemens rencontrassent quelques obstacles naturels. De là ces vallées sablonneuses connues sous le nom de varennes, qu'un long espace de temps a recouvertes du sol végétal qui en fait maintenant la fertilité (1). Louis fit donc jeter les premiers fondemens de ces digues, qui opposent une barrière presque insurmontable aux crues les plus élevées de la Loire. A la vérité ce travail ne fut pas porté au degré de perfection où nous le voyons aujourd'hui, grace aux agrandissemens exécutés sous Henri II, comte d'Anjou et de Touraine, et surtout sous Louis XIV : mais ce n'en était pas moins un service important rendu aux provinces que baigne ce fleuve. Louis, par son ordonnance, voulut qu'il y eût un intendant commis

---

(1) Voyez les Capitulaires l. 1, c. 10, *de aggeribus juxta Ligerim faciendis.*

818. spécialement pour ces travaux, dont il chargea son fils Pépin, roi d'Aquitaine, de presser l'exécution. Celui-ci de son côté en confia la surveillance dans le département de Tours aux trois commissaires que l'empereur avait nommés précédemment pour le gouverner en son nom. Ces commissaires étaient le comte Robert, l'archevêque Landran et un abbé dont le nom n'est pas venu jusqu'à nous. Il était d'usage invariable que le comte de la province fût toujours le premier des *missi dominici*.

Il n'y a donc aucun doute que Robert était alors comte de Tours. On trouve d'ailleurs dans Éginard des lettres par lesquelles Louis ordonne à deux de ses officiers de se trouver à Tours aussitôt qu'ils y seront mandés par le comte Robert. Ce Robert n'est pas bien certainement Robert-le-Fort qui fut tué, selon le témoignage de tous les historiens, l'an 867, à la fleur de son âge, dans un combat contre les Normands, tandis que celui-ci mourut en 861. Nous croyons donc pouvoir assurer qu'il en était le père, parce que l'un et l'autre ont été immédiatement comtes de Tours, et que dès ce temps-là, après la mort des comtes, les fils succédaient aux comtés de leur père; car même Richilde, petite-fille de Robert Ier et fille de Robert-le-Fort, porta les comtés de Tours et de Blois à Thibaut, surnommé le Tricheur, qui fut la tige des comtes héréditaires de Touraine.

Ce fut encore à Louis-le-Débonnaire qu'on dut le rétablissement de la liberté des élections pour les évêchés. Lors de la diète d'Attigni en 822, où il fit pénitence publique pour expier la mort de son neveu Bernard, roi d'Italie, il publia un capitulaire dont l'article 11 autorise non-seulement le clergé, la noblesse et le peuple, mais encore les évêques de la province ecclésiastique à donner leurs suffrages, et c'est de cette époque qu'ils furent nommés suffragans des métropolitains.

818.

Les deux dernières années du règne de Louis furent signalées par les incursions des Danois, vulgairement appelés Normands ou hommes du nord, incursions qu'ils n'eussent jamais osé tenter sous le règne de Charlemagne. Nithard rapporte qu'ils furent appelés par Lothaire pour l'aider dans ses projets hostiles contre ses frères Charles et Louis : mais cet auteur se trompe probablement; car le partage de Louis-le-Débonnaire entre ses enfans n'eut lieu qu'en 839 à la diète de Worms, un an après la descente des Normands. Ces peuples, comme nous venons de le dire, originaires du Danemarck, s'assemblaient tous les cinq ans, et désignaient par le sort ceux d'entre les jeunes gens qui devaient aller hors de leur pays chercher une autre habitation. La nécessité les forçait à recourir à un tel expédient, le sol ingrat et trop resserré de leur patrie ne pouvant suffire à la surabondance de leur population. L'an 838 ils sortirent en si grand nombre, qu'ils furent obligés de se séparer en deux flottes, dont l'une aborda en Angleterre et l'autre en France sous la conduite de Hasting. Ces derniers entrèrent dans la Seine, descendirent en Touraine, brûlèrent les villes d'Amboise et de Bléré, et vinrent

838.

838. ensuite devant Tours avec le projet de lui faire subir le même sort, après qu'ils auraient pillé le trésor de l'église de Saint-Martin.

A la nouvelle de l'approche des Normands, l'alarme se répandit bientôt parmi les habitans de Tours. Les chanoines de Saint-Martin, dont l'église était encore hors des murs de la ville, commencèrent par faire transporter le corps de leur saint dans l'intérieur de la cité, et le mirent en dépôt dans la salle du palais qu'on nommait la basilique ou basoche. Les Normands assiégèrent la ville au commencement du mois de mai, et donnèrent plusieurs assauts qui furent toujours vigoureusement repoussés; mais enfin, irrités d'une si longue résistance, ils en donnèrent un si terrible, que les assiégés furent sur le point de désespérer de leur salut. Tous les auteurs de chroniques s'accordent à dire qu'en cette extrémité ils eurent recours à leur protecteur accoutumé, dont le corps venait d'être déposé sur leurs murs. Tandis que ceux qui étaient en état de combattre employaient leurs derniers efforts pour défendre et leurs biens et leurs vies, les prêtres, suivis des vieillards, des femmes et des enfans, portèrent en procession la châsse du saint sur les remparts de la cité. A l'instant les assiégés se sentirent animés d'un nouveau courage, et les Normands furent tellement frappés de terreur, qu'ils prirent la fuite avec précipitation, se renversant les uns sur les autres. Les Tourangeaux, profitant de leur désordre, sortirent aussitôt de la ville, et ayant placé le corps de saint Martin au milieu de leurs rangs, poursuivirent l'ennemi jusqu'à quatre lieues, et en laissèrent plus de six mille sur le champ de bataille. Les autres s'estimèrent heureux de se sauver à travers les bois dont ces lieux étaient alors couverts. En mémoire de cette délivrance inespérée, les Tourangeaux firent construire au lieu où se donna le dernier combat une église qu'on nomma Saint-Martin-de-la-Guerre, *Sanctus Martinus de bello*, d'où l'on a fait Saint-Martin-le-Bel, et enfin aujourd'hui Saint-Martin-le-Beau.

838.

Sans adopter entièrement les récits des auteurs crédules de nos vieilles chroniques, qui, dans les événemens les plus ordinaires, ne voient jamais rien que de surnaturel, nous pensons tout simplement que ces hordes de barbares, sans attirail de siège, fatigués par une défense opiniâtre de douze jours, pendant lesquels ils durent éprouver de grandes pertes dans les différens assauts qu'ils livrèrent, repoussés probablement par une sortie vigoureuse de la garnison, se seront retirés précipitamment, et auront encore perdu beaucoup des leurs dans le désordre de leur fuite. C'est de cette sortie funeste aux assaillans que la chapelle de Saint-Jean, située au levant de la ville, lieu de l'attaque des Normands, a reçu la dénomination de Saint-Jean-des-Coups. Nous convenons cependant que la dévotion et la confiance que les Tourangeaux avaient dans leur saint patron ne put qu'enflammer leur courage, et par là contribuer pour beaucoup à leur victoire.

Ursmarus, qui en 836 avait succédé à l'archevêque Landran I*er*, fit la dédicace de l'église de Saint-Martin-le-Beau. La reconnaissance de ce prélat ne se borna pas à cette seule cérémonie. Il convoqua à Tours plusieurs de ses suffragans, et de leur avis il arrêta qu'en action de graces de cette victoire, on célèbrerait tous les ans dans le diocèse, le 12 de mai, la fête de la Subvention de Saint-Martin, fête qui s'est toujours conservée depuis; et pour laisser à la postérité un monument durable du secours que le peuple de Tours avait reçu de son saint patron, il consacra le lieu où le corps de saint Martin avait été exposé sur les murs de la ville, en rebâtissant la vieille église qui y était située, et qu'on appela Saint-Martin-de-la-Basoche. Cette église appartenait au chapitre de Saint-Martin. Ce n'était dans le principe qu'une chapelle, qui fut agrandie en 885 par le don que lui fit Charles-le-Gros de l'emplacement du palais des plaids qu'on appelait alors la Salle-Maudite, et en outre de quatre-vingt-seize perches de terrain y compris le mur et le chemin de rondes. Nous ignorons en quel temps le chapitre de Saint-Martin en abandonna la propriété : mais il est constant qu'elle était desservie dans le douzième siècle par quatre ecclésiastiques, qui obtinrent du pape Alexandre III une bulle du 20 juin 1171, par laquelle ils étaient autorisés à s'ériger en chapitre sous la protection du saint-siège. Ils furent depuis reçus et agrégés par les chanoines de la cathédrale, qui leur donnèrent séance au chœur avec les revenus d'une prébende que les quatre chanoines partagèrent entre eux.

Après la mort de Louis-le-Débonnaire, en 840,

ses enfans Lothaire, Charles et Louis eurent ensemble 840.
de violens démêlés. Quelque égalité qu'eût pu mettre
le père dans le partage de ses états, ce partage n'en
renfermait pas moins le germe de guerres sanglantes;
car l'aîné se croyait déshérité de tout ce qui était
donné aux puînés; tandis que ceux-ci croyaient sou-
jours avoir trop peu reçu. Telles étaient les dispositions des trois fils de Louis-le-Pieux. L'année même
de sa mort Charles-le-Chauve et Lothaire se trouvèrent à la tête de leur armée auprès d'Orléans. Lothaire
consentait à accorder à Charles la Provence, la Sep-
timanie, l'Aquitaine et dix comtés entre la Seine et la
Loire; ainsi la Touraine était provisoirement dans le
lot de Charles, en attendant l'assemblée générale qui
devait avoir lieu et qui se tint en effet à Attigni le 8
mai 841. Là les trois frères n'ayant pu s'accorder, ils
en vinrent aux mains dans les champs de Fontenay en
Auxerrois, l'an 842. La bataille fut des plus sanglantes. Plus de cent mille hommes de part et d'autre
restèrent, dit-on, sur la place : malgré cela elle ne termina pas leur querelle. Nithard, neveu de Charlemagne, qui a écrit l'histoire des divisions des trois
frères, raconte que Lothaire fit traverser la Touraine
à son armée dans cette même année 842, à la vérité 842.
pour aller porter la guerre dans les états de Noménoé,
duc de Bretagne; mais avec l'espoir qu'après l'avoir
battu et s'être rendu maître de ses états, il pourrait
venir surprendre Charles et son armée, qui se trouvaient alors dans le Perche. Cependant ayant appris
en Touraine que Louis venait de se joindre à Charles-

842. le-Chauve, il quitta promptement cette province, remmenant son armée déjà très-fatiguée des longues marches qu'elle venait de faire.

Indépendamment de ces divisions fraternelles et des courses des Normands qu'elles ne pouvaient qu'enhardir, la France avait encore à souffrir des rébellions fréquentes de plusieurs grands seigneurs qui, à la faveur de ces troubles, aspiraient à se rendre indépendans dans leurs comtés. Charles-le-Chauve, pour obvier autant que possible à ces révoltes sans cesse renaissantes, désira que les censures ecclésiastiques vinssent au secours de son autorité. Il ordonna donc à Ursmarus, archevêque de Tours, d'assembler les évêques de sa province. Ce concile se tint à Loire en Anjou au

843. mois d'octobre 843. On y arrêta quatre canons, qui tous fulminent l'excommunication contre ceux qui refuseraient d'obéir aux jugemens ecclésiastiques ainsi qu'aux ordres du roi.

On ne sait si la crainte de l'excommunication rappela à leur devoir quelques-uns des seigneurs révoltés; mais il est certain qu'elle ne changea rien dans le projet que Noménoé avait conçu de se rendre indépendant dans son gouvernement de Bretagne. Ce duc ayant résolu de se soustraire tout-à-fait à l'obéissance du roi de France, crut qu'un des moyens propres à y parvenir était de défendre aux évêques de Bretagne de reconnaître à l'avenir l'archevêque de Tours pour leur métropolitain. Telle est l'origine du différend entre les archevêques de Tours et l'évêque de Dol, qui dès ce moment avait pris le *pallium*. Comme

cette affaire a duré plusieurs siècles, et que les rois 843.
de France et d'Angleterre y ont pris beaucoup de part,
avant que de raconter cette première séparation, il
convient peut-être d'établir le droit que les archevêques de Tours ont toujours eu sur les évêques bretons,
et d'indiquer les raisons principales sur lesquelles ces
derniers se sont fondés pour refuser de reconnaître
la juridiction que les premiers avaient sur eux. Ces
détails pourront paraître aujourd'hui superflus : mais
nous observerons que nous écrivons l'histoire en nous
reportant aux époques où les événemens se sont passés, et sans aucun égard au temps où nous écrivons,
et aux changemens qui se sont opérés dans l'ordre politique de la France.

La Bretagne, nommée anciennement Armorique,
faisait partie de la troisième province de la Gaule
Narbonnaise. Sous les Romains elle était divisée par
cités, dont chacune avait ses peuples distincts. Les
anciens itinéraires en remarquent six : les Rennois,
les Vénétiens, les Nantais, les Corisopites, les Osismiens et les Diablintes. On ne connaît pas précisément
le canton que ces derniers habitaient ; mais, selon
toute apparence, ce devait être le territoire de Dol.
Les Rennois, les Vénétiens ou Vénètes, et les Nantais, étaient les peuples qui composent les diocèses de
Rennes, de Vannes et de Nantes, les Corisopites,
ceux du diocèse de Quimpercorentin, auxquels on
ajouta ceux du pays de Cornouailles, et les Osismiens
ont formé les peuples des diocèses de Saint-Brieuc,

843. de Tréguier, de Léon et d'Aleth, qu'on nomme aujourd'hui Saint-Malo.

Le gouverneur romain de la troisième Lyonnaise avait sa résidence à Tours, capitale et métropole civile de tout le gouvernement. Les peuples de toutes les villes de la province étaient obligés de s'y rendre pour recevoir ses ordres, et c'est à Tours que se rendaient les jugemens sur les causes les plus importantes, soit civiles, soit criminelles. L'église ayant suivi dans la forme de son gouvernement l'ordre établi pour le civil, l'évêque, qui avait son siège dans la métropole de la troisième Lyonnaise, devint par ce moyen métropolitain ecclésiastique de toute la province. Les évêques s'adressaient donc à celui de Tours pour se faire sacrer, ainsi qu'il était d'usage dans les premiers temps du christianisme, et se rendaient aux assemblées qui leur étaient indiquées pour y régler et décider les affaires ecclésiastiques.

Cet ordre s'observa assez régulièrement jusqu'au milieu du sixième siècle, que les évêques de Bretagne commencèrent à se faire sacrer par d'autres évêques sans l'autorisation du métropolitain; ce qui fut cause que les prélats de la province ecclésiastique, au nombre desquels étaient les évêques de Rennes et de Nantes, s'étant assemblés à Tours le 18 novembre 567, défendirent aux évêques, par leur neuvième canon, de sacrer aucun de ceux de Bretagne sans le consentement de leur métropolitain et des évêques suffragans, sans en excepter même ceux qui auraient été nommés par le saint-siège. Samson, archevêque d'York en Angleterre, ayant quitté son diocèse à peu près vers le temps où se tenait ce concile, se retira dans la Basse-Bretagne, où il ne tarda pas à être élu évêque de Dol. On présume qu'il continua de porter le *pallium* dont il avait été décoré comme archevêque, et qu'en vertu de ce titre il sacra les évêques de Bretagne. Quoique cette circonstance ne soit pas rapportée par les pères du concile de Tours, il est toujours vrai qu'un des principaux moyens dont se sont servis les évêques de Dol pour soutenir leurs prétentions est que saint Samson avait toujours sacré les évêques de Bretagne, et que ceux-ci l'avaient reconnu pour leur métropolitain.

Cependant il ne paraît pas que l'évêque de Tours eût alors réclamé contre cet abus. On voit au contraire que la première plainte portée à Rome sur la désunion des évêques bretons ne date que de l'année 866. L'archevêque de Tours ayant exposé l'affaire au concile de Soissons, qui se tint en cette même année, les prélats de France écrivirent au pape Nicolas Ier une lettre de laquelle il résulte qu'il y avait environ vingt ans que les évêques de la Basse-Bretagne s'étaient entièrement soustraits à l'obéissance qu'ils devaient à l'archevêque de Tours; de sorte qu'il faut que ce changement ne soit arrivé que vers l'an 846, soit parce que la désunion opérée du temps de saint Samson n'aurait pas eu de suites, soit qu'en effet il n'y eût eu aucun changement dans l'ordre établi à l'occasion de cet évêque. Quoi qu'il en soit, on ne place ordinairement le schisme des prélats bretons que vers le milieu du neuvième siècle, et voici quelle en fut la véritable cause.

Noménoé, que Louis-le-Débonnaire avait établi gouverneur de Bretagne avec le titre de duc, voulant se rendre indépendant, profita des divisions qui s'élevèrent entre les enfans de cet empereur, et fit ouvertement la guerre à Charles-le-Chauve, à qui le royaume de France était échu en partage. Il s'empara de Nantes, de l'Anjou, d'une partie du Maine, et afin d'ôter toute communication entre les Français et les Bretons, de manière que ceux-ci oubliassent qu'ils avaient été soumis à la domination française, il fit défense aux évêques bretons de reconnaître désormais l'archevêque de Tours pour leur métropolitain. S'étant ensuite fait proclamer roi de Bretagne dans une assemblée générale des états de cette province, il se fit couronner par les évêques qui étaient à sa dévotion ; car tous n'approuvèrent pas sa conduite en cette circonstance. Les évêques de Dol, de Vannes, de Léon et de Quimper refusèrent d'obéir à ses ordres, et ne voulurent point se séparer de l'archevêque de Tours. Le nouveau roi, offensé de ce refus, les chassa de leurs sièges et en mit d'autres à leur place. Cependant les prélats qui étaient du parti de Noménoé. voulant prévenir les suites de cette affaire, écrivirent par son ordre au pape Léon IV contre les évêques dépossédés, en les accusant entre autres choses de simonie, ce qu'on savait être alors fort odieux à la cour de Rome. On tâcha même de surprendre le pape, en lui

demandant, par forme de question, si les évêques
convaincus de simonie ne devaient pas être privés et
chassés de leurs sièges, même avant que de faire leur
procès. Mais le saint père, informé de la vérité de ce
qui s'était passé en Bretagne, répondit que les accusés
devaient être jugés par douze évêques, et convaincus
au moins par soixante-douze témoins irréprochables,
lesquels, avant leur audition, seraient obligés de jurer
sur les saints Évangiles qu'ils diraient la vérité.

Noménoé, qui avait déjà été instruit de ce que contenait la lettre du pape, refusa de la recevoir; ce qui
mit Léon IV dans la nécessité d'en écrire une autre
aux évêques de France pour se plaindre des procédés
de ce duc. On rappela au sujet de cette plainte sa rébellion contre le roi Charles, et l'on ne manqua pas
de mettre en avant les injustices et les cruautés qu'il
avait commises en Bretagne, particulièrement contre
les ecclésiastiques et la noblesse, les excès qui en
avaient été la suite, tels que les églises détruites, leurs
biens employés à d'autres usages que ceux auxquels
ils avaient été destinés, les évêques chassés de leurs
sièges, les adultères et tous les autres crimes commis
impunément. Le tableau de ces désordres toucha vivement les prélats de France. Ils assemblèrent un concile à Tours en 849, où assistèrent les archevêques de
Tours, de Reims, de Rouen et de Sens, avec quelques-uns de leurs suffragans au nombre de vingt-deux. Landran II, archevêque de Tours, y présida,
assisté des évêques du Mans et d'Angers. Les pères du
concile résolurent d'écrire à Noménoé une lettre syno-

dale pour l'exhorter à se soumettre au pape, en recevant avec docilité les avis qu'il voulait bien lui donner. Ce n'est point avec de semblables remontrances que l'on persuade un ambitieux qui se sent les moyens d'appuyer ses prétentions par la force. Le duc persista donc dans son obstination, et ayant pris la ville de Nantes, il chassa de son siège Actard, évêque de ce diocèse. Quelques historiens rapportent que ce fut vers ce temps que Noménoé, de l'avis de l'abbé de Rédon, fit faire le procès aux évêques accusés, et qu'il les fit condamner par ses officiers de justice. Mais ce procès n'eut lieu que sous Erispoé son fils; car il résulte d'une lettre de Nicolas Ier à Salomon, duc ou roi de Bretagne, que Benoît III ayant appris que les évêques accusés, sans égard aux ordres de Léon IV, son prédécesseur, avaient été condamnés par des juges laïques, en eut un si sensible chagrin, qu'il écrivit une seconde lettre par laquelle il déclarait qu'il ne souffrirait pas que des évêques fussent ainsi chassés de leurs sièges s'ils n'avaient auparavant été jugés par douze de leurs pairs.

Mais c'en est assez pour le moment. Il nous suffit d'avoir fait connaître l'origine et les causes de ce schisme. Nous verrons plus tard les suites de ce long démêlé que nous force de suspendre une nouvelle invasion des Normands bien plus fatale à notre province que celle dont nous avons déjà parlé. Cependant, avant que de raconter les ravages qu'ils exercèrent en Touraine, nous ne pouvons passer sous silence la nouvelle division que Charles-le-Chauve, l'an 853, fit de ses états en douze départemens au lieu de dix, tels qu'ils existaient sous l'empereur son père. La ville de Tours fut non-seulement conservée dans son rang de capitale de l'un de ces départemens, mais encore on augmenta l'étendue de son ressort. On joignit aux trois provinces qui formaient sa première circonscription le Perche et le pays de Séez. Charles-le-Chauve y envoya pour commissaire Dodon, évêque d'Angers, comme adjoint à l'archevêque de Tours, et à Robert-le-Fort qui venait de succéder à son père Robert Ier.

Les barbares du nord, depuis plus de quinze ans, ne cessaient de désoler la France par le feu, le fer et le pillage. Après leur première tentative contre la ville de Tours, ils avaient successivement saccagé Bordeaux, Saintes et Nantes, en 843. Deux ans après ils vinrent jusqu'aux portes de Paris, et pillèrent l'abbaye de Saint-Germain-des-Prés; ils prirent de nouveau et brûlèrent Bordeaux l'an 848. Enfin, en 853, ils se présentèrent une seconde fois devant Tours, qui se trouva défendu par le débordement simultané de la Loire et du Cher, dont les eaux s'étaient réunies et couvraient un espace de plus d'une demi-lieue. N'ayant pu surprendre la ville, ils exercèrent toute leur fureur sur l'abbaye de Marmoutier, qu'ils ruinèrent de fond en comble. Ils massacrèrent inhumainement cent seize moines, vingt-quatre seulement étant parvenus à se sauver avec leur prieur Héberne dans les cavernes du roc auquel cette abbaye est adossée. Héberne ayant été découvert par les Nor-

853. mands, il n'y a point de tourmens qu'ils ne lui fissent souffrir pour lui faire déclarer où étaient les trésors du monastère; mais il eut la constance de tout endurer plutôt que de révéler son secret et de trahir la retraite de ses frères. Ayant manqué leur but, ces barbares allèrent rejoindre le gros de leur armée, qui était alors occupée à faire le siège du Mans. Dès qu'ils se furent retirés, les chanoines de Saint-Martin et les habitans de Tours vinrent recueillir Héberne et ses vingt-quatre moines, auxquels on donna un asile dans une maison située auprès de l'église de Saint-Martin.

Six mois s'étaient à peine écoulés depuis la catastrophe de l'abbaye de Marmoutier, qu'on apprit à Tours la nouvelle de la prise du Mans par les Normands, après la défense la plus longue et la plus opiniâtre. Les habitans de Tours ne doutant point qu'ils auraient bientôt ces barbares sur les bras, épouvantés sans doute par les désastres des autres villes, ne songèrent plus, comme la première fois, à faire tête à l'orage, et, loin de se confier encore aux reliques de leur patron, ils cherchèrent les moyens de les soustraire à la fureur de leurs ennemis. Les chanoines de Saint-Martin, de concert avec les habitans, prirent donc la résolution de les enlever de Tours. Douze d'entre eux, accompagnés d'Héberne et de ses vingt-quatre moines, portèrent le corps du saint, d'abord à Cormery; mais ne l'y croyant pas assez en sûreté, ils le transportèrent à Orléans, de là à Saint-Benoît-sur-Loire, et enfin à Auxerre, où il fut reçu avec de

grands honneurs. L'évêque de cette ville, accompa- 853.
gné de son clergé, et suivi d'un peuple nombreux,
alla au-devant en procession pour le recevoir, et le
plaça dans l'église cathédrale à côté de la châsse de
saint Germain.

A peine le corps de saint Martin était-il sorti de
Tours, que les Normands vinrent investir la ville.
Accoutumés à un élément plus terrible, ils passèrent
la Loire sans obstacle. L'épouvante des habitans fut
si grande, que l'ennemi entra sans résistance vers
le 10 ou 12 décembre 853, et non en 856 comme
l'ont écrit plusieurs historiens. Si les Tourangeaux,
par leur soumission, avaient cru désarmer la fureur
des barbares, ils furent cruellement désabusés. Une
défense vigoureuse ne leur eût pas attiré plus de désastres. Leur ville fut livrée au pillage, l'église de
Saint-Martin brûlée, l'abbaye de Saint-Julien détruite,
et les habitans réduits à une telle extrémité, que les
chanoines de la cathédrale furent obligés d'écrire une
lettre circulaire aux évêques voisins, pour les inviter
à les aider de leurs aumônes, ne pouvant plus nourrir
les pauvres et les malades dont leur ville, en aucun
temps, n'avait offert un nombre aussi considérable.

Les provinces situées sur les rives de la Loire
étaient ravagées, non-seulement par les Normands,
mais encore par les Bretons, qui avaient à leur tête
Louis, fils de Charles-le-Chauve, alors en révolte
ouverte contre son père. Les peuples de ces provinces
en portèrent leurs doléances à l'assemblée générale
ou parlement, tenu à Compiègne l'an 861. Le roi

861. Charles, de l'avis des grands du royaume, donna le gouvernement de ces provinces désolées à un homme dont la valeur égalait la prudence, et qui, par la réunion de ces qualités, pouvait opposer une digue puissante aux brigandages d'un ennemi qui ne pillait qu'à la lueur des incendies. Cet homme était ce même Robert, surnommé le Fort, dont nous avons déjà parlé. Le monarque vint lui-même à Tours l'année suivante donner les ordres nécessaires au rétablissement du pays, aussi bien que pour apaiser quelques troubles qui s'y étaient élevés. Ce fut pendant ce voyage, qu'à l'exemple de ses prédécesseurs, et en considération de saint Martin, il voulut favoriser le bourg qui s'était insensiblement formé autour de son église, de privilèges égaux à ceux qu'avait obtenus la ville de Tours. Il exempta donc le bourg de Châteauneuf de tous les droits que ses officiers pouvaient prétendre sur le vin et les autres denrées qui s'y vendraient pendant que lui ou ses successeurs séjourneraient à Tours. Il accorda pareille exemption aux habitans du faubourg Saint-Père, autrement Saint-Pierre-le-Puellier, dépendant du chapitre de Saint-Martin. Les lettres de ce privilège sont datées du 26 avril 862. Elles contiennent en outre le don à cette même église du village de Restigné. Ces dons de villages ne doivent pas surprendre, dans un temps où leurs habitans se composaient en majeure partie de serfs attachés à la glèbe, appartenant soit au roi, soit à des seigneurs particuliers.

Nous avons avancé précédemment que Robert,

premier du nom, comte de Tours, était père de Ro- 861.
bert-le-Fort, et nous avons principalement fondé
notre opinion sur l'usage établi de pourvoir les enfans
des gouvernemens ou comtés de leurs pères. Voici les
preuves que nous fournirons à l'appui de notre assertion.

1° Le P. Labbe et Dubouchet disent que Robert Ier
était frère de Guillaume, comte de Blois, qui laissa
un fils nommé Eudes, aussi comte de Blois, et que,
celui-ci étant mort sans enfans, Robert son cousin-
germain lui succéda dans ce comté; depuis ce temps,
les trois comtés de Tours, d'Anjou et de Blois, restèrent toujours dans la même famille jusqu'à ce que
Thibaut II eût cédé, pour sa rançon, la Touraine à
Geoffroy-Martel; ainsi le degré de parenté, entre
Robert-le-Fort et Guillaume comte de Blois, n'est plus
problématique. Il est confirmé par un titre de l'église
de Saint-Martin de l'an 867, par lequel Robert-le-
Fort ratifie une donation qu'avait faite Odon, comte
d'Orléans, son oncle. Or, il est constant, selon le témoignage d'Adémar, qu'Odon et Guillaume d'Orléans
étaient frères. Donc Robert Ier, comte de Tours, était
également frère d'Odon et de Guillaume, et par conséquent Robert-le-Fort était cousin-germain d'Eudes,
comte de Blois.

2° Après la mort de Robert-le-Fort, ses comtés furent donnés à Hugues, dit l'Abbé, fils de Conrad,
comte d'Altorf en Allemagne, et d'Adélaïde, femme
en secondes noces de Robert-le-Fort. Le roi le voulut
ainsi, parce qu'Eudes et Robert, fils du comte dé-

cédé, étaient trop jeunes pour pouvoir gouverner. C'est la raison qu'en donnent les historiens contemporains, et ils ne l'eussent certainement pas alléguée, si ce n'eût alors été l'usage en France que les enfans succédassent à leurs pères dans le gouvernement des comtés qu'ils étaient en âge de posséder.

3° Voici la preuve la plus formelle de cette succession. Nous la tirons des capitulaires que Charles-le-Chauve, avant son voyage d'Italie pour s'y faire couronner empereur, fit publier dans l'assemblée des grands du royaume tenue à Crécy-sur-Oise l'an 877. Le troisième de ces capitulaires porte que si, pendant son absence du royaume, il mourait quelque comte dont le fils fût à la suite de la cour, les plus proches parens du feu comte gouverneraient la province avec l'évêque et les officiers du lieu, jusqu'à ce qu'on lui eût donné avis de la mort du comte, et qu'il eût pourvu le fils de l'emploi de son père. Ce qui suit dans le même capitulaire justifie bien mieux encore cet usage ; car il ajoute que si le fils d'un comte était trop jeune pour gouverner lui seul, il serait aidé dans le gouvernement par les conseils de l'évêque et des officiers locaux. Or, il faut observer que ces ordonnances avaient été arrêtées par le monarque, avant qu'il les eût communiquées à l'assemblée des grands pour en avoir leur avis : d'où l'on doit conclure que c'était une coutume déjà établie dans le royaume, que les enfans succédaient à leurs pères dans l'administration des comtés, parce qu'il n'est pas à présumer que le prince, de son propre moûvement, se fût imposé une loi si contraire à l'autorité souveraine, en perpétuant de cette manière les comtés dans les mêmes familles, et en se privant par-là de la faculté de favoriser ses créatures.

Il serait difficile de retrouver dans l'histoire un titre primitif qui pût légitimer cette hérédité. Ce n'était sans doute qu'une de ces concessions que la haute noblesse savait arracher quand le souverain avait besoin de ses services, qu'alors elle n'accordait presque jamais gratuitement. Il faut pourtant convenir que quoique les comtes des provinces eussent beaucoup agrandi leur pouvoir aux dépens de l'autorité royale sous les rois de la seconde race, et eussent perpétué leurs charges dans leurs familles, ils n'avaient pas encore acquis cette espèce d'indépendance dont nous les verrons jouir sous la troisième dynastie. A l'époque dont nous parlons, ils étaient encore entièrement assujettis aux rois : il leur fallait obtenir des survivances en faveur de leurs enfans, et quand pendant leur vie ils avaient manqué à cette formalité, ils ne pouvaient en mourant disposer de leurs comtés que sous le bon plaisir du prince. L'histoire de France fournit assez d'exemples de cet usage. Il nous suffit d'avoir prouvé, autant qu'on le peut dans une matière aussi obscure, que la coutume de faire succéder les enfans aux pères s'observa régulièrement en Touraine depuis Robert Ier, pour être en droit de conclure que ce Robert était père de Robert-le-Fort. Nous savons que les historiens sont très-partagés sur l'origine de ce dernier; car il y a presque autant de sentimens différens qu'il y a d'auteurs qui ont écrit sur cette matière. Quant à nous, nous avons cru devoir appuyer de preuves l'opinion que nous avons adoptée sur l'origine de Robert-le-Fort, abbé de Saint-Martin, comte de Tours, de Blois, d'une partie de l'Anjou, et de plus duc de France. Au surplus nous avons traité d'une manière plus étendue ce point litigieux de notre histoire, dans une dissertation particulière qu'on peut consulter à la page 427 de nos Tablettes.

Robert-le-Fort fut le fléau des Normands; il les combattit avec tant de valeur et de persévérance, que les historiens contemporains ne crurent pas pouvoir donner une plus haute opinion de lui qu'en le comparant à Machabée. Revenus pour la troisième fois au pillage du Maine et de la Touraine, en 867, il les poursuivit si vigoureusement qu'il les atteignit à Brissarte sur la Sarthe, à cinq lieues d'Angers. Il tailla en pièces une partie de leur armée, et contraignit le peu qui en restait à se fortifier dans une église, où on les investit et dont on forma le siège. Les assaillans ayant été repoussés, Robert, qui venait de quitter son armure de tête pour se rafraîchir, voulant rallier sa troupe, accourut l'épée à la main, et fut tué à la porte de l'église jusqu'à laquelle il s'était déjà fait jour. Ranulfe, duc d'Aquitaine, y fut tué comme lui, et la perte de ces deux chefs ayant mis la confusion parmi leurs troupes, les barbares eurent le temps d'opérer leur retraite, ayant éprouvé trop de pertes pour pouvoir profiter de l'avantage que cet événement désastreux devait leur offrir. Robert laissa, d'Adélaïde sa femme, deux fils, Eudes et Robert, et une fille nommée Richilde, mère, suivant l'opinion commune, de Thibaut-le-Tricheur, premier comte héréditaire de Tours. 867.

Nous possédons un gros tournois d'argent, dont Bouterone ni Leblanc n'ont point fait mention ; mais il nous paraît appartenir incontestablement à Robert-le-Fort, le premier qui ait eu le titre de duc de France, et qui, en cette qualité, aura été autorisé à faire frapper de la monnaie à son coin. Nous ne voyons pas en effet à quel autre Robert pourrait appartenir une monnaie portant d'un côté ROBERTVS DVX, et au-dessus la légende, BENEDICTV : SIT : NOME : DNI : NRI : DEI : IEV : XRI : avec un revers où sont les mots TVRON : CIVIS, qu'entoure un cercle de fleurs de lis. Cette pièce, sans millésime, comme toutes celles de ces anciens temps, peut dater de l'an 861, époque où Robert fut nommé duc de France. Sa mort fut une véritable calamité ; car il s'était promis de ne donner aucun relâche aux barbares du nord, qu'il n'en eût entièrement purgé le sol français.

L'année qui précéda la mort de Robert, c'est-à-dire en 866, on tint à Soissons un concile, dans lequel l'archevêque de Tours renouvela ses plaintes contre les entreprises des évêques de la Bretagne. Salomon, qui, après avoir assassiné son cousin Érispoé, gouvernait alors cette province en qualité de souverain, écrivit au pape Nicolas Ier pour lui demander le *pallium* en faveur de Festinien, évêque de Dol. Mais dans cette lettre, qui n'était ni signée ni datée, il avait placé son nom avant celui du souverain Pontife. Celui-ci se plaignit de cette irrévérence et refusa le *pallium*, pour ne pas préjudicier aux droits de l'archevêque de Tours. Nous n'avons rapporté cette circonstance, assez indifférente d'ailleurs, que pour faire observer que, dans les premiers siècles, on avait coutume de mettre son nom avant celui de la personne à laquelle on écrivait, quelle que fût sa qualité: c'était une incivilité d'en user autrement (1). Mais cet usage changea tellement dans les siècles suivans, qu'il n'y eut plus que les supérieurs qui en agissent de la sorte envers leurs inférieurs (2).

Salomon n'avait donc rien à espérer du pape Nicolas, qui déclara que les évêques, condamnés contre toutes les règles de l'Église et les lois de l'équité, devaint être renvoyés devant leur métropolitain, et que s'il jugeait, avec d'autres évêques au nombre de douze, que les prélats chassés avaient été canoniquement condamnés, ceux qui avaient été mis à leurs places jouiraient paisiblement de leurs sièges; mais que si au contraire ils étaient déclarés innocens, ils

---

(1) Ausone, qui mourut en 393, en écrivant sa vingtième épître à saint Paulin de Nole, s'excuse sur la mesure du vers d'avoir mis son nom avant celui du prélat:

Paulino Ausonius: metrum sic suasit, ut esses
Tu prior, et nomen progrederere meum.

(2) On peut citer pour exemple de ce changement dans l'ancien usage, ce passage d'une lettre où Héloïse dit à Abailard: « Miror « unice quod præter consuetudinem epistolarum, immo contra « ipsum ordinem naturalem, in ipsa fronte salutationis epistolaris, « me tibi præponere præsumpsisti. »

devaient être rétablis, et les autres considérés comme intrus. De son côté, le concile de Soissons, tout en accueillant les plaintes de l'archevêque de Tours, se borna à des exhortations, qui furent adressées tant à Salomon qu'à ses évêques dissidens, et qui restèrent sans effet et sans réponses.

Dans le cours de ces débats, le pape Nicolas mourut, le 13 novembre 867, et eut pour successeur Adrien II. Salomon, dans l'espoir d'en obtenir meilleure composition, lui envoya une ambassade solennelle, avec de riches présens, parmi lesquels était, dit-on, une statue d'or massif de grandeur naturelle; ce qui paraîtra sans doute fort apocryphe. On a prétendu que, par reconnaissance, le nouveau pape avait accordé le *pallium* à Festinien : mais la réponse prétendue, qu'Adrien aurait faite à ce sujet au duc Salomon, ayant été depuis produite au concile de Saintes, en 1080, il y fut reconnu qu'elle avait été falsifiée précisément à l'endroit relatif au *pallium*; ce qui fait douter de l'authenticité de la réponse, autant que de la réalité de la statue.

Indépendamment des exhortations dont nous avons parlé, le concile de Soissons écrivit au pape une lettre synodale pour lui demander d'enjoindre au duc de Bretagne de faire reconnaître la métropole de Tours par ses sept évêques; et de plus de faire rétablir sur leurs sièges Subsannes de Nantes, et Salacon de Dol, qui étaient encore vivans. Ils se plaignaient en outre de ce que ces prélats ne se rendaient plus aux conciles de France, et enfin de l'indépendance à la-

867. quelle prétendait le duc de Bretagne, au préjudice de son souverain. Actard, ancien évêque de Nantes, d'où il avait été chassé deux fois, la première par les Normands, et la deuxième par Noménoé, fut chargé de porter à Rome la lettre et les canons arrêtés par le concile. Mais soit politique de la part de la cour de Rome, soit difficulté de prononcer entre le roi de France et le duc de Bretagne, l'affaire de Dol fut encore ajournée.

Actard était né à Tours, où il avait été élevé aux écoles de la cathédrale. D'abord abbé d'un monastère, il fut ensuite promu à l'évêché de Nantes, dont il fut expulsé par deux fois. Errant et sans asile, il se vit heureux de reprendre l'abbaye qu'il avait d'abord gouvernée. Son voyage à Rome lui donna enfin l'espoir d'une meilleure fortune. Les pères du concile, et Charles-le-Chauve lui-même, ayant invité le pape à lui accorder une dispense pour occuper le premier siège qui viendrait à vaquer, Adrien non-seulement souscrivit à cette demande, mais encore il y ajouta la faveur de porter le *pallium*, à la condition cependant que cet honneur ne serait attaché qu'à sa personne, et non au siège qu'il occuperait. Revenu en France, le célèbre archevêque de Reims Hincmar lui permit de faire les fonctions épiscopales dans l'église de Térouane, dépendante de son siège. Enfin, l'archevêque de Tours Hérard étant mort en 873, il fut ordonné archevêque de Tours par le pape lui-même; mais à condition qu'après sa mort son successeur serait, suivant les règles, ordonné par les évêques de la province, d'après l'élection du clergé et du peuple. Déjà avancé en âge, il n'occupa le siège qu'un an et quelques mois. Les bulles d'Adrien II, confirmatives de son élection, portaient que le pape le constituait cardinal métropolitain, archevêque de Tours; mais il est bon de remarquer que ce mot cardinal signifiait simplement que le saint-père lui confirmait l'archevêché de Tours en titre.

La nécessité d'entrer dans quelques détails indispensables pour l'intelligence de l'affaire de Dol nous a fait un instant perdre de vue le successeur de Robert-le-Fort. C'était le comte Hugues, fils d'Adélaïde, qui l'avait eu en premières noces de Conrad, comte d'Altorf, et par conséquent frère utérin d'Eudes et de Robert, enfans du second lit. Hugues fut pourvu de tous les gouvernemens de Robert-le-Fort, attendu la grande jeunesse de ses deux frères; il jouissait de la plus haute considération, tant auprès du roi que des grands du royaume, par la bravoure qu'il déploya en différentes occasions, et surtout contre les Normands, qu'il battit complètement en 870, ce qui lui gagna au plus haut degré l'amour des peuples voisins des rives de la Loire. Dès l'année précédente, Charles avait ordonné aux habitans de Tours de réparer leurs murailles afin de les mettre en état de résister aux courses des Normands; mais, ainsi que nous venons de le dire, Hugues était à leur poursuite, et ne pouvait veiller à l'exécution des ordres du roi. Les désastres que la ville de Tours avait éprouvés étaient assez grands pour que le pape Adrien II, en 871, se crût dans l'obliga-

867. tion d'écrire à ce sujet à Charles-le-Chauve, en l'exhortant à rétablir les églises et les monastères de la ville de Tours ruinés par les Normands, et à les enrichir de ses dons. Vous en serez, ajoute-t-il dans sa lettre, regardé comme le fondateur, et la reconnaissance devra dorénavant faire nommer Tours *Carlodunum*, au lieu de *Cæsarodunum*. La ville ne changea point de nom ; mais, ce qui était plus important, ses murs furent réparés et mis en état de défense. Il n'y a pas long-temps qu'on en voyait encore des traces dans plusieurs endroits de ses murs, construits en grandes pierres de deux pieds et demi de longueur, tandis que les anciens murs ne sont formés que de petites pierres de trois pouces en carré. Quelques-uns d'entre nous ont pu lire au-dessus de la porte Hugon un reste d'inscription relative à la circonstance dont nous parlons. On y distinguait encore ces mots : ANNO.INCARNAT.REGN.CAROLO.R...G... c'est-à-dire *rege gloriosissimo*.

Nous venons de dire que l'archevêque Actard, lorsqu'il fut nommé au siège de Tours, était déjà sur la

874. fin de sa carrière ; il la termina effectivement en 874, et eut pour successeur Adalard, seigneur du château d'Amboise, terre qui lui appartenait à titre héréditaire. Du Tillet et Maan prétendent qu'il y eut entre Actard et lui un autre archevêque du nom de Ragenelme, qui assista à l'assemblée de Pavie, en 876 : mais tous les deux se sont évidemment trompés. Ragenelme était évêque de Tournai et non de Tours ; ils auront confondu *Tornacensis* avec *Turonensis*.

La preuve qu'à cette époque Adalard était encore 874.
vivant, c'est qu'on le voit figurer au concile tenu à
Troyes en 878, convoqué et présidé par le pape
Jean VII, qui était venu en France demander du
secours au roi Louis-le-Bègue. Dans ce concile, les
curés de la Touraine obtinrent du pape la confirmation d'un ancien privilège que les rois de France leur
avaient accordé à la prière des évêques, et qui leur
permettait de posséder chacun en particulier une métairie, trois arpens de vigne, trois arpens de prés, et
quatre serfs, indépendamment du presbytère, à condition qu'ils ne pourraient exiger de leurs paroissiens
ni salaires, ni présens, et qu'ils n'auraient que la
dixième partie des oblations faites à l'Église. L'archevêque, de son côté, obtint aussi du pape des lettres
de recommandation adressées à plusieurs évêques,
pour faire rendre à son Église les biens qui lui avaient
été usurpés, et pour faire payer les dîmes qui étaient
dues dans l'étendue de son diocèse.

Adalard, ainsi que ses prédécesseurs, ne perdit pas
de vue l'affaire des évêques bretons, sur laquelle la
cour de Rome semblait toujours craindre de se prononcer. Salomon et Wignon, son fils, ayant été tués
en 874, et Charles-le-Chauve étant rentré dans ses
droits sur la Bretagne conformément à ce qui avait
été arrêté au parlement de Crécy-sur-Oise en 877, 877.
l'archevêque de Tours crut le moment favorable pour
revenir à la charge, se persuadant que ses anciens
suffragans ne l'avaient méconnu que pour ne pas déplaire à leurs princes. Le pape Jean VIII embrassa

877. en effet sa cause avec plus de chaleur que ses prédécesseurs; il enjoignit aux évêques dissidens de reconnaître l'archevêque de Tours pour leur métropolitain, et les menaça des foudres de l'excommunication, s'ils refusaient d'obéir à ses ordres; mais les menaces du saint-père furent sans effet; il ne lança point les foudres, et quand même il l'eût fait, il avait, dit l'abbé de Fleury, tellement prodigué les excommunications, qu'elles passaient presque en formule: ainsi les évêques bretons continuèrent à vivre dans leur indépendance. Assoupie pour le moment, nous verrons cette querelle se ranimer vers le milieu du siècle suivant avec la même chaleur et les mêmes résultats.

Quoique Jean VIII eût comblé Adalard de marques de bienveillance, il ne put cependant lui pardonner d'avoir entretenu un commerce de lettres avec Formose, évêque de Porto, qu'il avait déposé et excommunié dans un concile tenu à Notre-Dame-de-la-Rotonde en 876, et en 878 au concile de Troyes. Les archevêques de Tours, de Rouen et de Bourges se virent enveloppés dans les censures prononcées contre Formose. Mais Jean VIII étant mort dans le cours de
882. 882, son successeur Marin rétablit dans ses droits l'évêque de Porto. Quant aux trois autres prélats, il paraît que l'excommunication resta sans effet à leur égard; car nous ne voyons pas que pendant ces quatre ou cinq années le siège de Tours ait vaqué un instant.

Les Normands, qui depuis quelque temps avaient laissé respirer les bords de la Loire, y reparurent en en 878. Louis-le-Bègue se hâta de ramasser des troupes 878. qu'il dirigea sur la Touraine pour y attendre celles qu'Alain Ier, comte de Vannes, lui avait promis de joindre aux siennes. La Bretagne était alors partagée entre deux princes : Alain Ier, comte de Vannes, et Judicaël, comte de Rennes. A peine le roi Louis fut-il rendu à Tours, qu'il tomba si dangereusement malade qu'on désespéra de sa vie. On croit même assez communément que sa maladie fut l'effet du poison. Cependant il recouvra la santé, si l'on peut donner ce nom à l'état de langueur dans lequel il vécut jusqu'au 10 avril de l'année suivante. Persuadé néanmoins qu'il était redevable de la vie aux prières solennelles qui avaient eu lieu nuit et jour dans l'église de Saint-Martin, il voulut signaler sa reconnaissance envers elle par le don d'un village (1) qui était sa propriété. Il en déposa lui-même sur le tombeau du saint le diplôme daté de Tours le 12 des calendes de juillet, ou 20 juin 878. Il prescrivit que le revenu en fût employé à augmenter celui des chanoines, et à les traiter aux deux fêtes qu'il leur recommanda de célébrer en sa mémoire, savoir : le 1er novembre, jour de sa naissance (la fête de la Toussaint n'était pas encore instituée à cette époque); et le 8 décembre, jour de son premier couronnement. Il paraît qu'il était encore à Tours le 24 juillet. C'est du moins ce qui résulte d'un autre diplôme daté de Tours le 9 des calendes d'août, portant privilège d'exemption en

---

(1) Villam Merlaum sitam in pago Canesiacense super Ingerant.

faveur du chapitre de Saint-Martin de toutes visites onéreuses des comtes, vicomtes et autres officiers publics. Lorsque sa santé put enfin lui permettre de se mettre en route, il quitta Tours pour se rendre au concile de Troyes, où il arriva le 1er septembre, et où il fut une seconde fois couronné le 7 du même mois par le pape Jean VIII. Là il se souvint encore de l'église de Saint-Martin en confirmant le don qui lui avait été fait par Charles-le-Chauve des prévôtés de Châblis et de Milcey.

Tandis que ce concile se tenait, les troupes promises par Alain s'étaient réunies à celles de la Touraine, dont les Normands s'étaient approchés en remontant le long de la rive gauche de la Loire. L'armée se mit en marche vers le mois de mai ou de juin 879 sous la conduite de Hugues l'abbé et de Judicaël, auxquels étaient venus se joindre Louis III et Carloman, successeurs de Louis-le-Bègue. Ils atteignirent l'ennemi dans les environs de Candes et de Montsoreau à l'embouchure de la Vienne. L'action fut extrêmement chaude : le comte Judicaël y fut tué. Mais tandis que les deux rois dirigeaient la bravoure des Français, Hugues se porta dans les rangs des Bretons, que la perte de leur prince aurait pu ébranler, et poussa si vigoureusement les barbares, qu'il les mit dans une déroute complète, et les força d'abandonner les rives de la Loire; non moins brave, mais plus heureux que Robert-le-Fort, qui avait perdu la vie dans une circonstance semblable.

Continuellement occupé à la poursuite d'un ennemi

toujours renaissant, Hugues ne pouvait donner ses soins à l'administration des provinces dont le gouvernement lui était confié. C'est ce qui avait engagé Louis-le-Bègue, pendant son séjour à Tours, à lui donner deux espèces de suppléans pour la Touraine, savoir Théodacre et Ragenaire, comtes du palais, qui furent adjoints à l'archevêque Adaland, mais qui malgré cela ne peuvent pas être mis au rang des comtes de Tours.

Hugues, en 882, eut encore occasion d'exercer sa valeur contre les irréconciliables ennemis du repos de la France, qui avaient fait une irruption en Poitou, et qui menaçaient en cas de succès d'envahir la Touraine. Louis III accourut en diligence au secours de ces provinces, et poursuivit ces barbares avec tant de persévérance, qu'il les chassa tout-à-fait du royaume. En revenant de cette expédition, il se trouva attaqué à Tours d'un mal si violent, qu'il fut obligé de suspendre son voyage. Quelques chroniques prétendent qu'il y mourut. Paul-Émile raconte qu'en y poursuivant une jeune fille qui s'était sauvée dans une maison dont la porte était fort basse, son cheval l'emporta et lui brisa les reins contre cette porte; mais nous pensons avec d'autres historiens plus dignes de confiance que de Tours il fut transporté en litière à Saint-Denis, où il mourut le 4 août de la même année, laissant maître de toute la monarchie son frère Carloman, qui lui-même, par sa mort arrivée en 884, la transmit à Charles-le-Gros, roi de Suabe et petit-fils de Louis-le-Débonnaire, qu'aucun de nos historiens n'a

882. mis au nombre des rois du nom de Charles, probablement parce qu'il ne conserva la couronne que pendant l'espace d'une année, et qu'il abandonna la France à la tête de l'armée inactive qu'il avait amenée d'Allemagne au secours de Paris, après avoir fait une paix honteuse avec les Normands.

Hugues l'abbé mourut à Orléans au commencement de l'année 887. Son corps fut transporté à Auxerre, où il eut sa sépulture dans l'église de Saint-Germain, et non, comme quelques-uns l'ont prétendu, dans celle de Saint-Germain-l'Auxerrois de Paris. On le surnomma l'abbé, parce qu'il possédait plusieurs abbayes, entre autres celles de Saint-Martin de Tours et de Marmoutier. Après sa mort, Eudes, comte de Paris, fils aîné de Robert-le-Fort, fut déclaré duc de France, titre dont il s'était rendu digne par sa glorieuse défense de Paris, assiégé en 885 par les Normands. Successeur de Hugues dans toutes ses dignités, il se trouva comme lui comte de Tours; mais ayant été élu roi de France en 887, il céda à Robert, troisième du nom, son frère puîné, tous les gouvernemens dont il avait été pourvu.

Nous voyons, pendant le règne du roi Eudes, qu'un seigneur nommé Ingelger, comte de Gâtinais et d'une partie de l'Anjou, était sénéchal de Tours. Quelques historiens lui donnent, les uns le titre de préfet, les autres celui de prévôt, qualités bien inférieures à celle de comte; ce qui nous porte à croire qu'il était lieutenant d'Eudes dans la Touraine, car il a été le seul de ces temps-là qui ait eu le titre de sénéchal. Tous ceux qui depuis remplirent les fonctions dont il était chargé furent nommés vicomtes. Cette dignité prit naissance sous Robert III, dont nous venons de parler. Les comtes de Tours, étant obligés d'être souvent à la cour, établirent, pour rendre la justice pendant leur absence, des lieutenans qu'on appela vicomtes. Ce Robert fut le premier qui abandonna l'administration de la justice à son lieutenant, et ce fut depuis ce temps que les vicomtes prononcèrent les jugemens, même en présence des comtes, ainsi que le pratiquèrent depuis les lieutenans-généraux en présence des baillis. Adralde et Thibaut successivement ont été vicomtes de Tours sous Robert. On trouve des jugemens rendus par le premier, et le second en fit les fonctions jusqu'en 940. Alors ayant rendu sa vicomté héréditaire, il établit, à l'exemple des comtes, des officiers chargés de rendre la justice aux citoyens.

Le lieu où se rendait la justice était situé dans une place publique voisine de l'église de la Basoche. On l'appelait communément *mallum publicum*; mais ce lieu se trouvant exposé aux injures de l'air, le roi ordonna qu'on y mît une couverture, de sorte qu'on la nomma depuis *Tetmallum*, qui est le terme employé dans les anciens titres et dans les capitulaires, comme abréviation de *tectum mallum*. On transféra depuis les plaids dans le palais qui était sur les murs de la ville du côté de la Loire, et ensuite dans la tour du comte qu'on nommait la tour Hugon ou feu Hugon, c'est-à-dire de feu Hugues, comte de Tours. Elle

882. était devenue le principal manoir de la vicomté de Tours.

Ce fut cet Ingelger, dont nous avons parlé plus haut, qui entreprit de faire rendre aux Tourangeaux les reliques de saint Martin, qui depuis trente-un ans étaient restées à Auxerre, où nous avons vu qu'on les avait transportées en 856. Déjà plusieurs fois le chapitre avait réclamé auprès de l'évêque de cette ville 887. le dépôt qui avait été confié à son prédécesseur : mais ses instances n'avaient obtenu aucun succès. Il s'était de même inutilement adressé au roi, qui refusa d'interposer son autorité, craignant sans doute de mécontenter l'une des deux villes en prononçant en faveur de l'autre. Le chapitre et les habitans, convaincus que toute voie de conciliation devenait désormais impossible, résolurent de recourir à la force pour arracher ce que la mauvaise foi refusait de leur restituer. Rien en effet n'était plus frivole que le prétexte allégué par l'évêque d'Auxerre, qui ne pouvait, disait-il, se démettre d'un bien dont son église était en possession quand il vint en occuper le siège, et dont la ville de Tours s'était volontairement dessaisie. Ingelger embrassa avec chaleur la cause des Tourangeaux. Il leva environ six mille hommes, tant infanterie que cavalerie, soit de ses propres troupes, soit de celles des seigneurs voisins. Les barons de Preuilly, de Semblançay, de l'Ile-Bouchard, et quelques autres le secondèrent dans cette entreprise. Cette armée prit la route d'Auxerre vers le mois d'octobre 887, et l'archevêque Adaland, pour intéresser le ciel à cette ex-

pédition, ordonna un jeûne et des prières publiques
dans toute l'étendue de son diocèse. Ingelger avait
hâté sa marche, et se présenta devant Auxerre avant
même qu'on eût été instruit de son départ et de ses
projets. Son premier soin en entrant dans la ville fut de
se rendre chez l'évêque et de demander la restitution
du corps de saint Martin. L'évêque se plaignit amèrement de ce qu'on était venu à main armée faire une
pareille réclamation, et remit au lendemain à donner
sa réponse. Les évêques de Troyes et d'Autun se trouvaient en ce moment à Auxerre, et il n'avait sollicité
ce délai que pour prendre leur avis. Les deux prélats
lui représentèrent qu'il était contre toutes les lois civiles et religieuses de garder ce qui n'avait été confié
que sous la foi du dépôt, et que d'ailleurs il serait
impolitique de ne pas rendre de bonne grace ce qui
ne manquerait pas d'être ravi par la force. L'évêque
d'Auxerre, bien plus convaincu par ce dernier argu-
ment que par le premier, consentit enfin à laisser enlever le corps de saint Martin. Le jour du départ, il
célébra lui-même une messe solennelle en l'honneur
du saint, et, suivi des évêques de Troyes et d'Autun,
de son clergé et d'un grand concours de peuple, il
accompagna jusqu'à certaine distance de la ville la
châsse, qui fut mise au milieu de l'armée du comte
Ingelger. Avec cette escorte, elle arriva en triomphe
à Tours, où elle fut reçue par l'archevêque, le clergé
et le peuple avec autant de joie que de solennité, le
13 décembre de cette même année. Adaland institua
une fête qu'on célèbre encore tous les ans à Tours à

887. pareil jour, sous la dénomination de Réversion de saint Martin.

L'auteur anonyme du récit de cette réversion, faussement attribué à Odon, abbé de Cluny, a semé sa narration de tant de puérilités et de contes ridicules, que les rapporter ici, même pour en démontrer l'absurdité, serait manquer à la dignité de l'histoire.

Le chapitre signala sa reconnaissance envers Ingelger, en l'instituant trésorier de son église, dignité qui n'existait pas encore, et qui fut créée en sa faveur. Atton, baron de Preuilly, obtint pour lui et pour ses descendans le titre d'avoué, ou défenseur du chapitre, ainsi que celui de porte-enseigne de Saint-Martin. Un seigneur dont l'histoire ne nous a pas conservé le nom, fut gratifié de la terre de Semblançay avec les vignes d'outre Loire. C'est lui qui fut la tige des barons de Semblançay. Le seigneur de l'Ile-Bouchard reçut également l'île de Bréhémont et la seigneurie de Rivarennes, dont ses descendans ont joui plus de quatre cents ans par leur réunion à l'Ile-Bouchard.

Ingelger ne survécut pas long-temps au service signalé qu'il avait rendu à l'église de Saint-Martin, et aux témoignages de reconnaissance qu'il en avait reçus. Il mourut en 888 à Châteauneuf en Anjou, d'où, suivant ses intentions, son corps fut rapporté à Tours, et inhumé dans l'église de Saint-Martin. Ingelger, fils de Tertulle, sénéchal du Gâtinais, était, par sa mère Pétronille, petit-fils de Hugues l'abbé, dont nous venons de parler. Louis-le-Bègue lui avait donné une partie du comté d'Anjou, qu'il défendit 887. vaillamment contre les Normands avec Eudes, alors comte de Tours.

On raconte qu'Adèle, dame de Château-Landon et du Gâtinais, ayant été méchamment accusée d'adultère après la mort de son mari, aucun de ses parens n'eut le courage de la défendre en champ clos. Ingelger, son filleul, indigné de cette lâcheté, offrit de prouver son innocence par le sort des armes, et tua son accusateur dans un combat singulier. Adèle s'étant retirée du monde, obtint de Louis-le-Bègue la permission de faire passer tous ses biens sur la tête d'Ingelger au préjudice des parens qui l'avaient lâchement abandonnée. Ingelger eut d'Adelinde, nièce de l'archevêque de Tours Adaland, Foulques Ier, dit le Roux, qui réunit les deux parties du comté d'Anjou, et fut ainsi la tige de cette illustre maison.

L'archevêque Adaland ne lui survécut pas longtemps. Il mourut en 890, et eut pour successeur ce même Héberne, prieur et non abbé de Marmoutier, que nous avons vu accompagner le corps de Saint-Martin, lors de sa translation à Auxerre, et qui en était revenu avec lui lors de l'expédition d'Ingelger. On s'est trompé en disant que ce comte avait beaucoup contribué à son élection, puisqu'il est vrai qu'il était mort deux ans auparavant : ce fut Foulques-le-Roux qui le désigna et le recommanda aux suffrages du clergé et du peuple.

La Touraine était alors gouvernée par le comte Robert, troisième du nom, frère d'Eudes, roi de

903. France. Ce prince fit de grandes libéralités à l'église de Saint-Martin, dont il était abbé. Il donna au chapitre plusieurs terres et seigneuries, et lui restitua le droit de collation que ses prédécesseurs lui avaient enlevé. Depuis la translation des reliques de Saint-Martin, en 856, l'église avait été entièrement réparée, et les dommages qu'elle avait éprouvés de la part des Normands avaient disparu : mais la division qui régnait alors dans la France, partagée entre Eudes et Charles-le-Simple, n'avait fait qu'enhardir encore ces hordes vagabondes, qui n'étaient pas plus tôt chassées d'une province, qu'elles allaient en dévaster d'autres. En 903, elles pénétrèrent de nouveau en Touraine, sous la conduite de Héric et Harec, deux des plus vaillans capitaines de Rollon. La ville de Tours, dépourvue de troupes, ne put opposer aucune résistance. Le 11 juillet, d'autres disent le 30 juin, elle fut livrée au pillage suivi d'un incendie qui consuma entre autres l'église de Saint-Martin et vingt-huit églises, tant paroisses que monastères et chapelles. Charles-le-Simple ne parvint à mettre un terme à tant de dévastations, qu'en donnant à Rollon la main de Gisèle, sa fille, et en lui abandonnant en fief la Neustrie, dont il s'était déjà emparé, et qui, depuis ce moment seulement, fut connue sous le nom de Normandie.

Robert fit reconstruire l'église de Saint-Martin, de concert avec cinq ecclésiastiques des plus riches de la province ; et pour la défendre des insultes auxquelles elle pourrait encore être exposée, il fut résolu qu'on

environnerait de fortes murailles le bourg qui s'était 903.
formé à l'entour de son enceinte, bourg qui de là fut
appelé Châteauneuf, pour le distinguer du château
de la cité.

La ville de Tours ne se composait alors que de la
partie qui existait du temps des Gaulois, et qui avait
été renfermée par les Romains de murailles plus solidement construites. Ces murs, à partir du trou des
Maures, longeaient la rivière, sur laquelle dominait le
château qu'ils entouraient, ainsi que la cathédrale,
tournaient ensuite vers le midi pour aller rejoindre
leur point de départ le long des murs du chapitre de
la Basoche. Il y avait bien quelques habitations au
levant du côté de Saint-Pierre-des-Corps, et au couchant jusque vers le portail de la Chancellerie; mais
tout l'espace qui restait entre la cité et l'église de
Saint-Martin, était encore en prairies et en vignes.
La célébrité de cette église et les nombreux pèlerinages qu'attirait le tombeau du saint, y avaient
successivement fait naître un assez grand nombre
d'habitations qui, indépendamment de celles des chanoines et autres bénéficiers, avaient fini par former
un bourg assez considérable sous la dépendance du
chapitre, et en quelque façon étranger à la cité de
Tours. Ce bourg se terminait au levant au chemin
des prés Saint-Julien, aujourd'hui la rue de la Guer-
che, se continuait au nord par la rue du Petit-Soleil,
la rue de la Rôtisserie, le grand marché, l'église de
Saint-Simple au midi, et celle de Saint-Venant qui se
trouvait dans l'intérieur du cloître. Au nord, entre la

903. rue du Petit-Soleil et celle de la Rôtisserie, était la porte Pétrucienne, par laquelle on entrait dans le faubourg Saint-Père ou Saint-Pierre-le-Puellier, dépendant également de Saint-Martin. Cette porte prit depuis le nom de portail Saint-Denis.

Charles-le-Simple, auquel le projet de fortification de Châteauneuf fut soumis, en donna ses lettres d'approbation le 1ᵉʳ décembre 909, et prit les habitans de cette nouvelle ville sous sa protection et sauvegarde. Le moine anonyme de Marmoutier, qui vivait dans le douzième siècle, dit dans son éloge de la Touraine, que Châteauneuf n'était qu'une continuation de la ville de Tours, et que de son temps, il n'y avait que des gens riches qui y demeurassent. « Ils sont, « dit-il, habillés de robes de pourpre, doublées de « fourrures de vair et de petit gris; leurs meubles « sont enrichis d'or et d'argent : des tours s'élèvent « du haut de leurs maisons; leurs tables sont cou- « vertes des mets les plus exquis. Ils passent leur « temps à jouer aux dez et aux cartes. Ils sont af- « fables aux étrangers, bienfaisans envers tout le « monde, libéraux envers les églises, charitables en- « vers les pauvres, fermes dans leurs résolutions, et « fidèles dans leurs promesses. »

909.

L'opulence ayant enflé le cœur de ces habitans, ils voulurent se soustraire à l'autorité du chapitre, trouvant sans doute qu'il était humiliant d'être soumis à des ecclésiastiques pour le gouvernement de leurs affaires civiles. Ce sentiment d'indépendance, assez remarquable dans ces temps de servitude, fut la source de nombreux débats, dont nous aurons occasion de parler dans la suite.

La fête de la Réversion, instituée par l'archevêque Adaland, fut définitivement et légalement arrêtée dans une espèce de concile, ou plutôt dans un synode qu'Héberne tint à Tours en 912. L'année suivante, il consacra la nouvelle basilique de Saint-Martin, que le comte Robert avait fait reconstruire. L'auteur de la chronique de Tours s'est évidemment trompé en reculant cette cérémonie jusqu'en 917, puisque les reliques de saint Brice y avaient déjà été transférées dès l'an 913, ainsi qu'on le voit par une inscription latine qui ne peut laisser aucun doute à cet égard. Elle fut trouvée en 1183; elle était conçue en ces termes, dont nous avons cité le texte au commencement du livre Ier. « Dans cette urne repose le « vénérable et très-saint corps de saint Brice, évêque, « après saint Martin, du siège métropolitain de « Tours. Plein de vertus comme son prédécesseur le « bienheureux saint Martin, après quarante-sept ans « d'épiscopat, il termina sa vie angélique, et mourut « vierge. Transféré de la basilique, qu'il avait fait lui-« même élever sur le tombeau du saint, l'an de l'in-« carnation de Notre-Seigneur 913, il a été placé au-« près de saint Martin. » Il est clair que si le corps de saint Brice fut transféré en 913, et placé auprès de celui de saint Martin, la translation de ce dernier, et par conséquent la consécration de sa nouvelle église, avaient dû avoir lieu à cette même époque de 913.

909. Héberne mourut en 916, probablement dans un âge fort avancé, puisque nous avons vu qu'il était prieur de Marmoutier en 856, lorsqu'il accompagna jusqu'à Auxerre les restes de saint Martin. On lui attribue le commencement d'un ouvrage sur les miracles de saint Martin, continué par un auteur de son siècle. Cet ouvrage se trouve au tome vii des Mélanges de Baluze, page 169 : mais Claude Dumoulinet, dans les Mémoires de Trévoux, juin 1716, a fort bien démontré qu'Héberne n'en était pas l'auteur, et qu'un inconnu avait usurpé son nom. Son frère Adaland avait été évêque spécial de Saint-Martin jusqu'à l'an 900. En 896, ces deux frères firent don à cette église d'une terre qu'ils possédaient dans le territoire de Châteaudun.

Un nouveau parti de mécontens s'étant formé contre Charles-le-Simple en 922, notre comte Robert fut élu par eux roi de France, sous le nom de Robert Ier. Alors son fils, Hugues-le-Grand, lui succéda dans le comté de Tours et dans tous les autres emplois, dont Charles lui avait depuis long-temps assuré la survivance. Il fut, ainsi que Hugues Ier, surnommé l'abbé, parce qu'il possédait en même temps les abbayes de Saint-Martin, de Saint-Denis, de Saint-Germain-des-Prés, de Marmoutier, et plusieurs autres, parmi les plus riches du royaume. Son père, Robert, ayant été tué l'année suivante par Charles-le-Simple, à la bataille de Soissons, soit scrupule de monter sur un trône illégitimement acquis, soit désintéressement ou générosité envers

Raoul, son beau-frère; Hugues consentit à laisser 909. passer la couronne sur sa tête, quoique ce fût son courage seul et son habileté qui eussent paralysé une victoire dont Charles-le-Simple ne sut tirer aucun fruit, au point qu'il fut obligé de quitter son royaume, et de se réfugier en Allemagne. On sait de quelle manière, et par quelle trahison, ce prince infortuné perdit la vie l'an 929.

Thibaut était alors vicomte de Tours, Adralde son prédécesseur étant mort vers l'an 908 ou 909. On ne connaît pas après eux d'autres vicomtes amovibles. Ce Thibaut était père de Thibaut-le-Tricheur, dont la mère était Richilde, deuxième fille de Robert-le-Fort.

L'archevêque Héberne avait eu pour successeur Robert, deuxième du nom. Le seul fait un peu remarquable de l'épiscopat de celui-ci, est le synode de tous les curés de son diocèse qu'il convoqua en 925 pour terminer le différend qui s'était élevé entre Raynaud, curé de Pussigny, et Geoffroy, curé d'Antogny. Il s'agissait des dîmes de Faye-la-Vineuse, dont le premier prétendait que la moitié lui appartenait. L'archevêque ordonna que le curé d'Antogny justifierait son droit par la preuve du fer chaud. Ce jugement, dont les exemples ne sont pas rares dans ces temps encore éloignés de la civilisation, mérite cependant que nous nous y arrêtions pour faire connaître par quels procédés on recherchait les preuves de l'innocence ou de la culpabilité.

Il y avait quatre sortes de preuves : 1° celle de

l'eau bouillante ; 2° celle de l'eau froide ; 3° celle du feu ; 4° celle du fer chaud. Cette dernière était simple ou double. Dans la preuve simple, le fer pesait une livre seulement, et trois dans la preuve double. On faisait la preuve de l'eau bouillante, en y trempant le bras jusqu'à l'épaule, et l'on était reconnu innocent, si, après y être resté un temps donné, le bras sortait sans être endommagé. Pour la preuve de l'eau froide, on était plongé dans l'eau tout nu ; l'innocent devait aller au fond, tandis que le coupable flottait à la surface. On croyait que Dieu permettait que cet élément refusât, contre sa nature et les lois de la pesanteur, de recevoir le coupable dans son sein. Pour sortir innocent de la preuve du feu, il fallait traverser, sans se brûler, un chemin frayé entre deux grands brasiers, dont la distance avait été convenue d'avance : mais la preuve la plus ordinaire, quoiqu'elle fût peut-être la plus dangereuse, était celle qui se faisait par le fer rouge ; et c'est celle qui fut ordonnée pour la justification du curé d'Antogny. On s'y préparait de la manière suivante, dont les premières cérémonies s'observaient également à l'égard des trois autres preuves.

Ceux qui devaient faire la preuve s'y disposaient auparavant par un jeûne de trois jours, et pour empêcher toute espèce de fraude, on les enfermait pendant ce temps dans une chambre, dont la clef restait entre les mains du prêtre chargé de la cérémonie. Le quatrième jour, on les conduisait à l'église, où l'on disait une messe dans laquelle on récitait différentes anciennes, oraisons et évangiles relatifs à la preuve qui devait se faire. Avant la communion, le prêtre, tenant l'hostie à la main, les exhortait avec de grandes menaces à ne pas s'approcher de la sainte table, s'ils se sentaient coupables. Il leur donnait ensuite la communion en disant ces paroles : « que le « corps et le sang de Jésus-Christ vous serve aujour- « d'hui pour votre preuve. » Après la messe, le prêtre faisait l'eau bénite, et s'en allait ensuite au lieu où devait se faire la preuve. D'abord on marquait l'espace que l'accusé devait parcourir en portant le fer; il était ordinairement de neuf pieds : puis le prêtre lui donnait à boire un verre d'eau bénite, ensuite on allumait le feu. A l'instant où le prêtre commençait les litanies des saints, on y jetait le fer, et tandis qu'il chauffait, le même prêtre récitait des oraisons pour conjurer le feu d'exercer toute son activité sur le coupable, mais de suspendre sa chaleur en faveur de l'innocent. Les prières finies, on retirait le fer qu'on plaçait sur un escabeau, et l'accusé se tenait prêt à partir. Au premier signal, il avançait le pied droit, au second le pied gauche, et au troisième il empoignait le fer rouge qu'il portait jusqu'au lieu indiqué. Il se rendait de là à l'autel qui avait été préparé, et où le prêtre qui l'y attendait enveloppait sa main d'une bande de toile qu'il cachetait de son sceau, en présence de témoins qui avaient assisté à la cérémonie. Enfin on le conduisait à la prison, et trois jours après, on développait la main en présence des mêmes témoins. S'il y paraissait des marques de brûlure, quelque légères qu'elles fussent, il était reconnu coupable, et on lui faisait son procès, c'est-à-dire qu'il ne restait plus qu'à prononcer la condamnation. Si au contraire la main se trouvait saine et sans rougeur, il était déclaré innocent.

Il y avait encore une autre sorte de preuve pour connaître si un homme était coupable ou non du vol dont il était accusé. Cette preuve consistait à lui présenter du pain d'orge et du fromage de lait de brebis. S'il ne pouvait l'avaler, il était convaincu du délit : dans le cas contraire, il était absous.

L'épreuve avait lieu pendant la messe qui se célébrait tout exprès. Les oraisons y étaient toutes relatives, et l'on y répétait en termes différens cette formule : « que celui qui a commis ce vol, ou qui « peut en être complice, sente se rétrécir et se fermer « sa gorge, sa langue et son gosier, et qu'il ne puisse « manger ce pain ni ce fromage. *Qui res tales fu-* « *ratus est, aut qui in hoc conscius esse videtur,* « *ut gulá et linguá et fauoibus suis constrictis et* « *obligatis, panem vel caseum istum non possit* « *manducare.* »

Le pain devait être de farine d'orge sans levain, du poids de neuf deniers, ou trois gros, et le fromage de lait de brebis devait avoir été fait au mois de mai. *Et dabis ei, inter panem et formaticum, pensantes denarios novem. Panis debet esse hordeacus, absque fermento, et formaticus, verbicinus maiensis.* Ducange, dans son Glossaire, au mot *Corsned*, a remarqué que c'est de cette espèce de preuve qu'est

venue notre façon de parler : « que ce morceau me 909.
« puisse étrangler, si je ne dis vérité. »

Comme les prêtres, auteurs sans doute de cette étrange forme de procédure, étaient exempts de faire la preuve personnellement, quand ils la réclamaient, ils étaient obligés de commettre à leur place quelque autre personne qui voulût bien s'y soumettre volontairement. Celui qui la fit pour le curé d'Antogny, porta le fer rouge sans que sa main en éprouvât la moindre atteinte, de sorte que la moitié des dîmes de Faye et du Frêne fût adjugée à son église. Le curé en prit de suite possession par un fétu, suivant l'usage du temps. L'action se passa au château de Nouâtre, en présence de Regnier, archidiacre de Tours, de Bodilon, trésorier de la cathédrale, et de trois de ses chanoines nommés commissaires par l'archevêque pour être témoins de la preuve.

Il est souvent parlé dans l'histoire de ces sortes de preuves. On les nommait jugemens de Dieu, parce que, dans ces temps plus superstitieux que dévots, on prétendait que Dieu par eux faisait connaître sa volonté ; si bien que lorsqu'on manquait de témoignages sur des faits douteux, on croyait arriver à la vérité, en ordonnant ces preuves dans les affaires tant civiles que criminelles. Le savant Mabillon dit qu'elles furent établies par le pape Eugène II, pour abolir l'ancienne coutume de jurer sur les reliques des saints. Singulier expédient d'éviter un parjure par un sacrilège de la part de ceux qui recevaient la communion, quoique se sentant intérieurement coupables. Elles furent défendues par Louis-le-Débonnaire, dans une assemblée tenue à Worms en 829; mais elles furent depuis approuvées par Hincmar, archevêque de Reims, dont l'autorité balançait souvent celle du souverain. On en faisait encore usage en Touraine sur la fin du douzième siècle, comme on le voit par le rescrit de Philippe-Auguste, et de Richard-Cœur-de-Lion, donné à Corbigny en 1190, où on lit : « S'il est « rendu jugement, pour faire la preuve par l'eau ou « par le feu, elle se fera dans l'église de Saint-Pierre-« le-Puellier (1). » Ni les défenses du pape Innocent III, au concile de Latran, en 1215, ni les ordonnances de saint Louis, ne purent détruire un usage barbare, enraciné par l'habitude et la superstition, et peut-être plus encore par la ruse et la supercherie, puisque nous voyons encore tous les jours des charlatans et des jongleurs éblouir les yeux du peuple en marchant sur des barres de fer rougies au feu.

Indépendamment de ces preuves, il y avait encore les duels où l'innocence était le partage du plus adroit ou du plus fort, mais qui du moins étaient à l'abri de tout soupçon de supercherie. Ce cinquième moyen de prouver la justice de sa cause n'était admis que pour les nobles, tout roturier étant réputé indigne de l'exercice des armes.

Malgré la cession de la Neustrie faite à Rollon par Charles-le-Simple, des bandes de Normands infes-

(1) Si judicium aquæ vel ignis portandum fuerit, apud sanctum Petrum Puellarum portabitur.

taient encore quelques provinces. Vers la fin de 930 ils s'étaient avancés jusque dans le Limousin. Heureusement le roi Raoul, revenant de soumettre l'Aquitaine qui refusait de le reconnaître, les rencontra sur son chemin, les battit et les mit en déroute. Après avoir mis à la raison quelques autres provinces qui lui étaient contraires, il vint à Tours rendre graces à Dieu sur le tombeau de saint Martin des avantages qu'il avait remportés sur les barbares du nord. L'archevêque Robert n'était pas alors en Touraine. Les affaires de son diocèse l'avaient appelé à Rome, d'où il revenait après les avoir terminées, lorsqu'au passage des Alpes il se vit assailli, pendant la nuit, par une troupe de brigands qui, suivant ce que rapporte Flodoard, pénétrèrent dans sa tente et le massacrèrent ainsi que tous ceux de sa suite. Lorsqu'on eut acquis la certitude de sa mort, on élut à sa place Théotolon, né à Tours d'une famille noble et puissante en biens. Il avait d'abord été chanoine et ensuite doyen de Saint-Martin ; mais il renonça à ses bénéfices pour prendre l'habit monastique dans l'abbaye de Cluni, auprès d'Odon son ami et son compatriote, qui en était abbé. Ce fut dans ce monastère qu'il reçut la nouvelle de son élection, que son humilité lui fit refuser. Cependant les instances et même les ordres de son abbé le déterminèrent enfin à accepter, et il prit possession de son siège en 932. Il y avait près d'un siècle que l'église de Saint-Julien de Tours avait été détruite par les Normands. Ce fut Théotolon qui se chargea de la faire reconstruire en 940, et trois ans

940. après, d'accord avec sa sœur Gerlinde, il la dota des seigneuries de Serelles, de Chanceaux, de Vallière et de Cicogné. De même, à sa sollicitation, le chapitre de Saint-Martin fit don à cette abbaye de l'une de ses prébendes, et ce fut depuis cette époque que les abbés de Saint-Julien furent chanoines honoraires de Saint-Martin.

L'année précédente 939 avait vu mourir Foulques-le-Roux, comte d'Anjou, fils d'Ingelger, dont la postérité posséda depuis la Touraine. Son corps fut transféré d'Angers à Tours, où il fut inhumé dans l'église de Saint-Martin auprès de son père.

La guerre que le comte de Tours Hugues-le-Grand fit à Louis d'outre-mer de concert avec Herbert, comte de Vermandois, et Guillaume, duc de Normandie, étant étrangère à notre province, qui n'y concourut que par un contingent de troupes levées par le comte, nous nous abstiendrons d'en parler, et nous 941 terminerons ce livre par la démission que fit, en 941, ce même Hugues de son comté de Tours en faveur de son parent Thibaut dit le Vieux ou le Tricheur. Ainsi nous allons voir dans les livres suivans la Touraine passer sous le gouvernement des comtes héréditaires, après avoir été administrée sous les rois de la première race et une partie de ceux de la seconde, par des comtes amovibles ou révocables, puisque, malgré l'hérédité qui avait fini par s'introduire dans les familles, le souverain s'était toujours réservé le droit de transmettre ou de ratifier ces sortes de dignités. Anicien dans le quatrième siècle, et Agilon dans le cinquième, étaient des délégués des Romains. Dans le 941. sixième siècle, Gaïson, Leudastes, Eunomius, Bérulfe, Ennodius, Éborin, administraient au nom des rois de la première dynastie. Robert I*er*, Robert II ou le Fort, Hugues I*er*, Eudes et Robert III, fils de Robert-le-Fort, et Hugues-le-Grand, tous de la même famille, malgré leur puissance, n'étaient que de véritables *missi dominici*. Thibaut-le-Tricheur commença par être comte de Tours au même titre. Il était déjà comte de Blois, de Chartres, de Beauvais, de Meaux et de Provins : ainsi l'on ne doit pas être surpris qu'avec de pareilles possessions il ait su se rendre en quelque sorte indépendant de l'autorité royale.

FIN DU TROISÈME LIVRE.

LIVRE QUATRIÈME.

DE 932 A 1060.

Usurpations des comtes et barons. Thibaut-le-Tricheur. Son origine. Mort de l'abbé Odon, de Théotolon et de Hugues-le-Grand. Chanoines réguliers mis à Marmoutier. Thibaut est battu à Emendreville, et son fils aîné y est tué. Il se retire à Tours. Suite de l'affaire de Dol. Mort de Thibaut-le-Tricheur. Ses enfans. Eudes, son fils, lui succède. Foulques-Nerra lui déclare la guerre, assiège et prend Tours, viole l'asile de saint Martin et fait amende honorable. L'Angevin est chassé de Tours. Il bâtit des forts aux environs. Le corps de Geoffroy-grise-Gonnelle est apporté à Tours. Collégiale de Loches. Foulques-Nerra bat le comte de Touraine, prend sa capitale. Eudes s'empare de Montbazon, assiège et prend Langeais. Sa mort. Thibaut II, son fils, lui succède. Sa mort. Il a pour successeur son frère Eudes II. L'archevêque de Tours, Archambaut de Sully, est excommunié avec le roi Robert. Ses démêlés avec le chapitre de Saint-Martin. Assassinat de l'abbé de Marmoutier. Hervé trésorier de Saint-Martin. Ses fondations. Celels de Foulques-Nerra. Démêlés de ce comte avec l'archevêque Hugues Ier. Eudes II, comte de Touraine, envahit les comtés de Meaux et de Troyes. Il est battu par Bouchard. Ses guerres avec Gilduin II de Pont-le-Voy. Construction du château de Montrichard. Bataille de Pont-le-Voy. Le comte de Touraine y est battu. Il fait le siège de Mont-Boyau. Il y échoue. Foulques-Nerra refuse le combat et retourne en Anjou. Intrigues de la reine Constance en faveur de son fils Robert. Eudes est battu par Henri Ier. Il déclare la guerre à Conrad-le-Salique. Il entre en Lorraine et y est tué devant Bar. Pont de Tours. Thibaut III succède à son père. Eudes, frère de Henri Ier, se fait déclarer roi par son parti, dans lequel se range le comte de Touraine. Mort de Foulques-Nerra. Geoffroy Martel assiège Tours. Thibaut accourt à sa défense. Geoffroy lève le siège et va au-devant de Thibaut. Bataille de Mont-Louis. Thibaut y est battu et fait prisonnier. Etendard de saint Martin. Sénéchaux héréditaires. Thibaut est obligé de céder la ville de Tours pour sa rançon. Geoffroy Martel change tous les officiers de la province. Guicher de Châteaurenault refuse de lui faire hommage. Geoffroy Martel projette de s'emparer du Maine. Sa perfidie envers l'évêque du Mans. Suites. Il attaque le Mans à force ouverte, et se déclare administrateur du Maine pendant la minorité de Hubert II. Il termine ses jours. Sur les fiefs et la formule *Dei gratia*.

Quoique nous ayons dit que depuis Robert Ier les comtes de Tours aient tous été de la même famille jusqu'à Thibaut-le-Tricheur, nous n'avons pas pour cela prétendu anticiper sur le temps auquel, selon tous les historiens, les comtes devinrent véritablement héréditaires. Nous avons fait observer que les fils ne succédaient à leurs pères dans les gouvernemens ou comtés que sous le bon plaisir du roi. Mais après la mort de Lothaire, fils de Louis d'outre-mer, c'est-à-dire vers la fin du dixième siècle, les comtes se rendirent propriétaires de leur gouvernement, et usurpèrent tous les droits de la souveraineté. Ils firent battre monnaie à leur coin, créèrent et instituèrent des officiers pour rendre la justice à leurs sujets, levèrent des gens de guerre, livrèrent des batailles, assiégèrent des villes, firent des traités de paix et d'alliance, en un mot imposèrent des taxes sur les peuples qui leur étaient soumis. Bientôt, à l'exemple des comtes, les principaux barons des provinces s'attribuèrent aussi une partie de l'autorité souveraine. Ils établirent des droits de péage dans l'étendue de leurs baronnies sur les entrées et sur les sorties des marchandises ; ils terminèrent leurs procès par la voie des armes, sans même en obtenir la permission des seigneurs dont ils relevaient, comme ils y étaient obligés autrefois selon les anciennes lois du royaume, qui voulaient que chacun eût son seigneur, sans le consentement duquel il n'était pas permis d'entreprendre la moindre guerre. « *Non enim moris erat, nec est in Francis in bello* « *aliquo modo introire, absque præsentiâ aut jussu* « *proprii senioris.* » Cependant il était loisible de se choisir pour seigneur un grand de la cour, ou même le roi. « *Volumus etiam ut unusquisque liber homo,* « *in regno nostro, seniorem quem voluerit in nobis,* « *et in nostris fidelibus accipiat.* » Les seigneurs n'étaient pas alors sans considération pour leurs vassaux ; ils les traitaient avec honneur ; ils se bornaient à les prier de répondre à leurs désirs, mais sans les commander : « *Fideles suos venerabiles quidem* « *viros firmare rogant.* » Malgré ces articles précis des capitulaires, les usurpations des barons passèrent depuis tellement en coutume, que les rois de France et d'Angleterre ne purent parvenir à les faire changer. Tels étaient les titres si souvent invoqués, et la légitimité des coutumes féodales.

Les seigneurs particuliers s'arrogèrent aussi à leur tour différens privilèges. Ils fortifièrent leurs châteaux, sous prétexte de se défendre des entreprises de leurs ennemis, et ce fut sur ce fondement que furent bâtis en Touraine les châteaux de Langeais, de Montbazon, de Preuilly, de Sainte-Maure, de Roche-Corbon et plusieurs autres. Ce fut aussi dans ce temps que ces seigneurs donnèrent des terres en arrière-fief, à condition de foi et hommage de la part de ceux qui les obtenaient, et en outre d'accompagner le seigneur suzerain à la guerre, soit contre ses ennemis particuliers, soit contre ceux du royaume, lorsqu'ils seraient mandés par le roi. Ils surent ainsi tellement les attacher à leur service, qu'ils ne pouvaient s'en départir sans encourir la perte de leurs fiefs. C'est pourquoi l'on appelait les possesseurs de fiefs de cette nature chevaliers de tel seigneur ou de tel château, qualité qu'on remarque souvent dans les anciens titres, et dont il est nécessaire d'indiquer l'origine pour ne pas confondre cette espèce de chevaliers auxquels ces mêmes titres ne donnent jamais la qualité de chevalier, *miles*, à moins que ces seigneurs ne la prennent eux-mêmes dans leurs lettres ou mandemens.

On se demandera peut-être comment l'autorité royale ne tenta pas d'opposer un frein à ces envahissemens; mais il suffira d'observer dans quelle position délicate elle se trouvait alors. Lorsque Hugues Capet fut appelé au trône de France en 987, bien loin d'inquiéter les comtes dans leurs usurpations, il les confirma au contraire dans la possession de leurs gouvernemens à titre d'héritage et de propriété, à la condition toutefois de les tenir à foi et hommage de la couronne, et de les perdre par désobéissance, par félonie ou pour quelque autre cause semblable. Ce fut cette clause qui depuis fit restituer la Touraine à la couronne, ainsi que nous le verrons par la suite. La conduite de Hugues Capet dans cette circonstance était évidemment contraire aux droits et à la puissance de sa monarchie : mais comme il n'en était pas l'héritier légitime, et qu'il eût été dangereux d'armer contre lui tous les grands vassaux, il aima mieux faire l'abandon d'une partie que de s'exposer à perdre le tout. Cependant en accordant au comte de Tours la souveraineté de la province, il se réserva la directe immédiate sur les églises de Saint-Maurice, de Saint-Martin, de Marmoutier, enfin sur toutes celles de fondation royale, avec la connaissance de leurs causes et de celles de leurs vassaux, comme un droit inséparable de la couronne et dont ses prédécesseurs avaient toujours joui sans obstacle. Nous verrons en effet des exemples qui prouveront que l'église cathédrale, celle de Saint-Martin et l'abbaye de Marmoutier, avaient toujours relevé immédiatement des rois de France, lors même que les rois d'Angleterre étaient simultanément comtes de Touraine.

941. C'est à la faveur de cet esprit d'envahissement, qui avait précédé l'avènement de Hugues Capet, que Thi-

baut-le-Tricheur s'établit souverain dans son comté 941.
de Tours, et le transmit avec le même titre à ses successeurs. Il fut surnommé le Vieil pour le distinguer
de son fils, et le Tricheur, ancien mot qui a gardé
parmi nous sa première acception équivalente à
trompeur. Les historiens ne sont pas d'accord sur son
origine. Les uns prétendent qu'il était fils de Gerlon,
cousin du célèbre Rollon, duc de Normandie et son
compagnon de fortune; les autres disent qu'il était fils
de Richard, comte de Troyes. La première de ces opinions ne saurait être admise, parce que les historiens
de Normandie ne parlent en aucune manière de cette
prétendue parenté entre Rollon et Gerlon. La seconde, soutenue par sainte Marthe, Labbe, André
Duchesne et Dubouchet, est contestée par quelques
savans critiques, notamment par Souchet, chanoine
de Chartres, homme très-versé dans ces sortes de
matières, auteur d'une histoire des comtes de Champagne et de Chartres. Cet historien, en avouant que
Thibaut tire son origine des comtes de Champagne,
assure n'avoir trouvé dans aucun titre un comte de
Troyes ou de Champagne du nom de Richard.

A la vérité on lit dans un titre de Saint-Martin de
Tours, qu'un archevêque de Bourges, nommé Richard, fils de Richilde (1), donna à ce chapitre plu-

(1) Richilde, veuve du vicomte Thibaut, ayant laissé par son
testament au chapitre de Saint-Martin la seigneurie de Joué près
Tours, Richard, l'un de ses fils, archevêque de Bourges, demanda,
après la mort de sa mère, qu'on lui laissât sa vie durant la jouissance de cette terre; mais ses frères, qui voulaient exécuter de
bonne foi le testament de leur mère, s'y étant refusés, Richard,

sieurs terres situées dans le comté de Troyes. C'est ce qui peut avoir donné lieu aux historiens dont nous venons de parler, de dire que ce Richard, qui en effet était frère de Thibaut-le-Tricheur, était fils d'un autre Richard, comte de Troyes. On apprend par ce même titre, que Richard, archevêque de Bourges, était fils de Richilde, et qu'il avait plusieurs frères, entre autres Thibaut-le-Tricheur. Or, la plupart des historiens convenant que Richilde était fille de Robert-le-Fort et femme de Thibaut, vicomte de Tours, il s'ensuit incontestablement que le père de Thibaut-le-Tricheur se nommait également Thibaut. Plusieurs autres raisons concourent encore à nous le persuader. La première, parce que le nom de Thibaut était presque héréditaire dans la famille des comtes de Champagne, l'aïeul, le père, le fils ayant porté ce nom, aussi bien que dix de leurs descendans. La seconde, parce que nous avons vu en 898 un Thibaut, vicomte de Tours ; et, comme ce ne peut être Thibaut-le-Tricheur, qui ne mourut qu'en 978 dans un âge très-avancé, il est plus que présumable que ce vicomte était le père de Thibaut-le-Tricheur. La troisième enfin, résulte de ce que notre Thibaut, quoiqu'il ne nomme pas son père

---

avec le secours de Thibaut-le-Tricheur, l'un de ses frères, en prit possession de vive force, et continua à en jouir paisiblement. Cependant, touché de repentir, il ordonna par son testament qu'on donnerait au chapitre de Saint-Martin, comme équivalent des revenus de la seigneurie de Joué, dont il avait été privé pendant long-temps, plusieurs terres qu'il possédait au comté de Troyes. Ceci néanmoins ne fut exécuté que vingt ans après sa mort par Letgarde sa veuve, et pas ses neveux, Hugues, archevêque de Bourges, et Eudes, comte de Tours. Panch. noir. tit. 136.

dans l'acte de donation qu'il fait à l'abbaye de Saint-Florent de Saumur, de la chapelle de Saint-Louans, près Chinon (1), s'exprime pourtant de manière à faire penser que son père se nomme aussi Thibaut; il est certain d'ailleurs que le père et le fils ont été seigneurs de Chinon, et que cette seigneurie était héréditaire dans la famille, puisqu'elle fut donnée en mariage à Emme, comtesse de Poitiers, fille de Thibaut-le-Tricheur.

A toutes ces raisons nous en ajouterons une dernière qui est puisée dans les mœurs du temps. Par les lois du royaume, il était défendu aux seigneurs et aux femmes de qualité de se mésallier. Il fallait donc que le vicomte Thibaut eût une origine bien illustre pour épouser Richilde, fille de Robert-le-Fort. Aussi tant par cette alliance, qui le faisait beau-frère d'Eudes et de Robert, rois de France, que par sa naissance qu'il tirait des comtes de Champagne, pays où il est constant qu'il possédait des terres, Thibaut-le-Tricheur fut-il qualifié de prince, et considéré comme issu d'une maison royale, *ex stirpe regali.*

Nous nous sommes permis cette digression pour faire disparaître les doutes qui semblent encore exister sur l'origine du premier comte héréditaire de Touraine. Au reste, quelle que soit celle qu'on lui donne,

(1) Locellum in suburbio Cainonis Castri, situm ubi sanctus Lupantius requiescit, qui est de ratione ecclesiæ turonicæ sedis, quæque tam patri nostro quam nobis antecessores antistites ejusdem sedis contulerunt. *Charta Donat.* Cette chapelle avait été donnée par les archevêques de Tours au vicomte Thibaut, comme seigneur de Chinon.

941. toujours est-il vrai qu'il était un des plus puissans seigneurs du royaume; car outre les comtés de Tours, de Chartres, de Blois, dont nous avons parlé, il possédait encore les seigneuries de Chinon, de Montaigu, de Vierzon, de Sancerre, de Saumur, et plusieurs autres. Toutes ces terres lui appartenaient à titre d'héritage, puisque nous les verrons passer à sa postérité.

A l'égard de la Touraine, il y a toute apparence qu'il commença d'en jouir en propre vers l'an 940 ou 941 au plus tard, par la démission que lui fit Hugues-le-Grand de tous les droits qu'il avait sur cette province.

Nous allons maintenant reprendre le récit des événemens dont la discussion précédente nous avait écartés. Nous avons parlé, vers la fin du troisième livre, de l'intimité qui régnait entre l'archevêque Théotolon et Odon, abbé de Cluny. Le prélat, voulant rétablir dans l'abbaye de Saint-Julien la régularité monastique qui y avait été interrompue par la destruction de son église, engagea le saint abbé à venir le seconder dans cette entreprise. Odon se rendit à ses vœux; mais il y avait peu de jours qu'il était arrivé à Tours, lorsqu'il y mourut le 18 novembre 942. Il y était né en 879 d'une famille noble, et y avait fait ses études aux écoles de Saint-Martin, dont il devint lui-même écolâtre. Nous n'entrerons pas ici dans de plus grands détails sur ce qui le concerne. On les trouvera à son article dans le dernier volume de cet ouvrage.

L'archevêque Théotolon ne lui survécut pas long-

temps. Après sa mort, arrivée en 945, le siège resta 942.
vacant pendant l'espace d'un an; Joseph, deuxième
du nom, n'ayant été élu qu'en 946.

Hugues-le-Grand, qui, après la mort de Louis
d'outre-mer, avait puissamment concouru à assurer la
couronne à son fils Lothaire, exerçait une autorité
presque absolue sous un roi à peine âgé de 14 ans,
resté sous la conduite de Gerberge sa mère. Celle-ci,
probablement pour mettre un contre-poids à la puissance de Hugues, appela auprès d'elle, en 955, le comte 955.
Thibaut, dans le dessein de s'aider de ses conseils, ou
plutôt de l'opposer au duc de France. Hugues vit avec
beaucoup d'humeur que Thibaut eût la prétention de
balancer son influence et son autorité. L'inimitié d'un
homme aussi puissant eût pu devenir funeste au comte
de Tours; mais Hugues n'eut pas le temps de faire
éclater sa vengeance, ayant terminé sa longue et brillante carrière en 956; il eut sa sépulture dans l'église 956.
de Saint-Denis, dont il était abbé, où on lui érigea
un tombeau avec cette épitaphe remarquable par sa
simplicité :

« Cy gist Hues le Grant, jadis comte de Paris, qui
« fust père de Hues Capet, roy de France. Prie Dieu
« pour l'ame de luy. »

La chronique angevine, en parlant de sa mort,
s'exprime en des termes qui prouvent que son auteur
n'était rien moins que persuadé de la légitimité de
Hugues Capet. Voici comment il s'exprime : « Ci gît le
« duc Hugues, abbé de Saint-Martin, fils de Robert,
« prétendu roi, père d'un autre Hugues qui se pré-

« tendit aussi roi, ainsi que Robert son fils, dont « nous avons vu nous-même le règne incertain, et « dont la fainéantise n'est point démentie par Henri « son fils, roitelet d'à présent (1). »

Nous avons dit que Hugues, au nombre de ses abbayes, avait eu celle de Marmoutier; elle n'en était pas moins déserte alors, et sans doute son abbé se bornait à en toucher les revenus, sans s'occuper du soin de réparer les ravages que les Normands lui avaient causés. Ce ne fut qu'en 959 que des chanoines réguliers y furent établis par le roi Lothaire, et y demeurèrent jusqu'en 987, époque où saint Mayeul vint de Cluny avec quelques religieux y faire revivre la régularité, sous les auspices de Frothaire, qui, d'abbé de Saint-Julien, avait été élu archevêque de Tours, après la mort de Joseph II, en 957.

Pendant le peu temps que Hugues-le-Grand vécut encore, après le mécontentement que lui avait donné Thibaut-le-Tricheur, ce dernier s'était prudemment éloigné de la cour de Lothaire; mais il se hâta d'y reparaître après sa mort, et s'empara si bien de l'esprit du roi, qu'en 962 il le détermina à déclarer la guerre à Richard-sans-Peur, duc de Normandie, sur lequel il commença par s'emparer de la ville d'Évreux; mais Richard mit bientôt un terme à ses succès. Il y eut

---

(1) Obiit Hugo dux et abbas Sancti-Martini, filius Roberti pseudo-regis, pater alterius Hugonis qui et ipse factus est pseudo-rex cum Roberto filio suo, quem vidimus ipsi incertissime regnantem et cujus ignavia neque præsens Henricus regulus, filius ejus degenerat.

à Émendreville, à deux lieues de Rouen, une bataille 962. sanglante dans laquelle l'armée royale, commandée par le comte de Tours, fut entièrement défaite : lui-même y perdit son fils aîné, âgé de dix-sept ans, nommé Thibaut comme lui, qui fut tué sur la place. Après cet échec, le comte se retira à Tours avec ce qui lui restait de ses propres troupes. Dans une guerre précédente, il s'était emparé du château de Coucy, situé dans la mouvance d'Odolric, archevêque de Reims. Ce prélat l'ayant vainement sollicité de le restituer, lança contre lui une excommunication qui ne fut levée que deux ans après, c'est-à-dire en 966. Thibaut ayant enfin consenti à rendre le château, Odolric usa de générosité et en donna l'investiture à Eudes, devenu fils aîné de Thibaut.

Quelque illustre que fût la naissance de notre comte, nous voyons cependant qu'il fut exclus du parlement tenu à Paris en 964, où n'étaient admis que les grands vassaux directs de la couronne, tandis que lui ne l'était que du duc de France, par Hugues-le-Grand.

La vieillesse et les différentes traverses que Thibaut avait éprouvées finirent par le dégoûter du monde et des intrigues de la cour; il se retira tout-à-fait dans son comté de Tours, où il s'occupa d'œuvres de bienfaisance et de piété envers les pauvres et les églises. Il avait fondé près Saumur, en 958, un monastère où il transféra les moines de Saint-Florent-le-Vieux, dont l'abbaye avait été détruite par les Normands; et pour s'opposer aux courses de ces barbares, il fit élever, de

962. l'autre côté de cette même ville, sur le côteau qui la domine, le château que l'on y voit encore. Il donna à l'église de Saint-Martin les cens et les rentes qu'il avait dans les paroisses de Vançay, de Joué, et de Berthenay; il l'enrichit en outre de trois grandes couronnes d'argent, et soutint de son crédit l'archevêque Hardouin, touchant son droit de métropole sur les évêques de Bretagne.

Ce différend, long-temps assoupi, recommença après la mort de Drogon, fils d'Alain, dit Barbetorse, duc de Bretagne, et d'Agnès, fille de Thibaut-le-Tricheur. Conan, s'étant emparé de la principauté de Bretagne, prit le titre de roi, et renouvela la défense

969. que quelques-uns de ses prédécesseurs avaient faite aux évêques de leur domination, de reconnaître la juridiction des archevêques de Tours. Les évêques, autant pour complaire à leur souverain que par un sentiment d'amour-propre qui les portait à avoir leur propre métropolitain, obéirent sans peine aux ordres de Conan. Hardouin, se fiant peu à la voie toujours lente de la correspondance, résolut d'entreprendre le voyage de Rome. Il se munit donc de lettres de recommandation de la part du comte de Tours, et se mit en route, l'an 969, pour la capitale du monde chrétien. Il conjura avec tant d'instances le pape Jean XIII d'interposer son autorité pour conserver au siège de Tours un droit aussi ancien que légitime, que le saint-père adressa aux évêques de Bretagne un bref par lequel il leur fit défense, sous peine d'excommunication, d'attenter aux droits de l'église de

Tours, jusqu'à ce que l'évêque de Dol ou des députés de sa part fussent venus à Rome, où justice serait rendue à qui il appartiendrait. Par le même bref, Jean XIII déclarait également excommuniés les seigneurs bretons qui soutiendraient les évêques dissidens dans leur désobéissance au saint-siège. Ce bref ne produisit pas plus d'effet que ceux qui l'avaient précédé : ainsi cette affaire tomba de nouveau dans l'oubli, où elle demeura encore plus de quatre-vingts ans. Mais il paraît que ces lenteurs convenaient à la cour de Rome, qui eût pu facilement décider la question. D'après cela, on serait tenté de croire qu'elle ne prolongeait ainsi ces sortes de procès que pour maintenir son influence sur les états catholiques, et y trouver plus fréquemment l'occasion de s'immiscer dans leurs affaires.

969.

Le comte Thibaut mourut à Tours, dans un âge très-avancé, au commencement de l'année 978 ; il eut sa sépulture dans l'église de Saint-Martin, avec la pompe et la magnificence qui étaient en usage en ce temps aux obsèques des grands personnages. Son esprit de ruse et d'intrigue l'ayant continuellement entraîné dans des guerres qui lui étaient en quelque façon étrangères, il ne paraît pas qu'il ait rien fait pour la Touraine, dont il abandonna l'administration à des officiers subalternes ; mais du moins elle respira pendant ce temps, et put s'occuper de réparer les ravages qu'elle avait éprouvés par les fréquentes incursions des Normands. Thibaut eut de sa femme Leutgarde, fille d'Hébert II, comte de Vermandois, auparavant

978.

978. veuve de Guillaume, duc de Normandie, plusieurs enfans, savoir : 1° Thibaut, tué, comme nous l'avons dit, à la bataille d'Émendreville; 2° Eudes, qui lui succéda; 3° Hugues, archevêque de Bourges; 4° Agnès, mariée deux fois; la première à Alain Ier, dit Barbetorse, duc de Bretagne, dont elle eut un fils nommé Drogon; et la seconde, avec Foulques-Nerra, comte d'Anjou, qui jouit du comté de Nantes à cause d'elle, soit comme douairière, soit comme tutrice de Drogon, son fils; 5° enfin, Emma, qui fut mariée à Guillaume III, duc de Guienne et comte de Poitou : celle-ci eut pour sa dot la ville de Chinon. La chronique de Maillezais rapporte que cette même Emma ayant conçu de la jalousie contre la vicomtesse de Thouars, à laquelle le duc son mari rendait, à son gré, de trop fréquentes visites, et l'ayant un jour rencontrée à la campagne, elle l'accabla d'injures, et l'abandonna ensuite à la brutalité de ses palefreniers. Après cette action infame, craignant, à juste titre, la colère du vicomte et celle de son mari, elle se réfugia dans son château de Chinon, où elle eut grand soin de se fortifier. Quelques auteurs donnent à Thibaut une troisième fille, qui épousa, dit-on, Bouchard Ier, seigneur de Montmorenci. Il paraît en effet, par la donation de saint Louans de Chinon, dont nous avons parlé, que Thibaut avait plusieurs filles; mais elles ny sont pas dénommées. Cette troisième se nommait probablement Étiennette, puisque la fondation de l'abbaye de Bourgueil porte qu'elle était due à Étiennette, fille de Thibaut-le-Tricheur.

Nous avons dit qu'on lui donna ce surnom parce

qu'aucune ruse ne lui coûtait pour faire réussir ses projets (1). Du reste, il était aussi brave qu'entreprenant ; à l'exception de sa *tricherie*, qu'on qualifierait aujourd'hui du nom plus noble de *politique*, l'histoire ne nous le représente que sous des rapports avantageux: s'il chercha à étendre ses possessions aux dépens de ses rivaux, il ne dépouilla point les peuples qu'il gouvernait. Le métier des armes absorba tous ses instans ; mais les seigneurs alors ne connaissaient pas d'autres occupations. Toujours attentifs à conquérir ou à se défendre de la conquête, il leur eût été difficile de se livrer aux soins d'une administration sage et vigilante : trop heureux les peuples quand ils n'étaient pas en proie aux vexations et aux déprédations des princes auxquels le sort les avait soumis.

978.

Eudes, premier du nom, succéda à son père en 978, aux comtés de Tours, de Chartres, de Beauvais, de Meaux et de Provins. Dès la même année il confirma en faveur d'Amalbert, abbé de Saint-Florent, les dons que son père avait faits à cette abbaye, et les privilèges qu'il lui avait accordés. Il épousa Berthe, fille de Conrad Ier, roi de la Bourgogne transjurane, et de Mahaud, fille du roi Louis d'outre-mer. Ce fut en

---

(1) Le Roman des Normands s'exprime ainsi sur son compte :

    Thibaut li cuens de Chartres fut fel et engeignoux.

Un autre poète un peu plus moderne l'a traité beaucoup plus mal :

    Thibaut fut plein d'engein et plein fut de feintié :
    A homme ne a femme ne porta amitié ;
    De franc ne de chétif n'ot merci ne pitié.

978. raison de cette alliance qu'il se lia avec Herbert, comte de Vermandois, son oncle maternel, et avec plusieurs autres seigneurs après la mort de Louis V, dit le Fainéant, pour tâcher de conserver la couronne de France, à Charles, duc de Lorraine, fils puîné de Louis d'outre-mer; mais ce prince s'étant rendu odieux à la nation française, par sa conduite pusillanime, et surtout par son traité avec Otton II, roi de Germanie, les principaux seigneurs français se liguèrent contre lui, et ses partisans ne purent l'emporter sur l'impression défavorable qu'il avait laissée en s'éloignant de sa patrie. La couronne fut donc déférée à Hugues Capet, fils de Hugues-le-Grand. Il fut couronné à Noyon et sacré à Reims au mois de juillet 987. L'année suivante, il associa son fils Robert au gouvernement de l'État.

988. Ce fut au commencement du règne de ces deux princes, en 988, que Foulques-Nerra, comte d'Anjou, déclara la guerre à Eudes, quoiqu'il fût son beaufrère. Il prétendait n'être pas entièrement rempli de la dot d'Agnès, sa femme. Foulques, profitant de l'absence du comte de Tours, qui dans ce moment se trouvait à la cour, rassembla des troupes, et, secondé par Audebert, comte de Périgueux, il entra dans la Touraine, ravagea la campagne, et assiégea la ville de Tours. Hugues Capet et Robert, étonnés d'une pareille invasion contraire aux lois du royaume, qui défendaient aux seigneurs de se faire la guerre sans le consentement de leur seigneur, envoyèrent vers Foulques et Audebert pour s'informer des motifs de

leur entreprise. Cependant ils n'osèrent s'opposer trop ouvertement à leurs prétentions, dans la crainte de s'attirer sur les bras d'autres vassaux non moins puissans; et leur sceptre n'était pas encore assez bien affermi pour s'exposer à ce danger. Ils essayèrent donc d'employer les voies de la douceur, à laquelle pourtant se mêlaient quelques reproches; car leur dépêche contenait ces mots : *qui vous a faits comtes?* Audebert répondit fièrement : *ceux qui vous ont faits rois.* Ainsi les deux comtes continuèrent le siège, et parvinrent à se rendre maître de Tours, qui paraît n'avoir pas fait une longue résistance.

Lorsque la ville fut en son pouvoir, Foulques-Nerra usa envers l'église de Saint-Martin d'une violence qui seule aurait suffi pour lui aliéner l'esprit de tous les habitans. Sans respect pour le droit d'asile, de tout temps accordé à cette célèbre basilique, il entra dans le cloître à main armée, et fit enfoncer les portes de la maison d'un chanoine, dont il croyait avoir à se plaindre. L'indignation du chapitre fut telle, qu'il fit descendre le crucifix et toutes les châsses des saints, qui furent déposées à terre, et couvertes d'épines, ainsi que le tombeau de saint Martin. Ensuite il fit fermer les portes de l'église, et défendit de les ouvrir à toutes personnes indistinctement, à l'exception seulement des pèlerins venus exprès pour visiter le tombeau. Cette espèce d'interdit n'était pas sans conséquence dans ces temps où à la dévotion se mêlaient beaucoup de pratiques superstitieuses. Le comte effrayé ne put tenir contre un appareil aussi menaçant. Il se rendit chez l'écolâtre de Saint-Martin. Là, s'étant déchaussé, il alla pieds nus avec plusieurs seigneurs de sa suite, faire amende honorable devant le crucifix, le tombeau et les châsses des saints, promettant solennellement de ne plus retomber dans la même faute.

Cette réparation, quelque éclatante, quelque exemplaire qu'elle fût, ne lui gagna pas le cœur des Tourangeaux, naturellement affectionnés à leur comte légitime. Ils trouvèrent bientôt les moyens de chasser les Angevins de leur ville, et de rentrer sous l'obéissance du comte Eudes. Foulques, qui n'était pas en état d'entreprendre un nouveau siège, imagina, pour bloquer en quelque façon la ville de Tours, de faire bâtir des châteaux ou forteresses dans diverses places qui lui appartenaient, telles que Langeais, Semblançay, Montbazon, Sainte-Maure et Montrésor. Il espérait les mettre à profit, lorsqu'il s'offrirait une occasion favorable de reprendre la ville de Tours. Il fit construire en même temps une espèce de phare destiné à correspondre par des signaux avec les places des environs qui faisaient partie de ses domaines. Ce phare, connu sous le nom de Tour-des-Brandons, situé entre Azay-sur-Cher et Athée, était entouré d'un large fossé, et avait un chemin couvert dont on voit encore quelques vestiges. Son élévation était de quarante pieds sur quatre-vingt-dix de circonférence, et ses murs de quatre pieds dix pouces d'épaisseur. L'unique ouverture par laquelle on entrait dans cette tour est un souterrain voûté à plein cintre et en pierres plates. Toutes ces constructions furent exécu- 988: tées dans l'intervalle des années 991 à 995.

Cette même année 988 fut témoin de la mort de Geoffroy-grise-Gonnelle, qui termina sa carrière à Saint-Gilles en Languedoc, d'où son corps fut apporté à Tours pour être, suivant ses dernières volontés, inhumé dans l'église de Saint-Martin. A son retour de la Terre-Sainte, en 963, il avait fait bâtir la collégiale de Notre-Dame dans l'intérieur du château de Loches, dont il était seigneur, comme comte d'Anjou; car cette ville était alors du domaine de ces comtes. L'archevêque de Tours, Hardouin, la consacra en 965; depuis, Foulques-Nerra, son fils et son successeur, y fit placer deux statues. L'une représentait Geoffroy à genoux, derrière l'autel, du côté gauche; l'autre, également à genoux, du côté droit, était, suivant les uns, l'image du roi Lothaire, et selon les autres, celle de Foulques-Nerra lui-même. Cette collégiale n'était auparavant qu'une chapelle dédiée à sainte Madelaine, et qui, dit-on, avait été bâtie par saint Eustoche, cinquième évêque de Tours. Geoffroy y fonda douze chanoines. Foulques-Nerra et Maurice, ses fils, signèrent l'acte de fondation avec l'archevêque Hardouin, et plusieurs autres seigneurs. L'église est située au plus haut du château : on voit au-dessus de la couverture, qui est en pierre, trois pyramides d'une assez bonne architecture, hautes d'environ vingt-cinq toises, et accompagnées de deux clochers. On croit que ces pyramides y ont été ajoutées postérieurement par les soins de Thomas, prieur

988. de Loches, connu sous le nom de Thomas Pascius ou Paccius, à qui l'on attribue une chronique d'Anjou. Il vivait en 1180, époque où il fit relever cette collégiale, qui déjà menaçait ruine.

On y montrait une ceinture, que le vulgaire disait être celle de la Sainte-Vierge. La reine Emme, femme de Lothaire, l'avait, suivant la tradition populaire, donnée à Geoffroy-grise-Gonnelle, avant qu'il allât combattre Berthold, père d'un duc de Saxe, et l'on ajoute que cette ceinture avait été apportée de Constantinople par Charles-le-Chauve. Mais ce fait seul démontre le ridicule de cette tradition, puisqu'il est vrai que jamais Charles-le-Chauve ne fit ce voyage. D'un autre côté, le cardinal Baronius, d'après Nicéphore Grégoras, dit que l'empereur Théodose, ayant pris le temple d'Éphèse, le dédia à la Sainte-Vierge, et l'enrichit de sa ceinture.

Eudes cependant ne pouvait voir sans un extrême mécontentement les différentes entreprises du comte d'Anjou, qui toutes annonçaient l'arrière-pensée de s'emparer d'une partie de ses états. Il rassembla donc une armée, à laquelle se joignirent Roger de Manassés, comte de Châlons, Hugues, vicomte de Châteaudun, Atton, son frère, Gilduin, seigneur de Saumur, Rotrou, seigneur de Montfort, Hervé de Donzy, seigneur de Saint-Aignan, Guicher, seigneur de Château, qu'on nomma depuis Château-Renault, et plusieurs autres qui avaient embrassé son parti. Le but du comte de Tours était de chasser Foulques de la Touraine, et probablement aussi de

s'emparer par représailles de ce que celui-ci y possé- 994.
dait. Les deux armées se trouvèrent en présence auprès de Châteaudun, dans une vaste plaine où elles pouvaient aisément se déployer. Foulques-Nerra attaqua avec tant d'impétuosité, que l'armée d'Eudes plia dès le premier choc, et ne tarda pas à éprouver une déroute complète. Foulques, profitant de sa victoire, marcha directement sur la Touraine, où il s'occupa de perfectionner les forteresses qu'il avait fait construire sur les points les plus importans, afin d'y trouver un appui en cas de revers. Lorsqu'il eut ainsi enveloppé la ville de Tours, il vint en faire de nouveau le siège. La ville proprement dite opposa cette fois une longue et vigoureuse résistance : mais les efforts des assiégeans s'étant dirigés sur la partie la plus faible, c'est-à-dire le bourg de Châteauneuf, celui-ci fut incendié, ainsi que l'église de Saint-Martin, et vingt-deux autres églises. Foulques-Nerra, secondé par les flammes, n'eut pas de peine à se rendre maître de la place, et cette reddition entraîna bientôt celle de la cité. Il y entra en vainqueur le 25 juillet 994.

Eudes ne fut point abattu par ces différens revers. Foulques-Nerra s'étant fait des remparts de toutes les forteresses qu'il avait fait construire, le comte de Tours crut sagement qu'il devait commencer par le priver successivement de ces ressources. Il attaqua d'abord les plus voisins de sa capitale, et dès l'année 995, il emporta le château de Montbazon, où il établit une garnison en état de le défendre : de là il se

994. porta sur Langeais, dont il lui fallut faire le siège. Les historiens du temps ne nous ont point dit quel en fut le résultat : mais tout porte à croire que la place se rendit, puisque son successeur en jouit paisiblement, ainsi que le témoigne l'histoire de la maison d'Amboise.

Peut-être fût-il parvenu de même à s'emparer des autres forteresses de Foulques-Nerra, si la mort ne l'eût pas arrêté dans ses entreprises : mais il termina 995. sa carrière dans cette même année 995, et eut sa sépulture à l'abbaye de Marmoutier, dans le tombeau de Leutgarde ou Letgarde, sa mère.

L'héritage de Eudes ne fut point partagé. Aussitôt après sa mort, Thibaut II, son fils aîné, fut investi de son comté de Tours, ainsi que de ses autres possessions. Il fut le troisième comte héréditaire de Tours; mais quoiqu'il eût possédé ce comté pendant l'espace de neuf années, nous ne trouvons aucun événement important qui se rattache à son nom. Nous voyons seulement qu'en 997, il confirma à l'abbaye de Bourgueil avec Eudes, son frère puîné, et la reine Berthe, sa mère, les donations que Eudes Ier lui avait faites; quelques historiens ont prétendu que l'année même de son avènement, il s'était démis de tous ses états en faveur d'Eudes, son frère : mais rien ne justifie cette opinion, qui au contraire se trouve détruite par la charte de 997, dont nous venons de parler. Il mourut en 1004, au retour d'un voyage qu'il avait fait à Rome, et fut inhumé à Saint-Pierre-en-Vallée, au diocèse de Chartres. Il n'avait point été marié.

Nous avons dit la *reine Berthe* en parlant de sa mère, parce qu'en effet cette veuve du comte Eudes Ier avait épousé le roi Robert, dès l'année même de la mort de son mari. Ce mariage avait été célébré par l'archevêque de Tours Archambaut de Sully. Les deux époux vivaient ensemble depuis trois ans dans la plus douce union, lorsqu'en 998, le pape Grégoire V, soit par un scrupule tardif, soit bien plutôt par le mécontentement que lui causait la détention d'Arnoul, archevêque de Reims, dans les prisons d'Orléans, signifia à Robert qu'il eût à répudier la reine Berthe, sous prétexte qu'elle était sa cousine aux quatrième et cinquième degrés (1), et de plus qu'il était parrain d'un de ses enfans du premier lit. Le roi crut désarmer la cour de Rome, en mettant Arnoul en liberté, et en le rétablissant sur son siège : mais Grégoire ne lui tint aucun compte de cette déférence. Il assembla un concile, où il fulmina la sentence qui cassait le mariage du monarque français. L'archevêque de Tours, qui leur avait donné la bénédiction nuptiale, ainsi que tous les évêques qui l'avaient assisté, furent frappés d'excommunication, jusqu'à ce qu'ils fussent venus à Rome faire satisfaction au saint-siège, obligation qu'ils s'empressèrent de remplir. Robert ayant refusé de se soumettre, l'impérieux pontife mit le royaume de France en interdit, et l'on sait, sans qu'il soit besoin de le retracer ici, quels en furent les affligeans résultats.

(1) Par Louis-le-Bègue, trisaïeul de Berthe, et par Rothilde, sœur du même roi, bisaïeule maternelle de Robert.

995. Archambaut de Sully s'était à peine réconcilié avec la cour de Rome, qu'il s'engagea dans une lutte épineuse avec le chapitre de Saint-Martin, relativement au privilège d'exemption dont il jouissait depuis l'évêque Chrotbert. D'abord il refusa de sacrer Pierre, qui, en 995, avait été élu évêque spécial de cette église, après la mort de l'évêque Philippe. Il se concerta même avec les évêques des diocèses voisins pour obtenir d'eux le même refus. Le pape Grégoire V, par une bulle de 996, eut beau confirmer à Saint-Martin son privilège d'épiscopalité, Archambaut et ses adhérens n'en persistèrent pas moins dans le refus de le sacrer. L'animosité réciproque fut portée au point que les chanoines refusèrent un jour de recevoir sa bénédiction. L'archevêque n'en fut que plus ardent à attaquer toutes les immunités dont jouissait cette église, et il se croyait d'autant mieux fondé à vouloir remettre les choses dans l'ordre commun, que l'abbaye de Saint-Martin avait récemment été réunie à la couronne dans la personne de Hugues Capet, et que, des chanoines ayant succédé aux moines, le privilège d'avoir un évêque particulier devenait désormais illusoire. Archambaut sollicita dans cette affaire l'appui de Gerbert, archevêque de Reims, depuis

996. pape sous le nom de Sylvestre II. Ce prélat en effet prit vivement sa défense dans le concile qui se tint à Moulins, où la conduite des chanoines fut généralement blâmée. Il leur fut enjoint ou de se réconcilier avec leur métropolitain, ou de se trouver à l'assemblée générale des états du royaume indiquée à Chelles

pour y rendre compte de leur conduite. Faute par 996.
eux d'obéir, ils étaient menacés des censures ecclésiastiques. Nous ignorons si les menaces des Pères du concile eurent des suites. Nous savons seulement que Pierre fut le dernier des évêques spéciaux de Saint-Martin, et que ce privilège fut aboli par le pape Urbain II, qui prit une mesure conciliatrice en déclarant l'évêché de Saint-Martin réuni pour toujours à la personne des souverains pontifes.

La liberté que les seigneurs avaient prise de décider leurs démêlés par la voie des armes au préjudice de l'obéissance qu'ils devaient à l'autorité souveraine, avait insinué dans tous les esprits un goût d'indépendance, qui des laïques était passé aux ecclésiastiques eux-mêmes. La réforme venait à peine d'être rétablie à Marmoutier, que les moines de ce monastère, à l'exemple de ceux de Saint-Mémin, voulurent, en 1004, secouer l'obéissance qu'ils devaient à Gausbert leur premier abbé, depuis le rétablissement de la régularité. Saint Abbon, abbé de Fleury, voulut en vain s'interposer pour mettre fin à ces désordres; il ne put rien gagner sur ces moines indociles; et son zèle pour le maintien de la discipline monastique finit par lui coûter la vie; car il fut assassiné en 1004 par des do- 1004.
mestiques de l'abbaye de la Réole.

L'église de Saint-Martin avait alors pour trésorier un homme dont la haute puissance était relevée par de hautes vertus, et qui ne fut possesseur de très-grandes richesses que pour en faire le plus noble usage. Hervé, fils de Sulpice de Busançais, seigneur de Chatillon, de Verneuil et de la Tour d'Amboise, avait été élevé dans l'abbaye de Fleury. Ce fut là qu'il puisa l'inclination qu'il montra depuis pour la vie religieuse; car il n'avait pas encore terminé ses études, qu'il se déroba à ses maîtres, et se retira dans un monastère dont il voulut prendre l'habit : mais l'abbé, craignant le ressentiment du seigneur de Busançais, son père, refusa de l'admettre au nombre des novices, à moins qu'il n'obtînt le consentement de ses parens. La précaution de l'abbé fut sage ; car le père, informé de la retraite de son fils, se rendit au monastère, et l'arracha malgré lui de cette maison pour le conduire à la cour, où il espérait que l'exemple des jeunes gens de son âge le détournerait de ses premières inclinations. Il pria même le roi Robert d'interposer son autorité pour que son fils ne persistât pas dans la résolution qu'il avait prise : mais Robert, loin de seconder le père, fortifia au contraire le fils dans ses premières intentions, en lui donnant l'assurance de l'élever soit à l'épiscopat, soit à quelque poste important dans l'Eglise. Provisoirement il l'investit de la dignité de trésorier de Saint-Martin, qui était le partage des personnages les plus considérables. Le père, trompé dans ses espérances, ne crut pas devoir s'opposer davantage à ce qu'il prévoyait ne pouvoir empêcher. Hervé revint à Tours et prit possession de sa trésorerie sous l'habit blanc de chanoine; tel était alors celui du chapitre de Saint-Martin. C'était en 970. Depuis ce temps les revenus de sa dignité et ceux de son riche patrimoine lui avaient permis d'accumuler une somme qui, malgré ses libéralités et ses aumônes, 1004. pouvait encore lui permettre de réaliser le projet qu'il avait intérieurement conçu de relever en entier l'église de Saint-Martin. Soit qu'elle eût été détruite en 994, soit qu'elle n'eût été que fortement endommagée, Hervé entreprit de la rebâtir à ses frais et sur de nouveaux fondemens. Il eut la satisfaction de voir ce grand ouvrage terminé en 1014, et pour en faire la dédicace avec plus de solennité, il invita un grand nombre d'évêques à y assister. Hugues Ier, doyen de la cathédrale, avait succédé à Archambaut de Sully, mort en 1007. Ce fut lui qui en fit la consécration le 14 juillet 1014, et le même jour le corps de saint Martin et les châsses des saints furent transférées dans la nouvelle église. En attendant la reconstruction, on les avait déposées dans une chapelle située dans le cloître, et qu'on croit avoir été l'ancienne église de Saint-Martin bâtie par saint Brice. On en voyait encore des vestiges au commencement du treizième siècle; mais depuis ce temps ils avaient entièrement disparu.

Cette nouvelle église, suivant Adémar, fut dédiée en l'honneur des douze apôtres. En effet nous avons encore vu dans le sanctuaire dix de ces figures en cuivre, les deux autres, saint Pierre et saint Paul, qui étaient aux deux côtés de l'autel, ayant été enlevées probablement à la suite de quelque désastre. La plus grande partie de cette église qui a subsisté jusqu'à nos jours était d'une architecture gothique, c'est-à-dire le chœur, les deux ailes et la nef jusqu'à la façade de

1004. la principale entrée. On voyait sur le frontispice de la porte du Change quatre figures sculptées en pierre, de grandeur naturelle ; l'une représentant le roi Robert assis sur une chaise, et tenant en main un bâton noueux en forme de sceptre ; l'autre représentait la reine Constance également assise et tenant un sceptre de la même espèce que celui du roi. Des deux autres figures placées sur les arcs-boutans de l'église, l'une était le grand bouteiller, autrement le grand échanson, remplissant une coupe, et l'autre un homme ayant la tête entre les jambes, la barbe longue, les cheveux à demi rasés et tenant ses mains appuyées sur ses pieds. On croit que cette figure grotesque retraçait l'image de ces bateleurs qui vinrent à la suite de Constance lorsqu'elle épousa le roi Robert.

Cette basilique, qu'on peut regarder comme la quatrième qui ait été élevée à Tours en l'honneur de saint Martin, ne fut pas le seul monument de la piété et de la libéralité du trésorier Hervé. Nous avons dit que sous l'épiscopat de saint Euphrône une princesse nommée Ingertrude avait fondé auprès de l'église de Saint-Martin un monastère de religieuses, où plusieurs filles de qualité se rangèrent sous sa discipline, et qu'on nomma Notre-Dame-la-Greignor, et ensuite Notre-Dame-de-l'Écrignole. Ce monastère, qui subsista pendant plusieurs siècles, fut tellement ruiné par les Normands, que ces religieuses, n'ayant plus de temple, furent réduites à la nécessité d'aller faire le service divin dans l'église de Saint-Martin, devant l'autel dit du Crucifix-Vert, qui dans ce temps était placé au milieu de la nef. Hervé, jugeant qu'il ne convenait 1004. pas que des vierges consacrées à Dieu fussent journellement obligées de sortir de leurs cellules pour chanter l'office, leur fit bâtir un monastère dans la paroisse de Beaumont, distante d'un quart de lieue de la ville de Tours, où elles furent transférées dès l'an 1002. Il dota cette nouvelle abbaye de plusieurs domaines, partie des siens propres, et partie de ceux de Saint-Martin, dont le chapitre consentit à se dessaisir. En reconnaissance de ces bienfaits, les religieuses de Beaumont se mirent sous la protection de l'église de Saint-Martin. Elles s'engagèrent, en signe de dépendance, à lui payer tous les ans vingt sous de cens, à demander aux chanoines, quand leur abbesse serait morte, l'autorisation d'en élire une autre qui serait installée par un membre du chapitre, et enfin à raccommoder gratuitement les chapes et les autres ornemens de l'église de Saint-Martin. Le roi Robert confirma cette fondation par ses lettres-patentes datées du bois de Boulogne le 26 septembre 1007. Alors les comtes d'Anjou, de Touraine, du Poitou, et plusieurs autres grands seigneurs du royaume, se signalèrent par des dons envers cette abbaye, et fondèrent divers prieurés qui étaient toujours restés à la présentation de l'abbesse de Beaumont.

Quand il eut heureusement terminé ces grands travaux, Hervé sentit renaître le penchant qu'il avait toujours eu pour la solitude. En 1012 il se retira avec un seul domestique dans l'île de Saint-Côme, située un peu au-dessous de la ville de Tours. Cette île, au-

1004. jourd'hui réunie au continent, appartenait au chapitre dont Hervé était trésorier. Il y fit construire en l'honneur de saint Côme une chapelle qui avait subsisté jusqu'à nous. Son dessein était d'y terminer ses jours dans la retraite : mais ses collègues, affligés de le voir sur la fin de sa carrière dans un pareil isolement, lui firent tant d'instances, qu'il consentit à venir s'établir dans une petite cellule attenante à la chapelle de Saint-Basile, voisine de l'église de Saint-Martin, et tout auprès de celle de l'Écrignole. Ce fut là qu'il mourut dans un âge très-avancé : Adémar dit le 17 avril 1010, et la chronique de Tours en 1011, ce qui est également erroné. Celle de Saint-Pierre-le-Vif place sa mort en 1016, et se trompe également; car nous voyons qu'en 1020 il accorda une prébende et une mansion dans le cloître de Saint-Martin à Ysembert, évêque de Poitiers, ainsi qu'à ses successeurs. Il est presque certain qu'il ne mourut qu'en 1021. Il eut sa sépulture dans l'église qu'il avait fait construire, où l'on ne voyait plus qu'un fragment de son épitaphe. Dès l'an 1012 il avait résigné sa dignité à Sulpice de Busançais son neveu.

Lorsque Hervé quitta l'île de Saint-Côme, les chanoines de Saint-Martin en firent don au monastère de Marmoutier, à condition d'en payer un droit de cens au cellérier du chapitre, qui en conserverait toujours la mouvance. Hervé, qui vivait encore, ajouta à ce don la chapelle qu'il avait fait bâtir sous l'invocation de saint Côme, et imposa la condition d'y entretenir douze moines pour y célébrer l'office divin.

Gelduin II de Saumur, qui tenait cette île à foi et 1004. hommage du comte de Tours Eudes II, consentit à la donation. Marmoutier jouit paisiblement de ce domaine pendant quelques années; mais ayant depuis refusé de reconnaître pour seigneur le chapitre de Saint-Martin, il s'en vit privé en 1092 par sentence des nobles du pays, en vertu de laquelle le chapitre rentra en possession de l'île et l'accorda à cinq de ses chanoines qui avaient quitté leurs bénéfices pour embrasser la vie religieuse selon la règle des chanoines réguliers de Saint-Augustin.

C'est mal à propos que la chronique de Saint-Maixent attribue à Hervé la fondation de l'abbaye de Preuilly. Elle est due à Effroy, baron de Preuilly, et à Béatrix d'Issoudun sa femme. Les anciens titres nous apprennent qu'Effroy en jeta les fondemens en 1001; qu'elle fut achevée en 1009, et que deux ans après son fondateur lui donna des domaines et des rentes pour l'entretien de sept moines. Son épitaphe en vers latins, qu'on a vue long-temps sur son tombeau, confirme cette circonstance, et nous apprend en outre qu'il avait enrichi cette église de tous les ornemens nécessaires à la célébration de l'office divin. On croit cependant qu'Hervé fit venir, pour les y placer, des moines de l'abbaye de Massay en Berri, où l'on observait en effet la même règle qu'à Preuilly. Au nombre des reliques conservées dans cette église, étaient celles de saint Mélaine, évêque de Rennes, qui y furent apportées le 12 mai 1224, par Jean de Faye, archevêque de Tours; mais le château et l'église ayant été pillés par les protestans le 15 juin 1562, tous les tombeaux furent vidés, et l'on trouva seulement dans l'un d'eux une plaque de plomb sur laquelle on lisait : « *Anno Domini MCCXXXVI mense de-* « *cembri translata sunt hic ossa B. Joannis Pere-* « *grini ad cujus tumulum Dominus miracula ope-* « *ratus est multa ut legitur.* »

Rien n'est si commun dans le cours de ce onzième siècle que de voir les peuples occupés principalement à réparer et à rebâtir les églises et les monastères. Baronius en donne pour raison l'opinion commune que le monde ne devait pas durer plus de mille ans, et que, quand ce temps fut passé, les chrétiens, rassurés sur leur existence, tournèrent toutes leurs pensées vers les fondations pieuses et le rétablissement des églises, qui pour la plus grande partie avaient été détruites par les Normands dans les deux siècles précédens. Nous avons déjà vu Geoffroy-Grisegonnelle se signaler par des établissemens de ce genre. Son fils Foulques-Nerra, surnommé le Jérosolomitain, suivit son exemple. Ce prince, extrême en tout, et qui joignait la férocité d'un soldat à la minutieuse dévotion d'un moine, fonda trois monastères à son retour de Jérusalem : l'un sur l'Indre à mille pas de Loches dont il était seigneur ; un autre à Angers, et un troisième à Roncevaux. Il nomma le premier Beaulieu, à cause de son agréable situation sur l'Indre, et y fit construire une église en l'honneur de la Trinité et des anges ; il y plaça un morceau de la vraie croix, qu'il avait rapporté de Jérusalem, ainsi qu'une pierre du tombeau de Jésus-Christ ; enfin il la pourvut richement de tous les objets nécessaires à sa destination : il fit même venir des moines de Saint-Genoul au diocèse de Poitiers pour la desservir, et prier Dieu pour lui la nuit et le jour.

1004.

Après avoir ainsi tout disposé, il invita l'archevêque de Tours, Hugues Ier, à venir consacrer cette église ; mais ce prélat, dès le commencement de son épiscopat, avait eu avec Foulques-Nerra de sérieux démêlés au sujet de quelques domaines dépendant de son archevêché que le comte avait usurpés, et qu'il refusait de restituer : on croit que c'était le terrain sur lequel le comte avait bâti le château de Montrésor. Hugues s'était plaint de cette usurpation aux évêques de France, et Fulbert de Chartres, l'un des plus célèbres prélats de son temps, en fit de vives représentations au comte d'Anjou, qui ne fut ébranlé ni par les prières ni par les menaces. La restitution d'un terrain sur lequel s'était élevée une forteresse, semblait en effet assez difficile, à moins que ce ne fût par compensation. L'archevêque de Tours n'en refusa pas moins d'aller faire la consécration de l'église de Beaulieu, objectant qu'il ne pouvait offrir à Dieu les vœux d'un homme qui avait dépouillé son temple, s'il ne promettait solennellement de rendre les biens qu'il avait pris. Foulques, piqué de ce refus, partit sur-le-champ pour Rome, où l'archevêque ne tarda pas à le suivre. Le comte, à force de présens, obtint du pape Jean XVIII l'envoi du cardinal Pierre, évêque de Préneste, en qualité de légat, pour faire la dédicace

1004. de l'église de Beaulieu, nonobstant toute opposition de la part de l'archevêque de Tours. Tous les évêques de France se récrièrent contre cette entreprise du pape, qu'ils considérèrent comme une infraction aux canons, qui défendent de faire aucune fonction épiscopale dans le diocèse d'un évêque sans sa permission. Mais le cardinal Pierre ne fut point arrêté par ces objections, et il consacra l'église au mois de mai de l'an 1012 en présence de l'évêque d'Angers, qui, dans cette circonstance, se détacha du parti de son métropolitain pour se ranger de celui du comte d'Anjou. Raoul Glaber raconte sérieusement dans sa Chronique, que pendant la cérémonie il s'éleva tout à coup une violente tempête qui renversa une partie de l'église, et que cet accident fut regardé comme une justification des plaintes des évêques. Mais on n'ignore point de combien de fables ridicules est remplie cette Chronique de Glaber. Les restes d'une ancienne chapelle que l'on voyait du côté de l'est, au-dessus de l'abbaye, avaient pu faire croire à cet événement, et persuader que le comte avait réellement fait reconstruire l'église de Beaulieu. Quoi qu'il en soit, Foulques-Nerra donna à saint Pierre le monastère qu'il venait de fonder, et en fit hommage au pape ; de manière qu'il se trouva relever directement du saint-siège. On croit que cette condition avait été d'avance arrêtée à Rome entre le comte et le saint-père, et que ce fut ce qui détermina l'envoi du légat. Foulques donna à l'église de Beaulieu tous les domaines qu'il possédait aux environs, avec les cens et généralement tous les droits qui lui appartenaient ; il lui accorda 1004. aussi plusieurs privilèges, affranchit les moines de toutes servitudes, et leur permit de tenir tous les samedis des marchés en franchise ; enfin il leur céda le privilège qu'il avait de faire battre monnaie dans la ville de Loches. Cette charte, datée de 1013, est signée par Geoffroi de Preuilly, Sanction de La Haye, Gosselin de Sainte-Maure, et Lysois d'Amboise. Ce Lysois était seigneur de la ville et du château ; quant à la tour d'Amboise, elle formait un fief particulier dont était seigneur Sulpice de Busançais, alors trésorier de Saint-Martin. Cette tour n'étant qu'en bois, Sulpice, en 1014, la fit reconstruire en pierre, et lui donna assez d'élévation pour que de son sommet on pût aisément découvrir tous les alentours à plusieurs lieues de distance. Sulpice, par cette construction, avait voulu se tenir en garde contre les entreprises de Foulques-Nerra, qui, tant qu'il vécut, fut l'ennemi irréconciliable des comtes de Tours. Ses enfans, en lui succédant aux seigneuries qu'il possédait dans la Touraine, héritèrent de sa politique, ou, pour mieux dire, de sa haine et de son ambition, qui finirent par être fatales à la maison de Blois. Nous allons raconter les guerres qui durèrent si long-temps entre ces deux maisons rivales ; mais il est besoin pour cela de reprendre les choses où nous les avons laissées à la mort d'Eudes Ier.

Ce prince avait laissé sept enfans : 1° Thibaut, l'aîné de ses fils, qui lui succéda ; 2° Eudes II, qui succéda à son frère aîné ; 3° Roger, évêque de Beauvais ; 4° Odolric, évêque d'Orléans ; 5° Aloise ou Helvise, femme d'Ysembert, seigneur de Pithiviers ; 6° Agnès, dont on ignore le sort ; 7° Berthe, femme en premières noces d'Alain-le-Brun, comte de Bretagne, et en secondes, de Hugues II, fils de Herbert, comte du Mans.

Thibaut II, ainsi que nous l'avons dit, est à peine connu dans l'histoire ; il mourut en 1004.

Eudes II, dont nous avons à parler maintenant, et qui fut surnommé le Champenois, succéda en 1004 à son frère Thibaut II : on pouvait le considérer comme étant alors un des comtes les plus puissans du royaume. Son frère Roger, évêque de Beauvais, était seigneur de Sancerre. Mais ce comté convenant beaucoup mieux à Eudes, dont il arrondissait les possessions, que celui de Beauvais qui en était éloigné, il en fit l'échange avec Roger, qui y trouvait également son compte. Peu content de ses nombreux domaines, après la mort d'Étienne de Vermandois, son cousin, il s'empara des comtés de Meaux et de Troyes, et s'y maintint malgré le roi Robert, qui, à défaut d'héritiers mâles en ligne directe, avait voulu réunir ces deux comtés à la couronne. Aucun de ses prédécesseurs n'était arrivé à un aussi haut degré de fortune ; et il jouissait de la plus grande faveur auprès du roi Robert, autant à cause des nombreuses et grandes terres qu'il possédait, que parce qu'il se trouvait le beau-fils du monarque ; car on a vu que Robert avait épousé Berthe, sa mère, dont pourtant il avait été obligé de se séparer. Ce fut sans doute cette constante prospérité qui

lui fit prendre le titre fastueux de comte palatin, que 1004.
les comtes de Champagne ont porté depuis. Mais il
est rare de voir les ambitieux satisfaits; celui-ci, ne
souffrant qu'avec impatience la préférence que le roi
donnait à Bouchart Ier, fils d'Aymon, comte de Corbeil,
son principal ministre et homme d'une grande capa-
cité, se déclara ouvertement son ennemi. Ayant donc
corrompu le gouverneur de Melun, il lui enleva cette
ville, et lui-même se jeta dedans pour la mieux défendre. Robert, indigné de la témérité du comte de
Tours, marcha en personne pour le châtier : Melun
fut assiégé et serré étroitement. Eudes défendit la place
pendant trois mois avec un courage qui lui eût fait
honneur si la cause en eût été plus juste et plus légitime ; mais se sentant plus vigoureusement pressé
de jour en jour, il trouva moyen de sortir de la place,
aimant mieux l'abandonner que de se rendre par capitulation.

Eudes ayant reparu à la cour, le roi ne put s'empêcher de lui témoigner son mécontentement sur ses
mauvais procédés envers Bouchart. Le comte, d'autant
plus piqué de ces remontrances qu'elles lui rappelaient
sa défaite, reprocha fièrement au roi son ingratitude
envers lui, qui, disait-il, n'était redevable qu'à Dieu
de sa noblesse et des possessions qu'il avait héritées
de ses aïeux, faisant sans doute allusion à la manière
dont Robert était arrivé au trône de France. Le fruit de
cette nouvelle mésintelligence fut que Eudes revint
quelque temps après devant Melun avec des troupes

1004. fraîches, dans le dessein de s'emparer une seconde fois de la ville qu'il n'eut pas le temps d'assiéger, car Bouchart accourut promptement à son secours, et le différent se termina par une bataille dans laquelle l'armée du comte de Tours fut taillée en pièces, et Bouchart victorieux demeura encore paisible possesseur de la ville de Melun. Cependant, quelque temps après, Bouchart ayant quitté volontairement le gouvernement de l'État pour prendre l'habit monastique, Eudes, qui avait toujours conservé son empire sur l'esprit du roi, prit sa place dans le conseil, et fut investi comme lui de l'autorité la plus absolue.

Ce comte ambitieux et remuant eut à soutenir d'autres guerres, dont les résultats furent rarement à son avantage; l'une contre Richard II, duc de Normandie; l'autre contre Foulques-Nerra, comte d'Anjou; et la dernière, qui dura cinq ans et dans laquelle il perdit la vie, contre Conrad-le-Salique. Le motif de la première était la restitution de la dot de Mathilde de Normandie, sa première femme. Richard, ne se croyant pas assez fort pour résister aux armes du Champenois, appela à son secours Lagman, roi de Suède, et Olaüs, roi de Norwège, convaincu qu'il était que Robert favorisait Eudes. Mais le roi de France, qui craignait avec raison une nouvelle irruption des barbares du nord, fit consentir Eudes à satisfaire le duc de Normandie, et la paix fut conclue sans aucune effusion de sang.

La seconde de ces guerres mérite que nous la

traitions d'une manière plus détaillée, parce qu'elle 1004.
regarde plus particulièrement l'histoire de notre province.

La Touraine était alors partagée entre Eudes et le comte d'Anjou, Foulques-Nerra. Le premier possédait à la vérité le comté de Tours, les villes de Chinon, de Langeais, et de Montbazon; mais Foulques, de son côté, y tenait plusieurs places importantes. Il était maître des châteaux de Montrésor et de Sainte-Maure qu'il avait fait bâtir; et de plus, il était seigneur des villes d'Amboise, de Loches, et de La Haye, qu'il tenait de ses aïeux; il avait encore deux autres places situées au nord de la Loire, savoir : Moran, à quelques lieues d'Amboise, et Semblançay, à trois lieues de Tours; de sorte qu'il pouvait facilement traverser la Touraine sans être obligé de sortir de ses terres ou de celles des seigneurs qui lui étaient affectionnés, parmi lesquels on remarque entre autres Lysois de Bazougers, chef de l'illustre maison d'Amboise; Archambaut de Busançais, beau-père de Lysois; Hugues d'Allais, seigneur de Chateaux et de Saint-Christophe. Ce dernier était un des plus zélés partisans du comte d'Anjou; il l'accompagnait dans toutes ses expéditions militaires et lui donnait au besoin retraite dans ses châteaux. Foulques-Nerra était ainsi maître de toutes les avenues et des principales rivières de la province; il ne lui manquait plus que d'avoir quelques places sur le Cher : il en trouva une occasion favorable. Pendant son voyage à la Terre Sainte, vers l'an 1009, le seigneur de Pont-le-Voy et celui de Saint-

1004. Aignan profitèrent de son absence pour faire des incursions sur plusieurs de ses possessions, dont ils enlevèrent le bétail. Le seigneur de Pont-le-Voy particulièrement fit un dégât considérable, ayant soin d'entretenir dans son château une nombreuse garnison, à l'aide de laquelle il faisait des courses continuelles jusqu'aux portes d'Amboise et de Loches, désolant tous les environs, et dépouillant les marchands et les voyageurs : tels étaient alors les passe-temps des grands seigneurs, quand ils ne guerroyaient pas entre eux. Ce comte de Pont-le-Voy se nommait Gelduin; il était second fils de Gelduin Ier, seigneur de Saumur, de Maillé, d'Ussé, et de Pont-le-Voy, la terreur de ses voisins, et surnommé, dans son temps, le Diable de Saumur. Son fils aîné, également nommé Gelduin, était attaché au parti du comte Eudes, et le suivit dans toutes ses guerres. Le comte d'Anjou, de retour en France, se trouva tellement offensé des actes d'hostilité de Gelduin envers ses vassaux, qu'il n'hésita pas à lui déclarer la guerre. Il se saisit d'abord des bourgs de Nanteuil et de Bouré, situés sur le Cher à trois petites lieues de Pont-le-Voy, et fit bâtir le château de Montrichard, qu'il pourvut d'une forte garnison. Après l'avoir muni de tout ce qui était nécessaire pour s'opposer aux courses de Gelduin, il en donna le commandement à Roger de Montrésor, surnommé le Diable.

On prétend que ce château fut appelé Mont-Trichard ou Mont-Trompeur, parce qu'il fallait y monter par un chemin fort étroit, et presque impraticable;

mais cette étymologie n'a ni fondement ni justesse : 1006.
ni fondement, parce qu'il paraît certain que le lieu
portait auparavant le nom de Mont-Richard; ni justesse, parce qu'il a toujours été nommé en latin *mons
Ricardi*. La propriété du fond sur lequel le château
fut bâti appartenait à Gelduin, qui se plaignit de
cette usurpation au comte de Tours, dont il était vassal. Le comte, qui n'avait pas besoin d'être stimulé
dans des cas semblables, prit la défense de Gelduin ;
il fit de grands préparatifs en Champagne, pour de
là venir chasser l'ennemi de son poste. Il donna rendez-vous à ses troupes auprès de Blois; et il alla les y
joindre un peu avant la Saint-Jean. Le comte d'Anjou, instruit de sa marche, ne manqua pas de son
côté d'assembler également ses milices qui furent ren-
forcées par celles que lui amena Herbert, son ami,
comte du Maine, surnommé Éveille-Chien. Ils dirigèrent leur marche le long de la rivière du Cher, et
arrivèrent à Montrichard le même jour que le comte
de Tours prenait ses quartiers dans Pont-le-Voy. Les
deux armées, voisines l'une de l'autre de trois petites
lieues, ne tardèrent pas à se reconnaître. Elles sortirent en même temps de leurs camps, le 16 juillet
1016 (1), avec une égale ardeur de combattre : l'affaire fut très-sanglante de part et d'autre. Le comte
de Tours eut d'abord l'avantage, et donna avec tant
de vigueur sur l'aile droite des Angevins, qu'elle fut
contrainte de plier. Foulques-Nerra, qui la comman-

(1) Velly bouleverse ici la chronologie en plaçant cet événement
à l'année 1026.

dait, y fut blessé et fait prisonnier; mais Herbert, comte du Maine, qui était à la tête de l'aile gauche, ayant rompu les Champenois qui lui étaient opposés, répara pour un moment l'échec que l'aile droite avait éprouvé. Malgré cela, le désordre s'était mis dans les rangs des Angevins, et Herbert, craignant que le comte Eudes ne tombât sur lui avec toutes ses forces, songea à opérer sa retraite, qui se fit en très-bon ordre. Eudes, qui tenait Foulques-Nerra en son pouvoir, se voyant maître du champ de bataille, au lieu de pousser vivement sa victoire, fit prendre du repos à son armée sur les bords du Cher, où elle s'accula imprudemment. Herbert, en capitaine habile, voyant le comte de Tours dans une aussi fausse position, rallia promptement toutes ses troupes, et fondit sur celles de Eudes avec tant de promptitude et de bravoure, qu'il les battit complètement, et, dans le désordre de leur défaite, parvint à délivrer Foulques-Nerra, ainsi que tous les autres prisonniers. Trois seigneurs de la maison de Sablé furent tués dans cette affaire, Bernier, Hubert-Rasorius, son frère utérin, et Raoul, qui y fut blessé mortellement.

Après cette victoire inespérée, le comte d'Anjou ne trouva aucune résistance dans la province; mais il lui manquait d'être maître de sa capitale. Il entreprit donc de la bloquer au couchant, en faisant construire un fort du côté de Saint-Cyr au-dessous de la ville, afin de lui couper les vivres et les secours qui pourraient lui être envoyés sur la Loire, du côté de Saumur, et d'empêcher toute communication entre ces deux places. Ce fort fut élevé sur une hauteur qui domine le pont de la Motte. On y aperçoit encore les traces de grands fossés qui avaient été taillés dans le roc. Quatre buttes de terre faites en forme de bastions étaient destinées à fortifier cette redoute, qu'on appela Mont-Boël, autrement Mont-Boyau (1), parce qu'étant longue et étroite elle ressemblait à un boyau, terme assez usité dans les fortifications des villes de guerre. Sa situation naturelle le rendait presque imprenable; car, outre que le fort était sur le point le plus élevé qui commande la campagne de tous les côtés, la rapidité de la Loire qui passait alors au pied du côteau, et la profondeur de la Choisille, qui en cet endroit a son embouchure dans ce fleuve, en interdisaient l'approche à l'est et au sud. Vers l'ouest, il était séparé du côteau par un vallon, de sorte qu'il

(1) Il est nommé Mont-Boël dans les titres du prieuré de Saint-Côme, et dans quelques anciens titres de Saint-Martin, des années 1177 et 1280, la motte de Mont-Boyau. Les titres latins portent tantôt *Mons-Boelli*, tantôt *Mons-Bodelli* ou *Budelli*, et non *Mons-Dubelli*, comme le prétend le P. Labbe, qui le prend pour Mondoubleau, lieu éloigné de Tours de vingt-cinq lieues; ni *Mons-Burelli*, d'après Adrien de Valois, qui croit que c'était la Membrolle, village situé dans un vallon, sur la Choisille, à une lieue et demie de Tours. Les mots latins *bodellus*, *budellus* et *boëllus*, ainsi que le français *boël*, sont de vieux mots qui, selon Ducange, signifient boyau, intestin.

> Par les flans l'a si porfendu
> Que la boële li chéi,

dit un vieux traducteur des métamorphoses d'Ovide.

Au surplus cette motte ou butte de terre est évidemment un tumulus celtique correspondant à un autre tumulus que l'on aperçoit à quelque distance du château de Montbazon au levant.

1026. ne pouvait être attaqué que du côté du nord. Là, il y avait une campagne assez vaste, qu'on appelle encore aujourd'hui *la Plaine*, relativement à la hauteur de Mont-Boyau. Mais Foulques, de ce côté, le fortifia de deux bastions de terre, entourés de fossés taillés dans le roc. Enfin, pour en rendre l'abord plus difficile et plus dangereux, il n'oublia rien de ce qui avait été inventé de son temps dans l'art de fortifier les places.

A la manière dont le fort de Mont-Boyau était défendu, et vu son peu d'éloignement de Tours, on peut s'imaginer ce que cette ville avait à souffrir ou à craindre d'un pareil voisinage. Tous les environs furent la proie du soldat : les terres de l'église ne furent pas plus épargnées que les autres, et surtout par Hubert, évêque d'Angers, qui se trouvait naturellement dans le parti de Foulques-Nerra. Ce prélat, oubliant sa qualité de pasteur, se mit à la tête d'un corps de troupes, portant le fer et le feu dans tous les lieux qu'il parcourait. Hugues Ier, archevêque de Tours, dont il était le suffragant, suspendit cet indigne évêque de ses fonctions, et lança contre lui une sentence d'excommunication. Le comte Eudes parut peu sensible aux maux qui désolaient la Touraine. Loin de songer à venir défendre ses anciens domaines, il s'occupait des moyens d'en acquérir de nouveaux. Étienne Ier, comte de Champagne, étant mort sans enfans, en 1019, Eudes, ainsi que nous l'avons dit, n'hésita point à s'emparer de ses possessions, qui passèrent à ses descendans. Le besoin de s'y maintenir ne lui permit de revenir dans la Touraine qu'en 1026. Foulques-Nerra s'y était déjà assez solidement établi par les places fortes qu'il y avait fait construire. Le fort Mont-Boyau étant le plus voisin de sa capitale, et par conséquent le plus incommode, ce fut contre lui que Eudes dirigea ses premières opérations. Assisté de Gelduin, de Pont-le-Voy, et de plusieurs autres seigneurs, il en forma le siège, et plaça une partie de ses troupes dans des bateaux, tant sur la Loire que sur la Choisille, et campa avec le reste sur les hauteurs qui sont du côté du nord. Ce fut par-là qu'il attaqua le fort, et pour arriver à la hauteur des bastions qui le défendaient, il fit élever une tour en bois à plusieurs étages, dans laquelle il fit entrer les plus braves de son armée.

Tandis qu'Eudes poursuivait chaudement le siège de Mont-Boyau, le comte d'Anjou, de son côté, se mettait en devoir de le secourir. Il manda ses vassaux, rassembla ses milices, et prit, avec le comte du Maine, le chemin de Tours. Comme il était dans la vallée d'Anjou, il apprit que Gelduin avait retiré la garnison de Saumur pour la conduire au siège de Mont-Boyau. Sur cet avis, il dirigea sa marche de ce côté, et ayant fait grande diligence, il arriva le soir, sans avoir été découvert, au-dessus du faubourg de la Croix-Verte ; il traversa heureusement la rivière à la faveur de la nuit, surprit les habitans endormis, s'empara de la ville, et sans perdre de temps, fit sommer le gouverneur du château, qui, n'ayant ni soldats, ni munitions de guerre, fut obligé de se rendre. Après ce coup de main, le comte d'Anjou se dirigea sur Chi-

1026. non, feignant de vouloir assiéger cette ville; mais, n'ayant d'autre dessein par ces différens mouvemens que de laisser le comte de Tours dans l'incertitude sur la route qu'il devait prendre, il passa tout à coup la Vienne entre Nouâtre et l'Ile-Bouchard, et alla mettre le siège devant Montbazon, place alors très-importante, et de laquelle Eudes Ier avait eu beaucoup de peine à chasser le comte d'Anjou.

A la nouvelle de la prise de Saumur et du siège de Montbazon, le comte Eudes se retira de devant Mont-Boyau. Ce qui le détermina surtout à abandonner cette entreprise, ce fut l'accident arrivé à la tour de bois qu'il avait fait construire, et sur laquelle il avait en partie fondé l'espoir de la reddition du fort. Cette tour s'écroula d'elle-même, sous son propre poids, et écrasa sous ses ruines la plupart de ceux qui s'y étaient enfermés. Quelques-uns furent étouffés par le feu qu'y mirent les Angevins, au moment où ils la virent renversée. Le comte perdit dans cette occasion l'élite des braves de son armée. Dans cette fâcheuse conjoncture, il crut ne pouvoir mieux faire que de voler au secours de Montbazon, décidé à délivrer cette place ou à livrer bataille, s'il ne pouvait faire autrement. Mais le comte d'Anjou avait laissé ses meilleures troupes pour défendre le château de Saumur, dans le cas où, selon toute apparence, il viendrait à être assiégé. Satisfait d'ailleurs de la levée du siège de Mont-Boyau, seul motif qui l'eût fait mettre en campagne, il refusa le combat, et partagea son armée en deux divisions. Il envoya l'une à Loudun, et l'autre l'accompagna en Anjou, où il s'en retourna, n'ayant plus rien à faire en Touraine. Ainsi le fort de Mont-Boyau continua d'inquiéter les habitans de Tours, jusqu'à ce que Geoffroy-Martel, successeur de Foulques-Nerra, s'étant rendu maître de la ville, le fît démolir, et en donnât le domaine à l'église de Saint-Martin, qui en céda une partie au chapitre de Saint-Côme, s'en réservant néanmoins la seigneurie qu'elle affecta à la prévôté de la Varenne.

1026.

Nous croyons devoir relever ici une erreur commise par la chronique de Tours, et par celle de Sigebert, en parlant de l'entrevue qui eut lieu l'an 1023, entre le roi Robert et l'empereur Henri II. L'une et l'autre la placent dans notre province, à Esvres, sur le Cher : mais ces auteurs se sont doublement trompés; car d'abord notre commune d'Esvres est située sur l'Indre, et non sur le Cher; en second lieu, l'entrevue eut lieu sur le Chiers, auprès de Luxembourg, ou sur la Meuse, suivant l'opinion la plus commune.

Si l'on en excepte les querelles qui divisaient quelques grands vassaux, tels que les comtes de Tours et d'Anjou, le royaume était assez tranquille, lorsque le roi Robert perdit Hugues, son fils aîné, prince d'une très-grande espérance, qui mourut le 7 septembre 1025. La cour alors, par les intrigues de la reine Constance, se trouvait divisée sur le choix du successeur à la couronne, qui de droit appartenait à Henri, devenu l'aîné par la mort de son frère. Les Français en général inclinaient pour lui : mais Constance, plus méchante encore qu'elle n'avait été belle, aspirait à faire passer la couronne sur la tête de Robert, son troisième fils, pour lequel elle avait une aveugle prédilection, et dont elle se flattait de gouverner l'esprit au gré de ses passions. Le comte Eudes, pendant cette division, se retira de la cour, et quoiqu'il ne se déclarât pas ouvertement, il n'en est pas moins vrai qu'il favorisait en secret les prétentions de la reine. Plusieurs seigneurs suivirent son exemple, entre autres Guillaume, duc d'Aquitaine et comte de Poitou, ce qui leur attira l'indignation du roi Robert. Cependant le prince Henri fut reconnu par toute la France, et couronné le jour de la Pentecôte, 1027. Le nouveau monarque associé à son père, non-seulement ne témoigna aucun mécontentement à Eudes de ce qui s'était passé; mais il voulut même l'accompagner en personne avec ses troupes, pour continuer la guerre contre Foulques-Nerra. Cette nouvelle entreprise ne réussit pas mieux que les précédentes. Eudes tenta inutilement de surprendre la ville d'Amboise, où il avait des intelligences par le moyen de Landry de Dunois, seigneur de la partie de cette ville nommée la Maison-Fort. Ne pouvant l'emporter de vive force, il se détermina à retourner à la cour, où il vécut dans une grande intimité avec les deux rois, jusqu'à la mort de Robert, qui termina ses jours à Melun, au mois de juillet 1031.

Il y a une tradition qui attribue à ce monarque la fondation de l'abbaye de Noyers, qui était de l'ordre de Saint-Benoît, congrégation de Saint-Maur. On croit que l'église de ce monastère fut consacrée, en 1030, par Arnoult II, archevêque de Tours, neveu et successeur de Hugues Ier en 1023, sous l'invocation de Notre-Dame. L'auteur de la chronique de Maillezais prétend au contraire que cette abbaye ne fut fondée qu'en 1066 : mais cette opinion est évidemment erronée, puisque nous voyons que dans l'année 1030 elle avait déjà Euvrard pour abbé.

Nous devons rappeler aussi qu'en 1025, après la mort de Hugues son fils, le roi Robert fit un voyage à Tours, où il confirma diverses fondations dont les titres portent : *actum Turonis anno incarnati verbi millesimo vigesimo quinto*, et, selon toute apparence, ce fut pendant ce voyage qu'il jeta les premières bases de la fondation de Noyers. Nous ne devons pas oublier également de parler ici de la donation qui fut faite en 1030 à l'abbaye de Saint-Julien par Geoffroy, fils d'Otton, et par Guitburge sa femme, de l'église de Saint-Médard avec toutes ses dépendances. Ce lieu, connu aussi sous les noms de Cinq-Maars et Saint-Mars, est célèbre par l'antique monument nommé la Pile Cinq-Maars, dont nous aurons occasion de parler à l'article des seigneuries. Dans le titre original de la donation, il n'est fait aucune mention de la Pile.

Après la mort de Robert, la division s'introduisit de nouveau dans le sein de la famille royale. La reine Constance forma un parti puissant en faveur du jeune Robert son fils, qu'elle voulait toujours placer sur le trône où était monté Henri Ier. Le comte Eudes fut du nombre des grands seigneurs qu'elle rangea dans son parti. Celui-ci fut gagné par le don qu'elle lui fit de la moitié de la ville de Sens; mais s'étant ensuite raccommodée avec le roi Henri, à son exemple, la plupart des seigneurs firent leur paix. Eudes, dont la destinée était d'être toujours du côté le plus injuste, fut le seul qui refusa les conditions qui lui furent offertes. Il s'opiniâtra dans sa rébellion, et eut la témérité de se mettre en campagne contre le roi, qui le punit de son audace; car l'ayant battu en trois rencontres, il le contraignit à lui demander pardon et à lui restituer la ville de Sens. Le comte d'Anjou sut profiter de ces troubles; il surprit le château de Montbazon, dont il donna le gouvernement à Guillaume de Mirebeau, duquel sont issus les anciens seigneurs de Montbazon.

A peine le comte de Tours était-il sorti du mauvais pas où son ambition et son esprit d'indépendance l'avaient engagé, qu'il entreprit une nouvelle guerre qui lui coûta la vie. Peu content des immenses domaines qu'il possédait, si son bonheur et ses succès eussent répondu à ses désirs, il se fût bientôt vu maître des plus belles provinces de la France, et en état de faire plier sous lui la puissance royale. Sa nouvelle entreprise eut pour objet la succession au royaume d'Arles, autrement la Bourgogne Transjurane, qui devait en effet lui appartenir à cause de sa mère Berthe, sœur du roi Raoul ou Rodolphe III. Mais cet oncle, indigné des procédés de son neveu, l'avait exclu de sa succession et avait désigné pour son successeur l'empereur Conrad-le-Salique, fils de Gerberge, son autre sœur, cadette de Berthe. Rodolphe étant mort en 1032, Eudes fit pendant cinq ans la guerre à Conrad pour tâcher de lui arracher l'héritage dont il avait été frustré. Les commencemens en furent assez heureux. D'abord il s'empara avec tant de facilité des principales places de Conrad, que les Italiens, mécontens de leur roi, lui envoyèrent des ambassadeurs pour lui offrir la couronne d'Italie. Mais Conrad étant survenu avec une puissante armée reprit avec encore plus de promptitude tout ce que Eudes avait conquis, et les peuples de Bourgogne se soumirent à lui. Eudes, pour faire diversion, entra en Lorraine, ravagea le pays et attaqua la ville de Bar. Gozzelon, duc de la Basse-Lorraine, qui commandait dans cette province l'armée de l'empereur, vint au secours de la ville et lui livra bataille le 17 septembre 1037. Après avoir donné des marques extraordinaires de bravoure, Eudes y fut tué, et son armée mise complètement en déroute. Il était âgé d'environ cinquante ans. Son corps fut trouvé parmi les morts, et reconnu surtout à une cicatrice qu'il avait à la cuisse. On assure que Gozzelon en fit séparer la tête, qu'il envoya en Allemagne. Roger, évêque de Châlons, et Richard, abbé de Verdun, recueillirent ses restes, qui furent transportés à Tours, où on leur donna la sépulture dans l'église de Marmoutier auprès d'Eudes Ier, son père.

Telle fut la fin de ce prince ambitieux, inquiet et turbulent, presque toujours battu, sans que ses défaites aient porté la moindre atteinte à sa puissance.

1037. L'historien de la maison d'Amboise ne lui a cependant pas épargné les louanges. Il nous le peint comme un prince accompli, d'un courage héroïque, d'une fermeté et d'une présence d'esprit incomparables dans les plus grands dangers, libéral jusqu'à la prodigalité, surtout envers les personnes d'un mérite éminent, irréconciliable ennemi des méchans, modéré dans ses paroles et dans ses actions, cachant ses belles qualités avec modestie; en un mot il le compare à Caton dans ses mœurs et dans sa conduite. Il ne tient pas à lui d'en faire le modèle de tous les princes; mais Glaber en parle bien différemment. Il l'accuse d'astuce, d'infidélité et d'une ambition sans bornes. Ce que nous avons rapporté de lui ne justifie que trop ce qu'en dit ce dernier. Dans le petit nombre des qualités qu'il pouvait avoir, on peut à peine parler de sa bravoure, vertu guerrière qui devait nécessairement être le partage de tous ceux qui comme lui se dévouaient au métier des armes. Quel rôle d'ailleurs eût pu jouer un prince ambitieux et sans courage, ayant à combattre dans Foulques-Nerra un voisin et un rival aussi brave, plus habile et non moins ambitieux que lui? La Touraine fut au surplus celle de toutes ses possessions dont il sembla le moins s'occuper, sinon lorsqu'il était obligé de venir la défendre. Cependant la ville de Tours lui fut redevable d'un bienfait signalé. Il n'y avait point de ponts de pierre du temps des Romains, ni même sous les rois de la première et de la seconde race, quoi qu'en aient dit plusieurs historiens. On ne se servait que de pièces de bois appuyées sur des ba-

teaux, ce qui rendait le passage souvent très-dange-
reux dans les grandes inondations, à cause de la rapidité de la rivière. Grégoire de Tours en cite plusieurs exemples. Ces ponts ainsi construits subsistè-
rent jusqu'au commencement de la troisième race.
Le comte Eudes, informé du grand nombre de personnes qui périssaient tous les ans, fit construire, avec
l'agrément du roi Henri Ier et à la sollicitation de sa
femme Hermengarde d'Auvergne, un pont de pierre
depuis le château jusqu'au faubourg Saint-Symphorien. Il voulut même que toutes sortes de personnes,
de quelque qualité qu'elles fussent, habitans de la ville
ou étrangers, à pied ou à cheval, pussent y aller et
venir sans payer aucun droit. Ce pont, composé de
quinze arches inégales en largeur, était en quelque
façon coupé en deux par une île qu'il traversait, et
que l'on nommait l'Entrepont. Ce lieu était très-bas
et se trouvait toujours inondé dans les crues fréquentes de la Loire, en sorte qu'on fut obligé d'y établir des bacs pour faciliter les communications d'une
rive à l'autre. Il paraît, quoique la charte du comte
de Tours que nous avons rapportée dans les Tablettes
historiques n'en fasse pas mention, que les droits de
bac exigés dans ces circonstances appartenaient au
chapitre de Saint-Martin. C'est du moins ce qu'on
voit par la convention faite en 1190 entre Philippe-
Auguste et Richard Cœur-de-Lion, et qu'au moyen
de ces droits qui étaient affermés trois sous quatre
deniers de rente, le chapitre était tenu aux réparations ; mais lorsqu'il arrivait quelque rupture aux

1037.

1037. ponts, les droits appartenaient à la ville, laquelle à son tour était astreinte à réparer le dommage, et les chanoines étaient privés de leur rente. Ils étaient seulement exempts du péage en donnant à chacun des bateliers une bouteille de vin et deux livres de pain.

Depuis ce temps il s'éleva un procès entre le chapitre de Saint-Martin et le bailli de Touraine qui, en sa qualité, avait la direction des affaires de la ville. Ce différend fut terminé en 1313, et les parties convinrent que le droit de bacs serait partagé par moitié entre la ville et le chapitre, à la charge de contribuer en commun aux réparations du pont. Le même procès se renouvela en 1528. Ce fut au sujet du pont de Sainte-Anne, qui se rompit par accident. La ville y établit des bacs pour passer tous les habitans sans rétribution. Le chapitre ayant prétendu que les droits de passage lui appartenaient, il y eut un arrêt qui renvoya les parties hors de cour. Enfin le 20 juillet 1677 trois arches du pont de Tours ayant été rompues, les chanoines renouvelèrent leur prétention; ce qui n'empêcha pas d'affermer, par ordre de l'intendant Tubeuf, le péage au profit de la ville. Il intervint ensuite un arrêt du conseil qui ordonna que le chapitre de Saint-Martin serait remboursé de son droit sur les deniers de la ferme, de sorte que depuis cet arrêt les droits de passage appartinrent exclusivement à la ville.

Eudes II avait épousé en premières noces Mahaud, fille de Richard Ier, duc de Normandie, et sœur de Richard-sans-Peur. Elle mourut sans enfans. Il eut pour seconde femme Ermengarde, fille de Robert II, comte d'Auvergne, et d'Ermengarde d'Arles, dont il eut : 1° Thibaut III, comte de Tours; 2° Henri-Étienne comte de Troyes, père de Thibaut-le-Grand et d'Étienne roi d'Angleterre; 3° Hugues, archevêque de Bourges; 4° Berthe, mariée deux fois; la première avec Alain II, duc de Bretagne; la seconde fois avec Hugues, comte du Mans, fils d'Herbert Ier, dont elle eut Herbert II, aussi comte du Mans, et Paule, femme de Jean de Beaugency, seigneur de La Flèche.

1037.

Les états de Eudes II furent partagés entre Thibaut et Henri-Étienne. Les comtés de Tours, de Chartres et de Blois échurent en partage à l'aîné, et le puîné eut les comtés de Troyes et de Meaux. Ces deux frères héritèrent du caractère de leur père. Fort unis ensemble dans toutes leurs intrigues, ils s'attirèrent des disgraces qui leur firent perdre une partie de leurs états, bien loin de les agrandir ainsi qu'ils s'en étaient flattés. Nous ne nous occuperons point de Henri-Étienne, et nous ne nous attacherons qu'à ce qui regarde particulièrement Thibaut III comme successeur de son père dans le comté de Tours.

Ce prince était à peine entré en possession de son héritage, que, de concert avec son frère Étienne et un certain comte nommé Raoul, il excita une espèce de guerre civile, en abusant de la simplicité du prince Eudes, frère de Henri Ier roi de France. Ces trois confédérés s'efforcèrent de persuader à ce jeune prince que la couronne lui appartenait légitimement. Quelques auteurs en effet ont écrit que Eudes était l'aîné

1037. de Henri, mais que sa stupidité l'ayant fait juger incapable de gouverner l'état, son frère puîné lui avait été préféré. Cependant la plupart de nos historiens ne sont pas de ce sentiment. Ils soutiennent au contraire que Henri était l'aîné. Quoi qu'il en soit, Eudes se laissa facilement persuader, et prit ouvertement le titre de roi. Il eut bientôt dans son parti plusieurs seigneurs français qui n'envisageaient dans un changement que la perspective d'accroître leur faveur et leur fortune. Tel est trop souvent le principe de l'attachement des grands aux intérêts de leurs princes. La conjuration eut le résultat qu'on devait en attendre. Eudes fut fait prisonnier. Étienne fut défait dans une bataille qu'il eut la témérité de présenter au roi, et Thibaut, que cet exemple ne rendit pas plus sage, perdit la ville de Tours ainsi que tout ce qu'il possédait en Touraine. Voici comment les choses se passèrent.

Depuis long-temps les comtes d'Anjou cherchaient l'occasion de se rendre maîtres de la Touraine, dont ils possédaient déjà, comme nous l'avons dit, quelques-unes des places les plus importantes, au moyen desquelles les abords de cette province étaient fermés du côté du Blaisois, du Berri, du Poitou, de l'Anjou, et du Maine, c'est-à-dire dans toute l'étendue de son circuit. Il n'y avait, pour ainsi dire, que la ville de Tours qui tenait bon, quoique tenue en respect par le fort de Mont-Boyau.

Foulques-Nerra, à son retour de Jérusalem, en 1039, était mort à Metz, d'où son corps avait été apporté et inhumé dans l'église de Beaulieu. Geoffroi-

Martel, son fils et son successeur, résolut enfin de réunir la Touraine à son comté d'Anjou. Les circonstances le favorisaient doublement, Thibaut ayant irrité le roi Henri, et par la guerre qu'il lui avait déclarée, et par son refus de foi et hommage pour son comté de Tours, ce qui constituait contre lui le crime de félonie. Geoffroy vint donc assiéger Tours au commencement de l'année 1043. La ville fut attaquée avec toute la vigueur possible, et défendue de même par ses habitans, qui, pendant près de dix-huit mois que dura le siège, eurent à souffrir les horreurs d'une famine d'autant plus longue et plus désespérante qu'elle était presque générale par toute la France. Pendant cette année et la suivante, Tours vit moissonner dans ses murs la plus grande partie de sa population.

1043.

Cependant Thibaut et le comte de Champagne, son frère, ayant rassemblé leur armée, s'acheminèrent vers la Touraine pour venir au secours des assiégés. Ils dirigèrent leur marche le long de la rivière du Cher, pays fertile et abondant en pâturages, et enlevèrent tout le bétail qu'ils trouvèrent aux environs de Montrichard. Lysois, gouverneur du château d'Amboise et sénéchal du comte d'Anjou, s'étant, au premier bruit de leur approche, avancé sur la hauteur du côteau avec douze cents chevaux et quinze cents hommes de pied pour les reconnaître, eut le temps de considérer les mouvemens de l'armée des deux frères, et d'estimer à peu près quelle était leur force. Cela fait il retourne au camp des assiégeans, et fait son rapport à Geoffroy-Martel, qui assemble un conseil

1044. de guerre pour délibérer sur le parti qu'il y avait à prendre. Geoffroy fut le premier à proposer de lever le siège et d'aller au-devant de l'ennemi pour le combattre. Tous accueillirent avec joie sa proposition; elle ne fut pas reçue moins favorablement par les troupes, qui déjà commençaient à s'ennuyer de la longueur d'un siège dont ils n'entrevoyaient pas le terme. Toute l'armée quitta donc les murs de Tours; elle arriva sur les derrières du bourg de Mont-Louis le même jour que les deux comtes confédérés prenaient leurs quartiers au bourg de Saint-Martin-le-Beau, déja fameux par la défaite des Normands environ deux cents ans auparavant. Le lendemain le jour commençait à peine à paraître, que les deux armées s'ébranlèrent et sortirent de leurs cantonnemens : chacune prit sa position. D'abord on se tâta réciproquement par des escarmouches; enfin l'action s'engagea et devint bientôt générale. Les historiens rapportent que de part et d'autre on combattit avec beaucoup de valeur, mais que Geoffroy-Martel attaqua les deux frères avec tant d'impétuosité et de succès qu'il enfonça leurs bataillons, et que Lysois étant arrivé dans ce moment avec sa troupe, qui n'avait pas encore donné, acheva de les rompre et de les culbuter. Alors le désordre se mit partout; les Champenois prirent la fuite; Étienne se sauva dans la forêt d'Amboise, et Thibaut son frère, quoiqu'il eût traversé le Cher, fut poursuivi et fait prisonnier auprès de Coursay, dans les bois du Fau, avec cinq cent quatre-vingts gens d'armes qui l'accompagnaient dans sa fuite. On le conduisit au château de Loches, et plusieurs seigneurs de son parti y perdirent comme lui la liberté.

1044.

Ce combat se donna le 22 août 1044 à Nouy, hameau entre les villes de Tours et d'Amboise, à la vue de Saint-Martin-le-Beau. Nouy fut depuis un fief dépendant du château de la Bourdaisière. On y trouve encore plusieurs tombeaux de pierre tendre dans lesquels on avait enseveli les principaux de ceux qui périrent dans cette bataille. On rencontre encore assez fréquemment des tombeaux de la même espèce entre Nouy et la Bourdaisière, et même, au-delà du Cher, sur les chemins de Véretz et de Cormery. Ce que nous remarquons ici peut désabuser ceux qui croient qu'il y a eu autrefois un cimetière en cet endroit; car entre les églises paroissiales de Saint-Martin-le-Beau et de Mont-Louis on voyait il n'y a pas long-temps encore une petite chapelle à deux cents pas de Nouy, n'ayant ni revenus ni domaines; en sorte qu'il est à présumer qu'elle avait été construite par les soins de Geoffroy-Martel, pour y faire le service en mémoire de ceux qui avaient été tués dans cette journée.

La chronique de Tours, Glaber, et les historiens d'Anjou, attribuent le gain de cette bataille à l'étendard de saint Martin, que le comte d'Anjou, disent-ils, avait fait placer dans son armée suivant la coutume de ses ancêtres, qui avaient le droit de s'en servir dans leurs guerres particulières, excepté contre le roi de France. Ils rapportent que les gens d'armes de Geoffroy-Martel parurent comme environnés d'une lumière éclatante qui éblouit les yeux des ennemis et

1044. leur fit perdre courage. Nous avons déjà observé que nos anciennes chroniques sont pleines de ces prétendus prodiges, et que, chez elles, les victoires ainsi que les défaites n'ont jamais lieu sans quelque cause surnaturelle. Cependant, sans recourir aux miracles, on peut croire que la position des deux armées fut telle, que les rayons du soleil levant au mois d'août donnant à plomb sur les armes et les boucliers des Angevins, les Champenois en furent nécessairement éblouis. La seule conséquence que l'on en puisse tirer, c'est que Geoffroy-Martel avait habilement su prendre sa position en prévoyant ce résultat; et puis comment supposer que saint Martin eût fait un miracle contre la ville même dont il était le patron?

Cet étendard, qu'on a souvent confondu mal à propos avec la chape de saint Martin, était une bannière sur laquelle était l'image du saint; elle était découpée par le bas de manière à présenter trois points prolongés, en forme de fanons : telle était du moins la représentation qui en était conservée sur quelques anciens sceaux en cire des barons de Preuilly, qui seuls avaient droit de le porter en l'absence des comtes d'Anjou. Nous avons vu, en parlant d'Ingelger, à quel titre les comtes d'Anjou avaient le privilège exclusif de porter cet étendard : il est donc faux qu'il n'en jouissaient qu'en qualité de sénéchaux héréditaires de France. Les historiens français n'en font mention nulle part, et nous ne voyons que les écrivains sujets des rois d'Angleterre de la famille des Plantagenet qui les mettent en possession de cette charge équivalente, selon eux, à l'ancienne dignité de maire du palais; or on sait que ces grands dignitaires avaient non-seulement l'intendance de la maison du roi, mais aussi le gouvernement de tout le royaume. Le premier qui ait avancé cette opinion est un moine de Marmoutier, auteur des Gestes des comtes d'Anjou. Il dédia son ouvrage à Henri II, roi d'Angleterre. Il y avance que Geoffroy-grise-Gonnelle, comte d'Anjou et de Gâtinais, fut honoré par le roi Robert de la dignité de porte-enseigne héréditaire, en récompense de ses belles actions. La petite chronique des Normands renchérit sur celui-ci; elle rapporte de même que le roi Robert donna à Geoffroy-grise-Gonnelle la sénéchaussée de France, nommée anciennement la mairie du palais, en considération du secours qu'il lui avait donné contre l'empereur Otton. Raoul de Diceto, doyen de Saint-Paul de Londres, qui écrivait sur la fin du douzième siècle, et Robert de Saint-Michel-du-Mont, continuateur de Sigebert jusqu'en 1184, répètent à peu près dans les mêmes termes ce qu'avait dit la petite chronique de Normandie; mais la plus forte preuve qu'on allègue pour justifier de l'existence de cette prétendue qualité des comtes d'Anjou, est le petit Traité de la Mairie et de la Sénéchaussée de France, qu'on prétend avoir été trouvé dans l'abbaye de Beaulieu-les-Loches par Hugues de Cleers, chevalier angevin, l'un des principaux seigneurs de la cour de Henri II, et qui vécut, dit-on, sous le règne de Louis-le-Gros.

Pour donner quelque autorité à ce Traité, on a feint

1044.

1044. qu'il avait été composé par Foulques-Nerra, fils de Geoffroy-grise-Gonnelle. Personne, dit-on, n'était mieux en état que lui d'écrire sur l'origine de cette dignité, tant parce que, suivant l'opinion des Anglais, elle avait été instituée en faveur de son père, que parce qu'il avait été lui-même un des conseillers du roi Robert : mais ce Traité renferme tant d'absurdités qu'il ne peut mériter aucune confiance. On y remarque une ignorance totale de l'histoire ; non-seulement les faits y sont intervertis, mais encore il fourmille d'anachronismes. Pour ne parler ici que de la dignité de sénéchal héréditaire qu'il dit avoir été accordée à Geoffroy-grise-Gonnelle ; et pour reconnaître la fausseté de cette assertion, il n'est besoin que de faire une simple observation. Selon l'auteur, le roi Robert ayant assiégé la ville de Melun que le comte de Tours Eudes II avait, ainsi que nous l'avons dit, usurpée sur Bouchard, comte de Corbeil, Geoffroy-grise-Gonnelle amena ses troupes à ce siège, et n'ayant point trouvé de terrain propre à les faire camper, il passa au milieu de l'armée royale, traversa la Seine et donna un assaut si furieux, que dans l'espace de sept ou huit heures il emporta la ville que le roi n'avait pu prendre en trois mois. Cette action, ajoute-t-il, parut si belle à Robert, que ce prince, pour récompenser sa valeur, lui donna la mairie du palais et la sénéchaussée de France. Pour détruire sans ressource ce récit romanesque, contentons-nous d'observer que ce fut en l'an 1000 ou 1001 que la ville de Melun fut assiégée, et que Geoffroy-grise-Gonnelle était mort bien certainement le 20 juillet 988. On voit par ce fait seul quel cas on peut faire d'un auteur qui commet de semblables bévues; mais il est temps de revenir à notre sujet.

Après la mémorable victoire que Geoffroy-Martel venait de remporter sur Thibaut III et Étienne son frère, il vint, sans perdre de temps, reprendre le siège de Tours, qui pourtant avait eu dans ce court intervalle le loisir de se ravitailler; mais sur ces entrefaites le roi, ayant interposé son autorité, parvint à accorder les deux comtes; si pourtant on peut donner le nom d'accord à la cession de la ville de Tours que Thibaut prisonnier fut obligé de faire au comte d'Anjou, ainsi que l'abandon de toutes les autres villes, forteresses, châteaux, fiefs, vassaux, et généralement de tout ce qu'il possédait en Touraine, avec l'obligation de ne fortifier aucune place de ses autres états, dans un rayon de sept lieues du territoire tourangeau. En vertu de cette cession il fut arrêté que Geoffroy-Martel rendrait la liberté au comte Thibaut, et qu'il tiendrait le comté de Tours à foi et hommage du comte de Blois. Ce traité, dicté à Thibaut par la nécessité, fut signé et ratifié par vingt des principaux barons de ses États, par vingt chevaliers de ses vassaux, qui promirent par serment d'en faire exécuter toutes les clauses et conditions. Lorsque les choses furent ainsi définitivement arrêtées, Thibaut fut mis en liberté, et le comte d'Anjou lui rendit hommage de sa nouvelle conquête. Ainsi le comté de Tours, après avoir été sous la domination des comtes de Champa-

1044. gne et de Blois pendant environ un siècle, passa, par Charles-Martel, sous celle des comtes de la maison d'Anjou pour n'en plus sortir que lors de sa réunion à la couronne.

Geoffroy-Martel ne fut pas plus tôt en possession de la Touraine, qu'il sentit la nécessité de s'entourer de créatures qui lui fussent entièrement dévouées ; car il ne pouvait se dissimuler que Thibaut n'avait cédé qu'à la force et au désir de recouvrer sa liberté, et qu'il chercherait l'occasion de rentrer en possession des domaines dont il avait été dépouillé. Il changea donc tous les officiers de la province, qu'il remplaça par des hommes dont la fidélité lui était connue ; il priva même de leurs fiefs plusieurs seigneurs dont il avait à se plaindre, et obligea tous ceux de la province à venir lui rendre hommage à Tours. Guicher III, seigneur de Château, fut le seul qui s'y refusa : il se mit sous la protection du comte de Blois pour éviter le ressentiment de Geoffroy-Martel. Celui-ci fit saisir son château, dont il donna le gouvernement à Renaud, fils de Guicher de Château-Gonthier, qui en jouit pendant dix-huit ou dix-neuf ans. La conformité des noms propres de Guicher et de Renaud, dans les deux familles de Château-Regnault et de Château-Gonthier, a été cause que les historiens ont confondu ces noms, et qu'ils ont attribué la fondation de Château-Regnault à Renaud de Château-Gonthier, qui fit, pour sa commodité, quelques constructions au château de Château-Regnault pendant qu'il en fut gouverneur ; mais notre Guicher, troisième du nom, fils d'un autre

Guicher, seigneur de Château-Regnault, ayant fait depuis la paix avec Geoffroy-le-Barbu, neveu et successeur de Geoffroy-Martel, son château lui fut rendu par l'entremise de Letbert son oncle paternel.

Geoffroy-Martel était trop occupé de la guerre qu'il continuait contre Guillaume, vicomte de Poitiers, pour faire beaucoup d'attention à la défection du seigneur de Château-Regnault, et à la protection que lui accordait le comte de Blois; des intérêts plus graves lui faisaient réserver l'emploi de ses forces pour la conquête de la ville de Saintes. Déjà en 1033, du vivant de son père, Foulques-Nerra, il avait vaincu et fait prisonnier Guillaume IV, surnommé le Gras, qu'il avait fait renfermer au château de Chinon. Les hostilités n'avaient pas cessé sous Eudes, frère et successeur de Guillaume IV, qui fut battu également, et tué le 10 mars 1040 : enfin Geoffroy-Martel les avait reprises de nouveau contre Guillaume V. Le motif de cette longue guerre, suivant Adémar, était que Guillaume IV ayant donné à Foulques-Nerra la ville de Saintes avec quelques autres forteresses, à la condition qu'elles relèveraient du comté de Poitou, Geoffroy-Martel, son fils, refusa de lui en faire la foi et hommage, et se mit en campagne pour soutenir ses prétentions. D'autres disent, avec plus de fondement peut-être, que Geoffroy-Martel, qui avait épousé Agnès, veuve de Guillaume III dit le Grand, n'entreprit cette guerre que pour forcer Guillaume V à donner à Guy-Geoffroy, fils d'Agnès, une portion dans l'héritage de Guillaume-le-Grand. En effet, Guillaume

1044.

1045.

1045. et Geoffroy ayant fait la paix en 1045, Agnès vint à Poitiers, et détermina le comte à donner des terres vers la Gascogne à Guy-Geoffroy, son second fils du premier lit.

L'heureuse issue de cette guerre donnant quelque
1046. repos à Geoffroy-Martel, il en profita en 1046 pour aller, avec Agnès de Bourgogne sa femme, à Goslar en Saxe, visiter Henri III, roi de Germanie et de la Bourgogne transjurane. Ils accompagnèrent ce prince jusqu'à Rome et dans la Pouille. Ce fut de ce voyage que, suivant la tradition, Geoffroy rapporta un vase dont Henri III lui avait fait présent, et qui, dit-on, renfermait une larme de Jésus-Christ, qu'il donna à l'abbaye de Vendôme, et qui fut connue depuis sous le nom de Sainte-Larme de Vendôme.

Au retour de ce voyage, en 1047, il conféra à Lysois, chef de l'illustre maison d'Amboise, la dignité de sénéchal d'Anjou, de Touraine, et du Maine, pour le récompenser des nombreux services qu'il lui avait rendus. Le sénéchal avait l'intendance de la maison du comte, ainsi que l'administration de la guerre, des finances, et de la justice. Il y eut après Lysois, qui en fut le premier, seize sénéchaux amovibles jusqu'à l'an 1204 que cette fonction devint héréditaire. Outre les fonctions dont nous venons de parler, le sénéchal était encore le porte-enseigne des troupes du comte, lorsqu'elles se mettaient en campagne. Il paraît même que certains évêques avaient leurs sénéchaux; car Tudebaud remarque, dans son Histoire du Voyage de Jérusalem, que l'évêque du Puy en Velay, étant allé à la Terre-Sainte avec quelques troupes qu'il avait 1046. levées à ses dépens, témoigna un grand regret de la mort de son sénéchal qui portait son enseigne, et qui fut tué au siège d'Antioche l'an 1097.

Depuis long-temps Geoffroy-Martel avait porté ses vues sur le comté du Maine, et la minorité de Hugues II, fils d'Herbert-éveille-Chien, lui semblait une occasion favorable à l'exécution de ses desseins ; mais Gervais, évêque du Mans, parrain du jeune comte, secondé par la fidélité des Manceaux, était un obstacle à l'ambition de Geoffroy. Celui-ci eut recours à la ruse, et sous prétexte d'une conférence, il attira dans son camp l'évêque du Mans, qu'il fit emprisonner. Tout le clergé de la province fut indigné de cette perfidie. Celui de la ville de Tours suspendit tous les offices et fit fermer les églises. Il n'y eut que le chapitre de Saint-Martin qui ne jugea pas convenable d'interrompre entièrement le service divin. Cette mesure causa une fermentation générale. Geoffroy, craignant l'irritation des esprits dans une province qui ne lui était pas encore bien solidement acquise, se décida à mettre l'évêque en liberté; et le roi Henri Ier, pour le consoler de sa disgrace, le nomma à l'archevêché de Reims qui vint à vaquer peu de temps après. Il assista au concile que le pape Léon IX avait assemblé dans cette ville, et qu'il présida lui-même le 3 octobre 1049. L'archevêque de Tours, Arnoul II, ainsi que l'évêque de Dol, y avaient été appelés relativement au procès qui existait toujours entre eux. Mais ce dernier ni aucun de ses prétendus suffragans ne

1052. s'étant présentés, le pape les excommunia et prévint Conan II, duc de Bretagne, ainsi que les autres seigneurs bretons, qu'ils eussent à s'abstenir de communiquer avec ces évêques qui, malgré les foudres du Vatican, n'en continuèrent pas moins de ne reconnaître que l'évêque de Dol pour leur métropolitain. Ainsi Arnoul ne vit pas plus que ses prédécesseurs la fin de cette interminable discussion; car il mourut au mois de novembre 1052. Il eut pour successeur Barthélemy I*er*, qui pourtant ne fut élu qu'en 1053, et qui l'année suivante fit la consécration de l'église de Cormery, que son abbé Robert I*er* fit reconstruire, parce que, comme presque toutes celles de la province, elle avait été ruinée par les Normands.

Geoffroy-Martel, n'ayant pu réussir par la ruse dans ses projets sur le Maine, l'attaqua enfin à force ouverte. Il brûla plusieurs fois la ville du Mans et dévasta tout le pays sans pouvoir ébranler l'attachement que les Manceaux portaient à leur jeune comte. Mais ce prince étant mort le 7 avril de l'année 1051, Geoffroy-Martel se déclara administrateur du Maine pendant la minorité de Herbert II, fils de Hugues II. Quoique Herbert fût toujours reconnu pour le véritable comte du Maine, Geoffroy-Martel n'en exerça pas moins, tant qu'il vécut, la plus entière autorité.

Ce n'était pas sans dessein qu'il s'était emparé de la tutelle du jeune Herbert. Il savait bien que c'était le moyen le plus sûr d'arriver à son but, et il y serait infailliblement parvenu si la mort ne fût venue le surprendre au milieu de ses projets. Il termina sa carrière à Angers le mardi 14 novembre 1060, à l'âge de cinquante-quatre ans, et eut sa sépulture dans l'église de Saint-Nicolas de la même ville, où on lui érigea un tombeau, sur lequel on lisait cette épitaphe :

> Dum viguit, tua dum valuit, Martelle, potestas,
> Fraus latuit, pax magna fuit, regnavit honestas.

Il fut marié trois fois : la première avec Agnès de Bourgogne, veuve de Guillaume-le-Grand, comte de Poitiers, alliance qui fut cause non-seulement de la guerre dont nous avons parlé, mais encore d'une guerre précédente entre lui et son père, qui, l'ayant battu, le contraignit à venir lui demander pardon, portant une selle de cheval sur le dos. Foulques-Nerra, le voyant prosterné devant lui, lui mit un pied sur le cou en lui disant : te voilà donc enfin vaincu ? Oui, répondit Geoffroy, je le suis par mon père ; mais pour tout autre je serais invincible. La fierté de cette réponse les réconcilia tous les deux (1).

La seconde femme de Geoffroy-Martel fut Grécia, veuve de Berlay II, seigneur de Montreuil, nommé aujourd'hui Montreuil-Beslay. Il avait auparavant répudié Agnès, qui se rendit religieuse à Fontevrault, où elle mourut en 1068.

(1) La vieille chronique de Normandie rapporte un fait de la même nature. On y voit que Richard et Robert, fils de Richard Ier, duc de Normandie, assiégèrent et prirent la ville de Châlons sur Hugues, comte de Champagne. Celui-ci, y est-il dit, « prit une « selle qu'il mit à son cou, et tout à pied s'en vint à la porte où les « enfans du duc Richard estoient, et se laissa cheoir aux pieds de « Richard, fils du duc, afin que Richard le chevauchast, s'il lui « plaisoit. »

1060. La troisième enfin fut Adelaïs, princesse allemande. Mais n'ayant point eu d'enfans de ces trois femmes, il laissa en mourant ses états à ses deux neveux Geoffroy-le-Barbu et Foulques-Réchin, fils d'Ermengarde d'Anjou sa sœur aînée, et de Geoffroy-Aubry, comte de Gâtinais et seigneur de Château-Landon. Peu de temps avant sa mort il s'était fait apporter l'habit de saint Benoît, voulant mourir en cet état, suivant la dévotion du temps qui persuadait qu'à l'article de la mort l'habit monastique effaçait tous les crimes dont on avait pu se souiller pendant sa vie. Il est vrai que cet acte de résipiscence tardive ne se faisait guère sans être accompagné de quelques fondations pieuses ou quelques legs en faveur de l'église.

Guillaume de Malmesbury prétend que Geoffroy prit lui-même le surnom de Martel, parce qu'il abattait tous ceux qui s'opposaient à lui. Il fut le dernier de la première branche des comtes d'Anjou, dont il accrut les possessions par la conquête de la Touraine, qui, comme nous l'avons dit dans l'introduction, avait plus d'étendue qu'elle n'en eut depuis, ses successeurs en ayant détaché plusieurs parties pour arrondir les comtés d'Anjou et du Maine qu'ils possédaient également. Il est bon d'observer cependant que Geoffroy-Martel, en acquérant le comté de Tours, n'augmenta pas son domaine de la totalité de la Touraine, puisque les comtes d'Anjou, long-temps avant cette réunion, y possédaient déjà, soit en propre, soit par droit de conquête, plusieurs villes, châteaux et seigneuries, qui leur y donnaient presque autant de vassaux qu'aux

comtes de Tours eux-mêmes. Plusieurs de ces sei- 1060.
gneurs ont figuré dans les guerres que les maisons de
Champagne et d'Anjou ont eues si long-temps entre
elles, et ont été les tiges des plus nobles et des plus
anciennes familles de la Touraine. Nous les ferons
connaître dans la partie de cet ouvrage consacrée spécialement à retracer ce que l'histoire nous a transmis
sur leur origine et leurs actions.

Il est à propos de remarquer que les seigneurs
qui possédaient des terres dans la Touraine n'étaient
pas tous également vassaux du comte. Il y en avait
dont les fiefs relevaient immédiatement de la couronne; les uns comme patrimoniaux et héréditaires
dans les familles, les autres que les rois donnaient
pour un temps ou à vie, en considération des services
rendus à l'état, ou qu'on était appelé à lui rendre. On
nommait ces derniers vassaux bénéficiers, parce que
leurs fiefs leur venaient des bienfaits ou des libéralités
du prince. Les uns et les autres étaient cependant appelés vassaux du roi sans aucune distinction, et devaient également la foi et hommage du fonds. Les autres n'en avaient que l'usufruit, sans pouvoir disposer
du fonds, ni en souffrir l'aliénation d'aucune manière
que ce pût être. Ils étaient obligés de l'entretenir toujours en bon état sous peine d'en être privés. Il y avait
aussi des offices et des dignités qu'en ces temps on
nommait *honneurs*, dont les uns étaient héréditaires,
et les autres seulement à vie ou temporaires. Les premiers, voulant se distinguer des autres par quelque titre
qui exprimât la prééminence de leurs fiefs ou de leurs

offices, insérèrent au commencement de leurs actes ou *instrumens publics* les mots *Dei gratiâ*, et de crainte que les rois ne s'offensassent de cette formule qui n'appartenait qu'à eux seuls, comme marque de leur souveraineté et de leur indépendance, ils y ajoutèrent les mots *propriétaire* et *héréditaire*, pour montrer que les mots *Dei gratiâ* ne se rapportaient pas aux seigneuries pour lesquelles ils reconnaissaient devoir au roi foi et hommage; mais à la propriété héréditaire des fiefs qu'ils tenaient uniquement de Dieu par leur naissance. Ainsi ils employaient toujours la formule *Dei gratiâ*, avec cette restriction pour se distinguer de ceux qui tenaient leurs fiefs à titre de bénéfice. Outre ces vassaux royaux, il y en avait plusieurs autres qu'on distinguait par leurs diverses fonctions. Les uns étaient employés auprès de la personne du roi, tels que sont aujourd'hui dans les cours modernes les officiers commensaux; les autres à garder les provinces frontières du royaume, comme sont maintenant les gouverneurs des provinces; d'autres dont l'unique emploi était de faire valoir les fiefs et seigneuries qui composaient le domaine de la couronne; et d'autres enfin qui restaient auprès des comtes pour leur aider à rendre la justice aux sujets du roi.

Corbon II, seigneur des Roches ou de Roche corbon, était vassal de cette dernière classe. Il vivait sur la fin du dixième siècle et assistait le comte de Touraine dans les jugemens des causes; et comme les comtes aussi bien que les vicomtes avaient déjà de son

temps négligé tout-à-fait l'administration de la justice, 1060.
qui devait être une de leurs plus belles attributions,
Corbon, qui était un des plus anciens vassaux du roi,
devint par ce moyen un des premiers juges de la province. Il tenait cette dignité à titre héréditaire. Son
père l'avait possédée dès le commencement du dixième
siècle. Voulant donc se distinguer des autres vassaux
du roi, et faire voir qu'il ne tenait pas sa dignité de
la libéralité du prince comme la plupart des autres
vassaux, il se dit, par la grace de Dieu, vassal royal
et propriétaire de sa dignité. On conservait dans l'abbaye de Marmoutier un titre qui commençait ainsi :
*In nomine Salvatoris nostri, ego Corbo gratiâ Dei
vasus dominicus et indominicatus* (1).

Nous trouvons encore en Touraine des exemples
de seigneurs particuliers qui usaient aussi dans leurs
titres de la formule *Dei gratiâ*. Hugues de Sainte-Maure, premier du nom, qui vivait l'an 1030, se disait seigneur de Sainte-Maure par la grace de Dieu;
et Bouchard-de-l'Ile, au douzième siècle, se qualifiait
aussi de seigneur de l'Ile-Bouchard par la grace de
Dieu. L'usage de cette formule devint ensuite si commun, que non-seulement les archevêques de Tours,
les abbés de Saint-Martin et de Cormery, mais encore
les doyens de l'église cathédrale ne firent pas difficulté

(1) Ce dernier mot signifie que Corbon jouissait en propre de sa
dignité, car *indominicare* veut dire posséder en propre : ainsi le
mot *indominicatus* était opposé au mot *beneficiatus*. C'est pourquoi,
quand les rois donnaient une étendue de pays sans aucune réserve,
on ne manquait jamais d'ajouter dans les titres : *Sive sint indominicati, sive beneficiati.*

I. 24

1060. de s'en servir. Aux douzième et treizième siècles, dans toutes les lettres des archevêques de Tours, on trouve sur les sceaux *Dei gratiá*, indiquant par là qu'ils ne tenaient leur dignité que par la grace de Dieu.

Eudes II se disait aussi par la grace de Dieu comte de Tours, de Blois et de Chartres, pour indiquer qu'il jouissait de ces comtés par droit de succession. Les comtes d'Anjou en faisaient de même. Il faut convenir cependant qu'aussitôt que les comtes des provinces se furent rendus héréditaires au commencement de la troisième race, ils se servirent également de la formule *Dei gratiá* en signe d'indépendance. Hugues Capet et Robert son fils n'osèrent s'y opposer dans la crainte de compromettre leur couronne, encore mal affermie; mais leurs successeurs, n'ayant plus la même appréhension, s'opposèrent à une usurpation qui ravalait leur dignité au niveau de leurs vassaux, et ils poursuivirent comme rebelles et félons ceux qui, au mépris de leurs défenses, voulurent continuer à s'en qualifier dans leurs titres.

Les usurpations des seigneurs ne se bornèrent pas à cette vaine formule; car nous voyons qu'en 1058 Bouchard de Montrésor prit la qualité de comte, titre qui n'appartenait alors qu'aux plus grands seigneurs, sans qu'on puisse découvrir par quelle autorité et à quelle occasion il en fut investi. Du reste, il passait pour l'un des plus braves chevaliers de son temps. Son père Roger, surnommé le Diable, fut le premier seigneur connu de Montrésor.

LIVRE CINQUIÈME.

DE 1060 A 1130.

De la maison d'Anjou. L'archidiacre Bérenger. Geoffroy-le-Barbu, comte d'Anjou et de Tours. Bataille de Chef-Boutonne. Le comte de Poitou, Guillaume VI, y est défait. Geoffroy est livré à son frère Foulques-Réchin. Foulques lui rend la liberté. Geoffroy recommence la guerre. Il est battu et fait prisonnier. Déchu de ses droits par le légat Étienne, son frère se met en possession de la Touraine. Les seigneurs voisins lui déclarent la guerre. Il paralyse leur union. Il assiège la tour d'Amboise. Ayant échoué, il corrompt le gouverneur et s'en empare. Sulpice d'Amboise prend par ruse la Motte-Anicien. Foulques fait la guerre au duc de Normandie, Guillaume-le-Conquérant. Il assiège Jean de La Flèche. Guillaume vient à son secours. La paix se fait entre eux. Foulques revient en Touraine, assiège et brûle le château de Maillé. Il est excommunié par Grégoire VII. Raoul, archevêque de Tours, surnommé l'ennemi de Dieu, excommunie les moines de Marmoutier. Le légat les relève de l'excommunication. Affaire de Dol. Dernière rétractation de Bérenger. Sa mort. Suite de l'affaire de Dol. Origine des croisades. Urbain II vient à Tours. Son séjour. Excommunication du roi Philippe I*er* et de Bertrade. Urbain délivre Geoffroy-le-Barbu. Foulques fait lever le siège du Mans investi par Guillaume-le-Roux qui finit par s'en emparer. Sa mort. Geoffroy-le-Barbu meurt sans enfans. Son neveu, Geoffroy-Martel III, lui

24.

succède. Par les insinuations de Bertrade, son père Foulques-Réchin, se déclare contre lui. Guerre entre le père et le fils. On les réconcilie. Après avoir pris la Châtre, Thouars, Niort, il fait le siège de Candé où il est tué par une flèche empoisonnée. Philippe Ier investit de ses états le jeune Foulques, son frère consanguin. Mort de Foulques-Réchin. Le pape Pascal II vient à Tours. Suite de l'affaire de Dol. Guerre entre Albéric de Montrésor, Hugues d'Amboise et Joscelin de Sainte-Maure. Le comte de Touraine, à la sollicitation de Henri Ier, roi d'Angleterre, est excommunié par le légat. Le pape l'en relève. Guerre des barons. Celui de Preuilly est battu et fait prisonnier par Foulques. Jean de Montbazon lui vend son château. Ceux d'Alençon, révoltés contre leur comte, appellent Foulques à leur secours. Il prend la ville et assiège le château. Le roi d'Angleterre arrive. Il est battu et obligé de fuir. Le château est pris. La paix faite, Henri promet d'unir Guillaume, son fils aîné, à Mathilde, fille de Foulques, qui lui donne en dot le comté du Maine. Foulques part pour la Palestine. Guerre intérieure à l'occasion de l'élection d'un archevêque. Foulques, de retour de la terre-sainte, maltraite les agens du légat. Il est excommunié. Mariage de son fils avec Mathilde, fille de Henri Ier. Baudouin, roi de Jérusalem, fait promettre sa fille à Foulques, qui prend à Tours le bourdon. Il part de nouveau pour la terre-sainte; épouse la fille de Baudouin auquel il succède. Geoffroy son fils, lors de son départ, prend possession de ses états. Son mariage avec l'impératrice Mathilde. Hildebert, archevêque de Tours. Ses écrits. Le pape Innocent II vient à Tours. Fondation de diverses abbayes.

Nous venons de voir la Touraine changer de maître pour la seconde fois par le sort des armes; mais d'une manière toute différente. Clovis, par la victoire qu'il remporta sur Alaric, chassa totalement les Visigoths de la province, qu'il incorpora à sa couronne. Depuis cette réunion elle n'en fut plus séparée, et resta constamment sous la domination des rois de France, soit qu'ils l'aient gouvernée par eux-mêmes, soit qu'ils y aient commis des gouverneurs ou des comtes pour l'administrer en leur nom. La création des comtes héréditaires n'apporta même pas un changement total à cette possession. A la vérité la puissance royale en fut considérablement affaiblie; mais les comtes héréditaires n'en restèrent pas moins vassaux de la couronne, et l'hommage qu'ils étaient obligés de faire aux rois, comme à leurs souverains légitimes, pour les provinces qu'ils tenaient en fief, conservait au moins la monarchie dans son apparente intégrité. Ainsi la bataille de Nouy, qui donna la victoire à Geoffroy-Martel, n'eut pour la Touraine d'autre résultat que d'avoir pour comtes des princes de la maison d'Anjou, au lieu de ceux de la maison de Champagne, qui l'avaient successivement gouvernée pendant un siècle.

Cette maison d'Anjou était et fut long-temps une des plus illustres du royaume, ayant donné des rois à Jérusalem, à l'Angleterre, et à Naples. Torquatus, forestier de Bretagne, que les historiens en reconnaissent pour le chef, eut un fils nommé Tertule, qui, dit-on, obtint de Louis-le-Débonnaire une partie du domaine de Château-Landon avec d'autres terres en Gatinais, à titre de bénéfice. Son fils Ingelger, qui lui succéda dans ces domaines, eut, d'Adélaïde sa femme,

Foulques-le-Roux, père de Foulques-le-Bon. Celui-ci laissa trois fils de sa femme Gerberge: Geoffroy, Guy, et Dreux; Geoffroy rendit de grands services à la France, et se signala particulièrement dans les guerres de Lorraine, où il accompagna le roi Lothaire. Il se distingua surtout dans un combat particulier, où il tua un chevalier normand d'une taille gigantesque qui défiait les plus braves de l'armée française. Ce fut de cette époque qu'il eut le surnom de Grise-Gonnelle, parce que le jour du combat il portait une gonnelle ou casaque grise pour n'être pas reconnu. Foulques-Nerra, son fils, vainquit dans un combat, ainsi que nous l'avons dit, Eudes II, comte de Tours; défit deux fois les Bretons, qui avaient voulu s'emparer d'une partie de ses états, et rendit service en plusieurs occasions aux rois Robert et Henri 1er. Geoffroy-Martel ne dégénéra pas de la valeur de son père et de ses ancêtres; sans doute la guerre qu'il fit à Thibaud III était injuste: mais il fut victorieux, et dans les conquêtes, comme dans les conspirations, on est toujours absous par le succès.

Dans ces époques du moyen-âge, l'esprit trouve difficilement à se reposer sur des objets consolans. Partout des guerres, des massacres, des envahissemens, et partout les peuples toujours victimes de ces débats sanglans, auxquels on les force de prendre part. A l'exception de ces nombreux petits souverains spoliateurs ou dépouillés, l'histoire nous offre à peine quelques personnages qui se soient fait un nom autrement que par les fléaux qu'ils traînaient à leur suite.

Encore le petit nombre de ceux qui se signalaient par leur doctrine, le faisaient-ils souvent de manière à susciter des troubles d'un autre genre et quelquefois aussi dangereux.

Tel fut l'archidiacre Bérenger, né à Tours en 1008 de parens qui y tenaient un rang honorable; il avait fait ses études d'abord aux écoles de Saint-Martin, ensuite à celles de Chartres, sous Fulbert, qui depuis en fut évêque, et qui eut la réputation d'être un des plus savans prélats du royaume. L'élève se montra digne du maître; mais soit conviction intime, soit désir de se signaler, il ne craignit pas de s'élever contre le dogme le plus respecté de la religion chrétienne. Son savoir, son éloquence attiraient un concours prodigieux d'auditeurs aux écoles de Saint-Martin, où il professait les humanités et la dialectique. Bientôt il enseigna la théologie et la philosophie avec non moins de succès. Cependant on rapporte que, le célèbre Lanfranc étant venu en France dans le temps que tout retentissait de l'éloge de Bérenger, cet Italien voulut se mesurer avec lui, et lui fit proposer une dispute sur la dialectique; Bérenger ne crut pas indigne de lui d'accepter le défi. Il entra donc en lice avec Lanfranc, et celui-ci l'ayant confondu sur une matière peu importante en elle-même, il n'en fallut pas davantage pour obscurcir sa réputation et lui enlever une partie de ses disciples, qui accoururent à Avranches, où Lanfranc avait ouvert depuis peu une école publique. On ajoute que le chagrin qu'eut Bérenger de sa défaite fut cause qu'il sortit de Tours, et qu'il résigna la dignité de chambrier qu'il avait dans l'église de Saint-Martin, à son frère Ubalde, qui en était déjà chanoine; et qu'il se retira à Angers, où l'évêque Brunon le nomma archidiacre. Ce fut là que, renonçant à l'étude des belles-lettres, il se livra tout entier à celles des Saintes-Écritures, et qu'ayant lu les ouvrages de Jean Scott, contemporain de Charles-le-Chauve, il combattit comme lui le dogme de la présence réelle, en soutenant que le sacrement de l'autel n'était que la figure du corps et non le corps de Jésus-Christ.

Lanfranc fut le premier qui combattit l'hérésie de Bérenger par son traité : *de Corpore et Sanguine Jesu Christi*, conformément à l'opinion de Paschase-Ratbert, qui avait écrit contre Jean Scott. Il se rendit à Rome au concile tenu le 2 mai 1050 par le pape Léon IX; la doctrine de Bérenger y fut dénoncée et condamnée, et lui-même fut ajourné au concile de Verceil, qui eut lieu le 1er septembre de la même année. Bérenger n'y parut pas; mais ses écrits y furent brûlés, ainsi que ceux de Scott Erigène.

Tandis qu'on poursuivait à Rome sa doctrine, Bérenger était allé en Normandie dans l'espoir d'y accroître le nombre de ses prosélytes; mais le succès n'ayant pas répondu à son attente, il se retira à la cour de Guillaume, comte de Poitou, qui convoqua à Brionne une conférence dans laquelle l'archidiacre fit sa première rétractation. Il ne comparut pas cependant à un autre concile tenu à Paris le 16 octobre de la même année 1050; le roi Henri y assista en personne, et l'affaire, chose assez étonnante, y parut assez sérieuse pour qu'on arrêtât que, si Bérenger ne se désistait pas de ses erreurs, on ferait marcher l'armée contre lui et ses adhérens. Il fallait que le nombre en fût bien grand pour qu'on se crût dans la nécessité de recourir à une mesure aussi extravagante, qui heureusement n'eut point de suite; mais qui long-temps après fut exécutée d'une manière horrible dans l'odieuse croisade contre les Albigeois. On se borna à convoquer un autre concile, qui s'assembla à Tours en 1055 sous l'épiscopat de Barthélemy Ier. Gérard et le fameux Hildebrand, qui depuis fut pape sous le nom de Grégoire VII, s'y trouvèrent en qualité de légats. Lanfranc s'y rendit aussi, et Bérenger consentit enfin à y comparaître; mais réduit à l'impossibilité de défendre victorieusement ses opinions, il jura de n'avoir désormais d'autres sentimens que ceux de l'Église catholique, et souscrivit de sa main cette abjuration : en conséquence les légats l'admirent à la communion.

Pendant la durée de ce concile, les pères reçurent à Tours les ambassadeurs que l'empereur Henri III y envoya pour se plaindre de Ferdinand, roi de Castille, qui avait usurpé le titre d'empereur, et qui refusait de le reconnaître lui-même en cette qualité. Après avoir délibéré sur la plainte, le concile députa vers Ferdinand pour l'exhorter à se départir du titre qu'il avait pris, et à reconnaître Henri pour empereur, ce qu'il fit en effet de l'avis de son conseil.

La seconde rétractation que Bérenger fit à Tours ne

fut pas plus sincère que la précédente; dès qu'il se vit libre d'écrire et de parler, il le fit de nouveau en faveur de sa doctrine favorite. On ne saurait trop déplorer tant d'inconstance et de versatilité. Si Bérenger était intimement convaincu, il ne devait pas jurer contre sa conscience; mais ayant une fois fait une promesse, l'honneur lui commandait d'y être fidèle, même aux dépens de sa conviction intime. Telle est la règle de conduite que prescrit la probité, et il est d'autant plus étonnant que Bérenger s'en soit écarté, qu'il ne paraît pas qu'on ait jamais révoqué en doute ni ses vertus, ni la pureté de ses mœurs.

Le pape Nicolas II crut pouvoir terminer cette affaire en convoquant un nouveau concile. Il eut lieu à Saint-Jean-de-Latran au mois d'avril 1059; cent treize évêques y assistèrent. Bérenger, n'osant y soutenir sa doctrine, alluma lui-même le feu dans lequel il jeta les ouvrages de Jean Scott et les siens. Les pères du concile, trop bien fondés à soupçonner la sincérité de cette nouvelle abjuration, chargèrent le cardinal Humbert de dresser une formule de foi que Bérenger n'hésita point à signer. Mais à peine de retour en France, il publia un écrit dans lequel il protestait contre sa signature, qu'il disait lui avoir été arrachée. Lanfranc répondit avec beaucoup de force à cet écrit, et la dispute allait se rallumer, lorsque le pape Alexandre II, avec sa modération ordinaire, se borna à avertir charitablement Bérenger de renoncer enfin à ses erreurs, dans lesquelles il avait déjà entraîné quelques prélats : de ce nombre était Brunon, évêque

d'Angers, le protecteur et l'ami de son archidiacre.
Le comte d'Anjou fit tenir à Angers un concile contre
Brunon, et comme on le menaça de le déposer s'il ne
renonçait à la nouvelle doctrine, il est probable que
la crainte de la déposition eut beaucoup de part à son
abjuration.

Le comte d'Anjou, sous lequel se tint le concile
dont nous venons de parler, était Geoffroy II, dit le
Barbu, comte de Tours, neveu et successeur de Geoffroy-Martel, et frère de Foulques-Réchin, avec lequel
il ne vécut jamais en paix. La division des deux frères
n'était pas encore parvenue à cet excès d'animosité où
nous la verrons bientôt portée, lorsque Guillaume VI,
comte de Poitou et duc de Guienne, entra en Saintonge avec son armée, dans le but de s'emparer de 1061.
cette province, pour laquelle Foulques-Réchin refusait
de lui rendre hommage. Les deux frères, suspendant
leur querelle, se réunirent et marchèrent ensemble
avec toutes leurs forces pour s'opposer à l'entreprise
de Guillaume, qu'ils avaient dessein de combattre. Ils
rencontrèrent bientôt leur ennemi; les deux armées
se trouvèrent en présence à Chef-Boutonne, lieu distant de six lieues de Saint-Jean-d'Angély, et se livrèrent bataille le mardi 11 juillet 1061 : les Poitevins
y furent complètement battus. On prétend que la noblesse du Poitou, mécontente de Guillaume, l'abandonna dès le commencement du combat, et, qu'après
cette trahison il fut aisé aux deux frères de remporter
la victoire. L'année suivante le comte de Poitou eut sa
revanche; car ayant appris que ses ennemis s'étaient

brouillés de nouveau, il fit une seconde irruption en Saintonge, prit d'assaut la ville de Saintes, et s'empara avec rapidité de tout le reste de la province.

Cependant Foulques-Réchin, ayant gagné les principaux seigneurs d'Anjou qui n'étaient pas contens de Geoffroy, surprit la ville et le château de Saumur; et s'étant avancé jusqu'à Angers, où il avait des intelligences, il se rendit maître de la place le mercredi de la semaine sainte, 4 avril 1067. Renaud de Château-Gonthier, Geoffroy de Preuilly, Girard de Montreuil, et Robert, prévôt d'Angers, furent les principaux auteurs de cette noire trahison. Ils livrèrent lâchement leur comte à son frère; mais ils ne tardèrent pas à subir la peine que méritait cette action infame, car les habitans d'Angers s'étant tumultueusement armés le lendemain se jetèrent sans miséricorde sur les auteurs de la conspiration et les massacrèrent tous, à la réserve du prévôt, dont, pour l'exemple, ils voulaient qu'on instruisît le procès. Dans la crainte cependant qu'il n'échappât à leur vengeance, ils retournèrent aux prisons le jour suivant, et, après en avoir rompu les portes qu'on avait refusé de leur ouvrir, ils entrèrent en furieux et le mirent en pièces. Geoffroy-le-Barbu fut conduit au château de Tours, et quelques jours après son frère le relâcha. A peine fut-il en liberté qu'il recommença la guerre contre Foulques-Réchin; au commencement de l'année 1068 il assiégea le château de Brochésac, aujourd'hui Brissac; le comte Foulques accourut bientôt au secours de la place : les deux frères se livrèrent bataille; mais, toujours malheureux, Geoffroy fut vaincu, fait de nouveau prisonnier, et conduit au château de Chinon, où il demeura étroitement renfermé l'espace de vingt-huit ans.

1068.

Les historiens, ou plutôt les chroniques du temps, qui ne voient dans les causes les plus simples que des causes surnaturelles, attribuent les disgraces de Geoffroy-le-Barbu à la persécution qu'il exerça contre les moines de Marmoutier, et dont Dieu, selon eux, ne tarda pas à le punir. Voici à quel sujet. Albert, abbé de Marmoutier, était mort en 1064. Les religieux élurent en sa place Barthélemy, qui était en grande réputation de sainteté. Geoffroy, qui jouissait des investitures des abbayes d'Anjou, prétendit, en sa qualité de comte de Touraine, avoir le même droit sur celle de Marmoutier, et voulut obliger le nouvel abbé à venir recevoir la crosse de ses mains. Les religieux s'opposèrent à cette entreprise. Ils remontrèrent que leur abbaye était de fondation royale, et qu'ils n'avaient jamais été soumis aux comtes de Tours. Geoffroy n'eut aucun égard à leurs remontrances et à leurs protestations; il fit saisir le temporel de l'abbaye et emprisonner quelques domestiques qui s'étaient opposés à l'exécution de ses ordres. Les religieux se plaignirent hautement de cette vexation; mais ne pouvant parvenir à se faire rendre justice, à défaut d'autres armes, ils eurent recours à la prière. Accompagnés des pauvres et des lépreux de la maladrerie de Sainte-Radegonde, qu'ils nourrissaient charitablement, ils allèrent nu-pieds en procession au tombeau

1068. de Saint-Martin pour y implorer la protection de leur saint fondateur. Ils écrivirent en même temps à Hugues, abbé de Cluny, général de l'ordre, pour l'informer de ce qui se passait. Hugues vint à Tours avec un bref du pape adressé à Geoffroy ; mais il ne put rien gagner sur l'esprit du comte. Dans une conférence où ce dernier s'était emporté, comme il sortait bouillant de colère, l'abbé l'ayant arrêté par sa robe, l'agrafe qui l'attachait se rompit, et l'abbé, regardant cet accident comme une menace du ciel, dit au comte les mêmes paroles que Samuel dit à Saül : « Vos états « commenceront aujourd'hui à être séparés de votre « puissance. Dieu a ôté le royaume d'entre vos mains « pour le donner à un autre qui vaut mieux que vous. » Il serait très-possible que les auteurs de chroniques n'eussent imaginé qu'après l'événement cette espèce de prophétie.

Geoffroy eut un autre démêlé avec les chanoines de la cathédrale de Tours à l'occasion du bois de Plante, dont il s'était emparé quoiqu'il appartînt au chapitre. Ce bois, que Foulques-le-Jeune son neveu restitua depuis à cette église, était situé sur les bords du Cher, au lieu où se voit aujourd'hui la prairie qui en porte encore le nom. Ce fut pour ce sujet et pour d'autres vexations de ce genre qu'il fut excommunié par le cardinal Étienne, légat du saint-siège en France. En conséquence ses états furent confisqués et donnés à Foulques-Réchin son frère ; mais cette entreprise étant contraire aux lois du royaume, qui ne permettent pas au pape de rien entreprendre sur le temporel des pays relevant de la couronne de France, le clergé, pour 1068. colorer la spoliation du comté de Tours, faite au détriment de Geoffroy-le-Barbu en faveur de Foulques-Réchin, interpréta la sentence du légat de manière à la faire reposer sur le fondement que le comté d'Anjou avait été donné par Geoffroy-Martel à Foulques-Réchin, et que malgré cette disposition Geoffroy s'en était emparé. Ainsi de cette supposition l'on conclut que ce n'était pas là donation du saint-siège qui établissait le droit de Foulques-Réchin, mais bien celle de Geoffroy-Martel son oncle. Quelque adresse qu'il y eût dans cette interprétation, l'empiètement du spirituel sur le temporel n'en était pas moins évident.

Foulques s'étant donc mis en possession des états de son frère, les princes voisins, jaloux de cet accroissement de puissance, résolurent de lui déclarer la guerre sous prétexte de délivrer Geoffroy de sa captivité. Thibaut-le-Bon, comte de Blois, fut un de ceux qui s'y portèrent avec le plus de chaleur, parce qu'il avait aussi le plus à craindre du voisinage d'un prince qui ne craignait pas de dépouiller son propre frère. Il engagea le roi Philippe à l'aider de quelques troupes, et s'étant adjoint le comte du Maine, qui avait les mêmes appréhensions que lui, ils envoyèrent sommer Foulques de mettre son frère en liberté, et de lui restituer ses états, avec menace, en cas de refus, de lui déclarer la guerre. Foulques, dans l'impuissance où il se voyait de résister seul à toutes les forces liguées contre lui, traita secrètement avec le roi et lui abandonna la ville

1068. de Château-Landon avec tout le Gatinais, à condition qu'il ne donnerait aucun secours ni à son frère, ni à ses alliés. Après cela il envoya des ambassadeurs au comté de Blois pour lui faire hommage de la Touraine, se déclarant son vassal et s'engageant par cette soumission à le protéger et à l'assister de ses propres forces contre ses ennemis. L'hommage fut reçu ; mais il n'en fut pas moins considéré comme un usurpateur, et même en Anjou on ne lui donnait pas le titre de comte, le peuple de cette province ne l'appelant ordinairement que le voleur du comté d'Anjou.

Après que Foulques-Réchin se fut mis à couvert de l'orage qui était près de fondre sur lui, il revint en Touraine et passa à Amboise pour pacifier les troubles qui divisaient cette ville. Il y avait en ce temps trois forteresses à Amboise : le château, la tour et la Motte-Anicien, appelée depuis la Motte-Trouve-Roi. Le château, dont était gouverneur Arnoul de Meung qui s'était déclaré pour Geoffroy, appartenait au comte de Tours. Sulpice d'Amboise était seigneur de la Tour. Il n'avait pris aucun parti dans la querelle des deux comtes, non plus que Lysois de Verneuil son frère. Fourcroy de Thorigny, gentilhomme du Maine, à qui Geoffroy-Martel avait donné la Motte-Anicien, s'était mis dans les intérêts de Foulques-Réchin dans l'espoir que celui-ci donnerait la Tour à son fils. Une autorité si partagée devait nécessairement produire la même division parmi les habitans de la ville d'Amboise. Dès que Foulques y fut arrivé, il commença par ôter à Arnoul de Meung le gouvernement du château, en haine de ce que ce commandant avait suivi le parti de Geoffroy. Il assiégea ensuite la tour, défendue par Sulpice d'Amboise et Lysois de Verneuil. Ces deux frères, à l'aide des secours que leur donna Thibaut des Roches, seigneur de Roche-Corbon, leur beau-frère, repoussèrent toutes les attaques avec tant de courage, que le comte fut obligé de lever honteusement le siège. L'année suivante s'étant saisi de la personne de Sulpice d'Amboise, qui était imprudemment venu voir à Tours un de ses amis, Foulques retourna assiéger la tour avec toutes ses forces réunies. Il en posta une partie dans la grande place de Saint-Denis et sur les hauteurs qui l'entourent, il mit l'autre dans le château, d'où l'on pouvait en assurance tirer sur les assiégés, qui se défendirent avec la dernière valeur. Enfin les assiégeans et les assiégés lancèrent une si grande quantité de feux d'artifice, que le faubourg de Saint-Denis et l'église de Notre-Dame en furent brûlés, ce qui ne fit qu'animer davantage les assiégés. Leur opiniâtreté et leur bravoure découragèrent tellement le comte, qu'il se vit réduit une seconde fois à abandonner le siège, irrité autant que confus d'avoir perdu cinq semaines devant une simple tour sans pouvoir s'en rendre maître. Comme elle était pour lui de la plus haute importance, la force ayant été impuissante, il eut recours au moyen odieux de la corruption. Pendant la captivité de Sulpice, il réussit à séduire le gouverneur de cette tour, et parvint à s'en emparer. Peu de temps après, par l'entremise des seigneurs du pays, qui ré-

1068. concilièrent Sulpice avec Foulques-Réchin, la tour fut mise en dépôt entre les mains de Robert d'Avizay, et Foulques alors retourna en Anjou.

Cependant Sulpice d'Amboise chercha les moyens de se venger de Fourcroy de Thorigny, auteur de cette guerre, et il ne tarda pas à en trouver l'occasion. Averti que les soldats de la garnison de la Motte-Anicien étaient allés à la chasse vers les bois de Beaugenci, il monte à cheval, et les ayant rencontrés la nuit comme ils s'en revenaient, il les fait tous prisonniers, leur prend leurs chevaux, leurs chiens, leurs armes et marche droit vers la Motte. Il divise ses gens en deux troupes. Dès le petit jour l'une arrive à la porte du fort, donne du cor, comme si c'eût été la garnison qui revenait de la chasse, et entre sans être reconnue. Pendant ce temps Sulpice, qui tenait l'autre bande en embuscade dans la vallée de Maheau, arrive au signal que fait Robert, bailli d'Amboise, qui s'était caché dans les fossés avec une vingtaine d'hommes, et, à l'aide de ceux qui étaient déjà entrés, s'empare du fort sans coup férir, et le fait raser jusqu'aux fondemens.

Après cette petite guerre dans le sein de ses états, Foulques-Réchin en entreprit une beaucoup plus sérieuse contre le duc de Normandie. C'était Guillaume-le-Conquérant, roi d'Angleterre. Cette guerre avait pour cause le comté du Maine, dont Robert, roi de France, avait autrefois cédé la mouvance et l'hommage à Geoffroy-grise-Gonnelle, en reconnaissance de ce qu'il l'avait aidé à réduire sous son obéissance David, autrement nommé Hugues, comte du Maine.

Ce Hugues, premier du nom, eut un fils nommé Herbert Ier, qui fut père de Hugues II et de deux filles, Berthe, femme de Gautier comte de Mantes, et Gerberge, mariée à Lancelin de Beaugenci. Hugues II eut pour fils Herbert II qui lui succéda, et trois filles : Hersende, femme d'Azzon marquis de Liguris, père de Hugues III, comte du Maine; Paule, mariée à Jean de la Flèche, dont vint Hélie de la Flèche, surnommé le beau bachelier, depuis comte du Maine ; et enfin Marguerite. Herbert II, pour parer les attaques du comte d'Anjou, se mit sous la protection de Guillaume-le-Conquérant, promit sa sœur Marguerite en mariage à Robert, fils aîné de Guillaume, et l'institua son héritier universel au cas où il mourrait sans enfans. Herbert II étant mort en effet sans postérité, en 1063, et Marguerite ayant également vu finir ses jours avant l'âge de puberté, Guillaume s'empara du Mans au nom de son fils Robert ; mais Gautier, comte de Mantes, qui avait épousé Berthe, fille aînée de Herbert Ier et tante d'Herbert II, reprit le Mans, assisté du comte de Touraine, de Hubert de Sainte-Susanne, de Geoffroy de Mayenne et de plusieurs autres seigneurs de l'Anjou et du Maine, qui réunirent leurs forces pour empêcher Guillaume de s'emparer de toute la province du Maine.

Cette coalition n'épouvanta pas le roi d'Angleterre, qui, en 1073, vint à la tête d'une puissante armée; et s'étant joint à Jean de la Flèche, qui avait des prétentions sur le Maine par Paule sa femme, il reprit le Mans et toutes les places de la province. Foulques-

1068. Réchin, irrité contre Jean de la Flèche son vassal, à cause de son château de la Flèche, prit des mesures pour le faire repnetir de son union avec Guillaume. Pour cet effet il commença par faire alliance avec Hoël comte de Bretagne; ensuite il lui déclara la guerre. Jean de la Flèche, dans la circonstance critique où il se trouvait, n'eut d'autre parti à prendre que de s'approvisionner et de se renfermer dans son château. Il y fut bientôt assiégé; mais il se défendit de manière à donner le temps au roi d'Angleterre, qui était alors en Normandie, de venir à son secours. En effet à la première nouvelle que ce prince eut de la situation de son allié, il se mit en marche avec une armée de soixante mille hommes. Foulques-Réchin, sans s'étonner du nombre des ennemis qui s'avançaient contre lui, prit la résolution hardie d'aller lui-même à leur rencontre et de choisir un poste avantageux pour les combattre. Il partit de la Flèche dont

1073. il abandonna le siège, passa la rivière du Loir, et afin d'ôter à ses troupes toute espérance de retraite, il fit brûler ses bateaux en leur présence. C'est ce qu'avait fait Guillaume lui-même quand il aborda en Angleterre pour la conquérir. Le roi, qui n'avait pas une moindre envie d'en venir à un combat décisif, apprit avec joie la résolution du comte. Il pressa sa marche, et bientôt les deux armées se trouvèrent en présence l'une de l'autre. Elles étaient sur le point d'en venir aux mains, lorsqu'un cardinal, dont l'histoire ne nous a pas conservé le nom, accompagné de l'évêque de Bayeux et de quelques religieux, alla parler aux deux chefs et obtint d'eux une suspension de toutes hostilités pour quelques jours. Pendant cet armistice on traita de la paix et on la négocia si heureusement, qu'elle fut conclue en 1085 au lieu de la Bruyère, autrement Blanchelande, à la satisfaction des deux parties. En conséquence Robert, fils du roi Guillaume, rendit hommage à Foulques du comté du Maine, et Jean de la Flèche rentra dans les bonnes graces du comte.

La paix étant faite, Foulques-Réchin revint en Touraine pour châtier le seigneur de Maillé, qui était tombé dans sa disgrace, sans qu'on nous ait appris pour quel motif. Foulques assiégea le château de Maillé, le brûla et le démolit entièrement après avoir ravagé la campagne d'alentour; car alors ce n'était pas assez d'exercer son ressentiment sur les coupables, il fallait encore que les peuples fussent victimes dans leurs propriétés des débats des grands.

Ce fut à peu près dans le temps de ces expéditions que Foulques-Réchin fut excommunié par le pape Grégoire VII. Plusieurs raisons déterminèrent le souverain pontife à cette mesure de rigueur, dont il était d'ailleurs assez prodigue; d'abord parce qu'il retenait injustement son frère dans une dure captivité : on n'eût pu qu'applaudir aux foudres du Vatican, si tous avaient été lancés pour un motif aussi louable; en second lieu pour avoir exécuté l'ordre que le roi Philippe I*er* lui avait donné de chasser de son siège Raoul, archevêque de Tours, qui l'avait excommunié lui-même comme usurpateur des biens de son église; enfin à cause de son incontinence, puisqu'il ne se fai-

1073. sait aucun scrupule de prendre pour femmes des parentes au degré prohibé, et de les répudier ensuite sous prétexte de parenté, lorsqu'il était dégoûté de leur union. De cinq femmes qu'il eut, on en compte effectivement trois qui étaient ses parentes, et qu'il répudia précisément pour ce motif. D'après cette excommunication, le pape adressa à la noblesse de Touraine et d'Anjou, et généralement à tous les sujets de Foulques, un bref par lequel il leur défendait d'avoir aucune communication avec lui. En vain le comte envoya des présens à Rome pour tâcher de fléchir le saint-père; on lui répondit qu'on ne pouvait rien recevoir de sa part avant qu'il ne se fût réconcilié avec son archevêque, qu'il n'eût délivré son frère, et qu'il n'eût promis de ne contracter à l'avenir aucun mariage sans le consentement du pape ou de son légat. On l'avertissait en outre que le saint-père avait ordonné d'assembler un concile pour informer plus amplement sur sa conduite. Foulques ne pouvait avoir oublié que c'était aux censures de l'église qu'il devait les états de son frère Geoffroy. Craignant de se voir dépouillé par le même moyen, il lui fallut, pour parer ce coup, employer toutes les ressources de son esprit adroit et souple au besoin, quoique naturellement fier et impérieux.

L'archevêque Raoul ou Rodolphe s'était attiré l'indignation du roi pour le sujet que nous allons raconter. Raoul était fils de Foulcroy de Langeais, et neveu de Hubert Ier, seigneur de cette même ville. On l'avait surnommé d'abord le Vénérable.

Il fut élu archevêque de Tours en 1072 quatre ans 1073. après la mort de son prédécesseur Barthélemi, le siège étant resté vacant pendant ce temps. Le jour de son entrée fut marqué par un accident que la superstition du temps fit regarder comme un mauvais augure pour son épiscopat. Lorsque l'archidiacre, sur le seuil de la porte de la cathédrale, lui demanda, selon l'usage, si son entrée était pacifique, une pierre détachée du haut du clocher tomba sur l'un de ses officiers, et le tua à ses côtés. Son épiscopat fut en effet très-orageux. Il eut des démêlés avec presque tous les seigneurs de la province, et avec la plupart des corps et communautés ecclésiastiques de son diocèse. Il se brouilla avec le pape, le roi, le comte de Touraine, et devint l'objet de la haine de tous les ordres de la province, au point qu'on lui donna le surnom d'ennemi de Dieu.

Le pape Grégoire VII, ayant par un décret fait défense à tous les princes de donner l'investiture des évêchés et des abbayes, nomma pour ses légats en France Hugues, évêque de Digne, et Amat ou Aimé, évêque d'Oleron, auxquels il ordonna d'assembler des conciles dans les différentes provinces, et d'y faire recevoir son décret. Le roi Philippe s'opposa à cette entreprise, qui était un attentat du fougueux Hildebrand contre les libertés de l'église gallicane, et se mit en mesure d'empêcher ces assemblées, que par mépris il appelait des conciliabules. Il en écrivit au comte de Poitiers, et lui manda de ne pas permettre ces sortes d'assemblées dans les

1073. lieux soumis à son pouvoir. Il défendit de même à tous les prélats du royaume d'y assister, sous peine d'être déclarés criminels de lèse-majesté. Raoul fut un des premiers qui promirent de lui obéir ; mais il fut aussi le premier à manquer à sa parole, et se trouva au concile de Poitiers, qui fut tenu par le légat Hugues, en 1078. Comme l'archevêque de Tours avait beaucoup d'ennemis, il ne manqua pas d'être attaqué dans le sein du concile. On l'accusa de simonie, délit alors fort commun. L'archevêque d'Angers lui reprocha publiquement d'avoir, avant son élévation à l'épiscopat, acheté le doyenné de l'église de

1078. Tours, et d'avoir promis une forêt à l'un des principaux seigneurs de la Touraine s'il lui procurait l'archevêché. Il paraît, par la lettre que le légat écrivit au pape à ce sujet, que Raoul, voulant mettre le concile dans l'impossibilité de rien prononcer contre lui, employa toute la journée à discourir vaguement, tantôt pour l'évêque de Rennes, tantôt pour lui et son clergé, coupant sans cesse la parole à ceux qui essayaient de parler et au légat lui-même. Cependant ses gens ayant appris l'embarras dans lequel il se trouvait, rompirent à coups de hache les portes du lieu où se tenait le concile, et y entrèrent à main armée, ce qui procura à l'archevêque le moyen de sortir de l'assemblée, suivi de presque tous ses suffragans. Malgré ce procédé, qui déconcerta le légat et les pères, Raoul revint le lendemain au concile, et voulut recommencer à discourir comme il avait fait le jour précédent : mais enfin, le légat lui imposa silence et le suspendit de ses fonctions. L'archevêque en appela sur-le-champ au pape. Le saint-père ayant examiné l'affaire, ne trouva pas que les accusateurs fussent en nombre suffisant. Voyant de plus que les évêques s'étaient désistés de leur accusation, il leva l'interdit et le rétablit dans toutes ses fonctions.

1078.

Ce concile de Poitiers ne fut pas le seul auquel Raoul se trouva, malgré la promesse qu'il avait faite au roi Philippe. Il assista au concile de Saintes, au mois de janvier 1080, à celui de Bordeaux, tenu dans la même année, et à celui d'Issoudun, en Berri, célébré l'année suivante. Ce fut dans ce dernier, présidé par les légats Hugues et Aimé, que les chanoines de Saint-Martin furent excommuniés pour avoir refusé à l'archevêque de Tours d'entrer la croix levée dans leur église. Les chanoines se plaignirent au roi de cette excommunication, dont ils accusaient l'archevêque Raoul d'être l'auteur. Ils joignirent à cette plainte l'entreprise des légats qui assemblaient des conciles sans sa permission, ainsi que la désobéissance de l'archevêque, qui y assistait malgré la défense qui lui en avait été faite, et contre la parole qu'il avait donnée, favorisant ainsi la cour de Rome au préjudice de l'autorité royale. L'archevêque eut ordre de se rendre à la cour pour se justifier; mais ayant refusé d'obéir, le roi prescrivit à Foulques-Réchin de le chasser de son siège et de saisir son temporel. Le comte ne manqua pas d'obéir au roi; il le fit même avec toute la violence que lui suggérait le ressentiment de ses anciens démêlés. Raoul, dans

1080.

cette extrémité, se pourvut par-devant Grégoire VII, qui, comme nous l'avons dit au commencement de ce récit, fulmina une excommunication contre Foulques. Il paraît au surplus que la colère du roi et celle du comte de Touraine ne furent pas très-funestes à l'archevêque de Tours, qui n'en resta pas moins paisible possesseur de son siège.

Ce prélat, naturellement brouillon et turbulent, eut un autre démêlé avec les moines de Marmoutier, au sujet d'un repas qu'ils devaient tous les ans au clergé de l'église de Tours. Sur le refus que les moines firent de le donner, on ne dit pas par quel motif, il les excommunia : mais l'abbé et les religieux s'étant pourvus au concile qui se tint à Brioude en Auvergne, l'an 1094, le légat Hugues, de l'avis des évêques et des autres ecclésiastiques assemblés, déclara nulle l'excommunication.

Nous venons de citer les conciles de Saintes et de Bordeaux. On y remit en discussion le démêlé des évêques de Dol avec l'archevêque de Tours. En vain Raoul eut-il l'espoir de voir enfin se terminer cette affaire; elle y prit au contraire une tournure propre à en rejeter bien loin la conclusion. Jehonée, qui occupait alors le siège de Dol dont il se disait archevêque, était un prélat de mœurs très-dissolues, quoiqu'il eût une femme et des enfans. Le peuple de Dol, indigné de sa vie scandaleuse, le chassa de son siège en 1073, et élut à sa place un des chanoines de son église nommé Gelduin, jeune encore à la vérité, mais de mœurs très-pures et d'une haute noblesse, étant fils de Ruellon, seigneur de Dol et de Combout. 1094. Dans la crainte d'un refus de la part des autres évêques bretons, on résolut de le faire sacrer à Rome, où on l'envoya accompagné de six députés ; mais le pape Grégoire VII, le trouvant trop jeune pour soutenir le poids de l'épiscopat, proposa aux députés de nommer l'un d'eux à sa place. Il jeta les yeux sur Yvon, abbé de Saint-Mélaine de Renne, et le sacra en lui donnant le titre d'archevêque et le *pallium*. Jamais plus belle occasion ne s'était présentée de mettre fin aux prétentions de l'église de Dol ; mais la conduite de Grégoire prouva que la cour de Rome n'était pas fâchée d'éterniser ce différend pour prolonger son intervention.

Raoul, qui était loin de s'attendre à un pareil résultat, s'en plaignit amèrement au pape, qui lui répondit qu'il n'avait pu refuser cette grâce aux seigneurs de la Bretagne, d'autant plus que, par respect pour le saint-siège, ils n'avaient pas voulu donner l'investiture à l'évêque de Dol ; ainsi, l'intérêt de la cour de Rome l'emporta cette fois sur les droits de la justice. Au surplus, le pape ajouta qu'il espérait terminer bientôt ce différend, assurant qu'Yvon serait le dernier évêque de Dol qui serait honoré du *pallium*.

Il nous reste encore quelques mots à dire pour compléter l'histoire des troubles que Bérenger avait suscités dans l'église, et qui lui firent perdre en vaines disputes un temps et des talens qu'il eût pu consacrer à des objets plus utiles. Il fut cité au concile que le cardinal Girard, évêque d'Ostie, et légat du saint-siège, tint à Poitiers au mois de janvier 1075. Il tenta encore de défendre sa doctrine sur la présence réelle. La dispute qu'il éleva à ce sujet dans le concile fut si violente et si envenimée, qu'il s'en fallut peu qu'on ne tombât sur lui pour lui arracher la vie, ainsi qu'on l'en menaçait. Au sortir du concile, il se prévalut du danger qu'il y avait couru comme d'une preuve évidente de l'animosité de ses ennemis.

Les esprits furent beaucoup plus tranquilles et la discussion plus calme au concile que Grégoire VII convoqua à Rome au mois de janvier 1079. Le pape, dès l'année précédente, avait ordonné à Bérenger de s'y trouver; il y comparut. Les pères, au nombre de cent-cinquante, eurent la patience de l'entendre discourir pendant trois jours entiers : mais tout ce qu'il put alléguer pour justifier sa doctrine contre l'eucharistie n'ayant convaincu personne et scandalisé tous les assistans, il fut contraint d'avouer publiquement qu'il s'était trompé, et de jurer un formulaire qu'il dressa lui-même. Peut-être le pape et les évêques se seraient-ils contentés de cette profession de foi, si Bérenger, par ses précédentes rétractations, n'eût pas inspiré une juste défiance. On lui en dicta donc une autre dans laquelle on s'exprima de façon à interdire toute espèce de subterfuge et d'équivoque. Bérenger la signa, et promit avec serment de n'avoir plus d'autre croyance que celle qui était contenue dans ce dernier formulaire. Cette abjuration parut si sincère que le pape ne fit pas de difficulté de le recevoir au nombre de ses amis, et de lui donner des lettres de recommandation pour l'archevêque de Tours et pour l'évêque d'Angers, en exhortant ces prélats à le protéger contre ses ennemis, et notamment contre Foulques-Réchin, comte d'Anjou et de Touraine. A ces lettres, le saint-père ajouta un bref, par lequel il déclara anathèmes tous ceux qui causeraient quelque tort à Bérenger, tant dans sa personne que dans ses biens, ou qui le traiteraient d'hérétique.

Tant de condescendance eût dû désarmer Bérenger. Cependant il eut encore la faiblesse d'écrire contre sa dernière abjuration, laissant entrevoir qu'il ne l'avait consentie que pour éviter la mort dont il était menacé. Cette démarche obligea les deux légats Hugues et Aimé d'assembler un autre concile à Bordeaux, au mois d'octobre 1080. Ce fut là que Bérenger se rétracta solennellement pour la dernière fois, et confirma la profession de foi qu'il avait signée à Rome, l'année précédente. On doit croire que cette rétractation fut sincère; aussi reprit-il sa dignité d'écolâtre dans l'église de Saint-Martin, ainsi que les autres bénéfices qu'il y avait; mais il était déjà plus que septuagénaire, et après tant d'anxiétés et de vicissitudes, il sentit le besoin de la retraite. Il abandonna donc ses bénéfices, distribua tout son bien aux pauvres, et se retira dans l'île de Saint-Côme, dont nous avons eu occasion de parler. Il y termina ses jours le 1er janvier 1088, âgé de quatre-vingts ans. La tradition veut qu'il ait eu sa sépulture dans le cloître; en effet, les chanoines de Saint-Martin y allaient tous les ans chanter un *libera* le lundi de Pâques. La chronique de Tours dit au contraire qu'il fut inhumé dans l'église de Saint-Martin. Hildebert, qui fut depuis archevêque de Tours, lui fit une épitaphe en quatorze vers élégiaques.

L'interminable affaire de Dol vint encore donner à Raoul l'occasion d'exercer la ténacité qu'il mettait dans toutes ses entreprises. Aussitôt qu'Yvon fut mort, Rolland, son successeur, continua de se dire archevêque de Dol, et se rendit à Rome, où il obtint du pape Urbain II, en 1093, la même faveur que Grégoire avait accordée à Yvon, c'est-à-dire qu'il lui permit de se revêtir du *pallium*, ce qu'il confirma par un bref adressé à tous les évêques de Bretagne. Raoul n'en fut pas plus tôt informé qu'il alla trouver le pape pour se plaindre de l'injustice que le saint-siège continuait de faire à son église. Urbain ajourna les parties à la mi-carême de l'année suivante 1094, pour procéder au jugement. Raoul ne manqua pas de paraître au jour indiqué; mais l'évêque de Dol n'ayant envoyé qu'un député, le pape rendit le 8 avril de cette même année un décret par lequel l'évêque de Dol et les autres évêques bretons furent condamnés à reconnaître l'archevêque de Tours pour leur métropolitain, avec la clause qu'après la mort de Rolland aucun évêque de Dol ne pourrait prétendre à l'honneur du *pallium*.

Raoul mourut l'année suivante, emportant la fausse conviction qu'il était enfin parvenu à rétablir les droits de son église, à la tête de laquelle on plaça Raoul II, 1094. dit d'Orléans, pour le distinguer de son prédécesseur; il fut élu par ordre du roi Philippe, qui déjà voulait se rendre maître des élections. A peine fut-il nommé, qu'il se rendit à Rome pour obtenir l'approbation du pape Urbain II. Il accompagna même ce souverain pontife qui venait en France prêcher la croisade, et il assista au concile qu'en passant il tint à Clermont. Il y fut encore question de l'affaire de Dol. Urbain y confirma le jugement qu'il avait rendu à Rome, et prescrivit à l'évêque de faire satisfaction à son légitime métropolitain. Le huitième canon de ce concile porte que les évêchés de la Basse-Bretagne ont été restitués à l'église de Tours; cependant il n'y eut que les évêques de Vannes, de Léon et de Quimper qui obéirent au décret; ceux de Dol, de Tréguier, de Saint-Brieuc et de Saint-Malo refusèrent de s'y soumettre : ainsi l'on doit s'attendre à voir encore plus d'une fois cette affaire reparaître.

On confirma dans ce même concile la bulle que Grégoire VII avait donnée pour établir la primatie de l'archevêque de Lyon sur les quatre métropoles qui composaient la province lyonnaise, appelée anciennement la Gaule celtique. Les archevêques de Sens, appuyés de l'autorité des rois de France, se sont maintenus dans l'indépendance jusqu'à la réunion de la ville de Lyon à la couronne. Ceux de Rouen, qui étaient sous la domination des ducs de Normandie, refusèrent de reconnaître la primatie de Lyon, et ont persisté dans ce refus, même depuis que les rois de France eurent

1094. acquis cette province; mais Raoul II souscrivit sans difficulté aux dispositions de cette bulle, quoique son église eût pu faire valoir les mêmes droits que celles de Sens et de Rouen.

Mais l'affaire importante qui avait amené en France le pape Urbain, et qui l'avait engagé à convoquer ce concile, était la délivrance des lieux saints que ce pontife avait extrêmement à cœur d'arracher aux Sarrasins : pieuse folie dont le résultat fut, en échange de quelques connaissances utiles, de dépeupler l'Europe, d'appauvrir la noblesse, et d'enrichir les monastères. Un pèlerin, nommé Pierre-l'Ermite, avait suggéré au pape cette idée, qui fut approuvée par le concile qu'à cet effet il assembla à Plaisance, et qui ne fut pas moins bien accueillie à celui de Clermont.

Robert des Roches, seigneur de Rochecorbon, et Hugues d'Amboise furent au nombre des seigneurs de la Touraine qui, touchés des exhortations d'Urbain II, voulurent se croiser pour la Terre-Sainte. Mais Robert, n'ayant pu mettre son projet à exécution, fut chargé par Hugues de prendre en son absence le gouvernement de la tour d'Amboise. Comme il avait tout à craindre des entreprises de Foulques-Réchin, qui, quelques années auparavant, avait pris d'assaut le château de Rochecorbon, il fit construire en 1095 dans un angle de ce château, sur le lieu le plus élevé du rocher, une tour carrée formant une espèce de fanal dont les feux pouvaient aisément être aperçus de la tour d'Amboise; et, au moyen de signaux convenus, il devenait facile de prévenir la garnison

1095.

de la tour, et de la mettre en garde contre une surprise de la part du comte de Touraine. Cette tour, seule ruine qui reste du château, est encore connue aujourd'hui sous le nom de *Lanterne de Rochecorbon*.

Ce fut sous Thibaut Ier, père de ce Robert, que Foulques-Réchin s'empara du château de Rochecorbon, parce que Thibaut l'avait fait fortifier de nouveau sans son consentement. Il lui fallut en faire le siège: et probablement il n'eût pu s'en rendre maître s'il n'eût eu recours à un expédient qui lui réussit. On assure qu'il fit combler les fossés de terre et de fumier, version plus croyable que celle qui rapporte que ce fut à l'aide d'une épaisse fumée. La conformité des mots latins *fimus* et *fumus*, aura pu facilement faire prendre le change.

En cette même année, 1095, on renouvela la trève de Dieu, dans laquelle la Touraine se trouva comprise. On se tromperait étrangement si l'on croyait que cette trève apportait quelque sécurité aux habitans des villes et des campagnes; car elle n'était autre chose qu'une liberté fort peu limitée accordée aux nobles d'exercer leurs brigandages pendant plusieurs jours de la semaine; liberté à laquelle ils savaient bien donner toute l'extension qui leur convenait. Cette honteuse transaction fut décrétée pour la première fois au concile tenu à Tuluje en 1041. D'après ce pacte, il était permis à la noblesse de tuer et de piller pendant trois jours et deux nuits de chaque semaine. Mais ce temps paraissant encore trop court à l'avidité des seigneurs, on l'étendit à quatre jours et trois nuits, et enfin à six jours et cinq nuits. C'est dans cet état d'anarchie qu'était alors plongée la société, c'est-à-dire la classe industrieuse, à laquelle il était même interdit de se défendre; « car il ne pouvait y avoir guerre de nobles « à roturiers : ceux-ci étant réputés indignes du port et « de l'exercice des armes ; d'où vient que si quelques « hommes de cette espèce s'attiraient l'indignation « d'un noble, ils étaient entièrement soumis à sa ven-« geance, sans pouvoir requérir d'assurement ni des « juges, ni du roi (1). »

Le concile de Clermont terminé, Urbain II visita quelques provinces du royaume, et tint plusieurs conciles afin d'entretenir la ferveur des croisés, et d'encourager ceux qui hésitaient encore à suivre leur exemple, ou à concourir par leurs offrandes aux frais de cette guerre sainte. Il arriva à Tours le second dimanche de carême, qui, en cette année 1096, était le 9 de mars; il logea dans l'abbaye de Marmoutier, où il voulut manger habituellement au réfectoire avec les religieux, ainsi que les prélats de sa suite. Urbain n'oublia point dans cette circonstance qu'il avait commencé par être bénédictin. S'étant fait élever une espèce de théâtre devant la principale porte de l'abbaye qui est en face de la Loire; il prêcha en présence de plusieurs cardinaux, évêques, abbés, du comté de Touraine, et d'une foule immense, pour engager les chrétiens à secourir leurs frères de la Terre-Sainte. Il fit ensuite la dédicace de la grande église de Marmoutier, et bénit le cimetière de Saint-Nicolas qui dépendait

(1) Phil. de Beaumanoir, Coutumes de Beauvoisis.

de cette abbaye. Pendant son séjour à Tours il visita 1096. souvent le tombeau de Saint-Martin. Il termina le différend qui existait entre les archevêques de Tours et les chanoines de cette collégiale au sujet de leur évêque spécial, en déclarant que cet évêque demeurerait désormais et pour toujours réuni au saint-siège, n'en conservant pas moins au chapitre son privilège d'exemption de la juridiction métropolitaine. Il reprocha cependant aux chanoines de n'être pas allés processionnellement au-devant du légat Aimé, pour le recevoir avec tous les honneurs qui lui étaient dus; mais lorsqu'ils lui eurent fait voir que, selon les privilèges qu'ils avaient obtenus des papes, ils ne devaient recevoir avec la formalité de la procession que les souverains pontifes, le roi de France, et une fois seulement l'archevêque de Tours; Urbain leur conserva cet ancien usage par un nouveau privilège en date du 14 mars de cette même année. Le troisième dimanche de carême, le pape tint la première séance du concile qu'il célébra dans l'église de Saint-Maurice, aujourd'hui Saint-Gatien, et non dans celle de Saint-Martin, comme le prétendent presque tous les historiens, et surtout Baronius, qui confond toujours l'église cathédrale avec celle de la collégiale. Cinquante-quatre évêques assistèrent à ce concile. Le dimanche suivant, qui était le quatrième du carême, le pape s'étant couronné de palmes, et ayant béni la rose d'or qu'il donna à Foulques-Réchin, fit la clôture du concile par une procession générale, qui de l'église de Saint-Maurice se rendit à

1096. celle de Saint-Martin, où il chanta la messe pontificalement. Foulques rapporte lui-même cette circonstance dans son fragment de l'histoire des comtes d'Anjou, témoignant qu'il avait reçu cette rose comme une grace spéciale, et qu'en cette considération il voulait qu'elle fût conservée parmi ses bijoux les plus précieux, afin que ses successeurs la portassent tous les ans en procession le même jour.

Le pape Alexandre III, en envoyant quelques années après la rose d'or à Louis VII, lui écrivit « qu'elle
« ne se donnait qu'aux princes les plus dévoués au
« saint-siège, et aux personnages constitués dans les
« plus hautes dignités; que la rose représente Jésus-
« Christ, qui dit dans le second chapitre du Cantique
« des cantiques, qu'il est la fleur des campagnes, le
« lis des vallons : que l'or signifie la majesté de Dieu,
« la rougeur sa passion, et l'odeur la gloire de sa ré-
« surrection. »

Le dimanche des Rameaux tombait cette année le 6 avril, jour funeste pour l'église de Saint-Martin; car un des marguilliers-clercs ayant laissé un cierge allumé dans la sacristie, le feu prit d'abord aux ornemens de l'église, qu'on n'avait pas eu le temps de replacer dans les armoires. L'embrasement devint tout à coup si violent, qu'il fut impossible de l'éteindre; de sorte que non-seulement le chevet de l'église et le sanctuaire furent brûlés, mais encore une partie du bourg de Châteauneuf et de celui de Saint-Père. On craignit même que le feu ne s'étendît plus loin, et les moines de Saint-Julien, quoique assez éloignés, se crurent très-heureux de n'en être pas atteints. Aussi, 1096. en mémoire de cette délivrance, ils s'obligèrent à nourrir un pauvre tous les ans au 23 avril, jour de la fête de saint George. Le pape témoigna un grand regret de cet accident, et accorda des indulgences à tous les fidèles qui concourraient au rétablissement de l'église de Saint-Martin.

Quelques évêques du nombre de ceux qui composaient le concile demandèrent qu'on levât l'excommunication qui avait été lancée contre le roi Philippe Ier; mais le pape rejeta cette proposition. Ce prince s'était attiré les foudres de l'Église à l'occasion de son mariage avec Bertrade de Montfort. Foulques-Réchin l'avait épousée en quatrièmes noces l'an 1089, et il y avait déjà près de quatre années qu'ils étaient ensemble, lorsque Bertrade, soit qu'elle craignît que son mari ne vînt à se lasser d'elle, comme il s'était déjà dégoûté de ses trois premières femmes, et qu'il ne la répudiât à son tour sous prétexte de parenté, soit que prévenue de sa beauté elle se trouvât peu satisfaite d'être l'épouse d'un simple comte, s'adressa, par le canal d'un de ses confidens, au roi Philippe, qu'elle savait être de complexion amoureuse, et qui dès l'an 1085 avait répudié Berthe, fille de Florent, comte de Hollande. Le roi agréa la proposition qu'elle lui fit faire de s'unir à lui : il ne fut plus question que d'en trouver les moyens. La dévotion servit de prétexte aux deux amans. Au mois de juin 1092, Philippe vint à Tours visiter le tombeau de saint Martin, et Bertrade sut adroitement engager son mari à faire le même voyage à la même époque. L'entrevue de Philippe et de Bertrade eut lieu le jour de la Pentecôte dans la chapelle de Saint-Jean-Baptiste, au moment où on faisait la cérémonie de la bénédiction des fonts. Cette chapelle était au bout de la galerie de l'église, au lieu où se tenait le chapitre dans nos derniers temps. Le lendemain le roi partit pour Orléans, et la comtesse, se dérobant le même jour à son mari, alla coucher à Mindray au-dessus de Chaumont, où elle trouva un détachement de la garde du roi qui la conduisit à Orléans, et l'évêque de Beauvais voulut bien se prêter à sanctionner cette union. Le ressentiment du comte fut impuissant contre un rival tel que Philippe, et malgré l'excommunication prononcée contre eux au concile de Clermont en 1094, les deux époux parurent ne s'en aimer que mieux. En ce temps les rois avaient coutume de tenir leurs parlemens aux fêtes de Pâques, de la Pentecôte et de Noël. Avant que d'en faire l'ouverture, ils se faisaient placer la couronne sur la tête par les évêques qui étaient à la suite de la cour. Hugues, archevêque de Lyon et légat du saint-siège, qui présidait le concile assemblé à Autun le 16 octobre 1094, fit défense au roi excommunié de porter la couronne en quelque lieu qu'il se trouvât, jusqu'à ce qu'il eût été absous, et aux évêques de France d'en faire la cérémonie; mais Raoul, deuxième archevêque de Tours, n'eut aucun égard à la défense du prélat, et posa lui-même la couronne sur la tête du roi, le jour de Noël 1098, se croyant plus obligé de déférer aux ordres de son souverain qu'à ceux de la cour de Rome. Yves de Chartres, l'un des plus chauds défenseurs des prétentions ultramontaines, ne manqua pas d'en informer le pape et le légat. Il s'en expliqua avec beaucoup d'aigreur contre l'archevêque de Tours, et ne se contenta pas d'avancer que Raoul s'était prêté à cette cérémonie dans la vue d'obtenir l'évêché d'Orléans en faveur d'un prêtre nommé Jean, qui était sa créature; il s'emporta jusqu'à publier des calomnies contre l'un et l'autre, et contre le roi lui-même, qu'il chercha à impliquer dans les débauches dont il accusait ce Jean, qui depuis fut en effet évêque d'Orléans. Cependant le roi Philippe, ayant ouvert les yeux sur l'irrégularité de son mariage, promit au pape qu'il se séparerait tout-à-fait de Bertrade. Le saint-père nomma pour commissaires les archevêques de Tours, de Sens et de Bourges. Ces trois prélats ayant jugé, d'après les informations qu'ils avaient prises, que les parties étaient véritablement repentantes d'une union si scandaleuse, levèrent l'excommunication, et le 2 décembre 1104 reçurent les soumissions du roi et de Bertrade.

Après cet exposé, nécessaire à l'intelligence des faits, nous revenons au concile tenu à Tours en 1096. Les pères qui voulurent engager Urbain à absoudre le roi Philippe prirent assez mal leur temps; car, d'un côté, le scandale était encore assez récent; de l'autre, le ressentiment de Foulques-Réchin était également dans toute sa force, et le pape se trouvait dans un pays où le comte commandait en maître. Urbain était donc peu tenté de rien ordonner contre

1096.

1096. les intérêts de Foulques; qui avait su se concilier ses bonnes graces par les honneurs qu'il s'était empressé de lui rendre. Le saint-père, deux ans auparavant, l'ayant relevé des censures prononcées contre lui, la cérémonie s'en fit dans l'église de Saint-Martin le jour de saint Jean-Baptiste 1094. Il n'est rien dit de la satisfaction qu'il fut obligé de faire à l'archevêque Raoul; mais il n'obtint son absolution définitive que sous deux conditions : la première, qu'il ne pourrait à l'avenir contracter aucun mariage sans la permission du pape; l'autre, que si son frère Geoffroy-le-Barbu recouvrait le sens et la santé, il le rendrait à la liberté, et s'en rapporterait au saint-siège seul sur tous les points litigieux qui s'élèveraient entre lui et son frère.

Nous apprenons en effet, par une lettre que le légat Hugues écrivit aux évêques du royaume pour leur annoncer l'absolution accordée à Foulques-Réchin, que Geoffroy-le-Barbu était devenu imbécile pendant sa longue et dure captivité au château de Chinon. « Nous l'avons trouvé, dit le légat, tellement privé « de son bon sens, que nous n'avons pas jugé à propos « de rendre le gouvernement d'un état à un prince qui « s'est par là rendu méprisable à ses sujets, et qui a « si peu de raison, qu'il a refusé notre ministère pour « être délivré de sa captivité. » Le légat l'avait effectivement visité par ordre du pape dans sa prison, et Geoffroy avait refusé ses soins pour travailler à sa délivrance; mais la perte de sa raison le rendait plus digne de pitié que de mépris. Aussi le pape Urbain II, pendant son séjour en Touraine, fut-il si touché de l'état pitoyable où il trouva ce malheureux prince, qu'il le délivra de sa prison au mois d'avril 1096. Le saint-père fut excité à cet acte de justice tardive par Geoffroy-le-Jeune lui même, fils de Foulques-Réchin, et par conséquent neveu du prisonnier. Ce jeune prince fut bien aise d'interposer l'autorité du pape pour adoucir le sort de son oncle, qui, par un sentiment de reconnaissance, lui abandonna dès son vivant la jouissance de ses états, ainsi qu'il le lui avait fait espérer lorsqu'il était encore enfermé dans le château de Chinon, où il fut détenu pendant vingt-huit ans. Cet acte d'abandon prouve cependant que Geoffroy-le-Barbu n'était pas tellement aliéné qu'il n'eût encore conservé quelques lueurs de raison et de mémoire; mais peut-être fut-on bien aise d'exagérer sa démence pour n'être pas obligé de contraindre Foulques-Réchin à une restitution à laquelle il n'eût pas facilement consenti.

1096.

La liberté dont jouissait Geoffroy ne pouvait inspirer désormais aucune crainte à son frère, qui, réconcilié d'ailleurs avec le pape, pouvait sans danger donner cours à son humeur belliqueuse. Ayant été informé qu'Hélie de la Flèche, qui avait envahi le comté du Maine, venait d'être fait prisonnier par Robert de Bellême, et que Guillaume-le-Roux, roi d'Angleterre, marchait en personne à la tête de son armée pour reprendre cette province, Foulques, obligé de prendre la défense d'Hélie, son vassal et son allié, à cause d'Hildéarde de Beaugenci sa pre-

1098.

1098. mière femme, se rendit au Mans le 28 mai 1098. Le roi d'Angleterre, de son côté, mit le siège devant la ville, dont les habitans, encouragés par l'exemple et la présence du comte, se défendirent avec tant de bravoure que Guillaume fut obligé d'abandonner son entreprise, et de revenir en Normandie. Cependant, en s'en retournant, ce prince prit le château de Ballon où il jeta trois cents hommes pour le garder; mais cette garnison ne s'occupant qu'à dévaster tous les alentours, Foulques résolut d'attaquer ce château. La noblesse des environs vint prendre part à ce siège; mais l'élite des assiégeans ayant été dispersée ou faite prisonnière dans une sortie que fit à propos la garnison, le comte ne se sentit plus en état non-seulement d'attaquer, mais même de se défendre, d'autant plus qu'il lui aurait fallu en même temps résister au roi d'Angleterre, qui revenait en hâte au secours de la place. Ainsi il leva le siège à son tour et revint dans ses états. Hélie, dans cette circonstance, perdit la ville du Mans, dont Guillaume parvint à s'emparer; mais en 1100, après la mort de ce prince, Hélie, au moyen des intelligences qu'il avait entretenues avec quelques-uns des principaux habitans du Mans, rentra dans cette capitale, dont il reprit bientôt le château ainsi que toutes les autres places de la province.

Les deux maisons d'Amboise et de Rochecorbon étaient étroitement unies par les liens du sang et par leur intérêt commun contre l'ambition de Foulques-Réchin. Celui-ci de son côté ne négligeait aucune occasion de faire naître quelques incidens qui lui servissent de prétexte pour s'armer contre eux; ce fut sans 1099. doute dans ces vues qu'il prit sur lui, en 1099, de marier Corba de Rochecorbon, veuve d'Aimery de Carron, avec Achard de Saintes. Il avait fait ce mariage sans le consentement de la mère de Corba, et contre le gré de Robert des Roches, son cousin-germain. Hugues de Chaumont, son parent au même degré, venait d'arriver de la Terre-Sainte. Achard, craignant avec raison le ressentiment de ces deux seigneurs, crut mettre sa femme à couvert, en l'envoyant à Tours, dans la maison de Guillaume de Saintes, son frère, cellerier de Saint-Martin. Il avait placé auprès d'elle, pour veiller à sa sûreté, un certain Ilgérius, habitant d'Amboise, de la fidélité duquel il se croyait assuré, mais ce fut précisément par lui qu'il fut trahi; car, corrompu par Robert des Roches, il réunit une vingtaine d'hommes armés qui se saisirent de Corba comme elle sortait de l'église, et la conduisirent au château de Rochecorbon, d'où elle fut transférée au château de Chaumont. Foulques, alors occupé d'autres affaires, ne songea plus à secourir Achard, qui, peu de temps après, mourut de dépit de s'être vu trahi et abandonné.

Geoffroy-le-Barbu vivait, ou plutôt végétait encore: mais comme il lui restait de temps en temps des intervalles de raison, Geoffroy-Martel, son neveu, connaissant son esprit irrésolu, et craignant qu'il ne vînt à changer quelque chose aux dispositions qu'il avait faites en sa faveur, lui donna des gardes qui ne le quittaient pas un instant, mais plus pour veiller sur ses actions qu'en signe d'honneur et de respect. Les historiens ne s'accordent pas sur la mort de ce prince. Les uns la placent immédiatement après sa délivrance, en 1096 ; mais Orderic Vitalis assure qu'il cessa de vivre en 1103, et son témoignage doit être préféré parce qu'il vivait dans le même siècle. Geoffroy ne laissa point de postérité de sa femme Julita, dont on ignore le sort ainsi que la famille; on ne connaît même son nom que par l'acte de confirmation qu'elle fit avec son mari de la donation de Saint-Malo de Sablé, faite en faveur de l'abbaye de Marmoutier, par Robert-le-Bourguignon, et Avoise de Sablé, sa femme. Au reste, même avant l'aliénation de son esprit, ce fut un prince fort médiocre, simple, crédule, se laissant gouverner par le premier qui l'approchait, dévot par crainte et par faiblesse, passant les journées entières dans les églises, aimant mieux dire le bréviaire que de porter les armes, en un mot, plus fait pour un monastère que pour gouverner un état; aussi ne voyons-nous pas que ses sujets aient tenté le moindre effort pour faire cesser sa longue captivité. Il fit de grandes largesses aux églises, et donna entre autres à l'abbaye de Marmoutier la seigneurie de Foucher : mais les démêlés qu'il eut ensuite avec l'abbé Barthélemy, comme nous l'avons dit plus haut, détruisirent tout le mérite de sa libéralité. Les moines, depuis ce moment, n'eurent plus que de l'aversion pour sa mémoire; peut-être même ont-ils poussé la passion beaucoup trop loin en l'accusant, comme l'a fait l'un d'eux, d'ava-

rice, d'hypocrisie, de cruauté, et de n'avoir eu 1099.
l'amitié de qui que ce soit. Geoffroy, comme prince,
avait sans doute de grands défauts, mais rien ne
prouve qu'on ait pu lui reprocher aucun de ces vices.
Il fut dépouillé par son frère, retenu prisonnier pendant vingt-huit ans, privé de sa raison, en un mot,
il fut malheureux, il n'en faut pas tant pour exciter
la commisération.

Par la mort de Geoffroy-le-Barbu, son neveu 1103.
Geoffroy III, surnommé Martel, fut tout-à-fait possesseur des comtés d'Anjou et de Touraine, dont il
n'avait joui que comme usufruitier depuis la délivrance de son oncle; on croit même qu'il se mit en
possession de ces états du consentement de Foulques-
Réchin, son père, qui avait déclaré qu'il ne serait
pas fâché de se décharger d'une partie de son gouvernement. Mais Foulques se repentit bientôt de sa
condescendance, et chercha tous les moyens imaginables de déposséder son fils, et même de le déshériter. Le jeune Geoffroy avait un ennemi déclaré dans
Bertrade, sa belle-mère, qui, malgré l'affront qu'elle
avait fait à son mari, avait su reprendre tout l'empire qu'elle avait sur son esprit avant son divorce.
Elle inspira à cet époux, naturellement bizarre et inconstant, une si forte aversion pour Geoffroy, et
une si grande tendresse pour leur fils commun,
nommé Foulques, auquel elle voulait procurer les
comtés d'Anjou et de Touraine, que ce père injuste
se livra aveuglément à tout ce qu'elle inventa de plus
pernicieux pour la perte de Geoffroy.

1103. Dans cette intention, Foulques s'empara de quelques places qui appartenaient à son fils. Celui-ci, tant pour les reprendre que pour se mettre en mesure de résister aux dangers auxquels l'exposait continuellement la haine implacable d'une marâtre, s'occupa de lever des troupes et de se faire des alliés. Il attira dans son parti Hugues d'Amboise, seigneur de Chaumont, de Montrichard et de Verneuil, le plus puissant et le plus vaillant des seigneurs de la Touraine. Pour se l'attacher encore plus étroitement, il lui donna en mariage Elisabeth de Jaligny, sa sœur utérine, avec promesse de lui remettre, après la mort de son père Foulques, le château d'Amboise, et tout ce que les comtes de Touraine y possédaient. Il fit de même alliance avec Hélie de la Flèche, qui lui promit sa fille en mariage. Avec le secours de ces deux alliés, il eut bientôt formé une armée imposante. Il commença la campagne par le siège de Charson, l'une des places que son père lui avait enlevées, l'emporta d'assaut et la brûla. A peine cette première expédition était-elle terminée, qu'il apprit que le comte de Poitou venait au secours de son père; sans balancer, il alla au-devant de lui pour le combattre avant qu'il eût pu faire sa jonction avec les troupes de Foulques-Réchin. Mais le comte de Poitou, redoutant la valeur d'un jeune homme qui se présentait avec tant d'assurance, se retira sans coup férir. Geoffroy s'en retourna donc à Angers, et de là se porta quelques jours après sur le château de Briolé, qu'il prit par capitulation.

Tout ceci se passa dès la première année du gou-

vernement de Geoffroy-Martel, c'est-à-dire en 1103. 1103.
Ces premiers succès furent pour lui d'un avantage
inappréciable ; car le vieux comte, étonné des progrès
de son fils, et alarmé par les nouvelles qu'il recevait
chaque jour, que l'armée de Geoffroy se grossissait
d'un moment à l'autre par le grand nombre de soldats
qui venaient se ranger sous ses enseignes, se détermina à lui faire des propositions de paix. Leur réconciliation fut l'ouvrage des prélats et des seigneurs
voisins qui n'avaient qu'à perdre et à souffrir de ces
débats de famille. Cet accord terminé, les deux princes
marchèrent ensemble avec leurs troupes pour assiéger
le château de la Châtre, près Marson, qu'ils emportèrent d'assaut, en 1104. De là ils s'acheminèrent vers 1104.
le Poitou, où ils prirent Thouars, Niort et quelques
autres places. Cette subite agression obligea le comte
de Poitou, Guillaume VII, de se mettre en campagne.
Geoffroy-Martel se porta au-devant de lui. Les deux
armées s'étant rencontrées le 8 novembre près de
Parthenay, leurs chefs résolurent de vider le différend
par une bataille ; mais, pendant deux jours et deux
nuits, la pluie tomba en si grande abondance que les
deux camps en furent inondés. Quelques conciliateurs
profitèrent de cette inaction forcée pour faire des propositions d'accommodement qui furent acceptées, et
de part et d'autre on se retira encore une fois sans
combattre.

L'année suivante, Geoffroy-Martel alla en Normandie au secours de Henri Ier, roi d'Angleterre, qui
avait la guerre avec Robert, son frère, duc de cette

1104. province. Le comte assiégea et prit la ville de Bayeux, et contraignit plusieurs seigneurs du pays à rentrer sous l'obéissance du roi Henri.

Tant d'avantages remportés si heureusement et en si peu de temps, acquirent à Geoffroy-Martel autant de gloire qu'ils excitèrent contre lui de jalousie de la part de ses ennemis. Bertrade surtout, désespérée de voir ainsi s'évanouir toutes les intrigues qu'elle avait ourdies pour arriver à son but, essaya d'y parvenir par un moyen plus court; car, selon le témoignage des historiens, elle forma le dessein de le faire assassiner, et l'on prétend même que Foulques-Réchin donna son assentiment à cet affreux projet. Son caractère farouche et la conduite qu'il avait tenue envers son frère, pourraient aisément faire croire à cette imputation, dont on n'apporte d'ailleurs aucune espèce de preuve. Quoi qu'il en soit, Geoffroy-Martel, accompagné d'Alain-Fergus, duc de Bretagne, de Hélie de la Flèche, comte du Maine, et de Robert,
1106. seigneur de Bellême, alla faire en 1106 le siège du château de Candé, sur les confins de l'Anjou et de la Bretagne. La place se trouvant serrée de très-près, les assiégés demandèrent à capituler. Tandis qu'on traitait des conditions, un archer qui était en sentinelle dans une guérite du château tira sur Geoffroy une flèche empoisonnée qui l'atteignit au bras, et dont il mourut la nuit suivante du vendredi 18 mai 1106, à la fleur de son âge, n'ayant alors que trente-quatre ou trente-cinq ans.

Telle fut la fin funeste de Geoffroy-Martel, troisième du nom, prince de grande espérance, et qui, 1106. dans le peu de temps qu'il vécut, augmenta considérablement ses états, genre de gloire qui suppose plus de bravoure que d'équité, ces sortes d'agrandissement ne se faisant jamais qu'aux dépens de voisins plus faibles ou moins heureux. L'histoire fait néanmoins de ce prince un portrait fort avantageux, s'il n'est pas flatté ; car elle le peint, indépendamment de ses vertus guerrières, comme s'étant appliqué avec un soin particulier à faire religieusement observer la justice, dont il réforma nombre d'abus qui s'y étaient introduits sous le gouvernement de son père. Il purgea de même l'Anjou et la Touraine des bandes d'assassins et de voleurs de grand chemin, auxquels, suivant le témoignage des historiens, Foulques-Réchin ne rougissait pas de donner dans ses états une retraite qu'il leur faisait payer. Balderic, ou Baudry, abbé de Bourgueil, renchérit encore sur les éloges que l'auteur des Gestes des comtes d'Anjou fait de Geoffroy-Martel. Il dit qu'il était parvenu au comble de toutes les vertus, et que s'il eût vécu davantage il eût été probablement un second Auguste. Sans approfondir s'il y a de l'exagération dans ces louanges, il nous suffira d'observer qu'on ne lui reproche aucune action dont il ait eu à rougir. Quant aux guerres quelquefois injustes qu'il entreprit, et aux conquêtes dont il agrandit ses domaines, elles étaient les vertus d'alors. Cela ne doit pas surprendre, quand dans des temps plus civilisés nous voyons ériger en héroïsme des usurpations bien plus grandes et plus injustes

1106. encore. Geoffroy ne laissa point de postérité; on ignore même s'il fut marié. Il eut sa sépulture dans l'église de Saint-Nicolas d'Angers, auprès de Geoffroy-Martel I*er*, son grand-oncle maternel.

Dès que Bertrade eut appris la mort de Geoffroy, elle envoya Foulques son fils, qu'elle avait gardé auprès d'elle, à Foulques-Réchin son père. Bertrade était à la cour du roi Philippe, qui, instruit par elle de la mort de Geoffroy, s'était empressé de donner au jeune Foulques l'investiture des états de son frère. Guillaume VII, comte de Poitou, fut chargé d'accompagner le jeune prince jusqu'en Touraine, où se trouvait alors Foulques-Réchin; mais au lieu de le conduire vers son père, il le mena en Poitou, où il le retint prisonnier, et ne voulut pas le rendre qu'on ne lui eût restitué plusieurs places dont il prétendait que les comtes d'Anjou s'étaient injustement emparés. Foulques-Réchin, pour ravoir son fils, fut obligé de souscrire à toutes les conditions qui lui furent imposées. A la vérité ce n'était plus ce comte si altier et si incapable de dissimuler une injure. La débauche dans laquelle il s'était plongé sur ses derniers jours lui avait fait perdre son activité, son énergie et son courage. Orderic n'a pu s'empêcher de s'élever contre sa turpitude et sa mauvaise foi. Il l'accuse d'avoir été sans frein, sans honneur, de s'être souillé de toutes sortes de vices, et d'avoir, comme nous l'avons dit, ouvert un asile dans ses états à des voleurs, avec lesquels il partageait le fruit de leurs brigandages. Son humeur farouche, son air dur et sévère lui firent donner le surnom de Réchin, vieux mot qui veut dire revêche, fâcheux, d'où probablement nous vient le verbe *rechigner*. Foulques cependant n'était pas sans quelque culture des lettres ; il avait écrit une histoire des comtes d'Anjou ses aïeux, dont il ne nous reste plus qu'un fragment que D. Luc d'Achery a inséré dans son spicilège.

1106.

Il mourut à Angers le 14 avril 1109, et fut enterré dans l'église de la Trinité, autrement nommée le prieuré de l'Esvière. Il avait épousé, 1° Hildéarde, fille de Lancelin de Beaugency et de Gerberge du Maine. Il en eut une fille nommée Hermengarde, mariée à Guillaume VIII, duc de Guienne et comte de Poitou. Après avoir été répudiée, elle épousa Alain Fergus, duc de Bretagne, père de Conan-le-Gros. 2° Hermengarde, fille d'Archambaud de Bourbon surnommé le Fort, et de Philippie. Il en eut Geoffroy-Martel, dont nous venons de parler. L'auteur de la Chronique de Tours rapporte que, l'ayant épousée en 1070, et qu'ayant été excommunié à cause de ce mariage par le pape Grégoire VII parce qu'elle était sa parente au quatrième degré, il la répudia en 1081 ou 1082 ; qu'elle se remaria depuis à Guillaume, seigneur de Jaligny, d'une des plus anciennes maisons d'Auvergne, et que de ce second mariage elle eut Oudin de Jaligny, mort sans postérité, et Élisabeth, que Geoffroy-Martel son frère utérin maria, comme nous l'avons dit, à Hugues d'Amboise. 3° Arengarde de Castillon, qu'il répudia et qui se fit religieuse après la dissolution de son mariage. 4° Enfin Bertrade, nommée par quel-

1109.

27.

ques-uns Berthelotte, fille de Simon de Montfort-l'Amaury et d'Agnès d'Évreux, qu'il épousa environ l'an 1088 ou 1089, et avec laquelle il n'habita que trois ou quatre ans avant son divorce, et qu'il reprit ensuite. Il en eut entre autres enfans Foulques, qui lui succéda après la mort de Geoffroy-Martel, et une fille nommée Agathe qui fut mariée à Lancelin II de Beaugency. Quelques historiens lui donnent une cinquième femme, qu'ils placent entre Hermengarde et Arengarde. Selon eux, elle était fille de Gautier, premier du nom, seigneur de Brienne, et d'Eustache, fille de Milon Ier, comte de Tonnerre, qu'il répudia pareillement, toujours pour cause de parenté.

Deux ans avant la mort de Foulques-Réchin, le pape Pascal II était venu en France pour conférer avec le roi Philippe et Louis-le-Gros son fils sur les affaires de l'église romaine, que l'empereur Henri menaçait d'attaquer. Il s'arrêta à Tours, où il visita le tombeau de saint Martin, et célébra solennellement la messe au grand autel de cette église le dimanche 24 mars 1107. Raoul II, archevêque de Tours, jugea en présence du saint-père le procès qui existait entre l'abbé de Beaulieu et l'abbé de Noyers en Touraine. Il consacra même cette circonstance par la date de la sentence qu'il prononça, et qui se termine par ces mots : « Fait au chapitre de Saint-Maurice l'an de Jésus-Christ 1107, en présence du saint-père Pascal II, souverain pontife. Il l'accompagna jusqu'à Troyes, où Pascal, vers l'Ascension, tint un concile pour engager les Français à se croiser. Raoul voulut y remettre sur le tapis l'affaire des évêques de Bretagne ; mais on 1109. n'eut pas le temps de s'en occuper, quoique l'occasion dût paraître opportune. Baldéric, ayant été élu évêque de Dol, se fit sacrer par Girard, évêque d'Angoulême, légat du saint-siège en Aquitaine, qui, par ordre de Pascal II, lui conféra le *pallium*. C'était la troisième fois que la cour de Rome enfreignait ses propres décisions. Le pape accompagna cette faveur de deux brefs. Par le premier, il confirmait à Balderic le droit de porter le *pallium* seulement pendant les fêtes solennelles. Ainsi tant qu'il vécut, il jouit de ce privilège, et assista même à plusieurs conciles, où il fut appelé en qualité d'archevêque de Dol. Par le second bref, tous les suffragans de cet archevêque temporaire étaient invités à le reconnaître et à l'honorer comme leur métropolitain, invitation inutile et surtout dérisoire pour l'archevêque de Tours.

La guerre qui dans ce même temps éclata entre plusieurs seigneurs de Touraine, vint à l'occasion du château de Montrichard, dont la propriété était disputée par Albéric de Montrésor qui en était seigneur, et par Sulpice d'Amboise, son oncle maternel du côté de sa femme Denise de Fougère, petite-fille de Gelduin seigneur de Saumur et de Pont-le-Voy. Sulpice prétendait que le château de Montrichard avait été bâti sur un fonds dont la propriété et le fief appartenaient à Gelduin, dont il était héritier universel. Ce procès fut terminé à l'amiable par des amis communs, à condition qu'Albéric et ses successeurs tiendraient le château et la ville de Montrichard à foi et hom-

1109. mage du seigneur d'Amboise. Mais après la mort de Sulpice, Albéric ayant refusé de rendre hommage à Hugues son fils aîné, celui-ci assembla ses amis et ses vassaux pour le forcer à son devoir. Les seigneurs de Sainte-Maure et de La Haye vinrent au secours d'Albéric, en sorte qu'il se donna de part et d'autre plusieurs combats, au grand détriment des campagnes voisines d'Amboise, de Loches, de Montrichard, de Montrésor, de Sainte-Maure et de La Haye. Enfin Hugues, ayant appelé à son secours Raoul de Beaugency, Robert des Roches, Corbon et plusieurs autres, rencontra Albéric dans le pays qu'on nomme la Champaigne-Tourangelle, défit ses troupes après un combat assez opiniâtre, prit quinze chevaliers et quatre-vingts soldats. De là il alla mettre le siège devant Montri-

1110. chard : mais, sur l'avis que le comte de Touraine marchait au secours des assiégés, il se hâta de se retirer momentanément; puis il revint quelque temps après, et attaqua la place avec tant de résolution, que les assiégés demandèrent à capituler. Montrichard fut mis en dépôt entre les mains du comte, qui le donna en garde à Archambaud de Bray. Ce dernier le retint jusqu'à ce que Foulques-le-Jeune, à la sollicitation de Sibylle de la Flèche sa femme, le rendit à Hugues d'Amboise en 1110, moyennant une somme d'argent, comme dédommagement des bâtimens et des fortifications qu'on avait été obligé de faire pour maintenir le château en état de défense.

Le seigneur de Sainte-Maure, qui dans cette circonstance était venu au secours d'Albéric de Montré-

sor, se nommait Gosselin ou Joscelin. Il était fils de 1110.
Hugues Ier et petit-fils de Joscelin Ier, seigneur de
Sainte-Maure. Ses deux frères Hugues et Geoffroy
étant comme lui riches, vaillans et soutenus de l'appui
de Foulques-Réchin, s'étaient rendus redoutables à
leurs voisins. S'ils se liguèrent avec Albéric pour faire
la guerre à Hugues d'Amboise, ce fut à l'instigation
du comte Foulques, qui ne cherchait que l'occasion
de se venger de Hugues au sujet de la prise du château
d'Amboise, dont nous avons précédemment parlé.
Quoiqu'en ces temps on n'eût guère besoin de prétexte,
ils prirent celui de demander le partage de leur
aïeule, tante de Geoffroy-le-Bel, seigneur de Chaumont
et de Saint-Cyr-sur-Loire, des biens duquel
Hugues s'était emparé. Mais cette guerre ne fut pas
de longue durée; car peu de temps après la mort de
Foulques-Réchin, Joscelin et Hugues son frère furent
tués à La Haye par leurs propres soldats, auxquels ils
s'étaient rendus odieux par leur orgueil et leur
cruauté. Quant à Geoffroy leur troisième frère, il
s'attacha à Foulques-le-Jeune, auquel il rendit par la
suite d'importans services.

Foulques, premier du nom comme comte d'Anjou,
et second comme comte de Touraine, n'avait que dix-
neuf ans quand il succéda à Foulques-Réchin, son
père, dans ces deux comtés. Bientôt il joignit à ces
provinces celle du Maine par son mariage avec Sibylle,
autrement nommée Éremberge ou Éremburge, fille et
unique héritière de Jean de la Flèche, comte du Maine,
et de Mathilde, dame du Château-du-Loir. Cette al-

1110. liance servit de prétexte à la guerre que Henri Ier, roi d'Angleterre, fit à Foulques-le-Jeune. Ce monarque prétendait à la propriété du comté du Maine comme héritier de Guillaume-le-Roux, auquel Robert son frère, duc de Normandie, avait cédé ses droits sur cette province. Les historiens se taisent sur les détails et sur l'issue de cette guerre. On sait seulement que Henri exerça contre Foulques ces sortes d'hostilités dont on ne trouve d'exemples que chez les peuples les plus barbares. Il ne se contenta pas d'employer le fer et le feu; il abusa encore de son crédit et de ses richesses pour corrompre Girard, évêque d'Angoulême, légat du saint-siège, qui fulmina sans cause et avec une injustice inexcusable une sentence d'excommunication contre le comte de Touraine. Geoffroy, abbé de Vendôme, en fit des reproches au légat dans une lettre qu'il lui écrivit, et où il lui disait : « On assure « qu'à l'exemple du prophète Balaam, vous vous êtes « laissé séduire par les présens du roi d'Angleterre, « et qu'en cette seule considération vous avez abusé « de votre ministère en vous servant injustement des « armes de l'église pour excommunier le comte d'An- « jou. » Quoique cette sentence ne fût d'aucun effet puisqu'elle était contraire aux canons, elle ne laissa pas cependant d'ébranler les amis que le comte avait

1113. auprès du pape; mais le saint-père ayant refusé d'y donner son approbation, elle n'eut pour le comte aucune suite fâcheuse, et elle n'empêcha pas la paix de se conclure en 1113.

Le roi d'Angleterre n'apporta pas dans cette ré-

conciliation la bonne foi et la loyauté qu'on devait 1113.
attendre d'un grand monarque; car les principaux
seigneurs d'Anjou et de Touraine s'étant révoltés
contre leur comte en 1114, ce prince eut la perfidie
de fomenter sourdement leur rébellion. On ignore
assez généralement quels furent le motif et le résultat
de cette guerre, que la Chronique de Saint-Aubin
d'Angers nomme la guerre des Bourgeois, et d'autres
avec plus de raison la guerre des Barons; mais il y a
apparence que la révolte d'Échivard, baron de Preuilly,
fut une suite de celle-ci. Foulques, voulant le châtier,
l'assiégea dans son château en 1116; mais le baron 1114.
se défendit si courageusement, que le comte fut obligé
de lever le siège. Ce succès lui ayant enflé le cœur,
il eut l'imprudence de se mettre en campagne avec
sa petite troupe et de présenter le combat au comte,
qui le tailla en pièces et le fit prisonnier. Foulques
cependant eut depuis la générosité de lui pardonner.
Il lui rendit avec la liberté et son château et ses bonnes
graces.

Nous n'omettrons point que Hugues Ier, seigneur de
la Tour et du château d'Amboise fit construire en 1115
ou 1116 un pont en pierre sur la Loire en face de
cette ville, où il n'y avait auparavant qu'un pont de
bateaux. Ce fut le second de cette espèce qu'on vit
sur ce fleuve dans l'étendue qu'il parcourt en Touraine; car on se rappellera que Eudes II en 1031 en
avait fait construire à Tours un semblable.

Le débat entre Foulques et Échivard étant terminé,
le comte en eut un autre à soutenir contre Jean, sei-

1114. gneur de Montbazon. Ce Jean était issu en droite ligne de Guillaume de Mirebeau, à qui Foulques-Nerra avait donné le gouvernement de ce château, que ce même Guillaume avait fini par s'approprier. Ainsi ses descendans en jouirent à titre d'héritage jusqu'à Jean, qui en fut le dernier seigneur de sa famille. Ce château, par sa position et par sa proximité de la ville de Tours, convenant parfaitement aux intérêts du comte, celui-ci proposa à Jean de le lui vendre. Jean y consentit, et l'on convint du prix, dont Foulques paya la moitié comptant. En conséquence il envoya ses officiers pour en prendre possession ; mais le seigneur de Montbazon, se repentant sans doute du marché qu'il avait fait, refusa l'entrée du château aux gens du comte, si bien que Foulques fut obligé d'aller en personne à la tête de ses troupes pour punir Jean de son manque de foi. La place fut assiégée dans les formes et vigoureusement défendue par Jean de Montbazon, dont la bravoure était si généralement reconnue, que quantité de gens de cœur s'étaient attachés à sa fortune, même pour la défense d'une cause aussi évidemment injuste.

Tandis que le comte était occupé à ce siège, Arnoul de Montgommery, frère de Robert de Bellême, vint le trouver avec les principaux de la ville d'Alençon pour lui demander sa protection et lui offrir de se mettre sous son obéissance, s'il voulait les délivrer de l'oppression qu'ils souffraient de la part de leur nouveau seigneur. C'était Étienne de Blois, comte de Mortain, depuis roi d'Angleterre, à qui Thibaut-le-

Grand comte de Blois, son frère, avait donné la ville 1114. d'Alençon en échange d'autres terres qu'il possédait en France. Thibaut tenait cette ville de Henri I*er*, roi d'Angleterre, son oncle maternel, en reconnaissance des services qu'il lui avait rendus. Dès qu'Étienne fut maître d'Alençon, place alors extrêmement forte, il dépouilla les habitans de leurs privilèges et les surchargea d'impôts. Fort qu'il était de la protection du roi Henri, il les astreignit, sous prétexte de les empêcher de se révolter, à lui donner leurs enfans en otage. Les habitans ne purent retenir leur indignation contre ce dernier trait de tyrannie. Excités d'ailleurs par l'un d'entre eux nommé Amion, dont Étienne avait enlevé la femme, fille de Payen de Cossé, l'un des plus braves chevaliers du pays, ils résolurent unanimement de tout entreprendre pour se soustraire à son gouvernement tyrannique. Ce fut dans ce but qu'ils appelèrent le comte d'Anjou à leur secours.

Foulques apprit cette résolution avec joie. Il accepta les offres des députés, et s'engagea d'autant plus volontiers à les seconder, que Robert de Bellême, précédemment seigneur d'Alençon, n'avait perdu cette ville que pour avoir pris ses intérêts contre le roi d'Angleterre. Pour procéder plus sûrement à une expédition de cette importance, il commença par s'accommoder avec Jean de Montbazon. Il lui paya de suite le surplus du prix dont ils étaient convenus pour la vente de son château, dont il prit possession par ses officiers, qui, suivant l'usage du temps, arborèrent sur la plus haute tour l'étendard de Foulques, en

1114. criant par trois fois à haute voix : *c'est ici le château du comte.*

Ces premières mesures prises, Foulques donna des ordres dans toutes ses possessions pour lever des gens de guerre, et assigna le rendez-vous de ses troupes auprès d'Alençon, où il ne tarda pas à se rendre accompagné des principaux seigneurs d'Anjou, de Touraine et du Maine. On comptait dans ce nombre Hugues de Matefelon et Thibaut son fils, Foulques de Candé, Maurice de Craon, Pierre de Chemillé, Pierre de Preuilly, Jaquelin de Maillé et ses quatre frères, Peloquin de l'Ile-Bouchard, Jean d'Allais, seigneur de Saint-Christophe, Alleaume de Semblançay, Renaud, seigneur de Château-Regnault, Hugues d'Amboise, et Geoffroy de Sainte-Maure, ainsi que plusieurs autres gentilshommes des trois provinces. Il fut reçu avec une allégresse difficile à exprimer par les habitans d'Alençon, qui pendant la nuit l'introduisirent dans la ville, et dès le lendemain il forma le siège du château.

Cependant le roi d'Angleterre, qui était alors à Séez, distant de cinq lieues d'Alençon, fut bientôt informé de cette invasion. Il ramassa promptement toutes ses troupes, qu'il joignit à celles que Thibaut, comte de Blois, lui amenait, et marcha sans perdre de temps au secours du château. L'auteur des Gestes des comtes d'Anjou nous dit, avec l'exagération qui lui est familière, qu'il avait une armée si nombreuse que ses soldats couvraient la terre comme des sauterelles. Le roi prétendait avec une pareille armée resserrer

tellement le comte dans la ville que, pressé de l'autre 1114.
côté par la garnison du château, il le réduirait à la
nécessité de se rendre à discrétion. Mais il en arriva
tout autrement; car le comte de Mortain, Thibaut
comte de Blois son frère, et le comte de Flandre, qui
commandaient l'avant-garde de l'armée anglaise, s'é-
tant avancés précipitamment dans l'espérance de forcer les lignes, ou du moins de jeter du secours dans
le château, suivant ce que dit Orderic, ils furent repoussés avec tant de bravoure, qu'ils se virent obligés
de se replier pour attendre le roi d'Angleterre, qui
commandait le corps de l'armée. Alors Foulques, sans
leur donner le temps de se reconnaître, sortit de ses
lignes et rangea ses troupes en bataille. Il eut soin
d'un autre côté d'occuper l'ennemi par de continuelles
escarmouches, dans lesquelles, d'après ses instructions, ses gens se laissaient souvent repousser afin de
provoquer le roi à une affaire générale. En effet elle
ne tarda pas à avoir lieu. La victoire fut quelque
temps incertaine; mais la noblesse du Maine, commandée par Lisiard de Sablé, Robert de Silly, Gaultier de Mayenne et Guy de Laval, la fit enfin pencher
du côté du comte. Cette réserve donna si à propos,
que les ennemis, déjà en désordre, plièrent tout-à-
fait et bientôt prirent la fuite. En vain le roi d'Angleterre survint avec des troupes fraîches; jamais il ne
put les rallier. Il fut lui-même obligé de se retirer et
de se sauver à Séez. La perte fut considérable du côté
des Anglais, et cela devait être puisqu'ils furent vaincus; mais on croira difficilement que le vainqueur,

dans cette affaire, n'ait perdu que quatorze archers et vingt-cinq soldats.

La plupart des historiens d'Angleterre ne parlent point de cette bataille; mais Orderic, quoique Anglais, convient de cette défaite, et avoue qu'il y eut *plusieurs hommes* de tués du côté du roi d'Angleterre, et que le nombre des prisonniers fut encore plus grand. Suger, abbé de Saint-Denis, fait aussi mention de cette bataille, et dit qu'en cette circonstance le roi d'Angleterre perdit la tour d'Alençon l'an 1115.

Après cette victoire, le comte Foulques retourna dans ses lignes pour continuer le siège du château, qu'il pressa plus vivement encore, mais dont peut-être il ne se fût pas emparé aussi promptement si, par l'avis de quelques habitans d'Alençon, il n'eût trouvé le moyen de couper l'eau aux assiégés. Privée de ce secours, la garnison demanda à capituler, et rendit la place *vies et bagues sauves.*

Cet heureux succès donna une grande réputation aux armes du comte d'Anjou, et le rendit redoutable à ses ennemis. Le roi d'Angleterre fut le premier qui chercha à se réconcilier avec lui. Il espérait d'ailleurs le détacher des intérêts du roi de France et le mettre dans son parti. Pour arriver à ce but, il lui envoya des ambassadeurs chargés de lui proposer la paix et de lui demander sa fille en mariage pour Guillaume son fils aîné. Il suivit en cela l'exemple de Guillaume-le-Roux son père, qui par la même politique détacha de la France le comte de Blois en lui faisant épouser

sa fille Adèle, quoique les deux conjoints fussent en- 1115.
core en bas âge. Foulques accepta les offres du roi
Henri, et donna pour dot à sa fille le comté du Maine.
On fut extrêmement surpris d'un pareil traité, et l'on
ne pouvait concevoir comment le roi le plus puissant
qui jusque-là eût régné en Angleterre s'était, pour
ainsi dire, abaissé jusqu'au point de rechercher avec
tant d'empressement l'amitié d'un comte d'Anjou. On
verra par la suite que cette union ne fut pas de longue
durée.

La paix étant ainsi conclue, et Foulques n'ayant
plus d'ennemis à craindre, il résolut d'accomplir le
vœu qu'il avait fait, d'aller au secours des chrétiens
de la Terre-Sainte. Avant son départ il recommanda 1120.
ses états au roi Henri, et fit porter son fils, qui était
encore enfant, dans l'église cathédrale du Mans, où
il le mit sous la protection de saint Julien. Il partit
ensuite accompagné de cent chevaliers qu'il mena à
ses frais. Comme il était infatigable dans les travaux
de la guerre, et que d'ailleurs il possédait tous les
talens qui font les grands capitaines, il se fit bientôt
connaître aux champs de la Palestine, où sa valeur
se signala dans plusieurs rencontres. Il ne tarda pas
à se concilier l'estime du roi de Jérusalem et l'affection de tous les peuples : aussi réunissait-il les qualités qui rendent un prince recommandable; car outre
qu'il était constamment heureux dans ses entreprises,
il était affable, pieux, bienfaisant, ami sûr et ennemi
redoutable. Guillaume de Tyr a cru ne pouvoir

mieux le louer qu'en disant que *c'était un prince comme David et selon le cœur de Dieu.*

Avant que Foulques allât combattre les Sarrasins en Palestine, Raoul II, archevêque de Tours, avait terminé sa carrière en 1117, et le choix de son successeur causa quelques troubles dans la ville de Tours, et même dans la province. Son neveu Gilbert, doyen de la cathédrale, fut élu par le clergé et par le peuple; mais la noblesse fit tous ses efforts pour faire élire Gaultier, chantre et chanoine de l'église de Saint-Martin. Gilbert, aussitôt son élection, et soutenu du crédit de son beau-frère Archambaud, seigneur de Bray, lieu qu'on nomme aujourd'hui le Fau ou Reignac, se mit en possession de l'archevêché et des biens qui en dépendaient. La noblesse prit les armes en faveur de Gaultier. Hugues d'Amboise se mit à la tête des gentilshommes de la province, brûla les châteaux de Vernou et de Larçay qui appartenaient à l'archevêque, et ayant rencontré en campagne Archambaud de Bray, il le tailla en pièces, et alla brûler son château. Pendant ce temps, les deux concurrens, chacun de leur côté, envoyèrent des députés au pape, qui confirma l'élection de Gilbert à la recommandation du roi Louis-le-Gros qui avait écrit en sa faveur.

Gilbert, tranquille possesseur de son siège, reçut à Tours le pape Calliste II, et assista au concile que ce pontife tint à Reims, le 20 novembre 1119. Baudry se trouva à ce concile en qualité d'archevêque de Dol, avec les évêques de Tréguier et de Quimper, deux de ses prétendus suffragans. Gilbert tenta d'obtenir une sentence définitive sur les droits que réclamait son église : mais on éluda de traiter ce sujet ; ce fut ce qui l'engagea à accompagner le pape jusqu'à Rome : mais après de longues et inutiles poursuites, il mourut sur la fin de l'année 1124, dans la capitale du monde chrétien.

Foulques, parti pour la Terre-Sainte en 1120, ainsi que nous l'avons dit, en revint l'année suivante. A peine était-il de retour qu'il apprit la mort funeste de son gendre Guillaume, fils aîné du roi d'Angleterre, qui s'était noyé dans le passage de Calais à Douvres, ainsi que Richard et Marie, ses frère et sœur naturels, et beaucoup de seigneurs de leur suite. Henri se conduisit dans cette circonstance avec une insigne déloyauté ; car, dès le mois de mai de cette année 1121, il renvoya à Foulques sa fille Mathilde, et refusa de rendre le comté du Maine, qui lui avait été donné en dot. Le comte indigné de cette injustice ne cessa depuis ce moment de chercher l'occasion de s'en venger. Il crut enfin l'avoir trouvée en 1123 en faisant alliance avec Guillaume, dit Cliton, neveu du roi Henri, auquel il promit sa seconde fille en mariage, et du secours pour recouvrer la Normandie, que le roi son oncle retenait injustement. Henri, qui fut informé de ce que ces deux princes tramaient contre lui, sut habilement leur opposer la cour de Rome. Il lui fut aisé par son crédit et par ses présens d'empêcher la conclusion de ce mariage, sous

1121. prétexte de parenté entre les parties. Cette parenté n'était cependant que du cinquième au sixième degré, en comptant le premier degré par les frères, suivant l'usage de l'église romaine ; car Robert III, duc de Normandie, père de Guillaume-Cliton, était fils de Guillaume-le-Conquérant, et petit-fils de Robert II, duc de Normandie, lequel Robert II était fils de Richard II, et petit-fils de Richard-Sans-Peur, troisième aïeul de Bertrade de Montfort, mère de Foulques-le-Jeune, comte d'Anjou et de Touraine. Foulques et Cliton étaient donc parens au cinquième degré ; et comme les mariages étaient alors prohibés jusqu'au septième, quelque raison que pût alléguer le comte qui citait pour exemple le mariage encore récent de sa fille aînée avec le fils du roi d'Angleterre, dont la parenté était plus rapprochée d'un degré, jamais le pape ne voulut accorder la dispense ; il ordonna même à son légat en France d'informer sur cette affaire par les voies ordinaires de la justice, et la parenté ayant été prouvée juridiquement, le légat fit défense aux parties de contracter mariage ensemble, et de se fréquenter, sous peine d'excommunication.

Quand la sentence fut signifiée à Foulques, il entra en fureur, et refusa d'y obéir. Il fit arrêter les appariteurs que le légat lui avait envoyés, et après les avoir retenus quinze jours entiers en prison, il les fit venir en sa présence, les maltraita non-seulement de paroles, mais encore leur fit brûler la barbe et les cheveux, et jeta au feu la sentence du légat en présence de toute sa cour. Tant il est vrai que le ressentiment d'une injustice peut quelquefois entraîner 1121. hors des bornes les esprits les plus modérés. Le légat, irrité de cette action, fulmina anathème contre le comte. Le pape donna, le 26 août 1124, un décret pour approuver l'excommunication, qui fut encore confirmée l'année suivante, au mois d'avril, par le pape Honoré II, successeur de Calliste II. Ses états furent mis en interdit, et les chanoines de l'église de Tours reçurent l'ordre de le faire observer jusqu'à ce que le comte eût fait la satisfaction qu'on exigeait de lui. L'histoire ne fait pas mention de la manière dont Foulques se releva de cette censure. Peut-être, d'après ce silence, serait-on fondé à croire qu'il n'en tint aucun compte; car on était déjà, à l'égard des foudres du Vatican, bien loin du temps où ils avaient frappé le roi Robert. D'un autre côté, la conduite du comte dans une circonstance pareille semblerait prouver qu'il se soumit à la satisfaction demandée; car en 1112, ayant violé les franchises de Saint-Martin, il se rendit nu-pieds à cette églsie pour y faire réparation de l'outrage dont se plaignait le chapitre.

Au reste, la satisfaction qu'exigeait la cour de Rome n'était pas aisée à obtenir du comte, puisque, indépendamment de la réparation de l'injure faite aux agens du légat, il lui fallait encore renoncer à une alliance dictée par la politique et par les intérêts de sa maison. On doit donc convenir que la cour de Rome se montra beaucoup trop sévère dans cette occasion, puisqu'il ne s'agissait point de l'honneur de la religion, mais de l'amour-propre d'un légat blessé par un procédé, à la vérité très-condamnable. D'ailleurs, comme nous l'avons dit, l'exemple allégué par Foulques du mariage de sa fille aînée avec le fils du roi Henri, annonçait dans la conduite du pape plus de passion que de justice distributive. Nous allons voir au surplus que ce même roi, auteur ou provocateur du refus qui causa tant de scandale, ne se montra pas si scrupuleux pour le mariage de sa fille Mathilde avec Geoffroy, fils aîné de ce même comte d'Anjou, et que le saint-siège n'y apporta aucun obstacle, quoique les parties fussent parentes au degré prohibé.

Ce monarque, l'un des plus puissans de l'Europe, n'avait qu'une fille restée veuve et sans enfant de l'empereur Henri V. Tout ce qu'il y avait de plus grand parmi les souverains aspirait à son alliance. Mais son père préféra le fils du comte d'Anjou, quoiqu'il y eût une grande disproportion d'âge entre Geoffroy qui n'avait que 16 ans, et Mathilde qui touchait alors à sa trentième année. D'ailleurs, combien d'autres inégalités dans cette alliance ! Toutes les espérances de Geoffroy se bornaient aux seules provinces d'Anjou, de Touraine et du Maine, dont le roi d'Angleterre lui contestait une partie ; et Mathilde, veuve d'un empereur, était héritière présomptive de la couronne d'Angleterre et du duché de Normandie. Ajoutons, d'après les historiens du temps, que cette princesse, dans la maturité de l'âge, ne se sentait aucune inclination pour un prince encore enfant : aussi tant d'inégalités mirent-elles souvent la désunion entre le

mari et la femme : mais ceux qui se sont étonnés de
la ténacité de Henri n'ont pas sans doute assez approfondi la politique qui le faisait agir. Déjà maître
d'une des plus grandes provinces de France, en y en
ajoutant trois autres, il se mettait en mesure d'y en
acquérir de nouvelles dans la suite, soit par des alliances, soit par des conquêtes, et pouvait ainsi à
son royaume d'outre-mer réunir une partie de la
monarchie française. L'événement prouva depuis
qu'il ne s'était pas trompé dans ses prévisions, et c'est
dans ce mariage qu'on peut découvrir la source des
guerres qui ont si long-temps troublé et ensanglanté
la France ; aussi toutes les représentations qu'on put
faire à Henri ne purent-elles un instant ébranler sa
résolution. Il menaça, ordonna, et voulut être obéi;
de sorte que, le mariage ayant été conclu malgré les
constantes oppositions de l'impératrice Mathilde, le
jeune Geoffroy, accompagné de cinq des principaux
seigneurs des états de son père, et de vingt-cinq
gentilshommes de son âge, partit avec un train magnifique pour se rendre à Rouen, où les noces devaient
se célébrer. Ces cinq seigneurs étaient Jaquelin de
Maillé, Robert de Semblançay, Hardouin, seigneur
de Cinq-Maars, Robert de Blou, ou de Blo, seigneur
de Champigny, et Payen, seigneur de Clairvaux. Le
roi Henri envoya au-devant de Geoffroy les seigneurs
les plus titrés de sa cour; lui-même il le reçut avec
une tendresse vraiment paternelle, et deux jours après
il le créa chevalier avec quelques autres seigneurs de
sa suite. Jean, moine de Marmoutier, auteur d'une

1128. histoire de ce prince, dont il ne nous reste que le premier livre et le commencement du second, décrit le costume dans lequel Geoffroy parut pour cette cérémonie, d'une manière et d'un style tout-à-fait romanesques.

« Sa chemise, dit-il, était d'un lin extrêmement
« fin. Il avait sur le corps une veste de brocart à
« fond d'or, avec un surtout d'un pourpre éclatant,
« et qui avait été teint du sang de ces célèbres pois-
« sons qu'on pêche dans la mer de Phénicie. Ses bro-
« dequins étaient de soie, et ses souliers étaient at-
« tachés avec des boucles garnies de lionceaux d'or :
« la magnificence de ses habits lui prêtait beaucoup
« d'éclat; mais ce qui brillait le plus en sa personne,
« était la beauté et la vivacité de son teint. En cet
« état il sortit de son appartement, accompagné
« de ceux qui, comme lui, devaient être reçus che-
« valiers, et qui étaient de même magnifiquement
« vêtus. Aussitôt on amena les chevaux; celui du
« prince surpassait tous les autres. C'était un genet
« d'Espagne, d'une encolure admirable, et d'une si
« grande vitesse qu'il y avait peu d'oiseaux dont le
« vol pût égaler sa course. Il endossa une cotte d'ar-
« mes d'un ouvrage incomparable, et tissue de dou-
« bles mailles entrelacées avec tant d'artifice qu'il n'y
« avait ni dard ni lance qui pussent la percer. Ses
« bottes étaient de même matière et d'un pareil tra-
« vail, et les éperons étaient d'or massif. On lui atta-
« cha au cou un bouclier semé de lionceaux d'or.
« Son casque, couvert de pierreries, était à l'épreuve

« de toutes sortes d'armes. Sa lance, dont la hampe
« était de bois de frêne, passait pour le chef-d'œuvre
« du meilleur ouvrier de Poitiers, et son épée, que l'on
« gardait depuis plusieurs années dans le trésor du
« roi d'Angleterre, avait été faite par Galeran, le
« plus excellent et le plus fameux armurier de l'Eu-
« rope. »

Ce fut dans cet équipage, vrai ou supposé, que parut le jeune Geoffroy, qui fut surnommé Plantagenet, parce qu'il avait, dit-on, l'habitude de porter sur la tête une branche de genêt, ou, selon d'autres, parce qu'il aimait beaucoup la chasse. Il fut reçu chevalier par le roi d'Angleterre, et cela seul indique que la cérémonie dut s'en faire avec beaucoup de pompe. Afin de la rendre plus brillante, non-seulement le reste du jour se passa en fêtes et en réjouissances, mais encore elles se continuèrent pendant toute la semaine. Les noces se firent ensuite au mois d'août de la même année 1128, et pendant vingt jours on les célébra par des joutes, des tournois, et par d'autres exercices alors en usage aux mariages des princes. Le roi voulut que le peuple lui-même partageât sa joie. Il ordonna des fêtes publiques, auxquelles il prescrivit à toutes personnes de concourir, sous peine d'être déclaré coupable de lèse-majesté, moyen aussi neuf que singulier d'inspirer de la gaieté. Mathilde seule ne prenait point de part à cette allégresse de commande, ne pouvant se consoler d'être devenue l'épouse d'un enfant imberbe, et d'un simple comte de Touraine et d'Anjou, après avoir porté le titre d'impératrice.

Après avoir conclu une alliance aussi belle qu'inattendue, Foulques recueillit les fruits de la haute réputation qu'il s'était acquise pendant son séjour dans la Palestine. Baudouin II, roi de Jérusalem, n'avait que des filles; mais, convaincu de la nécessité d'avoir un gendre capable par sa valeur de soutenir sa couronne contre les efforts des infidèles, il assembla les grands de son royaume pour prendre leur avis, et tous unanimement lui proposèrent le comte d'Anjou, qui depuis quelques années était resté veuf, après la mort de Sibylle de la Flèche, sa femme. Baudouin, dont ce choix remplissait parfaitement les vues, députa à l'instant vers Foulques Guillaume de Bure, son connétable, et Gui de Brisebarre pour lui faire part de la résolution où il était de lui donner sa fille en mariage, avec promesse de le désigner pour son successeur au trône de Jérusalem. Les ambassadeurs arrivèrent sur la fin de 1128. Foulques donc, n'ayant plus rien à craindre de la part du roi d'Angleterre, depuis le mariage de son fils avec Mathilde, accepta, de l'avis de Louis-le-Gros, l'offre qui lui était faite : mais avant que de partir, il voulut, suivant la coutume, prendre des mains de l'archevêque de Tours les marques de pèlerin. Ces marques consistaient en un bourdon et une écharpe, ou besace, que l'on bénissait à l'église avec les prières qui sont dans le rituel romain. Quand ils entreprenaient leur voyage, les pèlerins les recevaient de la main des prêtres, et il ne leur était plus permis de les quitter qu'ils n'eussent accompli leur vœu. A leur retour, au lieu de leur bourdon, ils rapportaient des branches de palmier qu'ils remettaient aux prêtres aussitôt leur arrivée, ce qui a long-temps été pratiqué par les pèlerins, comme il paraît dans quelques églises où l'on voit encore des branches de palmier aux figures des saints.

1128.

La cérémonie de la bénédiction du bourdon et de l'écharpe que Foulques reçut de l'archevêque Hildebert, se fit dans l'église cathédrale, le jour de la Pentecôte 1129. Le même jour, suivant la Chronique d'Anjou, il arriva un prétendu prodige dont on tira un heureux augure. Le comte, après la cérémonie, s'était rendu à l'archevêché; et comme il s'entretenait avec quelques ecclésiastiques à l'une des fenêtres qui donnent sur la Loire, il apparut tout-à-coup, sur l'église de Marmoutier, un nuage de feu qui semblait embraser toute l'abbaye. Foulques envoya aussitôt pour en connaître la cause. Le courier rapporta qu'on ne s'était aperçu de rien à Marmoutier. Alors un des assistans entreprit d'expliquer ce phénomène en faveur du voyage que le comte était sur le point de faire; mais si la chose eut lieu véritablement, il est plus simple et plus naturel de n'y voir que l'apparition de l'un de ces météores qui ne sont pas rares dans les beaux jours d'été. Ce qui jette cependant du doute sur le fait rapporté par cette chronique, c'est que le palais archiépiscopal n'eut jamais de fenêtres

1129.

1129. sur la Loire, que lui masquaient totalement le château et la cathédrale, et d'où, par conséquent, on ne pouvait voir l'abbaye de Marmoutier.

Quoi qu'il en soit, il n'en fallut pas tant pour échauffer le zèle du comte, dans un temps surtout où le goût des croisades était dans sa première ferveur. Il se hâta donc de partir, et ayant laissé ses états à son fils Geoffroy, il se mit en route, accompagné des ambassadeurs que Baudouin lui avait envoyés, et de Hugues Payen, grand-maître de l'ordre des templiers, qui était venu en Allemagne et en France demander du secours aux princes chrétiens.

Il est hors de notre sujet de raconter les événemens qui se passèrent à la Terre-Sainte sous le règne de Foulques. Nous dirons seulement que peu de temps après son arrivée il épousa Hersende, ou plutôt Mélisende, fille aînée de Baudouin II, auquel il succéda en 1131; qu'il agrandit glorieusement le royaume de Jérusalem; qu'il reprit plusieurs places sur les Sarrasins; qu'il les battit en diverses rencontres; enfin, qu'après avoir régné onze ans, il tomba de cheval en courant un lièvre, et qu'il mourut de cette chute, le 10 novembre 1142.

Foulques-le-Jeune, en 1108, avait épousé en premières noces, ainsi que nous l'avons dit, Sibylle (1),

---

(1) Les historiens d'Angleterre racontent au sujet de Sibylle de la Flèche une aventure que la gravité et surtout la fidélité de l'histoire auraient dû leur faire supprimer. Ils disent que Foulques, ayant appris que Sibylle entendait rarement la messe, et quand elle y assistait, qu'elle se retirait toujours un peu avant la consécration,

fille unique, héritière d'Hélie de la Flèche, comte 1129.
du Maine, et de Mathilde, dame du Château-du-Loir.
Il en eut 1° Geoffroy-le-Bel, comte d'Anjou et de
Touraine; 2° Hélie, qui porta le titre de comte du
Maine, et qui mourut prisonnier, l'an 1151, sans enfans de sa femme Philippe, fille de Rotrou II, comte
du Perche, et de Mathilde d'Angleterre; 3° Mathilde,
mariée à Guillaume-Adelin, fils de Henri Ier, roi d'Angleterre; 4° Sibylle, femme de Thierry d'Alsace, comte
de Flandre. De sa seconde femme Mélisende, fille de
Baudouin II, il eut Baudouin et Amaury, comtes de
Saphe et d'Ascalon, ses successeurs à la couronne de
Jérusalem. Mélisende mourut le 12 septembre 1160.

Avant son départ pour la Terre-Sainte, Foulques
avait voulu laisser dans la Touraine des marques de
sa piété, par la fondation qu'il fit de l'abbaye de Turpenay, et du prieuré du Grès, ou Gréez. Turpenay,
qui date de 1127, était de l'ordre de Saint-Benoît,
congrégation de Saint-Maur. Ce monastère était situé
entre le Cher et l'Indre, dans la paroisse de Saint-
Benoît-du-Lac-Mort. Foulques donna aux moines
quatre bouées de terre, c'est-à-dire autant que quatre

donna un jour l'ordre à quatre de ses officiers de se tenir auprès
d'elle, et de l'arrêter au moment où elle voudrait se retirer; mais
qu'elle laissa sa robe entre leurs mains, s'envola avec deux de ses
enfans par une des fenêtres de l'église, et disparut sans qu'on ait
jamais su ce qu'elle était devenue. On ne peut voir en ceci qu'une
fable grossière inventée par les ennemis de Henri II, son petit-fils,
en haine de ce qu'il avait fait assassiner Thomas Beket, connu sous
le nom de saint Thomas de Cantorbery, puisqu'il est certain que
Sibylle mourut à Angers en 1126. Voy. Histor. franc. scrip., t. 2,
p. 1043.

1129. bœufs peuvent en labourer en un jour. Il y ajouta le droit de prendre dans la forêt de Teillay, aujourd'hui forêt de Chinon, tous les bois qui leur seraient nécessaires, tant pour bâtir que pour l'usage particulier de la communauté. Le roi Richard, son petit-fils, confirma à Chinon cette donation, le 19 avril 1189. Les seigneurs de l'Ile-Bouchard ont aussi donné plusieurs héritages à cette abbaye, qui, selon le P. Mabillon, doit son origine à un nommé Robert, qui s'était fait ermite au lieu de Turpenay, après avoir long-temps suivi la profession des armes. Il en fut le premier abbé. On voyait dans l'église de cette abbaye le tombeau de Henri Clément, maréchal de France, appelé ordinairement le petit maréchal.

Ce fut à la recommandation de Jean, son secrétaire, que Foulques, vers la même année 1127, donna le domaine du Grès à deux prêtres, nommés l'un Renaud et l'autre Geoffroy, qui desservaient auprès de la forêt de Bréchenay un petit oratoire appelé la chapelle de Paissonneau; et depuis la donation du comte, on le nomma le prieur de Saint-Jean-du-Grès. Il était situé dans la paroisse d'Azay, sur le côteau qui est à la gauche de la rivière du Cher. Ce lieu avait anciennement été habité par des ermites. L'église avait été bâtie par un prêtre solitaire nommé Jousseaume, qui, en 1146, mourut en odeur de sainteté. On trouva, en 1188, le corps de ce prêtre encore entier, et, dit-on, sans aucune atteinte de corruption. Tout auprès était une petite boîte dans laquelle se trouvait un billet renfermant ces mots : « Ci gist

« Jousseaume, premier hermite et fondateur de ce 1129.
« lieu, qui était un homme de sainte vie. » Ce prieuré
fut long-temps desservi par des moines; mais les bâtimens ayant été ruinés, et les titres brûlés pendant
les guerres des protestans en 1562, il ne restait plus
que la maison du prieur, et un petit logement pour
le prêtre qui y célébrait l'office divin.

A l'époque où Foulques-le-Jeune partit pour la
Palestine, on a vu que le siège de Tours était occupé
par Hildebert, successeur de Gilbert. Hildebert fut
l'un des plus vertueux et des plus savans prélats qui
aient gouverné l'église de Tours. Il naquit en 1057
à Lavardin, dans le Vendômois, d'une famille obscure, et prit le nom du lieu de sa naissance. Il fit
ses premières études à Cluny, où il eut pour maître
le célèbre Bérenger, dont il n'adopta point la doctrine sur le dogme de la présence réelle, mais pour
lequel néanmoins il conserva toujours autant d'estime
que d'affection. Il enseigna au Mans, dont il fut élu
évêque après la mort de Hoël. Son épiscopat fut tellement troublé par les calomnies d'un concurrent à
cet évêché, et par les outrages qu'il eut à souffrir de
la part de Guillaume-le-Roux, roi d'Angleterre, de
Henri Ier, son successeur, et de Béatrix, comtesse du
Perche, qu'il fut tenté d'abdiquer pour se faire moine.
Il entreprit à cet effet le voyage de Rome pour en
obtenir du pape la permission. Pascal II ne voulut
jamais y consentir, et lui ordonna d'aller reprendre
ses fonctions épiscopales. Il revint donc au Mans;
mais peu de temps après l'archevêque Gilbert étant

1129. mort, il se rendit à Tours, en qualité de premier suffragant, pour en gouverner l'église pendant la vacance du siège, sur lequel il ne tarda pas à être élevé par le vœu du clergé et du peuple. Il tenta de s'en défendre, motivant son refus sur l'âge de soixante-dix ans qu'il avait alors; mais son élection ayant été promptement confirmée par Louis-le-Gros et par le pape Honoré II, il n'osa plus résister.

Hildebert commença par visiter son diocèse, ensuite il se rendit en Bretagne. Il y trouva tous les évêques de cette province soumis à sa juridiction, à l'exception de Baudry, évêque de Dol, qui vivait encore, et qui refusa de le reconnaître pour son métropolitain, soutenant qu'il était lui-même archevêque, et qu'en cette qualité il avait comme lui l'honneur du *pallium*. Vainement Hildebert lui représenta-t-il que cette prérogative n'était attachée qu'à sa personne et nullement à son siège, l'évêque ne voulut en rien se désister de ses prétentions. Hildebert écrivit au pape pour le supplier de ne plus à l'avenir accorder le *pallium* aux successeurs de Baudry, puisque c'était le prétexte sur lequel s'appuyaient les évêques de Dol pour se perpétuer dans leur désobéissance. Cet évêque n'eut donc garde d'assister au concile qu'Hildebert tint à Nantes sur la fin de l'année 1127, en présence de Conan, duc de Bretagne. On y abolit la coutume injuste que les seigneurs de cette province y avaient anciennement introduite de s'approprier, sous le nom de droit de sauvetage, des débris de tous les bâtimens qui faisaient naufrage sur la côte. Un droit non moins vexatoire était celui de s'emparer du mobilier 1129. de tous les individus qui mouraient sans enfans. Celui-là était appelé droit d'aubaine, droit né de la barbarie du moyen âge, qu'on doit être étonné de voir subsister encore de nos jours parmi quelques peuples de l'Europe qui se vantent de leur civilisation. On fit dans ce concile d'autres réglemens importans contre les mariages incestueux et contre les enfans des prêtres. On déclara bâtards tous ceux qui naîtraient de ces sortes de mariages, c'est-à-dire qu'ils seraient incapables d'hériter. On statua que les derniers ne pourraient posséder aucun bénéfice, ni être promus aux ordres, à moins qu'ils ne se fissent moines ou chanoines réguliers; à l'égard de ceux qui étaient déjà prêtres, il fut arrêté qu'ils ne pouvaient servir à l'autel, ni avoir des bénéfices dans les églises où leurs pères en avaient possédé; mais ces réglemens si sages, renouvelés à plusieurs reprises par les conciles, n'opposaient bien souvent qu'une barrière impuissante contre les déréglemens d'une partie du clergé.

Au retour du voyage d'Hildebert en Bretagne, le doyenné et l'archidiaconé de l'église de Tours étaient venus à vaquer. L'archevêque nomma à ces dignités deux ecclésiastiques, dont l'un nommé Raoul ou Rodolphe eut le doyenné. Cependant le roi Louis-le-Gros, de son côté, disposa de ces mêmes bénéfices en faveur de deux de ses créatures, et voulut qu'ils fussent mis en possession. Le prélat représenta très-humblement au roi l'impossibilité où il se trouvait d'exécuter ses ordres, puisque, indépendamment du

1129. droit de nomination qui lui appartenait, il ne pouvait canoniquement déposséder ceux qui avaient été légalement institués. Il offrit de faire juger la question par les arbitres qu'il plairait au roi de choisir; mais ce prince, piqué du refus de l'archevêque, n'écoutant que son ressentiment, se saisit d'une partie de son temporel, et lui ordonna de ne point sortir de son diocèse, probablement dans la crainte qu'il n'allât porter ses plaintes directement à Rome, où il n'eût pas manqué d'être bien accueilli par le pape; mais le silence et le respect avec lesquels le prélat se soumit à ce qui lui était prescrit désarmèrent le courroux du monarque. Gérard d'Angoulême, légat du saint-siège en Aquitaine, ayant plaidé sa cause avec beaucoup de chaleur, Louis-le-Gros lui rendit ses bonnes graces et lui restitua tous les biens qu'il lui avait saisis.

Les chagrins que cette affaire lui avait causés étaient à peine calmés, qu'il en eut à essuyer d'un autre genre au sujet d'une querelle qui s'éleva entre un chanoine de son église, nommé Nicolas, et ce même Rodolphe à qui il avait donné le doyenné. Celui-ci, en remplissant sévèrement les devoirs de sa place, s'était attiré la haine de plusieurs chanoines dont les mœurs n'étaient pas très-édifiantes. Le chanoine Nicolas, qui était de ce nombre, s'en vengeait en répandant les plus noires calomnies contre le doyen. Le frère de celui-ci, justement offensé de ces discours outrageans, ayant une fois rencontré le chanoine, lui creva les yeux, et commit sur sa personne les excès les plus révoltans. C'était porter la vengeance au-delà de toutes

les bornes. Le chanoine se plaignit à l'archevêque d'un 1129.
traitement si barbare; mais au lieu de s'en prendre au
véritable coupable, il aima mieux faire peser son accusation sur le doyen, dont le frère suivait le métier
des armes. Hildebert rassembla les principaux de son
clergé, au jugement desquels l'affaire fut soumise. Le
chanoine Nicolas n'ayant pu présenter aucuns témoins
qui prouvassent son accusation, l'archevêque, d'après
l'avis des autres ecclésiastiques, prononça que le doyen
se purgerait par serment du crime qu'on lui imputait.
Le chanoine, peu satisfait de cette sentence, en appela au saint-siège. Rodolphe alors prit la route de
Rome pour y aller défendre sa cause; mais il fut assassiné en chemin. Le frère et les amis du doyen en
accusèrent à leur tour le chanoine Nicolas, prétendant que le meurtre avait été commis par des gens
qu'il avait apostés exprès. La chose était assez probable : cependant cette accusation n'étant, comme la
précédente, appuyée d'aucune preuve, ces deux crimes
restèrent impunis. Le vertueux prélat ressentit une si
vive douleur de ces deux catastrophes, que, malgré sa
douceur naturelle, il ne put s'empêcher de se plaindre
amèrement au saint-père de la facilité avec laquelle
la cour de Rome recevait toutes sortes d'appels; ce qui
dégénérait en un abus intolérable, puisque les coupables trouvaient ainsi le moyen de se soustraire aux
châtimens qu'ils méritaient. C'était à Honoré II qu'Hildebert adressait ces remontrances. Mais la cour de
Rome n'avait garde de les accueillir, puisque c'étaient
ces mêmes appels qui lui fournissaient les occasions

1129. de s'immiscer dans toutes les affaires des pays où son autorité était reconnue.

La mort de ce pape, le 14 février 1130, excita un schisme dans l'église au sujet de l'élection simultanée d'Innocent II et de Pierre de Léon, qui prit le nom d'Anaclet II. Hildebert restait en suspens, et ne savait lequel de ces deux papes il devait reconnaître pour le légitime, tous deux ayant été intronisés et sacrés à Rome le même jour. Une lettre de saint Bernard qu'il reçut alors le détermina pour Innocent II. La canonicité de son élection y parut si bien démontrée à notre prélat, qu'à l'assemblée que Louis-le-Gros convoqua à Étampes pour prendre l'avis des évêques au sujet du schisme qui divisait l'église, l'opinion d'Hildebert prévalut sur toutes les autres. Ainsi il fut résolu qu'Innocent II serait reconnu dans tout le royaume pour le pape légitime. Cette décision engagea Innocent II à venir en France pour témoigner au roi sa reconnaissance et se mettre sous sa protection. Il passa à Tours en 1130, et y fut reçu par le comte Geoffroy-le-Bel et par l'archevêque avec tous les honneurs dûs aux souverains pontifes.

Hildebert avait inspiré une telle vénération, que rarement on délibérait quand il avait parlé. Son suffrage l'emportait presque toujours. Son savoir et sa droiture méritaient qu'on eût pour lui une pareille déférence. Malgré les chagrins qu'il éprouva dans le cours de sa carrière, sa modération et sa sobriété la prolongèrent jusqu'à près de quatre-vingts ans. Il mourut le 18 décembre 1134, et fut inhumé dans son église cathédrale. Ses ouvrages l'ont fait mettre au rang des pères du douzième siècle. Le bénédictin D. Beaugendre en a donné une édition complète en un volume in-folio, Paris, Le Conte, 1708. On y trouve des sermons, des lettres, des traités et divers autres morceaux tant en prose qu'en vers; mais sa prose l'emporte de beaucoup sur sa poésie. Cependant on distingue encore dans ce dernier genre ses dix vers sur un hermaphrodite (1), dont on a long-temps ignoré l'auteur, et que quelques-uns s'étaient appropriés avant que ses manuscrits eussent été livrés à l'impression.

On verra dans le cours de ce douzième siècle, dont nous n'avons encore embrassé qu'une partie, se multiplier les fondations pieuses; car indépendamment du prieuré du Gréez dont nous avons parlé, on verra s'élever ceux de Grandmont, de bois Rahver, de Villiers, de Pommiers-Aigres et de Saint-Éloi, et de plus six abbayes et la chartreuse du Liget.

Nous n'avons pas placé à sa date l'origine de

---

(1) Quoique ces vers aient été imprimés plusieurs fois, nous croyons qu'on les verra encore avec plaisir.

> Dum mea me genitrix gravidâ gestaret in alvo,
>   Quid pareret, fertur consuluisse Deos.
> Mas est, Phœbus ait; Mars, fœmina; Junoque, neutrum;
>   Cumque forem natus, hermaphroditus eram.
> Quærenti lethum, Dea sic ait : occidet armis;
>   Mars, cruce; Phœbus, aquis. Sors rata quæque fuit.
> Arbor obumbrat aquas; ascendo; decidit ensis
>   Quem tuleram; casu labor et ipse super.
> Pes hæsit ramis; caput incidit amne, tulique
>   Fœmina, vir, neutrum, flumina, tela, crucem.

1129. l'abbaye de Seuilly, de l'ordre de Saint-Benoît, fondée en 1111. Ce n'était d'abord qu'un prieuré situé non loin de l'Ile-Bouchard, dont Guillaume II de Montsoreau et Arsende sa femme firent don à l'abbé de Saint-Étienne-de-Vaux en Limousin, et que leur fils Gaultier de Montsoreau fit ériger en abbaye, en la dotant entre autres domaines du bois de Bort, nommé depuis la forêt de Fontevrault. Dans un titre de cette abbaye, Gaultier est qualifié de prince très-chrétien, titre que les rois de France ont porté seuls depuis Louis XI.

On a vu un peu plus haut la fondation de l'abbaye de Turpenay. Celle de Fontaine-les-Blanches, ordre de Citeaux, filiation de Clairvaux, date du même temps, c'est-à-dire de 1127 au plus tard. Elle était située dans la paroisse d'Autrèche. Renaud II, seigneur de Château-Regnaut, fut un de ses premiers fondateurs. On la nomma Fontaine-les-Blanches à cause de sa situation dans un lieu où se trouvaient plusieurs sources d'eaux vives. Il sera fait mention dans le livre suivant des abbayes de Gâtines, d'Aigues-Vives et de Beaugerais, fondées dans ce même siècle. Comme ici cependant nous ne ferons que les indiquer pour ne pas répéter ce qui en sera dit plus en détail au chapitre des établissemens ecclésiastiques.

On sera peu surpris de la multiplicité de ces fondations en un assez court espace de temps, si l'on considère que depuis un certain nombre d'années la Touraine avait joui d'une tranquillité qui avait à peine été troublée par quelques débats particuliers entre divers seigneurs. Soumise à des princes aussi puissans que les comtes d'Anjou, elle était restée étrangère aux secousses qui avaient agité un grand nombre de villes dès les premières années de ce siècle, relativement au droit de commune que plusieurs d'entre elles avaient ou acheté de Louis-le-Gros, ou arraché par la révolte armée contre leurs seigneurs, soit laïques, soit ecclésiastiques. Cette impulsion presque générale vers la liberté ne se fit sentir en Touraine que dans la ville de Châteauneuf, qui était restée soumise au chapitre de Saint-Martin, et sur laquelle les comtes d'Anjou n'avaient point d'autorité, mais seulement quelques droits particuliers et très-circonscrits. Tant que Châteauneuf n'avait été qu'un bourg naissant et de peu d'importance, les habitans avaient enduré patiemment d'être subordonnés à des chanoines. Mais lorsque la population se fut accrue, que la ville se fut agrandie et enrichie, les bourgeois, stimulés par l'exemple des villes de Sens, d'Amiens, d'Auxerre, de Beauvais, de Noyon, de Saint-Quentin et surtout de Laon, voulurent secouer un joug dont ils semblaient humiliés. Ils ne pouvaient en effet délibérer sur leurs intérêts communs, se cotiser, se garder sans l'autorisation du chapitre : leurs magistrats leur étaient imposés par lui; en un mot ils étaient entièrement retenus dans les liens de la servitude féodale. Leur position était d'autant plus difficile, qu'ils avaient à craindre d'un côté le roi de France, protecteur déclaré du chapitre, et de l'autre le comte d'Anjou et de Touraine, qui peut-être eût redouté pour les autres villes l'exemple

1129.

qu'aurait donné Châteauneuf. N'osant donc se déclarer d'abord trop ouvertement, ils déguisèrent leurs réunions sous le nom de confrérie de Saint-Éloi, et ce fut dans une chapelle même de Saint-Martin qu'ils délibéraient en secret sur les moyens de s'affranchir de son autorité. Si dans le principe leurs efforts ne furent pas couronnés de succès, ils n'en eurent pas moins le mérite d'avoir été des premiers à partager l'élan qui portait les peuples à revendiquer des droits anciens dont ils n'avaient été dépouillés que par la force et la violence. Quoique leurs premières tentatives datent de l'année 1120, comme il leur fallut les renouveler souvent avant que d'arriver à leur but, nous en réserverons les détails pour les livres suivans.

FIN DU CINQUIÈME LIVRE ET DU TOME I.

www.ingramcontent.com/pod-product-compliance
Lightning Source LLC
Chambersburg PA
CBHW070218240426
43671CB00007B/692